KB126057

근대 초기의 영국

Early in Modern England

헨리 8세와 엘리자베스 1세의
국가 만들기

허구생 **지음**

한울
아카데미

이 도서의 국립중앙도서관 출판예정도서목록(CIP)은 서지정보유통지원시스템 홈페이지(http://seoji.nl. go.kr)와 국가자료공동목록시스템(http://www.nl.go.kr/kolisnet)에서 이용하실 수 있습니다. (CIP 제어번호 : CIP2015016500)

1980년대 중반 오스트레일리아로 건너가 뉴사우스웨일스 대학교에서 역사학 세미나 과목들을 수강하기 시작했을 때만 해도 막연히 서양사를 전공하겠다는 생각만 있었지 구체적인 목표는 없었다. 그런데 영국 튜더Tudor 시대에 관한 두 개의 세미나를 들으면서 흥미로운 역사적 사건과 인물들을 접하게 되었다. 토머스 크롬웰Thomas Cromwell, 앤 불린Anne Boleyn, 토머스 울지Thomas Wolsey 등 생소한 인물들을 알게 되었고, 400여 년 전 영국 의회가 현재와 크게 다르지 않은 모습으로 의사 절차를 진행했었던 것을 확인하면서 적지 않은 충격을 받았다. 거기에다 당시 의회가 다루었던 안건들이 근대적 복지 정책의 형식과 내용을 갖춘 빈민법에서부터 재산 소유의 제한에 이르기까지 참으로 '근대적'인 것에 놀랐다.

서양사는 편의상 고대, 중세, 근대로 삼분한다. 언제 근대가 시작되었는지에 대해서는 많은 논란이 있다. 어떤 사람들은 르네상스를, 어떤 사람들은 프랑스혁명을 그 기점으로 주장하기도 한다. 영국사에서는 대체로 튜더 왕조(1485~1603)를 근대의 출발점으로 삼는다. 그러니까 근대 문명modern civilization은 어림잡아 지난 400~500년간 서양이 이루어온 문명을 말하며, 지성사적 측면에서는 합리주의, 경제적으로는 자본주의, 정치적으로는 의회 민주주의에 바탕을 둔 국민국가가 그 요체라고 할 수 있다.

근대 초기early modern period는 근대사의 전반부로서 근대 문명이 형성되기 시작하는 단계에 해당된다. 영국사의 경우에는 일반적으로 튜더와 스튜어트 Stuart 시대, 즉 16세기와 17세기를 지칭한다. 근대 초기는 영국사를 전공하는 학자들 중 가장 많은 사람이 매달려 있는 시기이며, 한국에서의 영국사 연구도 이 시기에 관해서 가장 활발한 연구가 이루어졌다. 그 이유는 간단하다. 근대의 모습이 이 시기에 나타나기 시작하기 때문이다. 국정과 왕실 살림이 분리된 근대적 정부가 출현하고, 의회가 국정 운영의 중심축으로 자리 잡게 되며, 자본 집약적인 농업을 중심으로 자본 축적이 활발하게 진행되는 것이 바로 이때이다. 또한 프랜시스 베이컨Francis Bacon과 아이작 뉴턴Isaac Newton이 주도하는 과학혁명도 이 시기에 이루어졌다.

필자가 근대 초기의 영국을 전공하게 된 이유도 별반 다르지 않다. 감성이 풍부하고 치기 어린 정의감으로 무장되었던 고교 시절, 친구들과 유신에 반대하는 지하신문을 발행했다가 구속되어 감옥을 경험하면서 '민주주의'와 '자유'를 갈망하게 되었고, 결국 그것이 영국의 근대 초기 역사에서 민주주의의 원형을 찾는 여정으로 이어졌다. 그랬던 것이 미국 미네소타 대학교에서 박사과정을 수학할 때, 당시 스탠포드 렘버그Stanford E. Lehmberg 교수의 권유로 '튜더 빈민법'의 입법 과정을 분석해 박사학위논문을 쓰게 되었고, 그 외연의 확장이라 할 수 있는 '빈곤과 사회복지'를 역사적으로 읽는 작업이 2002년 『빈곤의 역사, 복지의 역사』의 출판으로 마무리되었다.

이 책 『근대 초기의 영국』은 그동안 ≪서양사론≫과 ≪영국연구≫에 발표되었던 논문들을 수정·보완해 엮은 것이다. 제1부 '통치의 기술'에서는 헨리 8세와 엘리자베스 1세의 왕권과 의회 운영을 주로 다루었다. 조세권, 관료제도, 상비군 등 통치에 필요한 물리적 수단을 가지지 못했던 근대 초기의 군주들이 상징적 권력을 창출해 신민들의 내부적 복종을 이끌어내는 과정을 분석했으

4

며, 의회를 어떻게 자신들의 통치 목적에 맞게 운영했는지에 관해 기술했다. 이와는 별도로 튜더 의회의 독자적 기능과 역할에 대해서도 역사적 의미를 부여하려고 했다. 마지막으로 헨리 8세 시대의 명재상이었던 토머스 울지, 토머스 모어, 그리고 토머스 크롬웰에 대한 두 영화 〈사계절의 사나이A Man For All Seasons〉와 〈천 일의 앤Anne Of the Thousand Days〉의 역사 인식을 살펴보고 영화와 역사의 관계에 대해서 생각해보았다.

　제2부 '경제와 사회'에서는 근대적인 복지 정책의 효시로 평가받고 있는 '튜더 빈민법'이 제정된 배경을 경제적·사회적 조건에 따라 위기 입법과 정상 입법으로 분리해 두 범주의 입법이 내용 면에서 서로 어떠한 차이가 있었는지를 분석함으로써 보다 큰 흐름 속에서 빈민법의 역사적 의미를 찾고자 시도했다. 또한 튜더 사회의 지식인들이 빈곤과 부의 불평등 문제를 어떻게 인식하고 어떤 해결책을 제시했는지를 살펴보았다. 이자利子는 근대 초기의 영국이 물질적 기반을 확립하고 자본주의적 체제를 수용하기 위해서 해결하고 극복해야 할 문제였는데, 1571년 의회는 이자를 부정하는 절대적 도덕론과 경제적 효용론 사이에서 절묘한 타협안을 이끌어냄으로써 실질적으로 이자를 허용했다. 반反악덕대출법의 입법 과정을 분석한 부분은 중세에서 근대로 넘어가는 당시 영국인들의 세계관을 엿볼 수 있는 기회를 제공하는 의미가 있다. 마지막으로 네덜란드 이민자들이 영국에서 어떠한 차별적 대우를 받았는지, 그 차별이 지역적으로는 얼마만큼의 편차가 있었는지를 분석했는데, 다문화 시대를 맞은 한국에 시사하는 바가 적지 않다.

　제3부 '연구 동향'에서는 20세기 튜더사 연구에서 찬란한 금자탑을 세운 제프리 엘턴Geoffrey Elton의 업적을 중심으로, 그가 이루어낸 성과와 학계에 미친 영향, 그리고 그의 유산을 살펴보았다. 그중 의회사에 대한 부분은 따로 떼어내어 어니스트 닐John Ernest Neale에 대한 엘턴과 그의 제자들에 의한 수정주의적 도전, 그리고 수정주의에 대한 재수정 요구 등을 추려서 연구 동향을 소개

했다.

　1993년 미국 미네소타의 겨울은 너무 추웠다. 특히 엘턴 경이 미네소타 대학교를 방문한 그날은 섭씨도, 화씨도 모두 영하 30도를 밑돌았다. 그날 엘턴 경은 두 시간가량 자신이 걸어온 학문의 길에 대한 특강을 했다. 그는 그의 트레이드마크trademark처럼 되어버린 필터 없는 '카멜Camel' 담배를 피우며 강의를 이어갔는데 강의가 끝날 무렵에는 거의 한 갑이 다 없어질 정도였다. 금연 건물이었지만 그 누구도 불평하지 않았고, 한마디라도 놓칠세라 기침 소리 하나 내지 않았다. 그날 필자는 살인적인 추위 때문에 밖에 나가지 못하고 건물 출입구 문을 반쯤 열어 상체만 바깥으로 내놓고 담배를 피우다가 경찰관으로부터 당장 끄지 않으면 체포하겠다는 말을 듣고 영원히 담배를 끊었다. 엘턴 경과 필자의 처지가 대비되었기 때문이었다. 그날 오후 엘턴 경을 따로 만나, 쓰고 있는 논문에 대해 개인적인 지도를 받았다. 짧은 시간이었지만 그는 튜더 시대의 의회 활동에 관한 연구를 위한 구체적인 방법론을 알려주었고, 무엇보다 학문하는 자세에 대해 가르침을 주었다. 학문적으로 큰 은혜를 입은 셈이다. 이 책을 정리하는 내내 엘턴 경과 렘버그 교수에게 진 빚을 생각했다.

　기나긴 유학 시절, 큰 물질적 궁핍 없이 공부할 수 있도록 지원해주시고 늘 애를 태우셨던 어머니, 여러모로 부족한 가장의 역할을 묵묵히 참아준 가족들에게 이 책이 작은 위안이 되었으면 좋겠다. 『빈곤의 역사, 복지의 역사』에 이어 또 한 번 미진한 원고의 출판을 흔쾌히 맡아준 도서출판 한울의 김종수 사장과 조인순 주임을 비롯한 편집진의 노고에도 감사드린다.

2015년 6월
죽전 법화산 자락에서
허구생

제1부　통치의 기술

8

제3부 연구 동향

제1부

통치의 기술

제1장

헨리 8세의 전쟁과 금란의 들판

1. 르네상스 군주의 덕성

중세 말에 이르러 유럽의 군주들에게는 대관식에서 왕국의 권리를 보전하고 왕관crown의 명예를 지킬 것을 서약하는 것이 하나의 관행으로 확립되었다. 14세기의 저명한 법학자 발두스 데 우발디스Baldus de Ubaldis는 왕관의 의미를 두 가지로 분류했다. 하나는 눈에 보이는 외형적인 왕관, 다시 말해 황금관金冠이라는 물질적 존재를 의미하고 다른 하나는 왕국이라는 정치적 집합체의 수장으로서 왕이 가지는 특권과 지위를 의미했다. 왕권을 상징하는 왕관은 자연인인 왕과 구분되었다. 자연인으로서의 왕은 언젠가 죽을 운명을 맞게 되는 유한한 개체이지만 왕의 특권과 지위는 부자동일체 원칙父子同一體, oneness of father and son에 의해 영속되므로 이 점에서 왕관은 왕보다 상위에 있는 개념이었다.[1]

---

1   Ernst H. Kantorowicz, *The King's Two Bodies: A Study in Medieval Political Theology* (Princeton University Press, 1997), pp.338, 342, 357, 407~408.

그러나 16세기 이후 소위 신군주제new monarchy의 등장과 더불어 왕과 왕관이 가지고 있는 각각의 개념 사이의 간극은 크게 좁혀졌다. 왕과 왕관은 구분은 되지만 분리될 수 없는 것inseparable, though distinct이라는 프랜시스 베이컨Francis Bacon의 주장[2]은 이미 확립된 관행을 확인하는 것에 지나지 않았다. 정치공동체의 수장으로서의 왕은 단순한 자연인이 아니라 왕권의 상징과 결합된 초자연적 존재라는 인식이 이미 확산되고 있었다. "의회는 곧 수장인 왕과 신민들이 하나의 공동체body politic에서 합쳐지고 결합되는conjoined and knit together 것"이라는 헨리 8세의 언어 속에서도 그러한 인식의 편린이 느껴지는 것은 결코 우연이 아니다.[3] 그러므로 왕권이 절대적인 권위와 함께 행사되려면 왕과 왕관의 일체화를 전제하는 것이 보다 자연스러운 일이 되었다.

왕과 왕관이 일체화되는 경우는 '신민과 함께하는 왕'이 왕으로서 권리와 의무를 행사하는 때였다. 그것은 전장戰場일 수도 있고, 의회일 수도 있고, 축제나 제의祭儀일 수도 있었다. 왕이 신민과 함께한다고 해서 왕과 신민 사이의 차별성이 없어지지는 않았다. 오히려 모든 프로그램은 양자 간의 차별성을 더욱 강조할 수 있도록 설계되었다. 다시 말해서 르네상스 시대의 왕의 덕성은 '공적 무대'에서 왕의 권리를 행사하는 과정에서 '왕의 왕다움'을 보여주는 것이었으며 그것이야말로 대관식에서 선서한 바와 같이 왕관의 명예honour를 지키는 일이었다.

윈체스터 주교이자 헨리 시대 가장 영향력 있는 정치가 중의 한 사람이었던 스티븐 가드너Stephen Gardiner는 명예와 덕성을 지키는 것이 왕의 최대 관심사이며 모든 백성은 그의 신성한 이름에 어떠한 오욕도 가해지지 않도록 열성을

---

2   Francis Bacon, *Post-Nati* in *Works of Sir Francis Bacon*, edited by James Spedding, Robert Leslie Ellis and Douglas Denon Heath(London, 1859~1870), vol.7, p.670.

3   Ernst H. Kantorowicz, *The King's Two Bodies*, p.382.

다해야 한다고 말했다. 실제로 명예는 양심과 더불어 헨리 8세가 일생 동안 가장 빈번하게 사용한 용어였다.[4] 양심이 신과 관련해 사용된 말임을 감안하면, 명예야말로 왕의 통치권 행사와 가장 긴밀하게 관련된 개념이라고 할 수 있다. 헨리 8세의 연대기 작가였던 에드워드 홀Edward Hall은 헨리 8세의 외교 정책이 왕의 명예를 지키고자 하는 의지에서 일관적으로 형성되었다고 서술하고 있으며, 명예가 그의 일생을 관통한 절대적 행동 원칙이라는 데는 현대 사가들의 상당수도 동의한다.[5] 그렇다면 그가 그토록 지키고자 했던 명예의 구체적인 모습은 과연 어떠한 것이었을까?

16세기 유럽인들에게는 불멸의 명예와 명성은 저절로 생기는 것이 아니라 불굴의 노력과 고통을 통해서 쟁취해야 하는 것이라는 인식이 있었다.[6] 집 안에 머무는 영웅이 진정한 영웅이 아닌 것처럼 아무것도 하지 않는 왕은 진정한 왕이 아니었다. 그러므로 왕은 자신의 가치와 역할을 다른 사람들에게 끊임없이 확인시켜주어야 했다. 셰익스피어의 희곡 〈헨리 5세Henry V〉에 묘사된 영국의 왕이 프랑스 왕과는 대조적으로 영웅적·분투적·적극적·대중적인 덕목을 가지고 있는 것을 눈여겨볼 필요가 있다. 그레그 워커Greg Walker의 분석에 따르면, 영국 왕이라 하더라도 셰익스피어가 비판적으로 묘사한 왕들의 경우에는 왕의 활동 무대가 대체로 궁정 내부로 국한되었다.[7]

더구나 16세기는 기사도의 덕목이 부활한 시기였으며, 왕의 덕성은 용기,

---

4 Lacy Baldwin Smith, *Henry VIII: the Mask of Royalty* (Boston: Chicago Review Press, 1971), pp.156~160.

5 David Potter, "Foreign Policy," in Diarmaid MacCulloch(ed.), *The Reign of Henry VIII: Politics, Policy and Piety* (New York: Palgrave Macmillan, 1995), pp.123~124.

6 Lacy Baldwin Smith, *Henry VIII: The Mask of Royalty*, p.40.

7 같은 책, p.43; Greg Walker, "Henry VIII and the Invention of the Royal Court," *History Today*, vol.47, no.2(1997), p.19.

불굴의 정신, 지혜, 희망, 분별성, 자기 확신 등 전장에서의 행위 덕목들과 동의어로 간주되었다.[8] 왕이 이 같은 기사도적 군주의 덕목을 실현하기 위해서는 공적인 무대가 필요했고 특히 군사적인 연출이 중요했다. 그중에서도 전장은 왕의 명예를 보호하고 드높일 수 있는 가장 결정적인 무대였다.

1509년 19세의 나이에 왕위에 오른 헨리 8세는 스포츠와 무예에 탐닉했으며 명예에 대한 그의 열망은 자연스럽게 전쟁으로 연결되었다. 폴리도르 버질 Polydore Vergil은 저서 『영국사Anglica Historia』에서 1513년 헨리가 첫 대륙 원정에 나선 으뜸가는 동기가 명예를 얻기 위한 것이었다고 적었다. 세상 모든 사람으로부터 인정받고자 했던 그는 단순히 선조들의 영광스러운 행위에 버금가는 정도가 아니라 그들의 명예를 뛰어넘고자 했다는 것이다.[9] 전쟁을 통한 그의 명예 추구는 1520년대에도 의욕적으로 전개되었으며 늘어나는 전비戰費로 인해 그의 통치가 시작된 이후 처음으로 조세 저항의 움직임까지 나타날 정도였다.

그러나 왕의 덕성이 반드시 전장을 배경으로 발휘되어야 하는 것은 아니었다. 그것은 세상의 주목과 신민들의 존경을 이끌어낼 수만 있다면 평화와 일상의 세계에서도 발현될 수 있었다. 아닌 게 아니라 점차 정치권력이 중앙에 집중됨에 따라 보다 다양한 무대들이 등장하게 되었다. 주목할 부분은 국가가 관리하는 명예 시스템이 출현하면서 왕이 왕국의 유일한 명예의 원천이자 공급자로서 지위를 확고히 하게 되었다는 점이다. 또한, 명예의 성격이 왕과 국가를 위해 봉사한 대가로 규정되면서 전장에서의 용기와 강맹함을 중심으로 평가되던 명예의 개념에 상당한 변화가 일어나기 시작했다. 다시 말해 비군사적

---

8 Mervyn James, *Society, Politics and Culture: Studies in Early Modern England* (Cambridge University Press, 1988), pp.310~312, 333~336.

9 Polydore Vergil, *Anglica Historia*, edited by D. Hay(Camden Society, 1950), p.161; Lacy Baldwin Smith, *Henry VIII: The Mask of Royalty*, pp.156~160.

공적도 명예의 대상으로 당당하게 자리 잡기 시작한 것이었다.[10]

이러한 변화는 법률가, 관리, 상인 등을 새롭게 엘리트 계층에 포함시킨 사회적 유동성에 기인했다. 또한, 데시데리위스 에라스무스Desiderius Erasmus, 토머스 모어Thomas More, 토머스 스타키Thomas Starky와 토머스 엘리엇Thomas Elyot 등 휴머니스트들에 의해 덕성에 관한 논쟁이 본격화되면서 전통적 기사 계급의 혈통 자체가 가지는 덕성에 의문이 제기되었고, 특히 엘리엇이 제기한 '덕성에 의한 귀족nobility of virtue'의 개념이 반향을 불러일으키면서 이 같은 변화에 영향을 미쳤을 것으로 분석된다.[11] 이러한 변화는 명예의 유일한 관리자이며 공급자인 왕의 지위가 확고해지는 현상과 맞물려 건축, 미술, 드라마 등을 통해 왕권을 상징화하고 동시에 왕을 정점으로 하는 사회적 관계를 시각화하는 다양한 작업이 전개되는 계기가 되었다.

그러나 왕의 덕성과 관련해 가장 결정적인 변화의 계기를 제공한 것은 종교개혁이었다. 1530년대 중반 종교개혁을 단행한 헨리는 이제 정치적 공동체의 수장일 뿐 아니라 교회의 수장을 겸하게 되었고 이로 인해 새로운 덕성을 요구받았다. 정치적·종교적 권위를 모두 갖춘 신정적 통치자가 가지는 왕권은 왕의 전통적 덕성에 더해 '신의 대리인' 또는 '경건한 군주godly prince'라는 새로운 덕성을 추가하게 했다.[12]

이런 점에서 헨리 8세가 군대를 직접 지휘한 두 차례의 전쟁과 금란의 들판 the Field of Cloth of Gold에서 벌인 장려한 평화 의식, 그리고 전쟁화戰爭畵와 초상화 등 왕의 덕성을 시각화하기 위해 시도된 다양한 작업들을 명예의 관점에서 살펴볼 필요가 있다.

---

10   Mervyn James, *Society, Politics and Culture*, pp.333~336, 380.

11   허구생, 「영국의 휴머니즘과 개혁정책」, ≪한성사학≫, 11호(1998), pp.109~134.

12   Mervyn James, *Society, Politics and Culture*, p.321.

2. 헨리의 전쟁

16세기 유럽 역사를 통틀어서 전쟁 또는 그와 유사한 상황이 벌어지지 않은 시기는 단 한 해도 없었다. 전쟁의 원인은 경제적 이익의 추구나 종교개혁에 수반된 종교적 갈등, 또는 전통적인 라이벌 왕조들 사이의 해묵은 감정싸움 등 여러 가지로 분석될 수 있다. 그러나 이 문제를 조금 더 세밀하게 살펴보면 그렇게 간단하지 않다. 대체로 참전 군인들이나 상인 등에게는 금전적인 동기가 작용했지만 왕이나 왕의 정부가 전쟁을 통해 어떤 구체적인 경제적 목표를 추구한 예는 찾아보기 힘들다. 또한 종교개혁으로 인해 긴장과 갈등의 요소가 심화된 것은 사실이지만 16세기 유럽의 전쟁을 종교적 갈등의 결과로만 이해하는 것은 거의 불가능하다. 또한 적대적 왕조 사이에 전개된 대립과 갈등의 과정이 영토 획득을 목표로 진행되지도 않았다.[13] 그렇다면 전쟁은 왜 일어났을까?

16세기 유럽에서 외교는 어디까지나 군주의 특권prerogative에 속했다. 왕조 간의 혼인 동맹과 마찬가지로 외교의 정점에는 전쟁이 있었다. 국가 간의 관계라는 것은 엄밀하게 말해서 군주들 사이의 관계였다. 물론 전쟁은 군주 혼자의 힘이나 의지만으로 수행할 수 있는 것은 아니었다. 전쟁을 위해서는 나라가 가지고 있는 인적·경제적 자원이 동원되어야 하며 이는 국민, 특히 지배계급의 이익과 직결되는 것이다. 특히 대규모 전쟁에 소요되는 비용은 비단 지배 엘리트뿐 아니라 상당한 범위의 국민들의 이익과 결부되는 것이며 전쟁의 규모와 지속 여부는 어느 정도 이들의 여론에 의존적이었다.

그러나 이러한 제약을 인정한다 하더라도 전쟁과 평화 중 하나를 선택하는

---

13 John Rigby Hale, *War and Society in Renaissance Europe, 1450~1620* (The Johns Hopkins University Press, 1985), pp.2~3, 23~24.

것은 어디까지나 왕의 문제라는 광범위한 믿음이 동시대인들의 마음속에 존재했다. 그러므로 전쟁을 촉발하는 정책 결정권을 누가 가지고 있었는가에 초점을 맞춘다면, 16세기의 전쟁은 군주들의 전쟁이라고 할 수 있었다.[14] 따라서 근대 초기 유럽의 전쟁을 좀 더 정확하게 이해하기 위해서는 명예와 영광, 평판의 추구 등 당시 군주들이 공유했던 문화에 대한 이해가 선행되어야 하며, 헨리 8세가 직접 지휘한 두 차례의 전쟁 역시 이 같은 관점에서 읽어볼 필요가 있다.

왕위에 오른 직후부터 프랑스와의 전쟁을 고대해오던 헨리 8세는 1511년 장인인 스페인의 페르난도 2세Fernando II의 주도하에 신성동맹 the Holy League이 결성됨으로써 첫 기회를 잡았다. 1512년 3월 교황은 프랑스의 루이 12세가 가지고 있던 '가장 기독교적인 왕the Most Christian King'의 칭호를 박탈하고 헨리에게 주었는데, 이는 헨리가 곧 치를 자신의 군사적 모험을 '정당한 전쟁'으로 규정할 수 있는 절대적 명분을 제공했다. 1512년 여름 영국군은 가스코뉴 Gascogne에서 고전을 면치 못했으나, 1513년 4월 신성로마제국의 막시밀리안 황제Maximilian I가 신성동맹에 새로이 참여함으로써 전세에 상당한 변화가 일어났다. 얼마 후 헨리는 4만 명의 대규모 병력을 친히 이끌고 도버Dover 해협을 건너 프랑스 원정에 나섰다.[15]

헨리가 칼레Calais에 상륙한 것은 6월 말이었다. 11월이 되면 군대의 야영이 불가능한 점을 고려하면 기껏해야 4개월 정도의 원정 시간이 남아 있었다. 그러나 그는 곧바로 프랑스 진영으로 진군하는 대신, 칼레에 진을 치고 약 50일에 가까운 시간을 선전 효과를 올리는 데에 활용했다. 화려한 행렬을 이끌고

---

14 같은 책, p.32.

15 David Loades, *The Tudor Chronicles: the Kings* (New York: Grove Pr; 1st American Edition edition, 1990), pp.118~120.

그림 1-1 〈스퍼스 전투〉(약 1513년)
햄프턴 궁전 소장(런던).

교회 미사에 참석했고, 외교사절을 접견하고 연회를 베풀었으며, 또한 마상무
예馬上武藝 시합을 주관하기도 했다.[16] 이는 헨리의 궁극적인 전쟁 목적이 승리
그 자체에 있는 것이 아니라 전쟁이라는 무대를 통해 이상적인 왕의 덕성을 대
내외에 과시하고자 한 것임을 짐작하게 해주는 단초가 된다.

헨리가 군대를 다시 움직이기 시작한 때는 8월이었다. 플랑드르Flandre로 진
격한 그는 스퍼스 전투the Battle of Spurs에서 수적으로 열 배 가까이 우세한 프
랑스 기병을 무찌르고 결정적인 승리를 거두었다. 헨리는 왕의 지휘소를 후방
에 위치시키는 것이 좋겠다는 주위의 조언에도, '왕'의 방식으로 전쟁을 지휘
하겠다며 직접 최전선에서 전투를 지휘했다. 8월 16일에는 롱그빌Longueville
공작을 포로로 잡아 런던 타워로 이송했다. 영국군은 예우를 다하여 그를 대했
으며 향후 6주 동안 프랑스군에 합류하지 않는다는 조건하에 석방했다. 이로
써 헨리는 관대한 아량과 품격을 갖춘 군주라는 명성을 챙길 수 있었다. 헨리
는 이어서 대륙 내부로 더 깊숙이 진격해 테루안느Thérouanne와 투르네Tournai

---

16   Jasper Ridley, *Henry VIII: the Politics of Tyranny* (New York, 1986), pp.62~69.

를 점령했다. 이것들은 어떻게 보면 고립된 성채에 불과했고, 따라서 옛 영토 회복이라는 목표에는 어림없지만 이러한 결과는 헨리에게 상당한 명예와 군사적 영광을 가져왔다.[17]

특히 막시밀리안 황제와의 만남은 헨리의 명예를 높이는 데 일조했고 이를 목격한 많은 사람에게도 강한 인상을 남겼다. 둘의 역사적 만남은 실리를 꾀한 막시밀리안이 영국의 비용으로 전쟁을 수행하는 대신 헨리의 깃발 아래에서 싸울 용의가 있음을 제의했고 헨리가 이를 받아들임으로써 성사되었다. 8월 13일 테루안느에서 이루어진 두 군주의 만남은 금란金襴으로 만들어지고 치장된 화려한 막사를 중심으로 성대한 예식과 함께 3일간 계속되었다. 막시밀리안 황제가 헨리의 성조지 십자St. George's cross 문양의 제복을 착용한 채 이루어진 열병식 광경은 헨리의 성가聲價를 더없이 드높여주었다.[18]

그러나 율리우스 2세가 서거해 새로 교황에 즉위한 레오 10세는 화해 노선을 추구했고 이어 스페인의 페르난도와 막시밀리안이 프랑스와 평화 조약(1514년 2월)을 체결했다. 고립된 헨리는 혼자서라도 전쟁을 계속하려 했으나 결국 협상 테이블에 앉을 수밖에 없었다. 1514년 8월, 영국과 프랑스도 평화 조약을 체결했는데 주요 골자는 영국이 투르네를 계속해서 소유하는 것과 루이가 헨리의 여동생 메리와 혼인한다는 것이었다. 그러나 혼인 정책은 늘 가변적인 상황에 종속되었고 투르네는 1518년 런던 평화 조약의 일환으로 프랑스에 평화적으로 반환되었다. 그러므로 헨리의 전쟁을 영토적인 관점에서 평가하면 그것은 분명한 실패였다.

재정적인 면에서 살펴본 전쟁의 결과는 이보다 더 참담했다. 전쟁이 본격적으로 수행된 1513년 헨리의 재정 지출은 무려 70만 파운드에 육박했다. 사

---

17 같은 책, p.65; David Loades, *The Tudor Chronicles: the Kings*, pp.118~120.

18 David Loades, *The Tudor Chronicles: the Kings*, pp.121~122.

그림 1-2 〈테루안느 열병식〉(약 1513년)
햄프턴 궁전 소장(런던).

치스러운 궁정 생활에도 재위 첫 3년간의 연평균 재정 지출이 기껏해야 6만 5000파운드 수준이었음을 감안하면 엄청난 재정 지출이었다. 1514년 이후 긴축재정에 돌입했으나 부왕인 헨리 7세Henry VII 재위 시 천신만고 끝에 조성된 비축금을 모두 탕진하고 말았다.[19]

1522년과 1523년 프랑스를 상대로 대규모의 전쟁을 벌여 막대한 재정 지출을 감내해야 했던 헨리가 또다시 군대를 직접 지휘하면서 대륙 원정에 나선 것은 1544년이었다. 1540년 가을에 접어들면서 신성로마제국의 황제 카를 5세Karl V와 프랑스 왕 프랑수아 1세François I 사이의 평화는 막을 내리고 있었다. 이는 영국의 안전에 치명적인 위험이 될 수 있는 합스부르크와 발루아의 협공 가능성이 그만큼 줄어들었음을 의미했다. 또한 헨리는 1542년에 스코틀랜드로 군대를 보내 대승을 거두었는데 그 와중에 스코틀랜드의 제임스 5세 James V가 여섯 살배기 딸 메리를 후사로 남겨놓은 채 병으로 죽었다. 이러한 국제 정세는 영국이 모처럼 외부의 침략 위협으로부터 자유로운 시절을 맞이하게 되었음을 의미했다. 그런데 이듬해 헨리가 카를 5세와 손을 잡고 프랑스와의 전쟁을 선언하자, 런던 주재 외교사절 사이에서는 영국이 양대 세력의 반목과 갈등으로부터 얻을 수 있는 반사적 이익을 포기하고 왜 그 같은 대규모의 전쟁을 선택했는지에 대해 이해할 수 없다는 의견이 나오기도 했다.[20]

1544년 5월 에드워드 시모어Edward Seymour는 군대를 이끌고 먼저 출정했으며 7월에는 헨리가 직접 4만 명의 군대를 이끌고 프랑스를 침공했다. 당시 런던 주재 스페인 대사 외스타스 샤퓌Eustace Chapuys가 '세계에서 가장 보잘것없는 다리를 가졌다'고 보고할 정도로 건강이 좋지 않던 왕을 염려해 신료들이 왕의 직접 출병을 극구 만류했으나, 그는 '카를이 가는데 어찌 내가 안 갈 수 있느냐'며 고집을 꺾지 않았다.[21] 왕은 50대 중반에 접어든 나이에도 불구하고 놀라운 열정으로 군대를 지휘했으며, 9월에는 30년 전 자신이 직접 함락했던 바로 그 요새에 10만 발 가까운 포탄을 작렬시킨 뒤에 불로뉴Boulogne를 함락했다. 그러나 바로 이날 카를 황제는 전쟁에서 발을 뺐고 헨리는 14일을 더 머

19   John Bowle, *Henry VIII: a Study of Power in Action* (Dorset Press, 1965), p.62.

20   Lacy Baldwin Smith, *Henry VIII: The Mask of Royalty*, p.153.

21   Jasper Ridley, *Henry VIII: the Politics of Tyranny*, p.382.

그림 1-3 〈불로뉴 함락도〉(연도 미상)

원래 그림으로 제작된 것을 목판으로 모사한 것이다. 원그림은 웨스트 서식스 지방에 위치한 튜더 시대의 저택인 카우드리 하우스(Cowdray House)에 있었는데 1793년 화재로 불타버렸다.

물다가 영국으로 귀환했다.

1544년 9월 18일 카를과 프랑수아는 헨리를 제쳐두고 양자 간에 평화 조약을 체결했다. 크레피 조약Treaty of Crépy에 의해 카를은 사부아Savoie와 밀라노Milano를 양보 받았고, 프랑스와 터키 사이의 동맹 관계를 해체시켰으며, 양가 자녀들의 혼인 약속을 받아내는 등 명분과 실리를 모두 챙긴 반면, 헨리는 철저하게 배제되었다. 헨리는 카를이 프랑스와 개별적인 화전和戰을 함으로써 둘 사이의 약속을 어겼다고 비난했으나, 카를은 파리를 협공하기로 한 약속을 헨리가 제대로 이행하지 않았다고 반박했다. 헨리는 파리 협공을 약속한 적이 없다며 다시 반박했으나 그 반박의 강도가 너무 낮아서 헨리가 처음부터 파리 진군 의사가 없었음을 짐작하게 하는 대목으로 해석되기도 한다.[22]

혼자 남은 영국은 일단 우세한 해군력을 바탕으로 원활한 병참·보급 능력을 발휘했다. 카를 5세가 물러나기는 했으나 언제 또다시 적대적 개입이 있을지 모르는 상황에서 불로뉴를 무력으로 탈환하는 것이 불가능하다고 판단한 프랑스는 영국과의 휴전을 모색할 수밖에 없었다. 영국 또한 스코틀랜드 침공이 실패로 돌아가고 설상가상으로 1546년 생테티엔St Étienne 전투에서 프랑스군에 패하자 평화회담에 응하는 수밖에 없었다. 1546년 6월 양국 간에 타결된 핵심적인 조건은 영국이 불로뉴를 8년간 보유하되 1554년까지 프랑스가 200만 크라운을 지급하는 조건으로 프랑스에 돌려주는 것이었다.

이 전쟁은 엄청난 경제적 손실을 가져왔다. 3개월에 걸친 병력 동원 비용만 어림잡아 계산해도 50만 파운드 이상의 재정이 지출되었고 불로뉴 방어를 위해 추가적으로 40만 파운드 이상이 소모되었다. 1538년부터 1547년까지 10년간 사용한 전비는 총 200만 파운드가 넘을 것으로 추정되는데, 당시 헨리의 1년 수입이 약 15만 파운드 정도였던 것을 감안하면 실로 감당하기 어려울 정

---

22 같은 책, p.387.

도의 재정 지출이었다.[23] 이로 인해 그가 종교개혁을 통해 획득했던 전체 수도원 재산의 3분의 2에 이르는 엄청난 재원이 낭비되었으며 왕실의 재정은 거의 도산 직전에 이르렀다. 재정 충당을 위해 함량 미달의 화폐를 발행함으로써 극심한 인플레이션의 원인을 제공했으며 고율의 이자로 해외에서 끌어들인 돈은 왕실의 재정을 극심하게 압박하는 요인으로 작용했다.[24]

이에 반해 영국이 프랑스를 상대로 얻은 것은 불로뉴라는 항구뿐이었다. 불로뉴 점령의 의미를 군이 평가한다면, 칼레 방어에 도움이 되고, 프랑스와 스코틀랜드 사이의 해상 루트 봉쇄에 기여할 수 있으며, 파리 진군의 교두보로 활용할 수 있다는 정도였다. 그러나 합스부르크-발루아 전쟁의 종식과 함께 새로 짜인 보다 큰 틀의 국제 정세 속에서 볼 때 '불로뉴'의 의미는 축소될 수밖에 없었다. 더구나 영국은 칼레 방어를 위해 추가적으로 소요되는 엄청난 경비를 감당하지 못해 6년 만에 스스로 포기해야 할 운명이었다. 이렇게 보면 헨리의 전쟁은 30년 전과 마찬가지로 분명한 실패였다.

그러나 16세기의 여론은 헨리가 직접 지휘한 두 차례의 전쟁에 대해 그다지 부정적이지 않았다. 투르네나 불로뉴의 유지 여부와 관계없이 헨리가 전쟁을 통해 얻은 명예와 명성은 결코 사라지지 않을 것이라는 의견이 더욱 지배적이었다.[25] 이 점에서 당시 유럽의 국제사회나 국내 여론은 대체로 일치했다. 이를테면, 가드너는 언젠가 영국이 불로뉴를 잃게 되겠지만 이로 인해 얻은 명예와 명성은 사라지지 않을 것이라고 단언했다.[26] 이는 당시 유럽 또는 튜더 사

23 M. D. Palmer, *Henry VIII* (Longman, 1971), pp.79~80; Lacy Baldwin Smith, *Henry VIII: The Mask of Royalty,* pp.140~145.

24 Jasper Ridley, *Henry VIII: the Politics of Tyranny,* p.393; Lacy Baldwin Smith, *Henry VIII: The Mask of Royalty,* p.140.

25 Lacy Baldwin Smith, *Henry VIII: The Mask of Royalty*, pp.140~141.

26 Stephen Gardiner, *The Letters of Stephen Gardiner,* edited by J. A. Muller(Cam-

회의 지배 엘리트들이 가지고 있던 이상과 사회질서의 관점에서 전쟁이라는 국제 무대에서 발휘된 헨리의 행위가 그들의 기대를 저버리지 않았다는 의미가 된다. 여기에서 헨리의 전쟁이 성공인가, 실패인가를 현재의 관점이 아니라 동시대인의 관점에서 평가할 필요가 있다. 앞에서 살펴본 바와 같이 16세기의 군주들이 추구한 최고의 덕목이 명예였다면 헨리가 두 차례의 전쟁을 통해 추구한 명예의 실체는 무엇이었는가?

우선은 프랑스에 대한 영토권의 추구를 생각해볼 수 있다. 영토의 획득과 그에 수반되는 명예야말로 그 어떤 경제적 이익보다 르네상스 군주들의 확실한 전쟁 동기로 작용했다.[27] 더구나 헨리 8세를 포함한 모든 튜더왕조의 군주들은 자신들이 단순히 '영국의 왕'일 뿐 아니라 동시에 '프랑스의 왕'임을 강조해왔으므로 프랑스 영토를 회복한다는 것은 자신의 명예를 크게 떨치는 일이었다. 그들의 관점에서 보면, 프랑스의 왕관까지는 아니더라도 최소한 노르망디Normandie, 가스코뉴, 앙주Anjou 등에 대한 영국 왕의 권리는 의심할 여지가 없었다. 자신의 정당한 권리를 주장하는 것은 신의 법과도 일치하지만, 자신의 정당한 권리를 스스로 포기하는 것은 명예를 더럽히는 일이었다. 그러나 헨리가 전쟁을 통해 실제로 프랑스의 영토를 회복하려는 의지를 가지고 있었다고는 믿을 수 없다. 일시적인 군사적 점령이라면 몰라도 영구적으로 프랑스를 지배한다는 것은 현실적으로 불가능하다는 것을 헨리 자신도 잘 인식하고 있었다. 헨리가 1525년 카를 5세에게 프랑스에 대한 동시 침공을 제의하면서 프랑스 영토를 반분할 것을 제의한 적이 있었지만 그 진정성에 대해서는 의심의 여지가 있다. 1513년과 1544년, 그가 대륙 원정 과정에서 보여준 행태에 비추어 볼 때 그가 파리 진군을 의도적으로 회피한 것이 도리어 진실일 가능성이 더

---

bridge University Press, 1933), p.180.

27   John Rigby Hale, *War and Society*, p.23.

크다.

헨리 8세의 영국은 프랑스나 합스부르크 제국에 비해 경제적·군사적으로 불리한 위치에 있었으며 유럽의 세력 판도를 주도할 만한 형편이 아니었다. 큰 윤곽에서 당시 유럽의 국제 정세는 합스부르크와 발루아가 양극 구조를 이루고 있는 가운데 영국이 이를 삼각 구조로 전환시키고자 노력하는 형국이었다. 더구나 합스부르크와 발루아의 양대 세력 간 갈등은 국제 정세를 끝없는 불확실성 속으로 끌어들이고 있었다. 그러므로 이러한 제한적 상황 속에서 16세기 영국은 아직 세력 균형이니 해양 역할론 같은 거대 전략을 수행할 수 있는 충분한 능력을 갖추고 있지 못했다.[28]

예를 들면 1520년대를 기준으로 보았을 때 헨리가 가용할 수 있는 예산은 연간 약 11만 파운드 정도였다. 이에 비해 프랑스의 프랑수아 1세는 약 35만 파운드의 예산을 사용할 수 있었으며 비상시에는 이보다 두 배 정도 예산을 더 확보할 수 있었다. 비슷한 시기 카를 5세의 연간 예산 수준은 56만 파운드 정도였던 것으로 추정된다. 헨리가 재위했던 그 어느 시기에도 그의 재정 능력은 잘해야 경쟁자들의 3분의 1 정도에 불과했다.[29] 거기에다 각국의 인구 편차도 엄청난 수준이어서 영국이 국제 정세를 주도하기에는 힘의 열세가 너무나 뚜렷했다.

이는 외부와 내부 모두에서 인정하고 있는 상황이었다. 일찍이 스페인의 페르디난드는 자신의 사위인 헨리 8세가 통치하는 영국이 유럽 대륙의 주도 세력이 될 수 없음을 간파하고 있었고, 장차 헨리 8세 시대의 명재상이 될 토머스 크롬웰Thomas Cromwell 역시 1523년 의회에서 프랑스 원정 비용이 과다하고, 작은 나라가 큰 나라를 통치한다는 것은 불가능하며, 프랑스 귀족들의 내

---

28 David Potter, "Foreign Policy," pp.106, 113.

29 같은 책, p.112; Lacy Baldwin Smith, *Henry VIII: The Mask of Royalty*, p.144.

응을 기대하기 어렵다는 이유를 들어 영국의 대 프랑스 전쟁 불가론을 펼치기도 했다.[30] 군주의 입장에서도 명예의 추구 또는 전쟁의 수행이 현실적인 고려나 경제적 손익의 계산 없이 실행하기는 쉽지 않았을 것이다. 현실적으로 당시 영국의 국력으로 볼 때 프랑스의 구토舊土를 회복한다는 야망은 몇 가지의 전제 조건이 있어야만 실현할 가능성이 있었다. 즉 합스부르크(카를 5세)의 적극적인 지원이 필요했으며, 프랑스 내부로부터 내응이 있어야 했다. 그러나 양자는 모두 실현 가능성이 크지 않았다. 특히, 합스부르크에 대한 지나친 의존은 자칫하면 합스부르크 헤게모니Hegemonie를 고착시킬 위험성이 있었고, 이는 장기적으로 볼 때 영국의 이익에 결코 도움이 되지 못할 터였다. 더구나 일시적으로 그러한 야망을 어찌하여 이룬다 하더라도 실제로 영토를 유지할 수 있는 능력이 영국 왕에게는 없었다.[31] 그러므로 투르네나 불로뉴는 헨리가 현실적으로 추구할 수 있었던 '작은 목표soft target'라고 할 수 있었다. 이들이 아무리 보잘것없는 영토라 하더라도 그것은 군사적 승리를 통해 얻은 스스로의 권리 회복이며 그만큼 상징하는 바가 컸다. 영국이 후일 칼레까지 상실해 대륙의 거점을 완전히 잃은 뒤에도 초상화나 기념물, 화폐 등의 도안을 통해 끊임없이 프랑스에 대한 영토권을 상징적으로 강조해온 것을 보면 충분히 이해가 가는 일이다. 영국이 프랑스를 공식적으로 포기한 것은 1802년이었다.

또한 전쟁에서의 승패는 군주의 명예에 커다란 영향을 미치지만 그보다 더욱 중요한 것은 전쟁이 행해진 명분과 방식이 얼마나 군주의 행위규범에 합당한 것인가의 문제였다. 헨리는 전쟁의 개전 선언 이전에 충분한 명분을 찾는데 많은 시간과 노력을 들였다. 전술한 바와 같이 1544년 헨리가 전쟁에 뛰어든 것은 카를과 프랑수아가 다시금 치열한 전쟁을 벌이고 있을 때였다. 유럽의

---

30 John Rigby Hale, *War and Society*, p.33.

31 David Potter, "Foreign Policy," p.115.

양대 세력 간에 갈등이 계속되는 기간이 영국의 안전이 보장되는 상황임을 고려한다면 이 전쟁은 불합리하기 짝이 없었다. 그뿐 아니라 그는 프로테스탄트 Protestant 영국에 가장 위협적인 존재로 간주될 수도 있는 가톨릭 세력의 맹주인 카를과 손을 잡고 프랑수아를 협공했다. 그렇다면 여기에서 전쟁이 가지는 명분은 무엇이었는가?

헨리의 명분은 프랑수아가 이교도인 무슬림 세력과 손을 잡았다는 사실에서 비롯되었다. 이교도와 내통한 적을 친다는 것은 그가 1512년 '가장 기독교적인 왕'의 칭호를 부여받았을 때와 비슷한 명분을 주었다. 기독교 교회를 이교도로부터 보호하는 것은 기독교 군주에게 주어진 책무이며 이러한 목적으로 수행되는 전쟁은 언제나 정당했다. 또한 이 전쟁으로 인해 얻어지는 명예는 그 전쟁을 선포한 군주에게 돌아갔다. 거기에다 왕권의 절대적 이미지는 신의 대리인으로서, 또한 신의 법을 집행하는 존재로서 상징될 때 더욱 강해지는 법이고, 이 또한 그의 명예를 올려주는 데 일익을 담당할 터였다. 이러한 점에서 볼 때, 개전 이전 헨리가 프랑수아에게 무슬림과의 관계를 단절하고 그들의 축출에 협력할 것을 요구한 것은 '명분 쌓기' 측면에서 너무나 당연한 일이었다.

1544년 전쟁의 명분에는 스코틀랜드 문제도 포함되어 있었다. 헨리는 프랑스가 스코틀랜드를 회유해 자신에게 적대적인 태도를 취하게 함으로써 자신의 명예를 위협하고 있다고 생각했다. 그러므로 헨리는 개전에 앞서 더 이상 자신의 명예가 훼손되는 것을 용납할 수 없다는 것을 프랑스와 스코틀랜드 측에 명확하게 전달하고자 했다. 여기에서 말하는 그의 명예는 스코틀랜드에 대한 영국 왕의 권리와 관련이 있었다. 프랑스와 전쟁을 벌이기 전인 1542년 헨리는 장문의 전쟁 선언문을 스코틀랜드에 전달했다. 그는 여기에서 그동안 사절을 통해 양국의 공동 이익을 추구할 것을 제의하고 직접 만나 대화하고자 시도했으나 아무런 응답을 받지 못했음을 밝힌 후, 영국 왕과 스코틀랜드 왕은 전통적인 주종 관계에 놓여 있으므로 자신의 스코틀랜드 침공은 영국 왕으로서 가지는 정당한 권리의 회복을 위한 것이라고 주장했다. 동시에 프랑스가 스코틀랜드를 회유해 영국의 안전을 위협하는 것은 영국 왕의 정당한 권리를 부정하고 모욕하는 것이라며 프랑스에 대해서도 일침을 가했다.[32]

또한 헨리는 스코틀랜드의 제임스 5세가 양의 목축을 통해 경제적 이익을 도모한다는 소식을 듣고 이는 왕의 지위와 신분에 합당한 명예와 양립할 수 없는 것으로서 신민들의 저항에 직면할 것이라고 비난했다.[33] 그러나 그 제임스가 1542년 전쟁의 와중에 병으로 죽고 영국의 손쉬운 승리가 예상되는 순간, 헨리는 왕의 사체나 과부 또는 젖먹이 후사를 상대로 전쟁을 한다는 것은 더 이상 왕의 명예가 아니라며 스코틀랜드와의 전쟁을 중지했다.[34] 그뿐만이 아니었다. 1544년 불로뉴를 함락한 후 프랑수아가 보낸 화의 사절을 접견한 자리에서 헨리는 프랑스의 절반을 준다 해도 카를과의 신의를 저버리고 프랑스와의 단독 협상에 응할 수는 없다며 단호히 뿌리치기도 했다.[35] 이렇게 볼 때 명예와 관련한 르네상스 군주들의 발언을 단순한 일상적 수사로 단정해버리는 것은 위험하기 짝이 없는 일이다.

32 M. D. Palmer, *Henry VIII*, pp.79~80.

33 Ralph Sadler, *The State Papers and Letters of Sir Ralph Sadler*, edited by Arthur Clifford(Edinburgh: Forgotten Books, 1809), vol.1, p.7; Lacy Baldwin Smith, *Henry VIII: The Mask of Royalty*, p.43.

34 *Hamilton Papers: Letters and papers illustrating the political relations of England and Scotland in the Sixteenth Century*, edited by Joseph Bain(Edinburgh: H. M. General Register House, 1890~1892), vol.1. 261, p.342; Lacy Baldwin Smith, *Henry VIII: The Mask of Royalty*, p.160.

35 Jasper Ridley, *Henry VIII: the Politics of Tyranny*, p.385.

3. 금란의 들판

군주의 명예는 전쟁을 통해서만 얻어지는 것은 아니었다. 다만 반드시 다른 사람들의 평가에 의해서 인정되어야 했으며 세상의 주목을 더 크게 끌면 끌수록 더욱 효과적으로 가질 수 있었다.[36] 이를테면, 1518년의 런던 조약을 전후해 헨리가 담당했던 '평화의 중재자' 역할은 헨리의 명예와 지위를 고양하는 데 긍정적으로 작용했다.[37] 헨리가 수행한 기독교 세계의 평화 수호자로서의 역할은 종전에는 교황에게만 주어진 책무였으므로 그 자체로 매우 명예로운 일이었다.

런던 조약은 당시 영국의 재상이자 추기경인 토머스 울지Thomas Wolsey의 주도로 마련된 것이었는데, 교황은 물론 신성로마제국 황제 막시밀리안, 스페인 왕 카를로스 1세, 프랑스 왕 프랑수아 1세를 비롯해 유럽의 20여 개국 군주가 참여한 국제 조약이었다. 비록 영국의 입장에서는 이 조약을 통해 투르네를 프랑스로 반환해야 했지만, 런던 조약의 성가聲價는 헨리와 영국을 잠시나마 유럽의 중심으로 우뚝 서게 만든 역사적 사건이었다.[38]

그러나 평화의 약속이 지켜진다는 보장은 없었다. 1519년 스페인의 왕 카를로스가 신성로마제국의 카를 5세로 즉위하자마자 평화는 위태로워졌다. 새로운 국제 정세가 형성되는 과정에서 헨리와 프랑수아, 그리고 헨리와 카를 5세 사이의 만남이 이루어졌으며, 특히 전자의 만남은 그 화려한 의식으로 인해 '금란의 들판the Field of Cloth of Gold'이라는 이름을 얻게 되었다.[39]

---

36 Mervyn James, *Society, Politics and Culture,* p.312.

37 David Potter, "Foreign Policy," p.115.

38 런던 조약에 대한 국내 논문으로는 다음이 있다. 김민제, 「유럽정세에 예속된 튜더시대의 영국외교: 런던조약(1518)과 영국의 안보를 중심으로」, ≪영국연구≫, 6호(2001. 12), 45~64쪽.

그림 1-4 **〈금란의 들판〉 전도**(약 1545년)
영국 왕실 소장.

5월 31일 헨리 일행은 27척의 배를 나누어 타고 칼레로 떠났다. 울지 추기
경과 버킹엄Buckingham 공작을 비롯해 영국의 모든 귀족들과 고위 성직자들이
대열을 지어 왕을 따랐다. 단지 노퍽Norfolk 공작만이 국왕 부재 시 만약의 사태
에 대비해 국내에 남았다. 왕의 행렬은 6월 5일 임시 궁전이 세워져 있는 긴느
Guines로 향했다.

6월 8일 양측의 임시 궁전 사이 한가운데 지점인 발 도레Val Dorée에서 두 군
주의 만남이 이루어졌다. 양국의 왕은 각자 자기의 행렬이 시야에 들어오는 지
점에 이르러 각기의 행렬을 이탈해 질주했다. 드디어 만난 양국의 왕은 마상에
서 세 번을 포옹하고 말에서 내려 다시 한 번 포옹했다. 이는 울지와 프랑스 측
협상 대표 간에 미리 합의된 사항으로서 모든 절차가 각본에 짜인 그대로 엄숙

---

39 '금란의 들판'에 대한 단행본으로는 Joycelyne Gledhill Russell, *The Field of Cloth of Gold: Men and Manners in 1520* (London: Routledge and Kegan Paul, 1969)이 있다. 관련 문헌들이 부록으로 수록되어 있어 유용하다. 아래의 내용은 대체로 이 책에 따른 것이다.

그림 1-5 〈**금란의 들판**〉 부분도 - **헨리의 행진**(약 1545년)
영국 왕실 소장.

하게 진행되었다. 이후 축제가 17일 동안이나 계속되었다. 이 축제는 마상 시합, 레슬링 등 다양한 스포츠 경연을 통해 전통적인 중세 기사들의 세계를 재현하는 군사적 무대였을 뿐 아니라 건축, 미술, 음악 등 모든 분야에서 가장 뛰어난 재사才士들을 동원해 기량을 겨룬 하나의 장려한 의식이었다.

양국의 합의에 의해 수행 규모가 미리 정해졌는데, 수행원은 각기 5000명을 약간 넘었으며 동원된 말은 3000마리에 달했다. 헨리의 스커트와 말의 장식에만 무려 2000온스의 금과 1100개의 큰 진주알이 사용되었다. 수행원을 수용하는 텐트도 3000개에 육박했다. 수천 명에 달하는 노동자들이 수개월간 동원되어 완성된 긴느의 영국 측 임시 궁전과 텐트는 금실과 금분으로 장식된

천으로 치장되어 있었다. 덕분에 이 화려하기 짝이 없는 평화 의식은 거의 첫날부터 '금란의 들판'으로 사람들의 입에서 회자되었다. 임시 궁전의 대연회장은 길이가 약 38미터, 너비 약 13미터, 높이는 9미터에 달하는 등 영국 본토에 있는 그 어떤 궁전의 방보다 큰 것이었다. 임시로 세워진 성당 또한 값을 따질 수 없는 진귀한 보석으로 장식되었다. 한 외국인 목격자는 엄청난 장관에 감동한 나머지 '매너와 예절의 극치를 느꼈다고' 술회했으며, 헨리를 가리켜 '위대한 무적의 왕the most invincible king'이라고 지칭하면서 '그 어느 군주보다도 위대한 왕이 될 것'이라고 찬양했다고 한다.[40]

아르드르Ardres 에 마련된 프랑스의 임시 궁전에 대한 그림이나 총체적인 전모를 소상하게 밝혀주는 문헌 기록은 남아 있지 않으나 결코 영국 못지않은 수준이었을 것이다. 영국의 경우와 마찬가지로 임시 궁전과 텐트는 모두 금실과 금분으로 장식되었으며 중심 건물의 높이는 약 36미터에 달한 것으로 기록되어 있다. 특히 성 미카엘의 조상彫像은 한 손에는 창, 다른 한 손에는 방패를 들게 함으로써 프랑스와 프랑스 왕실의 수호성인으로서의 상징성을 부각시켰으며 초자연적 능력의 소유자임을 강조했다고 한다.

'금란의 들판'은 비록 전쟁은 아니었으나 군사적 성격의 무대에서 펼쳐진 그리고 전쟁의 요소를 두루 갖춘 '평화 의식'이었으며, 행사에 동원된 엄청난 인원과 물자, 특히 그것에 의해 표현된 장엄과 화려함의 극치는 유럽의 관중들을 놀라게 했다. 당시 사람들은 이를 세계의 '여덟 번째의 경이'라고 부를 정도였다. 이는 왕만이 할 수 있는 일이었으며 그만큼 신민臣民 과의 차별성은 강조되었다. 다시 말해서, 이 의식은 내부적으로는 국왕을 정점으로 하는 사회적 관계를 시각적으로 표현한 것이었으며, 외부적으로는 영국 군주의 덕성과 명예

---

40 Sydney Anglo, *Spectacle, Pageantry, and Early Tudor Policy* (Oxford, 1969), p.123.

그림 1-6 〈금란의 들판〉 - **부조**(연도 미상)
프랑스 루앙 소재 부르트루드 호텔(the Hotel de Bourgtheroulde)의 정원에 있는 5개의 얕은 양각 작품 시리즈 중 3개이다.

를 세계에 선포한 것이었다. 이렇게 해서 '금란의 들판'은 전쟁을 치르지 않고도 전장에서의 영광을 재현하는 효과를 거둘 수 있었다. 어떤 면에서는 실전을 치르며 훨씬 더 많은 경비와 인명을 잃어야 했던 투르네 전투(1513)나 불로뉴 전투(1544)의 영광을 능가하는 것이었다.

원래 두 군주 사이의 만남이 이루어지게 된 것은 영구적인 상호 우호 조약을 체결하기 위해서였다. 이를 위해 영국 공주와 프랑스 왕세자 간의 혼인 동맹도 추진되었으며 상호 이해를 증진시켜 기독교 세계 전체에 이익이 되도록 하자는 취지도 포함되어 있었다. 그러나 그토록 화려하게 펼쳐진 평화 의식과 온갖 우애의 제스처에도 불구하고 '금란의 들판'은 실제 영국과 프랑스 사이의 관계를 개선하는 데 특별히 긍정적인 역할을 수행하지는 못했다. 행사가 끝나자마자 헨리는 프랑수아의 라이벌인 카를 5세와의 회담을 속행했다. 그리고 1522년 헨리는 카를 5세와 새로운 동맹을 맺고 프랑스와의 전쟁에 돌입했다. 비록 약속했던 평화가 깨어지고 전쟁이 일어났지만 헨리 8세가 '금란의 들판'에서 발휘한 왕의 덕성과 그로부터 얻은 찬란한 명예의 본질과 가치는 조금도 훼손되지 않았다.

4. 튜더 왕권의 시각적 이미지

충분한 물리적 지배 수단을 확보하지 못한 튜더조의 군주들이 왕국을 효율적으로 통치하기 위해서는 적어도 엘리트 계층의 협력과 동의가 필요했다. 왕과 정부는 다양한 방식의 선전과 설득 수단을 발굴해 활용했다. 왕의 이혼과 뒤따르는 종교개혁의 과정을 관심 있게 들여다보면, 정부가 얼마나 조직적으로 학자나 문필가들을 동원해 설득 논리를 개발하고 정책의 당위성을 전파했는지 쉽게 발견할 수 있다. 이와 함께 복종을 내부화internalization of obedience 시키는 작업도 꾸준하게 시도되었다. 이는 신민의 무의식 속에 복종과 충절의 코드를 입력시키는 것으로서 이를 위해서는 왕권의 차별적·절대적·징악懲惡적 이미지를 끊임없이 생산하고 전파할 필요성이 있었다.

전쟁이나 장려한 평화 의식은 왕의 덕성을 왕답게 발휘하는 가장 효과적인 장場이었으나 그것이 유일한 방식은 아니었다. 권력과 예술이 결합된다는 전제하에 건축, 미술, 행렬, 야외극 등도 유용한 수단이 될 수 있었으며 그중에서도 군주의 초상화는 활용도가 아주 높은 우수한 매체였다. 정교한 시각적 묘사를 통해 '금란의 들판'의 이미지를 재현한 그림들만 하더라도 많은 사람들의 마음속에 군주의 덕성을 훌륭하게 각인시키는 효과를 가져다주었다.

〈금란의 들판〉이라고 불리는 햄프턴Hampton 궁전의 그림은 한때 한스 홀바인Hans Holbein의 작품으로 추정되기도 했으나 현재는 그다지 설득력이 없는 설에 가깝다. 그림이 그려진 시기에 대해서도 논란이 있다. 어떤 사람들은 현재 남아 있는 그림이 화이트홀Whitehall 궁전의 벽에 걸려 있던 원화를 복제한 것이라고 주장하는 반면, 어떤 이들은 이것을 원화로 판단한다. 그러나 이벤트 당시가 아니라 상당한 시일이 지난 후에 그려진 그림일 것이라는 데에는 의견이 일치하고 있다. 1542~1547년 사이에 작성된 화이트홀 오처드 갤러리Orchard Gallery의 소장 목록에 〈금란의 들판〉이 누락된 사실에 비추어 최소한 그 이후에 제작된 것이라는 주장도 있다.[41]

이 그림이 이벤트 당시에 제작되었든 그 후에 제작되었든 그림이 묘사하고 있는 광경이 이벤트에 참가했던 연대기 작가들의 문헌 기록과 크게 다르지 않다는 점에 대해서는 별 이견이 없다. 당시 참가자들이 목격했던 왕의 위용과 권위를 되살려 이를 신민들에게 시각적으로 전달하고자 하는 것이 이 그림의 제작 목적이었음을 알 수 있다.

---

41 Joycelyne G. Russell, *The Field of Cloth of Gold*, pp.35~36.

그림 1-7 〈**헨리의 승선**〉 (약 1545년)
햄프턴 궁전 소장(런던).

그림 속 헨리는 행렬에 속한 다른 이들과 확연하게 구별된다. 그의 모습은 금빛으로 환하게 빛나고 있으며 또한 그림 속 다른 수많은 인물의 시선과 달리 그의 얼굴은 정면을 향해 있다. 금은 밝음과 존귀함, 우월성을 상징하며 정면 응시는 권위의 절대성을 표현한다. 이러한 왕의 이미지는 홀바인이 1537년 완성한 〈위대한 그림the Great Picture〉 속의 이미지와 일치하는 것으로서, 그림의 제작 연도를 빨라야 1537년경으로 보는 근거가 된다. 〈헨리의 승선the Embarkation of Henry VIII〉이라고 불리는 또 다른 햄프턴 궁전의 그림은 헨리가 칼레로 떠나기 위해 도버에서 승선하는 모습을 그린 그림으로서 왕의 위용이 가히 하늘을 찌를 듯하다.

왕의 차별화된 덕성을 묘사하기 위해 전쟁화만 그린 것도 아니었다. 1530

그림 1-8 〈위대한 그림〉
영국 왕실 소장, 햄프턴 궁전 전시(런던).

년대에 이르러 이전과는 확연하게 다른 스타일의 '군주 초상화'가 제작되기 시
작했으며 그중에서도 〈위대한 그림〉은 홀바인이 그린 가장 대표적인 튜더 왕
권의 이미지이다. 특히 그림 속 헨리의 모습은 너무나 압도적이어서 보는 이들
이 스스로의 몸을 제대로 가누지 못할 정도였다고 한다. 이 그림의 원화는 화
이트홀 내실에 있던 프레스코 벽화였을 것으로 추정된다. 1698년 발생한 화이

트홀 화재로 벽화가 소실되기 전에 한 화가가 그림을 모사했고 이를 바탕으로 1737년 동판화로 다시 제작된 것이 현존하는 작품이라고 한다.

그런데 한 가지 특기할 사항은 〈위대한 그림〉 벽화 제작을 위한 밑그림으로 추정되는 그림이 현존하는데, 여기에 나타난 헨리의 이미지는 〈위대한 그림〉과 상당한 차이가 있다는 점이다. 헨리가 정면을 향하고 있지도 않을뿐더러 압도적인 카리스마도 표현되지 않았다. 밑그림과 완성된 그림 사이에서 보이는 확연한 차이는 왕 자신이 직접 자신의 이미지 생산에 관여했음을 말해주는 증거로 받아들여진다. 다시 말해서, 헨리가 밑그림을 보고 자신의 이미지 수정을 요구했을 것이라는 주장이다.[42]

그러나 '정면 응시'는 이미 이전에 생산된 헨리의 다른 초상에서도 볼 수 있다. 그림에 등장하는 다른 인물들의 시선은 다른 곳으로 향해 있는데 유독 왕의 시선은 관중의 시선과 직접적으로 마주치도록 되어 있다. 이를테면 홀바인의 1535년 작품인 〈솔로몬과 시바의 여왕 Solomon and the Queen of Sheba〉에서 솔로몬으로 표현된 헨리만이 정면을 응시하며 화면 전체를 압도하고 있고 나머지 20명 가까운 다른 인물들의 시선은 다른 곳을 향하도록 처리되어 있다. 이후 헨리의 정면 응시는 그의 전형적인 이미지로 굳어졌고 이는 왕의 차별적·절대적 덕성을 효과적으로 전파한 것으로 믿어진다.

종교개혁으로 인해 군주의 덕성이 변화함에 따라 새로운 덕성을 최고의 경지에서 표현할 필요가 생겨났다. 이에 따라 교회의 진정한 종교적 수장이자 신의 대리인으로서의 덕성을 시각화하는 작업이 이루어졌다. 1535년 발간된『커버데일 성경 the Coverdale Bible』은 비록 공식 인가는 받지 못했지만 토머스 크롬웰이 왕의 대리인 자격으로 후원해 출판된 영어 성경이었다. 표지 그림에는 모

---

42 David Howarth, *Images of Rule: Art and Politics in the English Renaissance, 1485~1649* (London: Macmillan Press, 1997), pp.78~82.

그림 1-9 〈솔로몬과 시바의 여왕〉(약 1535년)

한스 홀바인, 윈저 성 왕립도서관 소장.

세 - 예수 - 헨리로 이어지는 복음주의적 왕권evangelical kingship의 이미지를 형상화했으며, 특히 정치적·종교적 권위를 모두 갖춘 신정적 통치자로서의 왕의 덕성을 표현했다.[43] 또한 1539년 발간된 영어 성경인 『위대한 성경the Great Bible』의 표지 그림은 교회와 국가의 수장으로서 왕의 덕성이 표현되었다. 하늘과 땅 사이의 중재자로서 신의 말씀을 직접 받아 백성들에게 전달하는 헨리의 모습이 상징적으로 묘사되어 있으며, 이러한 일은 오직 왕만이 할 수 있다는 차별성이 시각적으로 구체화되었다.[44]

결국 헨리 8세가 실제적인 전쟁을 통해 추구한 것이나 '금란의 들판' 같은 평화적 의식을 통해 추구한 것은 '명예'라는 동일한 가치였다. 그에게 군주의 명예는 군주만이 가지는 덕성과 품성을 발휘해 세상 사람들에게 보여줄 때 얻어지는 것이며, 이는 귀족 등 다른 신민과의 차별성을 부각함으로써 비로소 가능한 것이다. 이러한 명예는 시각적 이미지의 생산을 통해 지속적으로 전파할 수 있었다. 이미지의 생산과 전파는 모든 명예의 원천이 왕에게 있음을 확고히 하고 이를 제도화하려는 시도와 관련이 있었다. 이렇게 볼 때 헨리의 전쟁과 '금란의 들판', 그리고 초상화는 군주의 덕성을 과시함으로써 명예를 추구하려는 공적 무대이자 수단이었으며 그것이 곧 튜더 왕권의 시각적 이미지였다.

---

43 John N. King, "Henry VIII as David: the King's Image and Reformation Politics," in Peter C. Herman(ed.), *Rethinking the Henrician Era* (University of Illinois Press, 1994), pp.78~79.

44 같은 책, p.80.

엘리자베스 초상화의 비밀

1. 군주의 초상화

서양에서 군주의 초상화를 제작하고 보존하는 전통은 오래되었다. 초상화의 재료와 스타일, 제작 동기는 시대에 따라 달라졌으며 특히 르네상스 이후 커다란 변화가 나타났다. 영국의 경우에는 16세기 초에 접어들면서 의미 있는 변화가 일어난 것으로 보인다. 15세기 이전에 그려진 군주들의 초상화가 그리 많이 남아 있지 않은 상황에서 무엇이 어떻게 달라졌는가를 정확한 사료에 기초해 설명하기는 어렵다. 다만, 현존하는 그림들만 가지고 판단한다면 16세기 초부터 군주가 그의 신민들에 대해 가지는 차별성이 그림 속에서 강조되기 시작했다고 말할 수 있다.

16세기 이전에 제작되었다 하더라도 리처드 2세의 경우에서 보듯 왕관 또는 군주의 권위를 나타내는 남다른 표징을 갖춘 초상화도 있었고 간혹 헨리 6세, 리처드 2세, 에드워드 4세의 경우처럼 왕을 다른 인물들보다 크게 묘사하는 기법이 사용되기도 했다. 그러나 대부분은 군주의 그림이라도 다른 신민들

의 초상과 크게 다르지 않았다. 예를 들면 미헬 시토Michel Sittow가 그린 헨리 7
세는 지친 모습을 한 마흔 줄의 평범한 중년에 지나지 않는다. 다만 그가 손에
쥐고 있는 붉은 장미만이 그가 랭커스터가家를 대표하는 인물이라는 것을 말
해주고 있을 뿐이다. 리처드 3세의 경우도 마찬가지여서 만약 '영국 왕 리처드'
라는 화제畵題가 없다면 그가 왕이라는 것을 알아보지조차 못할 정도이다.[1]

그러나 헨리 8세 이후의 초상화에서는 군주의 차별성이 강조되기 시작했으
며 특히 홀바인에 의해 생산된 헨리의 초상화는 튜더 왕권의 대표적 이미지이
다. 그가 그린 〈위대한 그림〉 속의 헨리는 보는 사람들을 당황시키고 압도했
다는 기록이 전해질 정도로 강력한 카리스마를 가지고 있었다고 하며 우리는
아직까지 현존하는 모사품을 통해 그 편린을 짐작할 수 있다.[2]

1530년대를 기점으로 튜더 군주들은 영국 역사상 그 어느 때보다 장려한
왕권의 이미지를 적극적으로 생산하기 시작했으며 이를 광범위한 경로를 통해
보급했다. 그것은 초상화뿐만 아니라 전쟁화, 의식, 행렬, 드라마, 왕실의 문장
과 장식을 통해 끊임없이 시도되었다. 그렇다면 이를 통해 군주들이 얻으려고
한 것은 무엇이었을까? 여기에서 이 시기가 유럽 역사의 큰 전환점이라는 사
실에 주목할 필요가 있다. 천년의 세월을 버티어온 보편적 교회가 해체되었으
며 지리상의 발견과 함께 전통적 우주관도 함께 붕괴되었다. 새로운 세계가 전
개되면서 군주의 개념이 확산되었으며 각국의 군주들이 신의 대리인으로서의
역할을 자임하고 나섰다. 그러므로 군주의 초상화는 이 같은 군주 개념의 확대
와 궤를 같이 했을 것이라는 추정이 가능하다.[3] 이러한 가설은 16세기 초반 유

---

1   Penry Williams, *The Tudor Regime* (Oxford, 1972), p.361.

2   헨리가 홀바인을 고용한 것은 자신의 시각적 이미지를 통치 수단으로 활용하기 위한 확
    실한 동기나 정책 방향이 있었기 때문이 아니라 보다 평범한 목적에서 비롯되었다는 주
    장도 있다. Greg Walker, "Henry VIII and the Invention of the Royal Court," *History
    Today*, vol.47, no.2(1997), p.20.

럽의 거의 모든 왕가에 적용될 수 있을 것으로 보이지만 영국의 경우는 보다 흥미로운 관찰의 대상이 될 수 있다. 이 시기 영국 군주들에게는 1530년대에 시작된 종교개혁의 과정과 에드워드 6세의 이른 죽음이 초래한 왕위 계승의 불안정성으로 말미암아 국가와 교회에 대한 왕의 지배를 정당화하기 위해 좀 더 적극적으로 선전할 프로그램이 필요했을 것이기 때문이다. 더욱이 여성 군주라는 특수성을 가졌던 엘리자베스 1세의 경우는 더욱 그러했을 것이다.

이 장은 엘리자베스의 초상화를 분석하고 이를 바탕으로 영국 튜더조의 군주들의 시각적 이미지 생산이 왕권의 이상理想을 확대함으로써 상징적 권력을 창출해가는 과정이었음을 설명하려고 한다. 대체로 상징적 권력을 창출할 필요성은 실질적인 권력이 부족한 경우에 더욱 커진다고 본다면, 튜더 왕권도 물리적인 지배 시스템을 가지지 못했다. 효율적인 정책 수립과 집행을 담당할 전문적인 관료제도도 없었으며, 정책과 법의 집행을 물리적으로 담보할 수 있는 상비군이나 경찰력도 가지고 있지 못했다.

이러한 상황에서 근대 초기의 영국 군주들이 왕권을 제대로 행사하기 위해서는 적어도 엘리트 계급의 협력과 동의가 필요했다. '튜더 전제주의Tudor despotism'라는 개념은 이미 많은 연구 결과에 의해 시대착오적인 것으로 규정되었다. 그 대신 튜더 시대 왕권의 행사는 대체로 법의 테두리 안에서 행사되었으며 법치주의의 본질을 훼손하지는 않았다는 주장이 힘을 얻고 있다. 이를테면 헨리 8세가 아무리 강력한 왕이었다 해도 그의 권한 행사는 어디까지나 정치적 공동체의 협력과 동의를 바탕으로 이루어졌다는 것이다.[4]

---

3   Roy Strong, *Gloriana: the Portraits of Queen Elizabeth* (London: Pimlico, 2003), p.12.

4   Penry Williams, *The Tudor Regime,* pp.389~402; William Dunham, "Regal Power and the Rule of Law," *Journal of British Studies,* no.3(1964), pp.24~56; G. R. Elton, "The Rule of Law in Sixteenth-Century England," in Arthur J. Slavin(ed.),

국민들이 마음속으로 왕을 인정하고 왕의 통치를 따를 준비가 되어 있을 때에 비로소 자발적인 협력과 동의를 쉽게 얻어낼 수 있다. 상징적 권력의 창출은 효율적인 '복종의 내부화internalization of obedience'를 추구하는 수단이었다고 할 수 있다. 튜더 정치문화의 본질을 이해하기 위해서는 이 같은 상징적 권력의 창출 노력이 어떠한 과정을 거쳐 이루어졌는가를 우선적으로 살펴볼 필요가 있다.

2. "왕은 죽지 않는다"

엘리자베스는 그 이전의 역대 어느 군주보다 많은 초상화를 남겼다. 재위기간이 남달리 길었던 이유도 있지만 엘리자베스가 자신의 초상화에 각별한 관심과 애정을 쏟았기 때문이기도 하다.[5] 또한 군주의 초상화를 가지고 싶어 하는 국민의 열망에 힘입어 시장에서의 수요가 크게 증가한 측면도 있었다.

엘리자베스 초상화의 일반적인 특징 중 하나는 반反 자연주의이다. 다시 말해서 변화와 생동감이라는 피조물의 속성과 여성성에 대한 의도적인 억압이 이루어졌다는 것이다.[6] 윌리엄 스크롯츠William Scrots의 그림으로 추정되는 공주 시절의 초상화에는 단아함 속에서도 가슴의 곡선이 자연스레 표현되어 있는 등 사춘기를 맞은 여성의 성적 특징이 잘 드러나 있다. 그러나 왕위에 오른 뒤에 그려진 수많은 초상화들, 특히 엘리자베스의 승인을 거친 후 생산·보급된 것으로 보이는 작품들 속에서는 이 같은 여성성이 거의 발견되지 않는다.

Tudor Men and Institutions (Louisiana State University Press, 1972), pp.266~293.

5   Horace Walpole, Anecdotes of Painting in England, vol.I(London, 1862), p.150.

6   David Howarth, Images of Rule: Art and Politics in the English Renaissance, 1485~1649 (London: Macmillan Press, 1997), pp.103~104.

그림 2-1 《엘리자베스 공주》(약 13세, 1546)
윌리엄 스크롯츠, 영국 왕실 소장, 윈저 성 전시.

모든 피조물은 삶과 죽음의 운명을 피할 수 없고 시간의 흐름에 따라 모습이 변해가기 마련이다. 엘리자베스도 인간인 이상 세월을 지내며 나이가 들고 또 그만큼 늙어갈 수밖에 없다. 그럼에도 재위 기간이 45년이나 되는 그녀의 초상화에서는 그 같은 세월의 흐름이 쉽게 느껴지지 않는다. 예컨대 그녀가 50줄에 들어선 1585년경에 그려진 것으로 추정되는 〈담비 초상화the 'Ermine' portrait〉에는 아직도 30대의 여왕이 표현되어 있다. 이 때문에 초상화의 제작연도 추정에 많은 어려움이 따르기도 한다. 로버트 피크Robert Peake가 그린 것으로 추정되는 〈행렬도the 'Procession' picture〉가 그 예이다. 로이 스트롱Roy Strong은 이 그림이 1601년에 제작되었다고 추정하지만, 18세기 중반의 전문가들은 1588년, 심지어는 1571년을 제작연도로 보았다.[7]

엘리자베스 초상화의 또 다른 특징은 고도의 상징성이다. 헨리 8세를 비롯한 다른 튜더 군주들도 많은 상징을 사용했지만 엘리자베스의 경우는 훨씬 더 두드러졌다. 부왕인 헨리 8세는 남성적인 힘을 주제로 삼았지만 엘리자베스에게는 맞지 않는 모델이었기에 엘리자베스가 대체적으로 개발할 수 있었던 방법은 이상적인 왕권을 나타내는 고도의 상징적 이미지들을 사용하는 것이었다. 그림 속에 묘사된 옷과 장신구, 보석, 가구, 동물, 손에 쥐고 있는 물건들이 내포하고 있는 복합적인 상징들은 왕권의 절대성과 차별성을 강조하는 공통점을 가지고 있었다. 이렇게 볼 때 엘리자베스 초상화는 중세 말기부터 진행되어 온 왕권 강화 작업의 연장선 속에서 이해할 필요가 있다.

군주는 정치적 집합체의 수장이다. 그런데 그도 사람이므로 언젠가는 죽음을 맞이해야 할 운명의 소유자이기도 하다. 이때 자연인으로서의 군주의 죽음은 정치적 집합체의 영속성과 집합체의 완전성을 훼손시킬 수 있다. 중세 말기

---

7   Roy Strong, *The Cult of Elizabeth: Elizabethan Portraiture and Pageantry* (London: Pimlico, 1999), pp.17~41.

그림 2-2 〈행렬도〉(약 1601년)
로버트 피크, 개인 소장.

에 이르러 '결코 죽지 않는 왕a rex qui nunquam moritur; a "king that never dies"'의 개념
이 등장한 것은 원래는 왕국이라는 집합체의 영속성을 확보하기 위한 것이었
다. 그러나 이것은 자연스레 왕과 다른 신민 사이의 차별성을 강조하는 개념으
로, 또한 왕권의 절대성을 강조하는 개념으로 발전하게 되었다.

　16세기에 접어들면서 자연인인 왕의 죽음 이후에 후계자의 왕위 계승 사이
에 존재하는 시간적 간격이 초래할 수 있는 정치적 집합체의 영속성 단절 위기
는 왕의 혈통 자체에 신의 섭리가 개입한 것으로 간주되면서 해결되었다. 바꾸
어 말하면, 왕위 계승자의 탄생 자체가 신의 심판과 같은 속성을 가진 것으로
이해되었다. 예컨대 토머스 크랜머Thomas Cranmer는 에드워드 6세의 대관식에

서 신의 대리인이라는 왕의 지위는 대관식에서 주교에 의해 행해지는 '기름 부음'에 의해서 생기는 것이 아니라고 했다. '기름 부음'은 단지 하나의 의식에 지나지 않으며 이러한 행위가 없더라도 왕은 이미 완전한 군주이며 신의 대리인이라는 의미였다.[8]

16세기에 나타난 또 다른 변화는 왕과 왕권을 일치시키려는 시도가 이루어졌다는 점이다. 중세에는 개인으로서의 왕king과 왕권의 상징으로서의 왕관crown이 서로 다른 개념으로 사용되었다. 때때로 이러한 구분은 왕권의 약화를 꾀하려는 세력에 의해서 이용되기도 했다. 이를테면 에드워드 2세 주변의 총신들을 제거하고 왕권의 행사를 제약하고자 왕에게 도전했던 대귀족들은 자신들이 왕에게 한 충성과 복종의 맹세는 왕 개인보다 왕관의 권위에 더욱 강하게 결부된다고 주장했다. 이들은 또한 왕이 왕관의 권위를 훼손하고 신민을 고통받게 한다면 이러한 실정失政은 신민에 의한 강제적 수단으로 시정될 수 있다고 주장했다.[9] 16세기에 이르러 왕과 왕관은 비록 구분은 되지만 분리될 수 없는 것으로 이해되기 시작했다. 절대적 주권으로서의 왕권은 왕과 왕관의 일체화를 통해 시현示現될 수 있다는 것이었다. 이렇게 될 때 정치 공동체 속에서의 왕은 단순한 자연인으로서가 아니라 왕권의 상징과 결합된 초자연적인 존재로서 자리 잡게 되는 것이다.[10]

엘리자베스의 초상화에서 왕관, 홀笏, 보주寶珠로 구성되는 왕권의 표상이 빈번하게 등장하는 이유는 이러한 맥락에서 이해할 수 있다. 그러나 그녀의 초상화들을 자세히 살펴보면 왕권의 상징화 작업은 여기에서 그치지 않고 보다 정교하고 다양한 방식으로 추진되었음을 알 수 있다. 그리고 이 작업은 그녀에

---

8   Ernst H. Kantrowicz, *The King's Two Bodies: a Study in Medieval Political Theology* (Princeton University Press, 1997), pp.315~330.

9   같은 책, pp.364~365.

10   같은 책, p.382.

게 그만큼 절실한 과제였을 것이다.

엘리자베스는 영국 역사상 가장 위태롭고 불투명한 상황 속에서 왕위에 올랐으며, 그녀의 생존이 확보되기까지는 그로부터 최소한 십여 년의 세월이 더 지나야 했다. 어느 역사가는 엘리자베스 재위 초기의 역사(1558~1572)를 '생사를 결정하는 시험기'로 규정했지만,[11] 이것은 어디까지나 역사의 경과를 이미 알고 있는 후세 사람들의 판단일 뿐 역사의 당사자인 엘리자베스의 입장에서 보면 그 시험기는 상당 기간 더 이어졌을 것이다.

어쨌건 그 시험기 동안 역사는 극히 불투명했다. 여왕이 갑작스럽게 죽음을 맞이할 가능성도 있었고, 실제로 스코틀랜드의 메리를 영국의 여왕으로 옹립하려는 반란이 일어나기도 했다. 종교 문제와 혼인 문제는 더 큰 혼란을 초래할 수 있는 난제였으며 영국에 대한 가톨릭 국가들의 위협은 단순한 가능성으로만 존재하지는 않았다. 더구나 엘리자베스는 여성 군주였다. 그보다 먼저 언니 메리가 여왕의 자리에 있었다고는 하지만 그의 남편인 스페인의 펠리페 2세와 함께 영국의 공동 군주로 재위했으므로 엘리자베스와는 처지가 달랐다.

엘리자베스 초상화가 앞서 말한 바와 같이 중세 말기부터 지속적으로 확장되어온 왕권의 이상을 형상화한다면, 초상화에 사용된 이미지들은 엘리자베스 정부의 당면 과제인 왕위 계승의 정통성을 확보하고 여성 군주로서의 약점을 극복하는 데 긍정적인 역할을 담당해야 했다. 1575년에 만들어진 〈펠리컨 초상화〉에서 장미와 백합의 문장이 엘리자베스의 머리 좌우에 각각 배치된 것은 그녀가 영국과 프랑스 두 왕국의 주인임을 나타내기 위해서이다. 영국 군주의 초상화에 두 왕가의 문장이 모두 등장하는 것은 메리 여왕 시기의 선례가 있지만 〈펠리컨 초상화〉에 이르러 보다 정교하고 세련되게 도식화되었다. 엘리자

---

11   Wallace T. MacCaffrey, *The Shaping of the Elizabethan Regime: Elizabethan Politics, 1558~1572* (Princeton University Press, 1968), p.4.

그림 2-3 〈펠리컨 초상화〉(약 1575년)
니컬러스 힐리어드, 아트 갤러리 소장(리버풀).

베스 시대 문장紋章은 사회 조직 원리의 일부였으며 왕조의 정통성과 왕위 계승의 정당성을 홍보하는 데 자주 이용되었는데, 초상화에 등장한 문장은 이 같은 전통 속에서 이루어졌다고 할 수 있다.[12]

엘리자베스의 초상화는 이러한 문장의 활용에 머무르지 않고 보다 적극적인 이미지를 개발하여 적용해나갔다. 1572년 니컬러스 힐리어드Nicholas Hilliard가 그린 초상화에 등장한 '불사조'는 엘리자베스가 추구하던 이상적 왕권과 여러모로 일치하는 특징들이 있다. 알다시피 불사조는 500년이 넘는 긴 수명을 가진 전설 속의 새지만 어느 피조물처럼 언젠가는 죽음의 순간을 맞이한다. 다만 그 죽음과 태어남의 모습이 일반 생물과는 다를 뿐이다. 생이 다하는 순간 불사조는 자신의 둥지에 불을 지르고 자신의 날갯짓으로 부채질해 화염 속에서 사라져간다. 이와 동시에 타다 남은 불꽃 속에서는 새로운 불사조가 탄생하게 된다. 여기에서 불사조는 언제나 단 한 사람만의 왕이 존재한다는 왕권의 절대성과 유일무이성을 나타낼 수 있으며, 자연인인 왕은 죽지만 정치적 집합체의 연속성과 완전성을 대표하는 수장으로서의 '왕'은 결코 죽지 않는다는 개념과도 일치한다. 더구나 불사조는 스스로 번식하는 새이므로 엘리자베스의 이른바 처녀성의 상징이기도 했다.[13]

엘리자베스 여왕도 〈불사조 초상화〉로 알려진 힐리어드의 이 그림을 자신의 공식적인 이미지로 인정했는데, 이를 통해 여왕이 불사조를 자신의 상징으로 가장 선호했음을 추측할 수 있다. 그 때문인지 불사조는 그녀의 통치 기간에 주조된 여러 동전에도 새겨졌으며 그녀가 죽은 1603년에 만들어진 대형 메달에도 새겨졌다. 동전이나 메달은 그림에 비해 지위가 낮은 평민들에게도 널리 보급될 수 있는 장점이 있었다. 불사조가 형상화된 엘리자베스의 초상화는

---

12   David Howarth, *Images of Rule*, pp.104~106.

13   Ernst H. Kantrowicz, *The King's Two Bodies*, pp.388~389, 394, 413.

그림 2-4 **〈불사조 초상화〉** (약 1572년)
니컬러스 힐리어드(추정), 국립 초상화 미술관 소장(런던).

ELIZABETA D. G. ANGLIÆ. FRANCIÆ. HIBERNIÆ. ET VERGINIÆ
REGINA CHRISTIANAE FIDEI VNICVM PROPVGNACVLVM

Immortalis honos Regum, cui non tulit ætas   *Quas ipsa tantum fuperant reliqua omnia regna,*
  Ulla prior, veniens nec feret ulla parem.   *Quantum tu minor Regibus es reliquis,*
Poffide quo nunquam terras habitare Britannis   *Viue precor felix tanti in moderamine regni,*
    Deſinet alma Quies, Iuſtitia atque Fides,   *Dum tibi Rex,ij Regum catlica regna paret,*

그림 2-5 **파세의 판화**(1596년)
크리스핀 반 데 파세, 목판화.

대중매체인 판화로 제작되기도 했다.[14] 예를 들면, 여왕 치세 말기 크리스핀 반 데 파세Crispijn van de Passe가 만든 것으로 추정되는 판화에도 화염 속에서 새로이 탄생하는 불사조가 펠리컨과 함께 묘사되어 있다.

펠리컨도 이상적인 왕권을 상징하는 동물이었다. 1575년에 힐리어드가 그린 실물 크기의 엘리자베스 초상화(가슴 중앙 부분)에는 새끼들에게 자신의 피를 먹이기 위해 스스로의 가슴을 쪼아대는 펠리컨의 모습을 한 펜던트가 묘사되어 있다. 호러스 월폴Horace Walpole이라는 사람이 '분을 칠한 파라오Pharaoh'라고 명명했을 정도로 생동감이 의도적으로 배제된 엘리자베스의 얼굴은 펠리컨이 상징하는 바와 같이 사심 없이 국민을 위해 자신을 희생하는 군주의 상像을 제시하고 있다. 이를 통해 미혼의 여성 군주라는 엘리자베스의 취약점은 '영국과 결혼했다'는 선언과 함께 신민을 위한 자기희생의 긍정적 미덕으로 전환될 수 있었다.[15]

그 밖에도 체sieve, 담비 등 '순결성' 또는 '처녀성'을 연상시키는 이미지들이 많이 동원되었는데 이는 물론 미혼 여성이라는 엘리자베스의 약점을 오히려 강점으로 전환시키려는 동기가 작용한 것으로 보아야 한다. 1579년을 전후해서 엘리자베스 초상화에 등장하기 시작하는 주요 이미지 중의 하나가 '체'이다. 체는 정의를 상징하기도 하지만 동시에 순결한 처녀가 가지는 신성한 능력을 의미하기도 한다. 후자의 의미는 로마 신화에서 티베르Tiber 강가에서 구멍 뚫린 체에 물을 담아 한 방울도 흘리지 않고 베스타 사원까지 운반함으로써 자신의 순결성을 스스로 증명한 로마 신화의 투치아Tuccia로부터 유래한다. 이는 20년 동안 영국이 평화를 구가하게 하는 등 숱한 기적을 일궈낸 '처녀 여왕' 엘리자베스의 능력을 투치아에 비유한 것이라는 해석이 가능하다.[16] 1585년 엘

---

14   Roy Strong, *Gloriana: the Portraits of Queen Elizabeth I*, pp.79~83.

15   David Howarth, *Images of Rule*, pp.104~106.

그림 2-6 〈담비 초상화〉(1585년)
윌리엄 세거, 솔즈베리 후작 소장, 합스필드 하우스 전시.

리자베스의 문장관이자 화가였던 윌리엄 세거 경Sir William Segar이 그린 〈담비
초상화〉 또한 상징성이 강조된 작품으로서 초상화의 오른쪽 하단부, 그러니까

---

16   Roy Strong, *Gloriana*, pp.96~97.

여왕의 왼쪽 소매 부근에 담비 한 마리가 앉아 물끄러미 여왕의 얼굴을 쳐다보고 있다. 몸을 더럽히느니 차라리 죽음을 택한다는 담비는 순결과 권위를 상징하며 엘리자베스의 경우에는 처녀성과도 연결된다.[17]

1600년경에 그려진 〈무지개 초상화〉를 보면 여왕의 왼쪽 소매 자락에 묘사된 뱀serpent이 이채롭다. 보석으로 장식된 뱀은 지혜를 상징하며 이는 곧 여왕이 지혜롭게 왕국을 통치할 수 있는 인물임을 나타낸 것이다. 이처럼 이상적 왕권의 표상들을 발굴하고 초상화에 표현하는 작업이 이른바 여왕의 치세 안정기라고 할 수 있는 1580년대 이후까지도 지속된 것은 엘리자베스의 통치 권력이 물리적 수단보다는 여전히 상징적 권력에 상당 부분 의존했음을 시사해 주는 대목이라고 할 수 있다.

3. 종교적 메시아

튜더 전 시대에 이루어진 왕권의 상징화 작업을 추적 분석한 존 킹John N. King의 저서[18]에 따르면, 튜더 군주들을 종교적 모범으로 이상화하는 작업은 헨리 7세가 1485년 보즈워스Bosworth 전투에서 승리하던 바로 그 순간부터 시작되었지만 결정적인 계기는 종교개혁이었다. 이로 인해 튜더 군주들은 전통적 군주의 역할에 더해 종교적 지도자를 겸하게 되었으며 이는 새로운 군주의 역할과 이미지를 필요로 하게 되었다는 것이다. 종교적 수장의 이미지는 군주자신들이 스스로 부각시키기도 했지만, 신교 성향 군주들의 경우에는 신교도인 신민들의 자발적인 참여에 의해 형성된 부분도 있다.

---

17   David Howarth, *Images of Rule*, pp.107~109.

18   John N. King, *Tudor Royal Iconography* (Princeton University Press, 1989).

종교개혁 이후의 헨리 8세의 치하에서는 왕을 다윗과 솔로몬 등 성경 속 영웅들과 비교하는 상징화 작업이 추진되었다. 과거 영국을 포함한 유럽의 군주들도 성경 속 인물들을 종종 자신들에게 비유하기는 했지만 이때는 이들이 가진 일반적 이미지를 단순히 활용하는 정도에 그쳤었다. 그러나 헨리의 경우에는 성경 속 인물들의 성격을 재해석하고 이들이 가진 특정 이미지들을 집중적으로 선택해 밀접한 비유를 통해 자신과 연결시킨 점에서 차원이 달랐다. 예를 들면 솔로몬이 예루살렘에 원형적 교회를 건설한 사실을 집중 부각시킨 후 이 이미지를 헨리에게 연결시킴으로써 헨리의 종교개혁이 진정한 교회를 세우는 것임을 주장하고자 했다.

헨리의 현존하는 초상화 중 하나인 〈솔로몬과 시바의 여왕〉은 홀바인의 1535년 작품으로 피지皮紙 위에 그려진 세밀화인데 영국 교회의 수장인 헨리 8세가 부패한 로마 교회를 숙정肅正한다는 의미를 솔로몬에 비유해 나타내고 있는 그림이다. 20명 가까운 등장인물 가운데에서 유일하게 헨리가 정면을 응시하고 있으며 그림 전체를 지배하고 있다. 여기에서 솔로몬 앞에 무릎 꿇은 시바의 모습은 영국의 신민들이 전통적 교회를 버리고 영국 교회의 수장이 로마 교황이 아니라 자신들의 국왕인 헨리임을 받아들이는 것을 상징한다. 또한 수많은 궁정 조신과 시종들에게 둘러싸인 솔로몬은 헨리의 영광을 표상한다.[19] 1535년과 1539년에 각각 발간된 영어 성경의 표지 그림에서 헨리를 모세에 비유한 것 역시 헨리의 종교개혁이 모세의 이집트 탈출과 마찬가지로 신의 섭리임을 말하고자 하는 의도로 그려졌으며 그로 인해 영국의 신민들이 로마 교황(모세의 경우 이집트의 전제적 파라오)의 노예 상태에서 해방되어 새롭고

---

19 John N. King, "Henry VIII as David: the King's Image and Reformation Politics," in Peter C. Herman(ed.), *Rethinking the Henrician Era* (University of Illinois Press, 1994), pp.87~88.

참된 신앙(모세의 경우 10계)을 그들이 알아들을 수 있는 쉬운 언어로 전달받게 되었음을 시각적인 메시지로 보여주는 것이다.[20]

다윗과 솔로몬의 행적을 기독교 군주의 모델로 삼는 전통은 엘리자베스 시대에도 이어졌다. 예컨대 토머스 모턴Thomas Morton의 1596년 저서(「솔로몬 또는 이스라엘 왕국의 상황에 대한 논문Salomon or a Treatise Declaring the State of the Kingdome of Israel」)에는 엘리자베스와 솔로몬을 동일시하는 그림이 포함되어 있다. 여기에서 솔로몬이 여왕의 지혜와 부를 상징한다면, 다윗은 교황이라는 거짓된 믿음의 괴수와 맞서는 초월적인 힘의 소유자임을 의미한다.[21]

또한 엘리자베스는 부왕과 달리 전통적 여성성이 갖는 취약점을 극복할 필요가 있었고 이를 위해 성경 속 여걸들의 용맹스러운 이미지를 적극 활용했다. 이러한 작업은 메리 정부에 의해서도 시도된 바 있었다.

예컨대 메리의 경우 아시리아 군으로부터 백성을 보호했다고 전해지는 유디트Judith에 종종 비유되었는데, 이는 신교의 끈질긴 공격 속에서도 가톨릭 신앙을 꿋꿋이 지켜나가는 자신의 상황을 표현하기 위한 것이었다. 메리는 이 밖에도 성모 마리아와 마르다, 사라 등의 기독교적 설화를 활용함으로써 자신이 유능하고 효율적으로 왕국을 통치할 수 있는 여성 군주라는 강력한 이미지 구축을 시도했다. 그뿐 아니라 상당한 만혼(38세)인 데다 사실상 출산을 기대하기 어려운 상황이었던 메리로서는 후계 구도에 대한 신민들의 불안을 줄이기 위해 사라나 라첼 등 늦은 나이에 신의 도움을 받아 출산한 성경 속 여인들을 부각시켜야 하는 작업도 병행해야 했다.[22]

엘리자베스가 메리와 비교해서 가지는 차별성은 무엇보다 그녀가 신교도

---

20   같은 책, pp.82~83; Roy Strong, *Hans Holbein and Henry VIII*(London, 1967), pp.13~14.

21   John N. King, *Tudor Royal Iconography*, pp.256~259.

22   같은 책, pp.4~5, 182~183, 217~219.

군주라는 데에 있었다. 특히 새로운 종교의 정당성을 엘리자베스를 통해 주장하고자 했던 신교도들은 엘리자베스의 탄생일이 성모 마리아 탄신 축일 바로 전날이었던 것에 착안해 엘리자베스의 통치를 우연이 아닌 신의 섭리로 해석하려 했다. 그러므로 영어 성경의 표지 그림에 엘리자베스가 등장한 것은 너무나 자연스러운 일이었다. 1569년 발간된 성경the Bishop's Bible의 표지 그림도 신과 인간 사이를 중재하는 신의 대리인이자 영국 교회의 통치자인 엘리자베스의 권위와 정당성을 확보하고자 하는 의도가 개입된 예라고 할 수 있다.[23]

아논Anon이라는 화가에 의해 그려진 것으로 추정되는 〈에드워드 6세와 교황〉이라는 작품은 제작 연대에 대해 많은 논란이 있었으나 헨리나 에드워드 시기보다는 엘리자베스 통치 초기인 1570년경으로 보는 견해가 우세하다. 그림을 보면 임종에 가까운 헨리가 단호한 표정으로 에드워드를 손으로 가리키고 있으며 하단 중앙에는 자세가 완전히 망가진 교황과 그의 추종자로 보이는 몇몇의 사람들이 어쩔 줄 몰라 하는 모습이 사실적으로 그려져 있다. 마거릿 애슈턴Margaret Ashton에 따르면 하단부에 위치한 사람들, 즉 관객에게 등을 보이고 있는 사람들은 가톨릭 지지자들이며 상층부의 사람들은 신교도들인데 이는 바로 당시 영국의 신교와 구교 간의 갈등을 나타내고 있다는 것이다. 그러므로 이 그림이 전달하고자 하는 메시지는 에드워드가 계승한 왕위의 정통성을 강조하기 위한 것이 아니라 엘리자베스가 그릇된 신앙을 가진 자들의 도전을 효과적으로 봉쇄하고 혁명을 완수할 것을 촉구하는 데에 있다는 것이다.[24]

1563년 발간된 폭스John Foxe의 책『활동과 기념비Actes and Monuments』에 나오는 삽화를 보면 교황이 부서진 열쇠를 잡고 검을 잡은 여왕의 발밑에 무너져 내린 모습을 하고 있다. 여기에서 엘리자베스의 검은 단순한 세속적인 정치적

---

23 같은 책, p.236.

24 David Howarth, *Images of Rule*, pp.90~94.

권위뿐 아니라 종교적 권위를 포함한 통합적 권위의 상징으로 보아야 한다는 주장도 있다.[25]

〈펠리컨 초상화〉의 펠리컨 또한 단순히 앞에서 설명한 '자기희생'의 미덕뿐만 아니라 인간들의 영혼에 자양분을 주기 위해 자신을 희생한 예수의 몸을 비유하는 것으로 해석해야 한다는 주장도 있다. 만약 이 그림 속에 엘리자베스와 예수를 동일시하려는 명확한 의도가 개입되어 있다면, 엘리자베스는 이제 신의 진정한 대리인으로서 손색이 없는 위치로 격상되었다고 말할 수 있을 것이다. 결론적으로 군주의 초상에 성화聖畵적 성격을 부여하려는 시도는 이미 헨리 8세 때부터 시작되었으나 엘리자베스에 이르러 그 절정에 달했다고 할 수 있다.

4. 미래로, 제국으로

1570년대를 거치면서 영국은 종교개혁 이후 40년 이상 지속되어온 만성적인 정치 위기에서 빠져나오기 시작했다. 초상화가 상징적 권력의 창출을 의도했다면 이러한 권력 구도의 변화가 초상화에 반영되는 것은 자연스러운 일이었다. 그러나 재위 후반기를 통해서 실제 나이가 40대, 50대, 심지어는 60대인 여왕이 여전히 30대의 모습으로 묘사되는 등 전술한 바의 반자연주의적 특징은 그대로 지속되었다.[26]

---

25 John N. King, *Tudor Royal Iconography*, pp.155~156.

26 로이 스트롱(Roy Strong)은 이를 두고 1580년대와 1590년대 들어 영국 일각에서 엘리자베스를 다이애나, 비너스, 에스트리어 등과 마찬가지로 항상 젊고 아름다움을 유지하는 여신으로 숭배하는 경향이 일반화된 데에서 비롯되는 것으로 해석하고 있으나 아직은 더 많은 연구에 의해 검증되어야 할 미완의 가설로 보인다. Roy Strong, *The Cult of*

그림 2-7 〈체 초상화〉(약 1583년)
코르넬리우스 케텔(추정), 국립미술관(이탈리아 시에나).

다만, 엘리자베스가 정통적 왕위 계승자이며 능력과 지혜를 갖춘 여왕이고, 또한 이 땅의 진정한 신의 대리인이라면, 어떤 식으로든 그러한 능력을 증명할 필요가 있었다. 그것은 영국과 영국의 신민을 위해 긍정적인 것이어야 하며 이는 곧 '평화'와 '풍요'로 표현되었다. 앞에서 말한 폭스의 책에서도 엘리자베스를 콘스탄티누스에 비유한 그림Elizabeth I as Emperor Constantine은 'C' 모양으로 설정된 풍요의 뿔cornucopia을 중심으로 구도가 이루어져 있다. 이는 여왕을 중심으로 평화로운 수확의 시대가 열리고 있음을 상징하는 것으로서, 1584년 힐리어드가 그린 삽화를 비롯해 빈번하게 등장하는 구도이다. 또한 〈무지개 초상화〉는 거친 폭풍우가 지난 후 찾아오는 평화를 나타내는데 '태양의 여왕' 엘리자베스 없이는 무지개도 있을 수 없음non sine sole iris을 강조하고 있다.[27]

또한 스트롱이 주장하듯 1579년을 기점으로 제국에 대한 염원imperial aspiration이 새로운 주제로 추가되었으며[28] 이것이 여왕의 통치 말기로 갈수록 강화된 이미지와 함께 전개된 것이 또 다른 특징이라고 할 수 있다. 1583년경 코르넬리우스 케텔Cornelius Ketel이 그린 것으로 추정된 〈체 초상화the 'Sieve' Portrait〉의 중심 주제는 '제국'이다. 신성로마제국의 황제 관冠을 의도적으로 밑에 깔아서 배치한 벽옥의 원주가 여왕의 오른쪽 배경으로 묘사되어 있는데 여기에는 로마제국의 기초를 닦았다는 트로이의 왕자 아이네이아스Aeneas의 이야기가 여러 개의 그림으로 표현되었다.[29]

한편, 〈아르마다 초상화〉는 제국이라는 새로운 주제를 아르마다Armada라는 실제적 사건을 매개로 표현함으로써 제국의 실현 가능성을 부각시키는 효

Elizabeth, pp.47~48.

27   John N. King, *Tudor Royal Iconography,* p.257; Roy Strong, *The Cult of Elizabeth,* p.50.

28   Roy Strong, *Gloriana,* pp.101~107.

29   같은 책.

그림 2-8 〈**아르마다 초상화**〉 (약 1590년)
조지 가워, 워번 수도원 소장(베드퍼드셔).

과가 있었다. 1590년경 공식 궁정화가였던 조지 가워George Gower가 그린 것으로 알려진 이 그림의 가장 큰 의미는 지구의地球儀의 등장이다. 여왕의 왼손이 이 지구의 위에 올려져 있는 모습은 말할 것도 없이 제국에 대한 염원을 표현한 것이며, 여왕의 통치 영역이 좁은 섬나라를 벗어나고 있음을 상징한다. 전통적인 로마의 보주寶珠처럼 지구의는 전 세계를 뜻했다. 이는 또한 스페인의 펠리페 2세가 1580년 아메리카 전 지역이 자신에게 속한다고 선언하며 해외 무역에서 독점적 우위를 확보하려 하는 데 대한 대응적인 측면이 있었다.[30]

---

30 Rose-Marie Hagen and Rainer Hagen, *16th Century Paintings* (Taschen, 2001),

거기에다 펠리페 2세는 열렬한 가톨릭 옹호자였다. 그는 스스로 가톨릭교회를 옹호하기 위한 전선의 선봉에 설 것을 다짐한 터였다. 1588년 영국 해협에서 스페인의 무적함대를 수장시킨 결정적인 승리는 엘리자베스의 생존뿐 아니라 영국이 유럽의 강국으로 도약하는 계기가 되었음을 부인할 수 없다. 엘리자베스의 초상화들이 의도한 바의 핵심이 강력한 군주의 이미지였다면 아르마다에 대한 영국의 승리는 거기에 딱 들어맞는 소재가 될 수 있었다. 엘리자베스 뒤쪽의 왼쪽 창문을 통해서 보이는 것은 마치 떠 있는 요새 같은 스페인의 무적함대와 그에 맞선 영국의 전함들이다. 그리고 오른쪽 창으로는 바닷속으로 격침되고 있는 아르마다의 모습이 묘사되어 있다. 이와 함께 주목해야 할 부분은 여왕의 드레스를 휘감다시피 한 진주들이다. 여기에서 진주는 단지 순결성뿐 아니라 바다를 나타내는 것으로서 엘리자베스가 이제 '바다의 여왕'이 되었음을 상징한다.[31]

'영국 제국'의 개념은 중세에도 종종 논의된 적이 있으나 공식 개념으로 제시된 것은 종교개혁이 본격적인 궤도에서 진행되기 시작한 1533년부터였다. 그러나 로마 교황의 항소심 관할권을 부인한 '항소법the Act of Appeals'에 명시적으로 표현된 '영국은 제국이며 영국의 왕은 황제의 권위와 신분을 가지고 있다'[32]는 선언은 영국의 왕은 영국이라는 영토 안에서 외부의 어떠한 권위로부터도 독립적이고 절대적인 주권을 가지고 있다는 의미에 한정된 것이었다.[33]

---

pp.159~161.

31   같은 책, pp.159~164.

32   24 Henry VIII, c.12(1533). 원문은 다음과 같다. "This realm of England is an Empire, and so hath been accepted in the world, governed by one Supreme Head and King having the dignity and royal estate of the imperial Crown of the same···."

33   G. R. Elton, *The Tudor Constitution: Documents and Commentary* (Cambridge University Press, 1960), pp.332~323; G. R. Elton, *England Under the Tudors,* a University Paperback edition(London: Methuen, 1977), pp.160~162.

디럼Durham의 주교 커스버트 턴스톨Cuthbert Tunstall이 헨리 8세에게 보낸 편지에서 영국의 왕권은 로마보다 더 위대한 제국 그 자체를 의미하며 영국의 왕관 윗부분이 아치형으로 연결된 것은 이 때문이라고 한 부분은 좀 더 진일보된 관점으로 볼 수 있으나 공식화되지는 못했다.[34] 그런데 1580년대에 다시 등장한 '제국'의 의미 속에는 전례를 찾을 수 없을 정도로 혁명적인 개념이 내포되어 있었다. 그것은 바다를 무대로 한 해상 제국이며 그것은 초자연적 능력을 소유한 엘리자베스의 영도하에 성취될 영국의 미래상이었다. 1592년의 〈디칠리 초상화the Ditchley Portrait〉에서 세계지도를 밟고 선 여왕의 모습이 인간이 아닌 신으로 느껴지는 것은 우연이 아니다.

5. 이미지와 권력

1530년을 즈음해 신민들 사이에는 군주의 초상을 얻으려는 사람들이 늘어나기 시작했다. 더구나 판화, 동전, 메달과 같은 대량 보급이 가능한 매체들도 유행했다. 그러나 헨리 8세나 에드워드 6세, 메리 1세 등 앞선 군주들이 자신들의 시각적 이미지를 어떻게 통제했는지에 대해서는 알려진 것이 별로 없다. 다만 홀바인이 그린 〈위대한 그림〉의 벽화 밑그림과 완성된 그림 사이에 상당한 차이가 있었고 이를 통해 자신의 이미지 생산과정에 헨리가 개입한 정황을 추측할 수 있을 뿐이다.[35]

---

34 Lord Twining, *A History of the Crown Jewels of Europe* (London, 1960), pp.131, 140; Roy Strong, *Gloriana*, p.132.

35 원본 벽화는 1698년 화이트홀 화재로 소실되었다. 화재가 나기 전 레미기우스 반 레임풋(Remigius van Leemput)이라는 화가가 이를 모사한 작품이 남아 있어 이를 통해 원본의 모습을 짐작할 수 있을 뿐이다. 홀바인의 밑그림에 묘사된 헨리는 얼굴과 시선이

엘리자베스 이전의 튜더 군주들은 많은 후원금을 지불하는 궁정화가들을 곁에 두고 이들을 통해 제한적인 이미지만을 생산했으므로 이미지의 생산과 유통에 대해 그다지 신경을 쓸 필요가 없었을지도 모른다.[36] 헨리 8세의 경우에는 홀바인이 그러한 역할을 담당했고 에드워드 6세와 메리 여왕의 경우에는 윌리엄 스크롯츠와 한스 에보르트Hans Eworth가 각각 그 역할을 맡았다.

그러나 군주의 모든 이미지를 독점적으로 생산할 수 있는 규모의 화실을 갖춘 화가가 없었던 엘리자베스의 경우에는 이미지 관리에 더욱 어려움을 겪었을 것으로 보인다. 더구나 1570년대 들어 여왕의 초상화에 대한 수요가 급증하면서 길거리에서 그려지고 판매되는 엉터리 초상화들이 돌아다녔고,[37] 거기에다 판화, 메달리온medallion, 동전 등 대량 유통이 가능한 매체가 유행했으므로 그만큼 효율적 관리체계가 필요했을 것으로 판단된다.

엘리자베스 스스로 자신의 시각적 이미지가 생산되고 유통되는 과정을 통제하려고 시도했던 사실에 대해서는 확실한 증거가 남아 있다. 1563년 군주 초상화의 생산과 유통에 대한 규제를 내용으로 하는 포고령의 초안이 남아 있기 때문이다. 포고령 초안의 요지는 신분의 고하를 막론하고 많은 신민이 여왕의 초상을 갖기를 원하고 있으며, 따라서 많은 화가가 여왕의 모습을 묘사하려 하지만 그 누구도 여왕의 기품과 권위를 제대로 표현하지 못하고 있어서 국왕과 정부가 이를 직접 통제하겠다는 것이다. 통제의 방법은 추밀원privy council 의 요청에 의해 군주의 초상을 독점적으로 제작할 화가를 국왕이 직접 임명하고

정면을 향해 있지 않아 그다지 위압적이거나 당당해 보이지 않는다. 레임풋의 모사가 정확하다고 가정한다면 아마도 밑그림을 본 헨리가 그림의 수정을 요구했을 것이라는 추정이 가능하다. David Howarth, *Images of Rule*, pp.80~82.

36 Roy Strong, *Gloriana*, pp.12~14.

37 한 그림 복제회사(The Painter Stainers' Company)가 두 차례(1575년, 1578년)요청한 독점 판매 청원서에 이러한 내용이 포함되어 있다. Roy Strong, *Gloriana*, pp.15~17.

그의 그림이 완성되면 다른 화가들이 그의 작품을 본떠서 제작할 수 있도록 하는 것이었다. 물론 여왕 자신의 만족이 전제되어야 했다. 복제도 아무나 할 수 있는 것이 아니라 거주 지역을 대표하는 관리의 승인을 얻은 예술가들만이 공식 초상화의 복제 작업에 참여할 수 있도록 엄격히 규제하도록 했다.[38] 포고령의 원안이 공식적으로 반포된 증거는 없다. 그러나 이 포고령 원안은 여전히 당시 군주의 이미지 확산과 관련된 메커니즘에 관한 유용한 정보를 제공하고 있다.

1596년에는 여왕의 진노를 초래한 적절치 못한 그림들이 나타났고 추밀원이 관리들에게 왕실이 지정한 공식 화가the sergeant painter를 지원하도록 명령을 내리기도 했다. 또한 이 명령은 공식 화가에 의해 승인되지 않은 초상화는 더 이상 제작하지 못하도록 했다. 이는 1563년 포고령 원안에 제시된 정책 중의 일부는 실제로 이루어졌음을 보여준다.[39]

여러 정황을 볼 때 1570년대에는 힐리어드가 그린 그림들이, 그리고 1580년대와 1590년대 중반까지는 가위의 그림들이 포고령 초안이 제시한 바대로 공식 초상화, 다시 말하면 표준 이미지를 제공하는 역할을 담당한 것으로 보인다. 많은 가정의 벽에 걸려 있었을 초상화들의 상당 부분이 이들을 본뜬 모사본들이었을 것이다. 예를 들면, 1580년대와 1590년대에 제작된 〈단리 초상화 the Darnley Portrait〉를 비롯한 6개의 초상화는 모두 유사한 내용과 형식으로 그려졌는데, 이들 초상화의 화가 존 베츠John Bettes는 그의 미천한 신분으로 미루어 여왕을 직접 모델로 하여 초상화를 그리지 못했을 것이고, 그에게 제공된 표준 이미지를 토대로 작업했을 것으로 추정된다.[40] 1580년대와 1590년대에

38 Paul Johnson, *Elizabeth I: a Study in Power and Intellect* (London: Weidenfeld and Nicolson, 1974), p.12; Penry Williams, *The Tudor Regime* (Oxford University Press, 1979), p.362; David Howarth, *Images of Rule*, p.102.

39 Roy Strong, *Gloriana*, pp.14~17.

는 종전에 비해 두 배 이상 많은 여왕 초상화가 제작될 수 있었던 이유를 짐작하게 해주는 대목이다.

엘리자베스가 자신의 이미지를 통제하려고 한 까닭은 그것이 가진 잠재적 위력을 알고 있었기 때문이었다. 그렇다면 엘리자베스의 이미지는 얼마나 큰 영향력을 발휘했을까? 다시 말해 그녀의 초상화가 얼마나 강력한 이념적·정치적 영향력을 발휘했으며, 왕권의 강화와 복종의 내부화에 얼마나 기여했을까? 또한 종교개혁이라는 미증유의 정치적·종교적 위기 상황 속에서 자신을 기독교 전통 속의 영웅들과 동일시하려는 시도는 얼마나 성공적이었을까? 이에 대한 정확한 측정 수단을 결여한 우리 입장에서는 확실한 결론을 내리기가 불가능하다.

다만, 군주의 초상화는 예술과 권력이 결합된 것인데 1580년대 이후의 초상화에서는 갈수록 '인간의 모습을 한 여성 군주'의 이미지가 사라지고 '초자연적 능력을 갖춘 여신'의 이미지가 강화된 까닭을 살펴볼 필요가 있다. 그것이 초상화 속의 이미지로 머무르지 않고 현실 속에 실재하는 권력으로 작용했다면 더욱 그러하다. 다시 말해, "1603년 그 누구라 하더라도 그녀를 인간의 이름으로 부르는 것이 불가능해 보였다no one in 1603 seemed able to refer her as a human being"[41]라는 관찰이 사실이라면, 사람들을 그렇게 만든 힘의 본질이 그녀가 가진 실제 권력에서 비롯되었는지, 아니면 이미지가 만들어낸 상징적 권력에서 비롯되었는지를 밝힐 필요가 있다. 이 숙제는 다음으로 넘긴다.

---

40   같은 책, pp.117~120.

41   Roy Strong, *The Cult of Elizabeth*, p.15.

제3장

개회 및 폐회 연설을 통해 본
군주와 의회

1. 엘리자베스와 의회

엘리자베스 시기 의회에 관한 본격적인 연구는 존 어니스트 닐John Ernest Neale에 의해 시작되었으며 이후의 모든 연구는 일정 부분 그의 덕을 보고 있다고 해도 지나치지 않을 것이다. 그는 광범위한 사료를 섭렵하고 집대성했으며 이러한 작업을 바탕으로 1949년에서 1957년에 걸쳐 엘리자베스 의회에 관한 세 권의 저서[1]를 출판했다. 그에 따르면 엘리자베스 의회는 하원을 중심으로 급속하게 성장해 국왕의 정책과 정치적 권위에 도전할 수 있는 권력 기관이 되었으며 그 배경에는 청교도들을 중심으로 한 조직화된 반대 세력이 있었다는 것이었다. 국왕과 의회 사이의 갈등과 충돌에 초점을 맞춘 닐의 해석은 곧

---

1   J. E. Neale, *The Elizabethan House of Commons* (London: Jonathan Cape, 1949); J. E. Neale, *Elizabeth and Her Parliaments, 1559~1581* (London: Jonathan Cape, 1953); J. E. Neale, *Elizabeth and Her Parliaments, 1584~1601* (London: Jonathan Cape, 1957).

수정주의적 비판에 직면하게 되었다.

수정주의적 연구는 입법과 과세라는 의회의 본래적 활동에 초점을 두었다. 다시 말하면, 의회의 공식 일지는 물론 개별 의원들이 작성한 의회 기록 parliamentary diary, 비망록, 기타 의회 활동과 관련된 모든 기록을 바탕으로 의회가 실제로 무엇을 논의하고 무엇을 결정했는지를 살펴보고 이를 통해 의회의 일상적 활동day-to-day business을 재구성하려고 했다. 수정주의적 연구는 튜더 의회 전체에 걸쳐 진행되었으며, 그중에서 엘리자베스기 의회의 성격에 대한 수정주의적 연구의 결산은 제프리 엘턴Geoffrey Elton과 데이비드 딘David Dean에 의한 두 권의 저술[2]로 일단락되었다고 볼 수 있다. 이러한 수정주의적 작업의 결론은 국왕과 의회의 관계가 기본적으로 협력이라는 큰 틀 속에서 형성되었으며 닐이 주장한 '갈등'과 '대립'의 관계로 보는 것은 과장되었다는 입장이다. 이에 따르면 청교도들이 조직적인 정치 활동을 전개한 것은 어느 정도 사실이지만 어디까지나 합의된 틀consensual framework 속에서 전개되었으며 또한 상원의 정치적 세력이 크게 약화되었다고 본 닐의 견해도 잘못되었다는 것이다.

이 글의 목적은 닐의 연구와 수정주의 연구 중 어느 하나를 비판 또는 옹호하려는 것이 아니며, 연구사적인 흐름을 분석하려는 것은 더욱 아니다. 사실상 엘리자베스 시기 의회의 성격이나 국왕과 의회의 관계 등에 관한 일반적인 해석은 지난 60년간의 연구에 의해 어느 정도 정립되었다고 볼 수 있다. 거기에다 그동안 발굴된 새로운 사료들도 많지 않다. 지금 우리 시대의 연구자들이 닐과 비교해 가질 수 있는 이점은 그가 어렵게 찾고 어렵게 정리해가며 보아야 했던 사료들을 손쉽게 이용할 수 있다는 것 하나뿐이다. 그럼에도 엘리자베스

---

2   G. R. Elton, *The Parliament of England, 1559~1581* (Cambridge University Press, 1986); David Dean, *Law-Making Society in Late Elizabethan England: the Parliament of England, 1584~1601* (Cambridge University Press, 1996).

기 의회와 관련해, 그것도 닐 이래 모든 연구자들이 사용했던 동일한 사료를 바탕으로 또 하나의 글을 쓰려고 하는 이유는 의회의 개회 및 폐회 연설이 가지는 정치적 의미가 아직도 제대로 규명되지 않았다는 판단 때문이다.

엘리자베스는 46년이라는 긴 재위 기간에 단 열 번의 의회를 소집했다. 그 중에는 복수 회기를 가진 의회도 있어서 회기로 친다 해도 모두 열세 번밖에 의회를 열지 않았다. 더구나 회기의 평균 지속 기간이 2개월 남짓이며 모든 회기를 다 합해도 재임 중 의회를 연 날은 겨우 2년 4개월밖에 되지 않았다. 이러한 수치만 놓고 본다면 엘리자베스가 다른 튜더 군주들에 비해 의회의 소집과 활용에 대해 소극적이었다는 판단을 할 수 있다.[3]

그러나 군주와 의회의 관계는 단순히 의회의 소집 횟수나 회기의 길고 짧음만으로 판단할 수 없다. 국왕이 특정 의회를 왜 소집했는지, 그가 그 의회에서 중점적으로 다루어지길 원한 문제가 무엇이었는지, 그 의회에서 국왕이 의도한 바가 어느 정도 성과를 거두었는지를 분석할 필요가 있다. 이런 의미에서 각 의회의 개회·폐회 시에 행해진 국왕과 그의 대리인, 그리고 하원 의장의 연설을 분석하는 작업은 이것이 가진 한계에도 불구하고 국왕과 의회와의 관계를 압축적으로 들여다볼 수 있다는 의미가 있다. 개회 연설에는 이들의 국정 인식과 추구하려고 했던 권력관계의 목표, 그리고 개별 의회의 운영 방침과 주요 의제가 제시되었으며 폐회 연설에는 이에 대한 평가가 반영되어 있기 때문이다. 의회 연설의 분석을 통해 읽을 수 있는 또 하나의 중요한 의미는 군주와 엘리트 계층의 신민들이 공유했던 국가관 및 군주와 신민의 역할 관계이다. 이 장에서는 이러한 의미들을 충실히 파악하기 위해 엘리자베스의 마지막 세 개

---

3 엘턴은 이 같은 의사 진행 절차의 발전 동기는 엘리자베스가 언제 의회를 폐회할지 모르므로 신속하게 법안들을 처리해야 할 필요에서 비롯되었다고 본다. G. R. Elton, "Parliament," Christopher Haigh(ed.), *The Reign of Elizabeth I* (The University of Georgia Press, 1987), pp.82~83, 92.

의 의회에서 행해진 연설문들을 집중적으로 들여다보고 가능하면 텍스트 분석에 집중하는 미시적 접근을 택하고자 한다.

46년에 걸친 엘리자베스의 긴 재위기간 동안 정치적 상황은 늘 가변적이었고, 따라서 타자와의 관계를 통해 자신에게 유리한 권력 공간을 확보하려 했던 여왕의 정치 환경도 달라지게 마련이었다. 그뿐 아니라 정치공동체의 본질은 무엇이며, 공동체 내에서 군주가 담당해야 할 역할과 사명은 무엇인지, 그리고 군주와 신민 간의 관계는 어떻게 설정되어야 하는지 등에 관한 이념적 지표도 고정되어 있지 않았다. 각각의 개별 의회에서 행해진 개회 및 폐회 연설에는 그러한 가변적 정치 환경이 고스란히 담겨져 있다. 그렇다면 엘리자베스 시대 마지막 세 개 의회의 연설을 분석하는 작업의 의미는 무엇일까? 그것은 아르마다the Armada 함대를 격퇴한 이후 높아진 엘리자베스의 정치적 위상과 날로 노쇠해가는 자연인으로서의 퇴락이 동시에 반영된 특정한 정치 환경 속에서 엘리자베스가 추구한 정치적 목적이 무엇이었으며, 어떠한 성과를 거두었는지를 확인할 수 있는 기회를 준다는 것이다.

엘리자베스 시기 마지막 세 개 의회의 회기는 다음과 같다. 여덟 번째 의회는 1593년 2월 19일에 개회하여 4월 10일 폐회했다. 아홉 번째 의회는 1597년 10월 24일에 개회하여 이듬해 2월 9일 폐회했다. 3개월 17일간의 회기는 1586~1587년 의회에 이어 두 번째로 긴 것이다. 열 번째 의회이자 마지막 의회는 1601년 10월 27일 개회하여 12월 19일 폐회했다.

2. 개회 연설

1) 국왕 대리인의 연설

의회는 런던 도심에서 웨스터민스터 의사당까지 이어지는 의원들의 장엄한 행렬로 시작되는데, 국왕과 각기 신분에 맞는 가운을 걸친 귀족, 주교들이 행렬을 이끌었다. 이어서 화이트 챔버The white chamber에서 대법관Lord Chancellor이나 국새상서Lord Privy Seal가 국왕을 대신해 개회 연설을 한다. 개회 연설은 국왕의 지시를 받아 이루어지는 것으로서, 그 내용이 대체로 국왕의 뜻과 일치한다는 사실은 개회 연설 자체에서 인용되는 여왕의 구체적인 지시 사항뿐 아니라 각종 의사록에서 쉽게 확인할 수 있다.

1593년 개회 연설을 맡은 국새상서 존 퍼커링John Puckering은 자신이 "고귀하고 현명한 여왕의 가장 보잘것없는 대변인a most unworthie interpreter of so highe and wise a prince"임을 자처하며 연설을 시작했다. 그는 연설의 모두冒頭에서 빈번하게 의회를 소집했던 전대의 군주들과 달리 엘리자베스 여왕은 오직 신의 명예와 종교 및 국가의 방어에 관한 정당하고 중대한 사안이 발생한 경우에만 only upon most iust and weightie, and greate occasions 의회를 소집해왔음을 상기시키면서, 이번 의회 역시 여왕과 왕국의 안전을 위협하는 중대한 위험을 해소하기 위한 목적으로 소집되었으므로 의원들이 이 상황을 인식하고 적절한 대책을 강구해달라고 요청했다.[4]

여기에서 퍼커링이 말하는 위기란 스페인 왕이 브르타뉴Bretagne의 광범위한 지역과 항구를 점령함으로써 영국 침공에 유리한 위치를 확보했을 뿐 아니라 영국 해군이 보유한 배와 유사한 형태의 선박을 건조하고 다양한 군함을 구입하는 등 해군력을 두 배로 증가하고 있다는 것이다. 더구나 스코틀랜드 귀족들을 선동하고 지원해 반란을 획책하게 했는데 이는 비록 실패하기는 했으나

---

4   T. E. Hartley(ed.), *Proceedings in the Parliaments of Elizabeth I*, vol.III(Leicester University Press, 1995), pp.14~15; 하틀리가 편집한 이 의사록은 총 세 권으로 이루어져 있는데 제3권에는 존 스토(John Stow)의 'Annales', 'A General Chronicle of England'(1601)를 비롯해 'Anonymous Journal'(1593), 'Haywood Townshend's Journal'(1601) 등 많은 기록들이 포함되어 있다.

적의 집요한 위협에 영국이 당면하고 있음을 보여준다는 것이다. 그러므로 이같이 막강한 외적으로부터 왕국을 방어하기 위해서는 여왕 폐하의 '비통상적인extraordinary' 지출을 보조하기 위한 세금이 필요하다는 것이다.[5] 1593년의 개회 연설에서 주목되는 부분은 적의 심각한 위협에 대처할 수 있는 신속하고 효과적인 대응책speedie and effectuall remedies againste these great and fearse dangers 모색에 주력하되, 새로운 법률을 만드는 데 시간을 소비하지 말라는 여왕의 주문[6]으로서 의회의 소집 목적을 명확하게 보여주고 있다. 그리고 봄이 되면 각자의 지역으로 돌아가 맡은 바 소임을 다할 수 있도록 필요 없는 발언에 시간을 소모하지 말 것을 주문했다.[7] 1601년에도 여왕은 국새상서의 입을 빌려, 쓸데없는 법들을 만드느라 의회 운영을 어렵게 만들지 말고not to make ydle lawes and trouble the Howse with them 쓸모가 없어지거나 복잡한 법률들을 정비하는 것이 여왕의 뜻에 부합하고 나라를 위해서도 좋을 것이라고 주문했다.[8]

사실 국왕이 가장 긴요하게 의회를 필요로 하는 이유는 재정 문제였다. 이는 열세 번의 회기 중 세금이 요청되지 않은 때는 1572년 의회와 1586~1587년 의회의 첫 번째 회기 등 단 두 번뿐이었던 사실만으로도 확인된다. 그런데 보조세subsidy 등 의회 조세가 여왕을 대리하는 대법관 또는 국새상서의 개회 연설을 통해 요청되기 시작한 것은 1581년 이후의 일이었다. 이전까지는 미리 정해진 각본에 의해 하원의 특정 의원이 '개인 자격'으로 보조세에 대한 필요성을 제기하면, 추밀원 의원 등 정부 측 입장을 공식적으로 대변하는 의원들 및 재무대신the Chancellor of the Exchequer이 그에 화답하듯 필요성을 설명함으로

---

5   T. E. Hartley(ed.), *Proceedings in the Parliaments of Elizabeth I*, vol.III, pp.11~13, 17~18, 62.

6   같은 책, pp.18, 64.

7   같은 책, p.64.

8   같은 책, *Proceedings in the Parliaments of Elizabeth*, vol.III, pp.304~305.

써 공식 의제로 채택되는 과정을 거쳤었다.[9] 1593년 의회에 이어 마지막 두 의회에서도 조세 문제는 공식적 개회 연설을 통해 가장 시급한 의제로 제시되었다. 1597년 10월 국새상서 토머스 에거턴Thomas Egerton이 개회 연설을 하면서 당면한 외세의 침공 야욕에 맞서 왕국의 평화와 안전을 지키기 위해 보조세가 필요하다고 역설한 것이 그것이다.

엘리자베스 시대에 이르러 보조세 등 의회 조세에 대한 의회의 동의는 대체로 순탄하게 이루어졌다. 1566년 의회에서 일부 의원들이 왕위 계승 문제에 대한 여왕의 주의를 환기시키려는 전략의 일환으로 처리를 약간 지연시킨 것이 거의 유일한 문제 사례이다.[10] 그러나 조세 문제에 대해서 신민의 동의를 구하는 문제는 언제나 어려웠다. 예컨대 스페인의 침공이 임박한 1588년 4월 헌팅던Huntingdon 백작은 전비戰費 목적의 조세에 대해 북부 지방 젠트리gentry 들의 동의를 구하는 일이 쉽지 않다고 보고한 바 있다.[11] 그뿐 아니라 스페인 침공의 직접적 피해자가 될 수 있는 해안 지역의 주민들조차 신민의 생명과 재산을 보호하는 국가의 역할에 대해 충분히 인식하지 못하고 있었음을 보여주는 사례가 발견된다. 그러므로 국왕과 정부는 의회 개회 연설을 통해서 매우 신중한 톤으로 새로운 조세의 필요성을 제시했으며 설득력을 높이기 위해 다양한 근거와 수사적 기법을 사용했다.

예를 들면, 1597년 10월 24일 에거턴은 개회 연설에서 엘리자베스가 왕령지와 재물을 팔아 왕국의 방어를 위한 군대를 유지해온 점을 강조했다. 또한 왕국의 방어를 위해서는 큰 예산이 필요한데 여왕 재위 기간에 신민들이 바친

---

9   G. R. Elton, "Parliament," pp.92~93.

10   Jennifer Loach, *Parliament under the Tudors* (Oxford, 1991), pp.120~121.

11   State Papers, Elizabeth I, 12/208/75; Judith M. Richards, "The English Accession of James: 'National' Identity, Gender and the Personal Monarchy of England," *English Historical Review*, vol.117(June 2002), pp.472, 513.

보조세는 그야말로 미미했으며 이는 에드워드 3세를 비롯한 역대 영국 군주 시절에 시행된 어떤 보조세와 비교해도 가장 적은 액수임을 환기시켰다. 그는 더불어 유기체적 공동체론을 강조하면서 공동체가 행복하지 못하면 어떠한 개인도 행복할 수 없음을 역설했다.[12] 공동체가 위기에 처했는데 자신의 사리만 챙기려는 행위는 자신이 살고 있는 도시가 불타고 있는데 자기 집만 아름답게 장식하는 일에 열중하고 있는 것이나 진배없고, 배가 가라앉으려고 하는데 선실을 단장하는 일과 다를 바 없다는 것이다. 그러므로 진정한 종교와 가장 위대한 국왕을 위해서, 그리고 조국our naturall countrey과 아내와 아이들, 자유, 땅, 생명, 그리고 가진 모든 것을 지키기 위한 이 정당한 전쟁에 동참해줄 것을 요청했다.[13] 이러한 수사가 얼마나 효과적이었는지 정확하게 측정할 방법은 없지만 1593년이나 1597년의 경우 관행보다 훨씬 큰 액수의 조세가 요청되었으나 별다른 거부의 움직임 없이 순조롭게 처리된 점을 주목할 필요가 있다.

그런데 1597년 보조세를 요청하는 국왕과 중앙정부의 근거가 외세의 침공에 대비한다는 점에서는 다른 때와 크게 다르지 않았지만 그 강도가 줄어, 당면한 적의 침공의 위협적 측면을 강조하기보다는 엘리자베스의 치세가 이루어놓은 치적과 그로 인해 신민들이 입은 은혜의 대가로서의 보조세를 요구하는 논리가 더욱 부각된 특징이 있다. 이웃 국가들이 잔인한 전쟁과 피로 얼룩진 내란이 이어지는 와중에서 깊은 상처를 받는 동안 영국은 평화와 번영을 누렸으며 신민들은 여왕의 지혜롭고 신중한 통치 덕분에 큰 복락을 누려왔음을 특히 강조한 것이다.[14] 물론, 평화 시에 보조세를 징수한 전례가 헨리 8세(1534)

---

12 원문은 다음과 같다. "For if with the common wealth it goe not well, well it cannot be with anie private or particular person."

13 T. E. Hartley(ed.), *Proceedings in the Parliaments of Elizabeth*, vol.III, pp.186~187.

14 같은 책, p.185.

와 메리 여왕의 첫 의회(1553) 때에도 있었으나 1597년 개회 연설만큼 자세한 기록이 남아 있지 않아 당시에 제시된 논리적 근거가 정확하게 무엇이었는지는 알 수 없다. 다만 이 문제와 관련해 1530년대 이후 평화 시의 평상적 정부 지출에 대한 조세에 대해 의회가 일반적으로 동의해왔다는 엘턴이나 앨숍J. D. Alsop 등 소위 수정주의적 견해와 보조세 등 의회 조세와 군사적 지출이 밀접하게 관련되었다는 리처드 호일Richard W. Hoyle 등의 견해가 대립하고 있다는 점을 염두에 둘 필요가 있다.[15]

그렇다고 해서 엘리자베스의 모든 의회가 보조세만을 목적으로 소집된 것은 아니었으며 입법도 중요한 소집 목적 중의 하나였다. 아닌 게 아니라 왕국에는 경제적·사회적·도덕적·종교적으로 끊임없이 새로운 문제가 발생하기 마련이고 따라서 이를 통제할 수 있는 새로운 법률의 제정이 필요했다. 또한 사문화된 법을 정리할 필요가 있었으며, 서로 상충하거나 모순되는 법률들을 통폐합할 필요도 분명히 있었다. 1597년 국새상서 에거턴은 개회 연설을 통해 여왕이 바라는 두 가지의 국정 운영 목표를 발표했는데, 하나는 진정한 종교를 왕국의 모든 신민들의 가슴에 심는 것이며, 다른 하나는 질서를 바로잡고 사악한 자들을 처벌할 수 있는 좋은 법률들을 만드는 것이었다. 또한 그는 너무 가혹하거나 너무 느슨해 현실에 맞지 않는 법률들을 손질해달라고 주문했다.[16]

---

15 G. R. Elton, "Taxation for War and Peace in Early Tudor England," in his *Studies in Tudor and Stuart Politics and Government*, vol.3(Cambridge, 1983), pp.216~233; Richard W. Hoyle, "Crown, Parliament and Taxation in Sixteenth-Century England," *English Historical Review*, vol.109(1994), pp.1174~1196; Michael A. R. Graves, *Elizabethan Parliaments, 1559~1601*, 2nd edn.(Longman, 1996), p.70.

16 T. E. Hartley(ed.), *Proceedings in the Parliaments of Elizabeth*, vol.III, p.186.

2) 하원 의장의 연설

하원 의장은 선거에 의해 선출되는 직책이었지만 추밀원에서 대상자를 사전에 내정해두는 것이 일반적인 관행이었다. 의회가 개회되면 추밀원 의원 중 한 명이 그를 추천하고 다른 사람들이 그의 이름을 연호함으로써 하원 의장의 선출 과정을 마무리 지었다. 하원 의장으로 내정되면 사전에 통보를 받기 때문에 수락 연설을 미리 작성해놓는 것이 관례였다.

하원 의장의 역할은 의사 진행과 관련된 절차와 전통을 준수하는 가운데 원만하게 의회를 진행하는 것이었다. 법안을 수령하고 위원회 구성과 독회讀會 등 의사일정을 정하는 것도 그의 임무였으며, 중대한 사안에 대해서 직접 국왕의 의견을 구하거나 상원과의 합동 위원회를 구성하는 것도 그의 몫이었다. 그러므로 엘리자베스 시대에 개원된 모든 의회의 하원 의장들이 단 한 명의 예외도 없이 모두 법률가 출신이었다는 것은 쉽게 이해가 된다.[17]

하원 의장이 사실상 추밀원에 의해 임명되는 관행에 비추어 그들이 국왕과 중앙정부의 의회 운영에 적극적으로 협력했을 가능성은 있다. 그렇다고 해서 '협력적' 측면을 너무 강조하다 보면 그들의 역할에서 다른 측면을 보지 못할 수도 있다. 예컨대 1572년 의회 운영을 맡게 된 젊은 크리스토퍼 해턴 경Sir Christopher Hatton은 한 조언자로부터 추밀원 의원에게 의장직을 맡기면 안 된다고 충고를 받았다. 토론자와 투표자의 역할로써 국왕에게 봉사해야 할 추밀원 의원이 의장직을 맡게 되면 자신의 목소리를 잃게 되기 때문이라는 것이다.[18] 거꾸로 이야기하면 이 조언자는 당시의 하원 의장들이 가능한 한 '공정한 관리자'로서의 책무를 다하고 있다고 본 것이다.

1593년 하원 의장에 선출된 에드워드 쿡 경Edward Coke Sir은 의회의 운영

---

17 Jeniffer Loach, *Parliament under the Tudors*, pp.45~46.
18 G. R. Elton, "Parliament," pp.90~91.

방향에 대한 여왕의 방침을 대체로 수용하는 개회 연설을 했다. 다시 말해서 영국은 이미 많은 위대한 법이 존재한다는 발언을 통해 새로운 법을 만들기보다는 적의 위협이 그 어느 때보다 심각한 상황이므로 적절한 대응책이 강구되어야 하는 점에 전적으로 동의했다.[19] 1597년 하원 의장이 된 크리스토퍼 엘버턴Christopher Yelverton은 파당, 전쟁, 반란 등 이웃 나라에서 만연해 있는 혼란을 영국만이 겪지 않고 평화의 시대를 구가하는 것은 바로 엘리자베스의 현명한 통치의 덕이라고 칭송했는데, 이 역시 앞서 행해진 국새상서 에거턴의 연설과 내용상으로 일치한다. 그는 또 개인적 야망이나 종교적 타락, 부패로부터 자유로운 정부를 유지하기 위해서는 진정한 종교를 보호해야 하며, 덕은 보상하고 악은 처벌하는 정의의 확립이 필요하다고 주장했는데[20] 이 역시 연이은 흉작과 악덕 상인들의 매점매석 등으로 물가가 뛰어오르고 빈민들이 거리를 헤매는 어려운 현실 상황을 반영하는 동시에 국새상서 에거턴이 개회 연설에서 밝힌 의회의 운영 방침, 즉 새로운 법을 만들어달라는 주문에 화답하는 측면이 있었다.

1601년 하원 의장 존 크로크John Croke의 개회 연설에도 정부의 보조세 추진에 은연중 협력하는 내용이 포함되었다. 그는 여왕의 자비롭고 정의로운 통치 덕분에 신민들은 더할 나위 없는 안락한 평화를 누리고 있다며, 이러한 상황을 내란과 외침으로 고통받고 있는 이웃 나라의 고통과 대비했다. 이어서 그는 스페인 왕의 야심과 압제가 현재도 계속되고 있으므로 신민들은 신중하게 앞날을 내다보면서 대비해야 한다며 보조세 법안을 추진하는 데 필요한 기초 작업을 이미 의회 개회일에 맞추어 시작했다.[21]

---

19 T. E. Hartley(ed.), *Proceedings in the Parliaments of Elizabeth*, vol.III, pp.64~65.
20 같은 책, pp.191~192.
21 같은 책, pp.257~262.

그러나 하원 의장들의 개회 연설이 모두 정부의 의회 운영 방침과 같은 맥락은 아니었다. 그들은 그들 나름대로 의회에 바라는 것이 있었고 의회 개원 연설을 통해 그런 방향으로 영향력을 행사하려고 했다. 예를 들면, 옐버턴의 군주정 찬양은 결국 청교도적 신앙에 입각한 진정한 종교의 확립을 주장하기 위한 전주곡이었다. 그는 역사상 여러 형태의 정부가 있었으나 신의 왕국과 가장 유사한 형태의 정부는 군주정이며 이는 가장 조화롭고 개인적 욕망이나 부패로부터 자유로운 정체라고 주장했다. 그리고 이어서 탁월한 리더십을 지닌 지도자와 지혜롭고 능력 있는 행정 관료와 법관, 형평성에 입각한 법률, 강한 군사력 등을 '번영하는 커먼웰스'의 핵심적 요소로 열거했다. 그러나 그의 결론은 이러한 조건을 다 갖추더라도 진정한 종교가 없다면 커먼웰스는 오래 번영하지 못한다는 것이었다. 또한 아무리 좋은 법과 정책을 만들더라도 그것이 진정한 종교에 바탕을 두지 않는다면 소용이 없다는 것이다.[22]

하원 의장이 행하는 개회 연설의 마지막 부분은 효율적인 의사 운영을 위해 세 가지 문제에 대해 특별한 권리를 줄 것을 국왕에게 청원하는 것이 관행이었다. 그것은 바로 토론의 자유, 구금되지 않을 자유, 국왕을 알현할 수 있는 권리였다. 토론의 자유는 의회의 기본적 기능인 입법과 자문이 충실하게 수행되기 위해서 필수 불가결한 요소였다. 그래서 1597년 옐버턴은 의회에서 긴요하고 중요한 의제들이 많이 다루어져야 함에 비추어 만약 의원들이 자유롭게 말하지 못한다면 커먼웰스의 결점들이 결코 치유될 수 없다면서 토론의 자유를 청원했다.[23]

여기에서, 튜더 시대 의회에서 토론의 자유는 그 형식상 의원들의 전통적

22　원문은 다음과 같다. "noe policie is happilie framed, if there be not principally a peculiar care had of true religion." T. E. Hartley(ed.), *Proceedings in the Parliaments of Elizabeth*, vol.III, pp.190~192.

23　같은 책, p.193.

특권이 아니라 국왕이 은혜로 허여하는 것이었으며 상당한 제약을 수반한 자유였다는 점을 염두에 둘 필요가 있다. 특히 엘리자베스는 국가state에 관한 문제, 즉 왕위 계승, 혼인 문제, 종교, 외교 등 국왕의 특권prerogative에 속한 문제는 오로지 국왕이 허용한 경우를 제외하고는 토론을 금지했으며, 일반적인 경제·사회문제에 대해서만 자유로운 토론을 허용하는 전통을 확립해나갔다. 엘리자베스는 토의 주제에 금지 영역을 설정해놓고 추밀원 의원들과 가까운 궁정 조신들을 활용해 의회의 동정을 살피게 했으며, 민감한 문제에 대한 논의가 제기될 조그만 기미라도 포착되면 불쾌한 감정을 일부러 드러내거나 경고를 통해 사전에 방지하곤 했다.[24] 특히, 엘리자베스는 마지막 세 번의 의회에서 토론의 자유를 매우 엄격하게 규정했는데, 이는 아르마다 전투 이후 강화된 왕권을 반영함과 동시에 여왕 자신의 노화 및 오랜 총신들의 사망에도 불구하고 자신이 정책의 최종 결정권을 행사하려는 의지의 산물로 분석된다.

1593년의 의회도 예외가 아니어서 토론의 자유는 허용하되 매우 제한적임을 분명히 했다.[25] 이는 의원들 각자가 생각하는 모든 것을 말하고 주장하라는 뜻이 아니며, 특히 종교와 국가 등 적절하지 못한 영역의 문제에 대해 거론하는 경우 처벌될 수 있음을 경고한 것이었다.[26] 1601년에도 여왕은 논쟁을 위한 논쟁이나 쓸데없이 긴 연설로 더 중요한 의제에 대한 의사 진행을 방해하지 못하도록 각별히 주의할 것을 하원 의장에게 지시했다.[27]

---

24 G. R. Elton, "Parliament," pp.97~99; Michael A. R. Graves, *Elizabethan Parliaments, 1559~1601,* pp.46, 49~50.

25 원문은 다음과 같다. "her Majestie graunteth yow liberall, but not licentious, speech, libertie therefore, but with dew limitacion."

26 T. E. Hartley(ed.), *Proceedings in the Parliaments of Elizabeth*, vol.III, p.22.

27 같은 책, p.304.

3. 폐회 연설

1) 하원 의장의 폐회 연설

1593년 4월 10일 행해진 하원 의장 쿡의 폐회 연설은 상당 부분이 높은 지혜와 신중한 판단력에 바탕을 둔 여왕의 영도력을 찬양하는 데에 할애되었다. 여왕의 높은 지혜는 우리 신민들의 자문이나 판단이 필요하지 않을 정도라고 칭송하면서, 사안이 워낙 심각해 우리가 모이기는 했으나 우리는 판단을 할 수 있는 위치에 있지 못하며 다만 말씀을 드릴 뿐이라고 했다.[28]

그는 의회를 벌들의 공동체에 비유했다. 모든 신민이 단 한 사람 존재하는 여왕의 날개 품 안에서 보호받으며 꽃에서 달콤한 꿀을 빨며 살아간다는 것이다. 그러나 벌들이 꿀을 찾는 곳에 독을 뿜는 거미가 나타난다면 마땅히 쫓아내야 하는 것처럼 사악한 적들의 위협을 퇴치하는 것은 공동체의 당연한 책무이며, 그러므로 여왕을 향해 쳐들어올지 모르는 적을 막기 위해 신민들은 가진 재산과 생명을 여왕의 처분에 맡겨야 한다고 결론지었다. 결국 꿀벌 공동체 비유는 보조세 납부에 대한 신민들의 자발적 동의를 강조하기 위한 것이었다.[29]

1598년 2월 9일 하원 의장 옐버턴의 폐회 연설 또한 유기체적 공동체론에 입각한 새로운 법의 필요성과 여왕의 치적에 대한 찬양으로 구성되었다. 그는 우리 몸이 낯설고 위험한 병균에 감염되었을 때 이를 치료할 약이 필요한 것처럼 커먼웰스라는 정치공동체에 새로운 악이 침범한다면 이를 억제할 새로운 법이 필요하며, 우리 몸의 변화가 약의 변경을 요구하듯 커먼웰스의 정치공동체도 법을 바꿀 필요가 있다고 주장했다. 특히 그는 법이란 공동체의 생명 그 자체이므로 법의 집행 또한 중요하다고 역설했다.[30]

---

28   같은 책, p.171.
29   같은 책, pp.171~172.

옐버턴은 이어서 왕국의 신민들은 여왕에게 그 무엇으로도 감사의 뜻을 표현할 수 없다면서 그녀의 치적을 다음과 같이 열거했다. 첫째, 여왕의 전쟁은 평화를 지키기 위한 정당한 전쟁이었다. 둘째, 막강한 힘을 가진 적을 상대하면서도 지출을 절제하는 미덕을 지켰다는 점이다. 다시 말해, 어떠한 군주도 엘리자베스처럼 자신의 재물을 왕국의 공동 이익을 위해 그토록 관대하게 사용한 적이 없었으며, 어떠한 군주도 그녀처럼 검소하게 예산을 사용하지 않았다는 것이다.[31] 그러므로 만약 플라톤Platon이 살아 있다면 여왕 폐하 안에서 그가 바라던 철인 왕의 마음을 발견할 것이며 또한 그가 알지 못했던 완벽한 기독교인의 모습을 처녀 군주에게서 발견하게 될 것이라는 찬사를 바쳤다.[32]

1601년에도 여왕에게 찬사를 올리는 폐회 연설의 전통이 이어졌다. 하원 의장 크로크는 연설을 통해 엘리자베스 통치하의 영국을 ① 평화가 유지되었고, ② 공적 이익과 사적 이익이 균형과 조화를 이루었으며, ③ 정의가 공정하게 분배된 시대라고 칭송했다. 또한 신민들은 이러한 소중한 과실이 지켜질 수 있도록 살아 있는 피를 적의 면전에 뿌릴 각오가 되어 있다고 강조했다. 아울러 왕국을 유기체적 공동체에 비유하는 전통도 지속되었다. 크로크는 인간은 사회 없이 홀로 살 수 없으며, 왕국 내 모든 계층의 신민들이 유기적으로 관련되어 있음을 강조했다. 개별적 선善이 모여 전체적 선善을 완성하고 다른 사람의 행복이 없이는 자신의 행복도 얻을 수 없다는 것이다. 영국 헌법의 전통은 이러한 유기적 관계를 기반으로 공적 선과 사적 선을 동시에 중시하는 것인데, 엘리자베스 치하에서 이러한 전통이 더욱 발현되어가고 있다는 것이다.[33]

---

30   같은 책, p.198, 200, 203.

31   같은 책, pp.200~202.

32   같은 책, p.206.

33   같은 책, pp.263~267.

그러나 하원 의장의 폐회 연설이 유기적 공동체의 강조나 여왕 치적에 대한 찬양 일색만 있는 것은 아니었다. 1598년 옐버턴은 여왕이 측근들에게 부여한 독점권이 공익보다는 사리사욕을 채우는 데 악용되고 있음을 지적하면서 이의 시정을 요구했다.[34] 결국 이 문제는 3년 뒤 엘리자베스 시기의 마지막 의회에서 커다란 쟁점으로 부각되었다. 독점권은 엘리자베스가 후견권patronage을 행사하면서 고도의 정치적 영향력을 유지할 수 있는 가장 경제적인 수단이었다. 직접적인 경제적 보상은 재정 형편상 어려운 일이었고 독점권의 허여는 여왕의 재정을 축내지 않고도 가능한 보상 방법이었다. 문제는 엘리자베스로부터 독점권을 하사받은 사람들이 직접 상품을 생산하거나 유통하는 사람들이 아니라는 점에 있었다. 이들은 제조업자나 상인들에게 독점권을 전매轉賣했으며 이들로부터 독점권을 사들인 사람들은 그 비용을 가격에 반영시킴으로써 인플레이션의 한 원인으로 작용했다. 이로 인한 원성은 결국 하원에서의 열띤 논쟁으로까지 이어졌다.[35] 이것은 이른바 골든 스피치Golden Speech로 알려지게 된 엘리자베스의 유명한 의회 연설의 계기가 되었다.

2) 국왕 대리인의 폐회 연설

통상 여왕 또는 그 대리인의 연설에는 의회의 활동이 국왕이 원하는 바를 얼마나 충실하게 집행했는지에 대한 평가가 반영되었다. 대체로 호의적인 평가와 함께 의원들의 노고를 치하하는 것이 일반적이었지만 비판적인 평가도 없지는 않았다. 예를 들면, 1593년 국새상서의 입을 통해 행해진 폐회 연설에

---

34 원문은 다음과 같다. "surely we maie be bold to saie that your gratious clemency was never more generally abused then in the private execution of these patentes." 같은 책, p.203.

35 David Loades, *Elizabeth I: the Golden Reign of Gloriana* (Richmond: The National Archives, 2003), p.86.

는 여왕의 불편한 심기가 담겨 있었다. 해당 의회가 일부 사소한 문제들을 다루느라 쓸데없이 긴 시간을 소모했으며, 이는 일부 의원들이 이를 통해 자신들의 만족을 추구하려 했기 때문이라고 비난하면서 의원들의 의회 활동을 낮게 평가한 것이다. 엘리자베스 재위 기간 중 소집된 의회들의 짧은 회기가 말해주듯 엘리자베스는 의회가 빠른 시일 안에 일을 처리하고 해산할 수 있기를 기대했다. 엘리자베스 치하에서 의회 운영 절차가 발전한 것은 여왕이 원하는 바대로 짧은 기간에 필요한 법안들을 신속하게 처리하기 위한 고육지책에서 나왔다. 그러나 1개월 20일 남짓 열린 의회가 결코 길다고는 할 수 없으므로 상기한 여왕의 불만은 회기의 길이 그 자체에 있는 것은 아니었다. 일부 의원들이 자신들의 역할을 국가의 상시 자문 기관인 추밀원 의원들의 역할과 동일시하는 우愚를 범했다고 여왕이 질타한 데서 미루어 짐작할 수 있듯이[36] 이는 피터 웬트워스Peter Wentworth가 왕위 계승 문제에 대해 발언해 물의를 일으킨 사건과 관계가 있는 것으로 보인다. 그는 면책이 허용되지 않는 의회 외부의 활동 때문에 회기 중에 체포되기도 했다.

이어진 국새상서의 연설은 의원들이 각자 자기 지역으로 돌아가 군사를 징발해 충분히 훈련시키고 무기를 비축해 적의 침공에 대비한 만반의 준비를 갖추라는 여왕의 당부를 전했다. 또한, 적의 무력도발 위협이 지역 주민들에게 과장되게 알려져 지난번 적의 침공 때 일부 해안 지역에서 벌어졌던 바와 같이 적에 대한 공포와 그에 따른 혼란으로 이어지지 않도록 하라는 여왕의 당부도 있었다.[37] 끝으로 연설은, 여왕이 이번에 의회가 마련해준 보조세를 감사하게 받겠지만, 만약 신민들이 자발적으로 동의하지 않았다면, 그리고 그녀에게 국가를 방어할 충분한 재정이 있었다면 이를 결코 받아들이지 않았을 것이라고

36 T. E. Hartley(ed.), *Proceedings in the Parliaments of Elizabeth*, vol.Ⅲ, p.172.
37 같은 책, pp.10, 173.

강조했다.[38]

1598년 의회도 크게 다르지 않았다. 국새상서의 입을 통한 폐회 연설에는 보조세에 대한 여왕의 감사 인사와 함께 독점권 폐해 문제와 관련한 여왕의 입장이 표명되었다. 독점권은 그녀가 가진 화환 중 가장 중심이 되는 꽃이며 그녀의 왕관 장식 중 가장 중심이 되는 진주이므로 포기할 수 없는 군주의 특권임을 강조하는 동시에 이것이 남용되지 않도록 법률로 시비를 가릴 것을 약속했다.[39]

3) 여왕의 폐회 연설

여왕은 통상 자신의 대리인인 국새상서의 입을 통해 자신의 의중을 간접적으로 전했지만, 경우에 따라 직접 나서서 의원들을 상대로 연설하기도 했다. 여왕의 연설은 형식적으로 보면 의회라는 거대한 정치 조직체의 활동을 최종적으로 마무리하는 의식의 최고 정점에 위치해 있었으며, 실질적으로는 의회에 대한 최종 평가와 함께 이제 곧 해산해 각자 자신의 지역으로 돌아갈 의원들을 매개체로 삼아 자신의 모든 신민에게 메시지를 직접 전하는 자리이기도 했다. 여왕의 연설은 그 영향력 면에서 대리인에 의한 간접 연설과 비견할 수 없었다. 여왕이 직접 하는 연설은 의회 활동에 대한 구체적인 평가와 논리적 비판 없이 고도의 품위와 격조를 유지하면서 신민들의 마음을 다독거리며 감성적으로 다가가는 수사법이 발휘된 특징이 있다. 엘리자베스의 연설문은 종종 비서들에 의해 작성되기도 했으나 핵심 내용과 아이디어는 그녀 자신의 것이었다.

1593년의 연설도 고도의 수사적 기법과 정서적 접근이 도드라지는 예 중의

---

38 같은 책, p.173.
39 같은 책, p.242.

하나이다. 엘리자베스는 이 연설에서 자신이 지혜와 용기 등의 덕목은 어떨지 모르지만 적어도 사랑, 배려, 진지함, 정의에 관한 한, 부왕인 헨리 8세를 제외한 영국의 어느 역대 군주나 앞으로 다스리게 될 미래의 그 어느 군주와도 감히 비교할 수 있을 것이라고 자부했다.[40]

여왕은 이어서 자신은 영토나 영지를 확장할 수 있는 기회와 능력을 모두 가졌지만 시도하지 않았음을 강조했다. 비록 여성으로서의 약점을 인정하지만 두려움 때문에 영토 확장을 못 한 것은 결코 아니라는 것이다. 다만 오직 정의로운 군주로서 자신의 왕국을 통치할 뿐 자신의 이웃을 침공할 생각이 전혀 없었고 또한 신민을 위험에 빠뜨리기보다는 신민의 안전을 우선 고려했기 때문이었다는 것이다. 그리고 스페인과의 전쟁은 자신이 일으킨 것이 아니고 스페인의 왕이 전쟁을 도발해왔으며, 그는 자신이 저지른 사악한 행위에 대해 사과해야 할 것이라고 말했다.

나아가 여왕은 스페인 왕이 무적함대보다 더 강한 군대로 자신에 맞서온다 해도 그를 완전히 패배시키고 무너뜨릴 능력이 있다고 했다. 그것은 자신의 명분이 정당하기 때문이며, 자신에게는 실패는 없다는 확실한 믿음이 있다고 했다.[41] 여왕은 이어서 보조세를 감사히 받겠으며 각자 돌아가 모든 경우에 대비

---

40 *Anonymous journal*에 실린 원문은 다음과 같다. "I will not compare with any of [noble and victorious princes of England] in wisdome, fortitude, and other vertues, but … in love, care, sincerity and iustice I will compare with any prince [except my father] that ever you had or ever shall have." T. E. Hartley(ed.), *Proceedings in the Parliaments of Elizabeth*, vol.III, p.173; 존 스토의 'Annales'에서는 약간 다른 표현으로 기록되어 있다. "Many wiser Princes than myselfe you have had … I may truely say, none whose love and care can be greater, or whose desire can be more to fathome deeper for prevention of danger to come … shall ever be found to exceede my selfe." T. E. Hartley(ed.), *Proceedings in the Parliaments of Elizabeth*, vol.III, p.28.

41 T. E. Hartley(ed.), *Proceedings in the Parliaments of Elizabeth*, vol.III, pp.28~

해 만반의 방어 태세를 갖추어줄 것을 부탁했다. 또한 기존의 법과 새로이 만들어진 법 모두를 잘 집행해 살아 있는 법이 되도록 당부했다. 마지막으로, 여왕은 사랑하는 "신민들에 대한 자신의 배려는 그 어떠한 세속적 명분보다 더 크고 앞으로도 그러할 것"이라는 감동적인 약속으로 연설을 끝맺었다.[42]

1601년 11월 30일 마지막 의회에서 엘리자베스는 앞에서 설명한 독점권의 폐해로 인해 벌어진 의회의 논쟁과 관련해 이례적으로 회기 중에 연설을 하게 되었는데, 이것이 고도의 수사적 기술과 감정적 호소로 청중의 마음을 움직인 빼어난 연설로 기억되면서 '골든 스피치'라고 알려지게 되었다. 골든 스피치에 대해서는 여러 가지 버전의 기록이 있으나 핵심 내용은 큰 차이가 없다.[43] 여왕은 화이트홀을 방문한 하원의 대표들 앞에서 1593년에 이어 또다시 신민에 대한 자신의 사랑을 강조했다. 신민들이 자신보다 더 지혜로운 군주를 맞이할 수는 있지만 자신처럼 신민들을 사랑하고 자기보다 신민들의 복리를 더 배려하는 군주는 없다는 것이다.[44] 또한 그 신민들이 평화와 풍요 속에서 번영을 누리길 원하는 것 외에는 아무런 세속적 욕망이 없다고 했다. 그러므로 독점권의 폐해는 자신의 뜻과 다르게 발생한 일이며 이로 인해 사랑하는 신민들이 고통받고 있음을 유감으로 생각한다고 말했다. 또한 이 문제를 거론해준 하원 의원들에게 감사하며 그들을 자신의 가장 뛰어난 신민으로 생각한다고 말했다.[45]

29, 174.

42 원문은 다음과 같다. "my care for you hath, and shal, exceede all my other cares of worldly causes, whatsoever." 같은 책, pp.28~29.

43 같은 책, p.251.

44 원문은 다음과 같다. "they may have a prince more wise, but never still they have a prince more lovinge unto them or more carefull of them for theyr welfare then my selfe will be."

45 같은 책, pp.289~290.

여왕은 이 연설에서 자신의 '영국성Englishness', 다시 말해 영국에서 태어나고 자랐으며 결혼도 하지 않고 나라와 신민들을 위해 희생, 헌신해온 점을 강조했다. 또한 선부先父인 헨리 8세에 대해 영국인들이 가지고 있는 긍정적 기억을 최대한 활용했다.[46] 영국을 독립적이고 위대한 국가로 발전시키는 기틀을 마련한 아버지를 이어 평화와 번영의 제국으로 이끄는 자신의 치적을 연결시킴으로써, 신민을 사랑하고 그들의 안전을 위해 헌신하며 처녀 왕의 기적으로 왕국을 번영으로 이끄는 지도자로서의 이미지를 청중들에게 각인시키려는 의도였다. 이러한 이미지는 결국 신민들에게 독점권 문제와 관련해서 여왕도 선의善意의 피해자라는 인식을 갖도록 작용했을 것이다. 하원 의장은 이튿날인 12월 1일 골든 스피치의 핵심 내용을 모든 하원 의원들에게 전달했다.

1601년 12월 9일 여왕은 폐회 연설을 위해 또다시 의원들 앞에 섰다. 골든 스피치 이후 채 20일도 지나지 않았을 때였다. 한 기록에 따르면,[47] 여왕은 의원들이 자발적으로 동의해준 보조세를 낭비하지 않고 왕국의 방어를 위해서 알뜰하게 쓸 것을 약속했다. 또한 지난 전쟁은 자신이 일으킨 것이 아니라 적이 도발해왔다는 점과, 영토 확장이나 복수를 위한 전쟁이 아닌 자신과 사랑하는 신민들을 보호하기 위한 것이었음을 다시 한 번 강조했다. 네덜란드 전쟁에도 사심이 개입된 적이 없으며 이 또한 신민들을 보호하기 위해 치른 전쟁이었음을 환기시켰다. 여왕은 마지막으로 그 어떠한 군주도 자신처럼 좋은 신민들을 가져본 적이 없을 것이며, 사랑하는 신민들에 대한 신의 가호를 기원하며 안녕을 고했다. 폐회 연설에 대한 다른 기록에 따르면 여왕이 이 연설에서 자신을 신민들에게 빛을 주고 안락함을 주기 위해 자신을 희생하는 처녀 초의 심

---

46 David Loades, *Elizabeth I: the Golden Reign of Gloriana*, pp.84, 89.

47 T. E. Hartley(ed.), *Proceedings in the Parliaments of Elizabeth,* vol.III, pp.75~76.

지에 비유하기도 했다.[48]

4. 유기체적 공동체, 그리고 사랑의 연대

상비군, 경찰, 직업적 관료제도 등 법과 정책의 집행을 실질적으로 담보할 수 있는 수단을 갖지 못한 튜더 군주들은 신민들의 자발적 복종과 동의가 효율적 통치의 전제 조건이라는 것을 잘 인식하고 있었다. 미혼의 여성 군주라는 취약점이 있었던 엘리자베스가 자발적 동의의 중요성을 모를 리 없었다. 의회는 이러한 '동의의 정치politics of consent' 중심부에 위치한 결정적 무대였다. 튜더 시대의 영국 의회는 국왕, 상원, 하원의 3개의 법적 기관으로 구성되어 있었으며 어느 일방이라도 동의를 거부하면 법률이 제정되지 못하는 전통이 이미 확립되어 있었다.[49] 엘리자베스는 초상화와 행렬 등의 시각적 이미지를 통해 상징적 권력을 창출하고 복종의 내부화를 추구하는 작업도 병행했지만 통치 후반기로 갈수록 '동의의 정치'를 위해 의회에 의존하는 비중이 커졌다.[50]

의회의 개회 및 폐회 연설에는 이러한 '동의의 정치'의 면모가 잘 드러난다. 엘리자베스로서는 의회로부터 보조세를 얻는 것이 가장 중요했다. 모두 열세 번의 회기 중 열한 번의 회기에서 보조세 법안이 상정되었는데, 대부분 회기 초반부에 절차를 개시해 통상 2~4주 만에 신속하게 처리했다. 앞에서 밝힌 바와 같이 개인 신분의 특정 의원이 개별적으로 제창함으로써 시작되던 보조세

48 같은 책, p.278. 원문은 다음과 같다. "I have … bene content to be a taper of trewe virgin waxe to wast my self and spend life that I might give light and comfort to those that live under me."

49 G. R. Elton, "Parliament," p.85.

50 Daivd Loades, *Elizabeth I: the Golden Reign of Gloriana,* p.81.

논의는 1581년 이후부터 대법관 또는 국새상서의 개회 연설을 통해 시작되었다. 보조세의 명분은 매우 조심스럽게 그리고 논리적으로 제시되었으며, 특히 이 글에서 다룬 엘리자베스 시기 마지막 세 번의 의회에서는 평화 시의 과세 명분을 만들기 위해 적의 침공 위협뿐 아니라 엘리자베스의 자기희생과 치적 또한 보조세 신설의 논리로 채택되었다. 하원 의장의 개회 연설 또한 이에 화답하듯 엘리자베스의 치적과 적의 침공 위험성에 대해 언급했다. 그리고 여왕이 폐회 연설을 통해 보조세 납부에 자발적으로 동의해준 신민들에게 감사하고 반드시 신민들의 안전과 평화 유지 등의 공익적 목적을 실현하기 위해 낭비 없이 쓰겠다고 약속함으로써 완결되었다. 보조세 문제에 관해 개회 및 폐회 연설에 나타난 이 같은 기승전결의 논리적 전개는 국왕과 의회의 협력 관계를 바탕으로 이루어지는 '동의의 정치'의 형식을 적나라하게 보여주었다.

여왕은 보조세뿐만 아니라 시급하고 중대한 과제로 법률의 제정을 의회에 요구하기도 했다. 특히 1597년과 1598년은 위기라고 할 수 있을 만큼 여러 가지 사회적·경제적 문제가 터져 나온 시기로서, 여왕은 이를 해결할 수 있는 새로운 법의 제정을 특별히 촉구했으며, 의회는 빈민법을 비롯해 중요한 법률들을 제정 또는 정비해 이에 화답했다. 이렇게 의회는 엘리자베스가 원하는 모든 것을 충족시켜주었다. 그뿐 아니라 의원들에게 각자 자기 지역으로 돌아가 지방행정과 사법 업무, 군사적 방어에 충실해달라고 한 여왕의 당부는 그녀가 의회를 입법과 자문에 제한해서 보지 않고 자신과 신민들을 중재하는 보다 큰 협력 기능을 가진 기구로 인식하고 있음을 보여주는 것이라고 하겠다.

한편, 개회 및 폐회 연설에는 신민들이 여왕에게 요청하는 사항도 반영되었다. 직접적으로는 하원 의장이 의회 활동과 관련해 발언의 자유, 체포당하지 않을 자유, 알현권 등을 청원했고 여왕은 이를 허여하는 형식이었다. 비록 그녀의 마지막 세 번의 의회에서는 종교 등 민감한 문제들에 대한 논의가 허용되지 않았으며, 여왕이 폐회 연설을 통해 이를 어긴 의원들을 질타하기도 했지만 의회 개회 및 연설을 관통하는 키워드는 갈등보다 조화와 협력이었다. 의원들은 수많은 공적·사적 법안들을 논의해 법률안을 통과시켰으며 대부분의 법률에 대해 거부권을 행사하지 않았다. 또한 여왕이 독점권의 폐해에 대한 의원들의 의견을 겸허하게 수용하고 시정을 약속한 것도 군주와 의회의 관계가 기본적으로 협력적 관계임을 보여주는 증거이다.

하원 의장이 사실상 국왕 정부의 사전 조율에 의해 내정되는 사실에 비추어 그가 하원 의원들의 집단적 이해나 견해를 충실히 대변하기보다는 국왕과 정부의 의사 운영 방침에 협력적 역할을 수행할 수밖에 없는 태생적 한계를 갖는다는 것을 지적할 수 있다. 그럼에도 1598년 하원 의장 옐버턴이 개회 연설에서 종교 문제를 거론한 것이나 폐회 연설에서 독점권의 폐해 문제를 강력하게 거론한 것을 보면 하원 의장이 동료 의원들의 의견을 완전히 무시할 수는 없었을 것으로 보인다. 결론적으로 말하면, 갈등의 요소가 없는 것은 아니었지만 개회 및 폐회 연설은 국왕과 의회, 나아가서 국왕과 신민들이 자발적 동의를 바탕으로 한 협력 관계임을 보여주는 측면이 있다.

그렇다면 엘리자베스 시기의 마지막 세 번의 의회에서 행해진 개회 및 폐회 연설에 포함된 튜더 사회 엘리트들의 사회관 또는 국가관은 무엇이었을까? 또한 그들은 군주와 신민의 역할 관계를 어떻게 규정했을까? 이와 관련해 가장 먼저 눈에 띄는 것은 유기체적인 사회관이다. 쿡, 옐버턴, 크로크, 에거턴 등의 의견을 종합하면, 영국은 모든 계층의 신민들이 유기적으로 연결되어 있는 사회로서, 다른 사람의 행복 없이는 자신도 행복할 수 없으며, 사회 없이는 개인도 살아남을 수 없는 공동 운명체였다. 여기에서 여왕은 신과 인간, 인간과 자연을 매개하는 우주론적 존재이며 공동체의 중심에 서 있는 유일한 통합자의 위치에 있는 인물로 설정되었다. 또한 여왕은 공동체를 외부의 침입으로부터 보호할 뿐 아니라 공동체 내부의 사악한 병균을 몰아냄으로써 공동체의 안전과 생명을 지켜갈 책무를 가진다. 1593년 퍼커링이 개회 연설에서 의원들을

"여왕과 의지와 목적을 함께하는 자들"로 정의하며 여왕이 원하는 바대로 따를 것을 주문한 것도 이러한 맥락에서 이루어진 것이다.[51]

이러한 유기체적 공동체가 생명을 가진 조직체로서 활발하게 움직이기 위해서는 군주와 신민 간의 관계 설정이 가장 중요한 조직 원리인데, 의회의 개회 및 폐회 연설은 예외 없이 군주와 신민이 서로 '사랑'이라는 유대로 맺어져 있음을 강조한다. 엘리자베스는 자신의 신민에 대한 사랑이 그 어느 군주보다 깊으며 세상에 대한 자신의 관심은 오로지 '신민의 안전'에 있음을 거듭해서 밝혔다. 여기에는 신민들에게 빛과 안락함을 주기 위해 촛불의 심지가 되겠다는 결의가 담겨 있다. 〈펠리컨 초상화〉에 담긴 희생의 이미지와 〈무지개 초상화〉와 〈디칠리 초상화〉에 나타나는 태양왕의 이미지가 겹쳐 있다. 그런가 하면, 하원 의장의 연설로써 대변되는 신민들은 자신들을 위해 희생하는 여왕을 완벽한 기독교인으로 묘사하면서 여왕과 그녀가 이룩해놓은 평화와 번영의 왕국을 지키기 위해 기꺼이 피를 흘리겠다는 각오를 천명했다.

엘리자베스와 튜더 시대 엘리트 계급에 영향을 미쳤으리라 추정되는 신플라톤주의의 우주관에서 보면, 세상의 모든 부분들이 협력적 구조 속에서 각자가 가진 기능을 발휘하도록 만드는 것이 사랑의 관계이다.[52] 엘리자베스는 1592년 옥스퍼드 대학교에서 '나에 대한 그대들의 사랑your love for me'은 부모의 사랑도, 친구 사이의 사랑도, 연인 간의 사랑도 아닌 커먼웰스 공동체에서 운용되고 있는 각 신민들의 관계 속에서 작동하는 하나의 기능으로 규정한 바 있다.[53] 이렇게 보면, 여왕의 신민들에 대한 사랑은 공동체적 책무였다.

51 T. E. Hartley(ed.), *Proceedings in the Parliaments of Elizabeth,* vol.III, p.22.

52 Susan Frye, *Elizabeth I: the Competition for Representation* (Oxford, 1993), pp. 110~111.

53 같은 책, p.113; *The Public Speaking of Queen Elizabeth: selections from her official addresses,* edited by George P. Rice(New York: Columbia University Press,

스페인의 무적함대 격파는 그녀의 처녀성이 일구어낸 기적으로 받아들여지기 시작했으며 이로써 신이 그녀의 처녀성을 승인했다는 주장이 설득력을 가지게 되었다. 나아가 왕국의 번영과 평화로 인해 사람들은 영국의 미래를 제국으로 투영하기 시작했다. 이 모든 담론의 한가운데에 엘리자베스가 있었다. 그러나 그녀는 어느새 노쇠했고 오랫동안 자신을 지근거리에서 보좌해온 핵심 신료들이 하나둘씩 세상을 떠나고 있었다. 이러한 사실이 그녀를 의기소침하게 했고 자칫 자신이 정책 결정 과정에서 소외되지 않을까 우려하게 만들었다.[54]

이런 상황에서 의회는 여왕 자신이 아직도 확실하게 통제할 수 있는 공적 무대였으며, 그중에서도 개회 및 폐회 연설은 여왕을 중심으로 유기체적으로 조직된 커먼웰스의 이미지를 가장 잘 표현할 수 있는 결정적인 수단이었다. 특히 '사랑'을 주제로 한 담론체계는 왕국에 존재하는 모든 것의 중심에 그녀가 있으며, 모든 것을 자신이 최종적으로 결정한다는 것을 의회의 모든 청중, 나아가 왕국의 모든 신민에게 알리고 각인시키는 효과를 가져다주었다. 엘리자베스가 1593년과 1601년의 의회 연설에서 사랑의 담론을 부각시킨 배경에는 이러한 상황이 있었던 것이다.

1951), pp.98~99.

54 Susan Frye, *Elizabeth I: the Competition for Representation*, pp.98~99.

제4장

전쟁과 의회

1. 누구의 전쟁인가?

근대 초기 서양에서 외교 문제에 관한 의사결정은 혼인, 왕위 계승과 함께 원칙적으로 군주의 특권에 속하는 사항이었다. 그리고 외교 정책의 정점에는 전쟁과 평화의 선택이 있었다. 이 시기 대부분의 유럽 군주들이 그러했듯이 영국 튜더 왕조의 군주들은 중요한 외교 정책의 결정에 적극적으로 개입했으며 특히 전쟁에 관한 사항을 주도적으로 결정했다. 영국 역사상 최초의 단독 여성 군주였던 엘리자베스 1세도 이 점에서 예외가 아니었다. 그녀는 외교와 전쟁이 자신의 고유 권한임을 잘 인식하고 있었고, 정책의 목표와 전략 등 큰 틀을 수립하는 것은 물론 구체적 사안의 집행에 이르기까지 직접 챙기고 관장하려 했다. 또한 여왕은 다양한 채널을 통해 구체적인 국제 정세까지 숙지하고 있었다.[1]

1　R. B. Wernham, *The Making of Elizabethan Foreign Policy, 1558~1603* (University

그러나 아무리 전쟁이 군주의 특권에 속하는 사항이라 하더라도 군주의 단독 의지만으로 수행할 수 있는 것은 아니었다. 전쟁은 광범위한 인적·물적 자원이 동원되는 국가 중대사였으므로 최소한 엘리트 신민들의 동의는 필요했다. 군주가 신민의 동의를 구하는 절차에서 자유로워지려면 왕실의 재정이 전쟁 비용을 충분히 감당할 수 있거나, 매각 처분이 가능한 대규모 여유 자산이 있어야 했다. 16세기 유럽에서 그러한 경우에 해당했던 군주는 종교개혁 이후 수도원 자산을 차지한 헨리 8세와 포토시Potosí 광산 등에서 아메리카 금·은의 채굴이 본격화된 이후의 펠리페 2세 등 몇몇에 불과했다. 대부분은 중세적 조세제도의 제약에서 벗어나지 못했고, 따라서 단독으로 전쟁을 수행할 능력을 갖추지 못했다. 반대로, 전쟁이 군주의 특권에 속한다는 개념이 일반적으로 통용되는 시대 상황에서 신민들이 아무리 전쟁을 원한다 하더라도 군주의 의사를 무시한 채 수행할 수는 없었다.

그러므로 근대 초기의 전쟁은 군주와 신민 상호 간에 전쟁에 대한 동의의 절차를 필요로 했다. 동의의 절차는 누가 주도권을 행사하는가에 따라 어느 일방이 주도권을 가지고 다른 일방이 소극적으로 동의하는 경우와 쌍방이 거의 대등하게 주도권을 행사하는 경우를 상정해볼 수 있는데, 여기서는 후자처럼 상호 관계성을 강조하기 위해 '동의의 절차' 대신 '동의의 컨텍스트context'라는 용어를 사용하고자 한다.

영국의 근대 초기 전쟁에서 '동의의 컨텍스트'가 어떻게 이루어졌는지, 또는 어떠한 변화를 경험했는지를 알아보는 유용한 방법 중 하나는 군주와 의회의 관계를 살펴보는 것이다. 군주와 추밀원의 관계 또한 중요하지만, 양자가 정책

of California Press, 1980), pp.4~10; Alan G. R. Smith, *The Emergence of a Nation State: the Commonwealth of England* (Longman, 1984), p.157; Wallace T. MacCaffrey, *The Shaping of the Elizabethan Regime* (Princeton University Press, 1968), p.30.

결정 과정에서 상호 밀접하게 얽혀 있어서 주도권의 위치를 판단하기 어렵고, 최소한 엘리자베스 시대에 관한 한 양자 간의 관계를 밝혀줄 수 있는 자료가 의회 일지에 비해 상대적으로 빈약하기 때문에 유용성이 떨어진다.

튜더 의회는 대부분 군주의 재정 문제 해결을 위해 소집되었으며, 구체적으로는 의회의 특별 조세subsidy, tenth, fifteenth를 얻으려는 것이었다. 특별 조세의 대부분은 전쟁 또는 방어적 성격의 군사적 지출이라는 명분과 밀접하게 관련되어 있었다. 엘리자베스 또한 재위 기간에 수차례의 전쟁을 수행했고, 그 경비를 충당하기 위해 의회를 소집해 특별 조세를 징수했다. 엘리자베스 시대의 전쟁에 관한 군주와 의회 간 '동의의 컨텍스트'를 살펴본다는 것은 특별 조세를 둘러싼 의회 기록을 읽는 작업을 의미한다. 이를 통해 특별 조세의 목적이 이미 일어났던 전쟁에 지출된 비용을 사후에 충당하려는 것인지, 아니면 현재 진행되고 있는, 또는 앞으로 다가올 전쟁을 위한 것인지를 구분할 수 있으며, 전쟁의 명분이나 특별 조세의 당위성에 대한 군주와 그의 대리인, 그리고 일반 의원들의 의견을 비교·분석해볼 수도 있다. 이 작업은 또한 전쟁의 담론을 누가 주도했는지, 그 주도권에는 어떠한 변화가 있었는지를 살펴볼 기회를 제공한다는 점에서 유용하다 할 것이다.

2. 엘리자베스의 전쟁

16세기 영국은 여러 차례의 전쟁을 경험했다. 그중에는 공격적인 전쟁도 있었으며, 방어적인 성격의 전쟁도 있었다. 전쟁의 목표와 양상은 상황에 따라 달랐으며, 또한 군주 개인의 정치적 성향과 외교적 목표에 의해 달라지기도 했다. 헨리 8세가 행한 전쟁은 대부분 공격적 전쟁이었다. 예컨대, 헨리 8세는 1513년 4만 명의 군대를 직접 지휘하며 플랑드르로 진격해 투르네를 점령했으며, 1544년에도 역시 4만 명의 군대를 이끌고 프랑스를 침공해 불로뉴를 함락시키기도 했다.

헨리 8세가 재위 기간에 벌인 전쟁에는 300만 파운드가 넘는 대규모의 전비가 소모되었다.[2] 그의 재위 기간 마지막 시기의 평년 수입이 기껏해야 17만 파운드를 넘지 못했음을 감안하면 이는 실로 막대한 지출이었다. 반면 그가 얻은 가시적 성과는 투르네와 불로뉴 등을 점령했다는 사실뿐이었다. 투르네는 플랑드르의 고립된 성채에 불과했고, 불로뉴는 조그만 항구였다. 그마저도 투르네는 5년 만에, 불로뉴는 6년 만에 프랑스에 돌려주었는데 점령지를 방어하는 데 필요한 엄청난 예산을 확보할 수 없었기 때문이었다.

이런 점에서 판단한다면, 헨리 8세의 전쟁은 분명히 실패였다. 그럼에도 당대의 평가는 지극히 긍정적이었다. 그가 수행한 전쟁이 군주의 덕성에 걸맞은 것이었으며 전쟁에서 그가 얻은 영광과 명예의 가치는 돈으로 계산할 수 없을 정도로 찬란했다는 것이다.[3] 그가 동원한 군대의 규모는 유럽의 그 어느 군주와도 당당히 견줄 수 있었다. 16세기 전반을 통틀어 가장 많은 군대를 동원한 군주는 카를 5세인데 그가 이끈 1536~1537년 롬바르디아Lombardia 원정군이 6만 명 수준이었다.[4] 그뿐 아니라 헨리는 유럽의 가장 강성한 나라의 군대를 상대로 빛나는 승리를 거두었으며, 더군다나 왕의 덕성에 맞는 명분과 매너를 갖추고 전쟁을 수행함으로써 자신의 이름을 드높였다. 그리고 그의 전쟁은 오직 왕만이 동원할 수 있는 규모와 수준을 갖춘 장려하고 장엄한 의식을 펼침으

---

2 Penry Williams, *The Tudor Regime* (Oxford University Press, 1979), pp.59~60; J. R. Hale, *War and Society in Renaissance Europe, 1450~1620* (McGill-Queen's University Press, 1998), p.245.

3 Stephen Gardiner, *The Letters of Stephen Gardiner*, edited by J. A. Muller (Cambridge University Press, 1933), p.180; Lacy Baldwin Smith, *Henry VIII: The Mask of Royalty* (Boston University Press, 1971), pp.140~141, 155.

4 Penry Williams, *The Tudor Regime*, p.134.

로써 '복종의 내부화'를 이끌어내는 수단이 되었다.[5]

그러나 엘리자베스는 상황이 달랐다. 그녀는 영국의 영토를 대륙으로 확장하려는 생각을 하지 않았다. 다만 스페인이나 프랑스가 영국의 안전에 치명적인 위협이 되지 못하도록 예방하는 것을 외교 정책의 최고 목표로 삼았다. 좀 더 구체적으로는 브르타뉴에서 네덜란드에 이르는 대륙의 해안선을 스페인이나 프랑스 중 어느 한 나라가 독점하지 못하도록 하는 것이었다.[6] 여왕은 이러한 정책 목표를 가능한 한 전쟁 없이 실현하고자 했다. 또한 그녀는 기껏해야 중급 국가에 불과한 영국이 전쟁을 통해 스페인과 프랑스 두 강국이 지배하는 국제 정세를 획기적으로 바꿀 수 없다는 현실적 한계를 인식하고 있었다.[7] 비록 재위 초기인 1560년 스코틀랜드의 신교도들을 지원함으로써 프랑스의 영향력을 배제하고자 했고, 1562년 위그노Huguenot들을 지원하기 위해 로버트 더들리Robert Dudley가 이끄는 군대를 프랑스에 파견했다가 참담한 패배를 맛보기도 했지만, 그 후에는 현실을 인식하고 20년 이상 굳건하게 평화 정책을 유지했다.

그랬던 엘리자베스가 1585년 군대를 파병해 전쟁에 참여하게 된 것은 상황이 그만큼 절박하게 돌아갔기 때문이었다. 당시 상황에서 영국은 스페인과 전쟁을 할 것인가, 아니면 스페인이 전 유럽을 지배하는 것을 용인할 것인가를 선택해야만 했다. 1580년 스페인의 펠리페 2세는 포르투갈의 왕위를 계승함으로써 원양선 갤리언을galleon 주축으로 하는 포르투갈의 막강한 해군 전력까

---

5   허구생, 「군주의 명예: 헨리 8세의 전쟁과 튜더 왕권의 시각적 이미지」, ≪영국연구≫, 13호(2005), 1~30쪽.

6   G. D. Ramsey, "The Foreign Policy of Elizabeth," in Christopher Haigh(ed.), *The Reign of Elizabeth I* (The University of Georgia Press, 1987), p.147.

7   Alan G. R. Smith, *The Emergence of a Nation State*, p.158; R. B. Wernham, *The Making of Elizabethan Foreign Policy*, p.25.

지 새로이 획득했다. 또한 1584년에는 네덜란드 반란군을 이끌던 오라녜 공 빌렘Oranje Van Willem이 암살되어 반군의 정치적·군사적 붕괴가 가시화되고 있었다. 거기에다 프랑스의 가톨릭 연맹이 펠리페를 자신들의 보호자로 선언한 데 이어 프랑스 왕 앙리 3세가 가톨릭 세력의 압력에 굴복해 펠리페와 비밀 협약을 맺음으로써 프랑스 땅에 스페인의 교두보가 만들어졌다. 이는 유럽 대륙의 서북부 해안 전체가 영국 침공의 전진기지로 이용될 수 있다는 것을 의미했고, 이것이야말로 엘리자베스가 가장 우려하던 위험 상황이었다. 그러므로 1585년의 전쟁은 본질적으로 국가의 안전을 위한 방어적인 전쟁이었다.[8]

1585년 여름과 가을에 걸쳐 엘리자베스는 네덜란드와 넌서치Nonsuch 조약을 맺어 네덜란드를 영국의 보호막 안으로 편입하고, 레스터Leicester 백작에게 7000명의 군사를 주어 네덜란드에 주둔하고 있던 파르마 공작Duke of Parma의 군대를 공격하게 했다. 영국군은 어느 정도 가시적인 성과를 올렸으나 상황을 역전시킬만한 승리는 되지 못했다. 거기에다 레스터가 여왕의 허락 없이 네덜란드 총독 직을 수락한 데 이어 네덜란드 반군을 영국군에 편입시킴으로써 네덜란드 군의 비용까지 영국이 지불해야 하는 상황을 맞게 되었다. 결국 레스터의 돌출 행동으로 인해 늘어나는 전비를 부담할 형편이 더 되지 않아 영국군은 철수했다.

엘리자베스의 대對스페인 전쟁을 결정적인 승리로 이끈 것은 주지하다시피 1588년 무적함대 아르마다를 격파한 사건이었다. 펠리페는 네덜란드에 대한 영국의 지원을 차단하고 스페인령 신세계와 스페인의 대서양 선단을 영국의 공격으로부터 방어하기 위해 무적함대를 영국 해협으로 파견했다. 또한 무적

---

8   Alan G. R. Smith, *The Emergence of a Nation State*, pp.159~161; G.D. Ramsey, "The Foreign Policy of Elizabeth," p.147; R. B. Wernham, *The Making of Elizabethan Foreign Policy*, pp.56~72.

함대는 플랑드르에 주둔하고 있던 파르마 공작의 군대를 영국에 상륙시키는 임무도 수행할 예정이었다. 그러나 잘 알려진 바와 같이 무적함대는 영국 함대의 공격을 받아 전력의 상당 부분을 잃었고 폭풍을 만나 좌초하면서 전의를 완전히 상실하고 말았다. 무적함대는 다음 해 여름에 이르러 상실된 전력의 대부분을 복구하기는 했으나 이후로 다시는 영국 해군을 압도하지 못했다.

엘리자베스의 전쟁은 계속되었다. 1589년에 위그노를 지원하기 위해 윌러비 남작Baron Willoughby; Peregrine Bertie을 지휘관으로 프랑스에 4000명의 군대를 파병했고, 1591년 봄에는 존 노리스John Norris와 4000명의 군대를 브르타뉴에 보냈다. 이어 같은 해 6월 말 에식스Essex 백작에게 역시 4000명의 군사를 주어 루앙Rouen을 점령하도록 했다. 영국의 대륙 원정군은 결정적 승리를 거두지는 못했으나 스페인 세력을 대륙에 묶어놓음으로써 결과적으로 브리튼Britain을 방어할 수 있었다는 평가를 받았다.[9]

엘리자베스의 전쟁은 결과적으로 스페인이라는 강적으로부터 영국을 방어하고 아르마다를 격파해 바다를 장악함으로써 영국이 장차 해상 제국으로 발전할 수 있는 기반을 닦을 수 있었다. 엘리자베스의 군사적 성공에서 가장 두드러지는 점은 '재정의 효율적 운영'이라고 할 수 있었다. 이를 좀 더 자세히 살펴보면 첫째, 1562년 프랑스 원정 이후 20년 이상 지속된 평화 정책으로 재정 건전성이 강화되었고, 그동안 이룩한 경제 발전에 힘입어 대규모 전쟁을 수행할 수 있는 신민들의 담세 능력을 확보할 수 있었다.

둘째, 스페인을 격퇴시킨 영국 해군의 작전은 이른바 '합작 투자joint stock' 기반의 비즈니스business적 성격이어서 엘리자베스 정부의 재정 지출을 최소화시켜주는 효과를 발휘했다.[10]

---

9   R. B. Wernham, *The Making of Elizabethan Foreign Policy,* pp.72~80.

10 Penry Williams, *The Tudor Regime,* pp.131~135.

셋째, 16세기 후반에 저비용 고효율 기반의 국가방어조직과 운영체제인 상설 군사지휘조직을 영국 역사상 처음으로 설치했다. 1585년 모든 주에 군사 책임자lieutenant를 1명씩 임명하고 그 밑에 2~6명의 부책임자deputy lieutenant를 두어, 민병대의 징병, 군마 사육, 궁술 훈련 등을 주요 임무로 했다. 이러한 제도가 잘 정착되어 아르마다 해전이 있던 1588년에는 잘 무장되고 훈련된 2만 6000명의 민병대가 국가 방어의 임무를 수행하고 있었다. 이들은 아르마다와 일전을 벌이는 영국 해군을 후방에서 받쳐주는 역할을 해낸 것이다.[11]

넷째, 최소 경비로 전쟁을 수행하려는 엘리자베스의 의지도 재정의 효율적 운영에 기여했는데, 이른바 '루앙 프로젝트Rouen Project'는 이를 보여주는 좋은 예이다. 1591년 네덜란드 주둔 파르마 부대와 비스케이Biscay 주둔 스페인 군이 합동 작전으로 프랑스를 침공하고 펠리페의 딸 이사벨라를 프랑스 여왕으로 옹립하려 하자 영국은 프랑스를 지원하기 위해 원정군을 파병하기로 했는데, 엘리자베스는 다음과 같은 조건을 달았다. 영국군은 오로지 루앙 점령 작전에만 투입한다는 것, 영국군의 전비는 두 달에 한해 영국이 지불하고 그 이후의 비용은 프랑스가 지불한다는 것, 또한 루앙 점령 이후 그곳에서 나오는 관세 수입 등은 엘리자베스가 앙리 4세에게 빌려준 대출금이 전액 회수될 때까지 엘리자베스가 차지한다는 것 등이었다.[12] 이 작전은 비록 실패했지만 전비를 절감하려는 엘리자베스의 의지를 여실하게 보여준다.

종합하면, 엘리자베스는 전쟁보다는 평화를 선호했고, 그녀가 벌인 전쟁은

---

11 같은 책, pp.123~129, 133~134; Alan G. R. Smith, *The Emergence of a Nation State*, p.157. 해외 원정군은 상당 부분 귀족과 유력 젠틀맨의 모병 활동에 의존했으며 특히 기병의 경우는 귀족들의 수행원들이 절대적인 비중을 차지했다. 17세기 초까지만 하더라도 영국 기병의 3분의 1 정도는 귀족들의 수행원이었으며 이들의 숫자는 4000명 규모였다.

12 R. B. Wernham, *The Making of Elizabethan Foreign Policy*, pp.74~78.

본질적으로 방어적 성격을 가지고 있었으며, 전쟁을 저비용 고효율 구조로 치르려는 의지가 강했다. 이러한 점은 전쟁에 관한 '동의의 컨텍스트' 측면에서 긍정적으로 작용했다.

3. 전쟁과 재정

일반적으로 볼 때, 16세기 유럽 국가의 수입은 인플레이션을 충분히 상쇄할 만한 수준으로 증가했다. 그러나 지출은 더 빠른 속도로 증가했는데 가장 큰 비중을 차지한 것은 전쟁 비용이었다. 예컨대, 1596년 펠리페 2세의 군대 유지 비용은 그의 부친 카를 5세(카를로스 1세) 때와 비교해서 거의 세 배로 증가했다.[13] 아무리 전쟁이 군주의 일이라 하나 왕실 재정만으로는 늘어난 전쟁 비용을 감당하기 어려웠고, 결국 신민들의 세금으로 부족한 재정을 보충하는 것이 유럽 국가들의 일반적인 현상이었다. 전쟁에는 막대한 비용이 발생하고 그 부담은 결국 납세자들의 몫으로 돌아오기 때문에 전쟁은 대체로 신민들의 환영을 받지 못했다. 전쟁이 눈부신 승리를 가져온 경우라도 사정이 크게 다르지 않았다. 승리가 군주의 명예와 덕성을 크게 떨치는 기회가 되고 신민들도 그 영광의 일부를 간접적으로나마 누리기는 하겠지만 그 비용이 일정 수준을 넘어가면 비록 이긴 전쟁이라 하더라도 납세자들의 적극적인 협력을 기대하기는 어려웠다.[14] 그렇기 때문에 군주들은 저항의 위험이 있고 복잡한 절차를 요구하는 조세에 의존하기보다 편법을 동원하는 경향이 있었다. 프랑스와 스페인

---

13 J. R. Hale, *War and Society in Renaissance Europe, 1450~1620* (McGill-Queen's University Press, 1998), pp. 235~236.

14 같은 책, pp. 237~238.

에서는 관직 매매가 빈번하게 이루어졌고 영국의 헨리 8세는 수도원 해산으로 새로 편입된 왕령지를 매각하거나 함량 미달의 불량 화폐를 주조해서 부족한 전비를 충당하기도 했다. 하지만 그럼에도 조세는 가장 중요한 전쟁 경비 조달 수단이었다. 이런 의미에서 전쟁은 종종 군주와 신민 간 이루어진 대화와 흥정의 결과였다.[15]

근대 초기 영국 정부의 예산은 평시 예산과 전쟁 예산으로 구분되었다. 평시 예산은 왕령지 수입과 관세, 봉건세feudal dues에 의한 수입으로 이루어졌으며, 전쟁 예산은 의회 승인을 전제로 한 보조세,[16] 15분의 1세fifteenth, 기부세 수입으로 이루어졌다. 그 밖에 강제 대출에 의존하는 경우도 있었다. 전쟁 예산 중 조세 수입이 차지하는 비중은 많아야 절반을 넘지 못했고, 나머지는 평화 기간 중 비축한 예산과 왕령지 매각 등으로 충당되었다. 예컨대 스코틀랜드 원정과 프랑스 원정 등대규모 군사 동원이 이루어졌던 헨리 8세 치하 1539~1547년 사이 약 200만 파운드의 전쟁 비용이 소모되었는데 이 중 의회 조세(보조세, 10분의 1세tenth, 15분의 1세fifteenth, 기부세)는 90만 파운드에 조금 못 미치는 수준이었다. 에드워드 6세의 재위 기간에는 모두 138만 7000파운드의 전비가 사용되었는데 이 중 의회 조세는 41만 2000파운드로 약 30% 수준이었다.[17]

엘리자베스 시대의 평시 예산은 재위 초기에는 연간 약 20만 파운드, 재위 말기에는 연간 30만 파운드였다.[18] 재위 말기를 기준으로 하면 왕령지 수입이

---

15 같은 책, pp.239, 251~252.

16 1513년 공식적으로 도입된 직접세로서 메리 치하에서 고정세율을 채택해 16세기 말까지 이어졌다. 토지 수입에 대해서는 1파운드당 4실링, 그 밖의 재산에 대해서는 현금가치 1파운드당 2실링 8펜스를 부과했다.

17 Penry Williams, *The Tudor Regime*, pp.55~60, 65~67.

18 J. E. Neale, *Queen Elizabeth* (London: Jonathan Cape, 1938), pp.284~285.

전체의 절반가량을 차지했으며, 관세 수입이 44%, 봉건세가 7% 정도였다. 인플레이션을 감안하면 국왕 수입의 절대치는 오히려 감소한 것으로 추정되지만 엘리자베스 정부의 재정 운용은 건전한 편이었다. 네덜란드 전쟁 개입 직전인 1584년에는 재정 흑자 누적액이 30만 파운드에 달했다. 여기에는 전쟁 가능성을 염두에 두고 일곱 차례 징수한 15분의 1세, 3과 3분의 2의 보조세 등 전쟁 대비 예산이 포함되어 있었다. 전쟁을 기피하던 엘리자베스가 결단을 내릴 수 있었던 것은 이 덕분이었다. 1581년부터 1603년에 발생한 전쟁 비용은 총 350만 파운드였는데, 이 중 절반가량인 180만 파운드를 의회 조세와 강제 대출로 마련했고 나머지는 평시 예산 누적 흑자와 왕령지 매각으로 충당했다.[19]

튜더 시대의 의회 조세에는 두 가지 전제 조건이 있었다. 그것은 첫째, 군주는 중요하지 않은 용처를 위해서나 예산을 잘못 사용해 발생한 예산 부족을 충당하기 위한 목적으로 의회 조세를 요청할 수 없다. 둘째, 의회는 정부의 비정상적 지출extraordinary expenditure에 대해서만 의회 조세를 통해 기여한다. 다른 식으로 표현하면, 국왕은 평상시에는 '자신의 자금으로 살아야 하고live of his own' 오로지 국가 위기 상황에서만 부수적인 예산을 의회에 요구할 수 있다는 것이었다.[20] 그런데 여기에서 의회 조세를 정당화하는 근거로 제시된 '비정상적 지출' 또는 '국가 위기 상황의 지출'이란 대체로 전쟁 비용을 말하는 것으로 해석되어왔다. 그러나 헨리 8세를 비롯한 튜더조의 군주들은 전쟁 상황이 아닌 평화 시에도 의회 조세를 요구했으며, 의회는 별 무리 없이 조세를 승인했다. 이는 엘리자베스도 예외가 아니었다. 무슨 까닭일까?

엘리자베스는 재임 기간에 모두 열 번의 의회를 소집했는데, 이 중 의회 조세를 요청하지 않은 경우는 1572년 의회가 유일했다. 모두 11차례 승인된 의

19 Penry Williams, *The Tudor Regime,* pp.71~75.

20 Jennifer Loach, *Parliament under the Tudors,* p.124.

회 조세 가운데 전쟁 또는 국가 비상 상황과 직접 관련 있는 경우는 다섯 번으로서 두 번째 의회의 첫 번째 회기(1563), 세 번째 의회(1571), 여섯 번째 의회(1586~1587), 일곱 번째 의회(1589), 여덟 번째 의회(1593)이다. 1563년 의회는 스코틀랜드 신교도 지원(1560)과 프랑스 위그노 지원(1562~1563) 비용에 대한 사후적 재정 충당 요구라고 할 수 있고, 1571년 의회의 경우는 '북방 백작들의 난'(1569)을 진압하는 비용에 대한 사후 청구라고 볼 수 있다. 그리고 나머지 세 차례의 의회(1586~1587, 1589, 1593)에서 요청된 조세는 대對스페인 전쟁 비용과 관련이 있다고 볼 수 있다. 이에 더해 1584~1585년 의회는 전쟁 시기는 아니지만 대스페인 선전포고 직전의 상황에서 전쟁을 대비하려는 목적으로 의회 조세가 이루어진 것이다. 그러므로 최소한 다섯 차례의 의회 조세는 전쟁과 직접적인 관련이 없는데도 시행된 것이다.

이를 두고 엘턴과 앨솝 등은 1530년대부터 정상 예산과 비정상 예산의 경계가 모호해지기 시작했으며 엘리자베스 시대에 이르러 의회는 평화 시기 정부의 정상적인 지출 비용을 의회 조세로 충당하도록 용인하게 되었다고 보고 있다.[21] 그러나 의회 개회 연설이나 보조세법 전문을 분석해 보면, 평화 시 조세의 명분이 군사적 필요와 밀접하게 관련되었음을 확인할 수 있다. 예컨대 1566년의 보조세법 전문에는 '평화 시에 전쟁에 대비하는 지혜가 필요하다'고 적시되어 있는 등 엘리자베스 시대의 모든 보조세법 전문은 전쟁 또는 군사적 명분을 포함하고 있다. 개회 연설이나 보조세의 필요성을 주장하는 정부 측 의원들의 발언에서도 이와 같은 맥락을 확인할 수 있다. 예컨대 1571년에는 '아국에 대한 침략을 의도하거나 또는 그렇다고 의심할 수 있는 적의 무력으로부터 왕국을 방어하기 위해 함선을 증강할 필요'가 있다는 의견이 제시되었고,

---

21   J. D. Alsop, "Parliament and Taxation," in D. M. Dean and N. L. Jones(eds.), *The Parliaments of Elizabethan England* (Oxford University Press, 1990), pp.91~94.

1597년에는 프랑스 앙리 4세의 가톨릭 개종과 프랑스 - 스페인 간의 화해 조짐을 내세워 '앞으로 다가올 적들의 침략에 대비해야 한다'는 주장이 있었다.[22]

엘리자베스 치하에서 보조세 등 의회 조세에 대한 의회의 동의는 대체로 순탄하게 이루어졌다. 1566년 의회에서 왕위 후계에 대해 여왕의 주의를 환기시키려는 일부 의원들의 전략으로 조세의 처리가 약간 지연된 것이 유일한 문제 사례이다.[23] 이것은 앞에서 살펴본 바와 같이 엘리자베스의 전쟁이 본질적으로 침략적 전쟁이 아니라 방어적 성격의 것이었다는 점, 영토에 대한 야욕이나 군주 개인의 명성을 떨치려는 의도에서 비롯된 것이 아니라 왕국의 안전과 신민의 생명, 재산을 보호하려는 것이었다는 논리가 대체로 의원들에게 설득력을 행사했음을 짐작하게 한다. 그런데도 의사록에 나타나는 '동의의 컨텍스트'는 사례별로 큰 차이를 보인다. 특히, 엘리자베스 의회를 1585년 이전과 이후로 구분해보면 군주와 의회 사이에 전개되는 전쟁에 대한 담론과 전쟁 주도권에 대한 분명한 변화를 감지할 수 있다.

4. 전쟁과 의회

1) 1563년 의회와 1584~1585년 의회의 경우

엘리자베스 시기 두 번째 의회의 첫 회기는 1563년 1월 11일부터 4월 10일까지 계속되었다. 의회를 소집한 목적은 1562년 시작된 프랑스의 위그노를 지원하기 위한 전쟁에 소모된 비용을 충당하기 위해서였다. 당시 국무대신

22　T. E. Hartley(ed.), *Proceedings in the Parliaments of Elizabeth I*, vol.III (Leicester University Press, 1995), p.180; Michael A. R. Graves, *Elizabethan Parliaments, 1559~1601*, 2nd ed., pp.66~72.

23　Jennifer Loach, *Parliament under the Tudors*, pp.120~121, 125~126.

Principal Secretary 이었던 윌리엄 세실William Cecil 의 비망록은 의회의 논의를 보조세 법안에 집중시키고, '불필요한 문제에 매달리지 않도록' 회기를 최소한으로 줄이겠다는 세실의 의도를 보여준다. 그러나 상·하원 모두 여왕의 결혼과 왕위 후계에 대한 문제로 여왕의 결단을 촉구하는 청원문을 작성하는 등 '정치적 행위'에 많은 시간을 소모해 세실의 의도와는 다르게 회기가 길어졌다.

그러나 1563년 의회는 군주가 보조세의 통과를 위한 전략, 명분, 절차 등을 주도하고 의회가 이를 소극적으로 동의하는 전통적인 의미의 '동의의 컨텍스트'를 여실하게 보여주었다. 1월 12일 국새상서 니컬러스 베이컨Nicholas Bacon 은 개회 연설을 통해 보조세의 필요성과 당위성을 역설했다. 그는 스코틀랜드를 자신들의 영향하에 두려는 프랑스의 의도를 간파하고 이를 막기 위해 각방으로 노력했지만 허사에 그치고 어쩔 수 없이 스코틀랜드와 위그노를 지원하는 전쟁을 수행하게 되었다는 것, 전쟁 비용은 자신이 기억하는 한 영국 의회가 군주에게 부과한 가장 큰 보조세액의 두 배에 달했음에도 여왕은 이를 온전히 자신의 예산으로 감당했다는 것, 여왕은 끝까지 보조세를 요청하지 않으려고 애썼다는 것, 그리고 다른 군주들은 스스로의 쾌락을 위해 돈을 쓰지만 여왕은 오로지 왕국의 안전과 신민의 공동 복리를 위해 쓴다는 사실 등을 강조했다. 여기에는 '유기체적 신체'의 비유도 동원되었다. 만약 우리 몸 전체가 위험에 처했는데 오직 머리만 모든 책임을 떠안고 다른 신체부위들은 무관심하게 아무것도 하지 않으면 얼마나 부자연스러운 일이냐는 것이었다.[24]

9일째 되던 날, 한 의원이 일어나서 보조세의 필요성을 역설한 뒤 보조세 위원회가 결성되었고, 2월 6일 첫 독회를 가진 데 이어 2월 19일 3차 독회를 마친 후 하원을 통과했고, 3일 뒤에는 상원도 통과했다. 하원에서 2차 독회 후

---

24 T. E. Hartley(ed.), *Proceedings in the Parliaments of Elizabeth I,* vol.I, pp.71~72, 84~85. Text from [BL Cott. Titus F1, BL Harley 5176].

사흘 간 토론이 진행되었는데 조세의 액수나 당위성에 대해 토론하지는 않았을 것으로 추정되고 있다.[25]

4월 10일 베이컨은 폐회 연설에서 과거처럼 설득, 위협, 또는 모진 말로 강요해서 보조세의 승인이 이루어진 것이 아니라 모든 의원들의 일반적인 동의에 의해 이루어졌음을 강조하고 여왕이 전한 감사 의사를 의원들에게 전했다.[26]

엘리자베스 시기의 다섯 번째 의회는 1584년 11월 23일부터 다음 해 3월 29일까지 열렸다. 직전에 전쟁이 있었거나 전시 중인 상황은 아니었으나 교황과 스페인을 중심으로 영국에 적대적인 정책이 노골적으로 시작되었고 특히 메리 스튜어트의 존재가 엘리자베스의 안전에 치명적인 위협으로 인식된 시기였다. 11월 28일 궁내부 대신vice-chamberlain인 해턴과 재무대신인 월터 마일드메이Walter Mildmay가 정부 측을 대리해 의회 소집 목적을 설명했다. 보조세에 대한 직접적인 언급은 없었으나 장시간에 걸쳐 엘리자베스에게 닥친 위협과 그에 대한 대비의 필요성을 역설했다. 특히, 펠리페 2세가 교황과 연합해 영국에 대한 전쟁을 준비하고 있으며 영국 내 반란 세력을 지원하려는 적대적인 시도가 있음을 강조했다.

1585년 2월 24일, 마일드메이는 보조세의 필요성을 직접적으로 제기했다. 그는 여왕의 안전을 확보하기 위해서는 여왕과 국가를 위태롭게 만들려는 자들을 처벌할 수 있는 법률을 제정하는 것만으로는 부족하고, 왕국을 보전할 수 있는 물리적인 힘을 기르는 방책을 병행해야 한다고 주장했다. 좀 더 구체적으

---

25 G. R. Elton, *The Parliament of England, 1559~1581*, pp.161~162.

26 원문은 다음과 같다. "has bin granted neither with persuasions, threats, nor sharpe wordes, which afore this tyme bin accustomed, but by one generall consent of yow all." T. E. Hartley(ed.), *Proceedings in the Parliaments of Elizabeth*, vol.I, p.111. Text from [BL Cott. Titus F1, BL Harley 2185].

로 주요 해안 방어의 거점을 요새로 만들고 함선의 건조·수리를 서둘러야 한다는 것이었다. 그런데 여왕은 자신의 돈을 이미 왕국의 방어비로 사용해 높은 금리의 대출에 의존해야 할 상황에 놓였으므로 여왕을 돕기 위해 보조세를 승인해야 한다는 논리였다.[27]

이에 따라 보조세 위원회가 결성되었고 보조세 법안이 작성되었다. 3월 3일 1차 독회가 열렸고 3월 12일 3차 독회를 끝으로 보조세 법안이 하원을 통과했다.[28] 특이 사항은 막바지에 단서 조항을 추가하려는 움직임이 있었는데, 그것은 외국인과 똑같이 가톨릭교도들에게도 보조세의 금액을 두 배로 부과한다는 것이었지만 최종 법안에서는 탈락되었다.[29] 세실이 작성한 하원 의장의 폐회 연설 원고는 '이번에 승인된 보조세는 여왕이 왕국의 안전과 평화를 위해 지출한 비용에는 미치지 못한다. 상황에 따라 필요하다면 추가적인 조치를 취할 수 있다'는 내용을 포함했다.[30]

1563년 의회와 1584~1585년의 의회는 보조세의 목적이 각각 이미 집행된 전쟁 비용을 충당하는 것과 앞으로 있을지도 모르는 전쟁에 대비하는 것이라는 차이가 있으나, 군주를 대리하는 추밀원 소속 의원들이 개회 연설에서 보조세의 필요성이나 배경에 대해 직간접적으로 제시한 후, 적당한 시기에 정해진 각본에 의해 법안을 상정시켜 처리하고, 폐회 연설에서 보조세의 의미를 다시 강조하고 추밀원 소속 의원들이 군주를 대신해 감사 인사를 대신 전하는 전형적인 절차를 따르고 있다. 이는 전쟁 또는 전쟁 담론의 주도권을 군주가 가지고 있고 의회는 이에 대해 소극적으로 동의하는 전통적인 '동의의 컨텍스트'라

---

27 T. E. Hartley(ed.), *Proceedings in the Parliaments of Elizabeth I,* vol.II, pp.178~180. Text from [BL Harley 6265].

28 같은 책, p.84. Text from [Trinity College, Dublin, MS 1045, fos. 83~84].

29 같은 책, pp.110~111. Text from [BL Lansdowne 43, fos. 166~167].

30 같은 책, p.25. Text from [BL Lansdowne 104, fos. 153~154].

고 볼 수 있다.

2) 1586~1587년 의회와 1589년 의회의 경우

엘리자베스의 여섯 번째 의회는 1586년 10월 29일에서 1587년 3월 23일까지 열렸다. 1585년 12월 네덜란드에 레스터 백작과 4000명의 군대를 출병시킨 지 열 달만이었다. 그러나 의회의 긴급 의제는 전쟁이 아니었다. 의회 소집 목적은 대법관이자 상원 의장인 토머스 브롬리Thomas Bromley가 개회 연설에서 밝힌 바와 같이 메리 스튜어트의 반역 음모 개입으로 인해 야기된 제반 문제를 논의하기 위한 것이었다. 실제로 12월 2일까지 계속된 첫 회기 동안 상·하원의 공식 일지는 모두 메리 스튜어트에 관한 내용으로 채워졌다. 두 번째 회기는 1587년 2월 22일에 열렸는데 이날 하원에서 정부 측 대리인인 해턴이 네덜란드 지원에 대한 필요성을 처음으로 제기했고, 이어서 역시 정부 측 대리인인 마일드메이 등이 같은 취지의 연설을 함으로써 자연스럽게 보조세 위원회가 결성되었다.[31] 통상적인 튜더 의회는 보조세의 필요성 때문에 소집되고, 개회 연설에서는 보조세의 필요성과 정당성을 주장하고 이에 대한 협력을 요청하는 것이 일반적인 관례였음에 비추어볼 때 두 번째 회기에 들어선 후에서야 보조세를 요청한 1587년은 매우 이례적이었다.

이틀 뒤인 2월 24일 열린 보조세 위원회에서 두 개의 직접세와 한 개의 보조세를 국왕에게 주는 법안이 발의되었고 이에 대한 열띤 토론이 사흘 동안 이어졌다. 토론의 내용을 살펴보면 첫째, 점차 노골적으로 다가오는 스페인에 효율적으로 대처하기 위해 해군력을 강화해야 하며 아울러 무기와 장비의 개량이 필요하다는 것, 둘째, 네덜란드 지원은 영국을 직접 위협할 수 있는 스페인의 막강한 군사력을 그곳에 묶어놓는 효과가 있고 영국의 교역 거점 및 교역로

---

31 같은 책, pp. 201~203.

유지를 위해서도 필요하다는 것, 셋째, 이를 위해 최소한 보병 5000명과 기병 1000명이 필요하다는 것, 넷째, 이러한 목적을 달성하기 위해서는 대규모의 보조세를 신속하게 징수할 필요성이 있다는 것 등이었다.[32] 여기까지는 과거에도 진행되었던 절차와 크게 다르지 않았다.

　그런데 토론의 핵심 쟁점이 엘리자베스의 네덜란드 왕관 수락 문제로 전환되면서 보조세에 관한 의회의 통상적 절차가 바뀌기 시작했다. 청교도 의원들이 주도한 이날 회의에서 제기된 주요 주장은 스페인과 전쟁을 불사하더라도 영국의 안보와 경제적 이익을 보호하기 위해서는 여왕이 네덜란드의 군주가되어야 한다는 것이었다. 문제는 스페인과 전쟁을 피하고자 네덜란드 왕관을 거부하고 있는 여왕을 어떻게 설득하느냐 하는 것이었다. 토론에 참여한 의원들은 이를 위해 첫째, 네덜란드 지원 전쟁은 명예롭고 정의로울 뿐 아니라 영국의 이익에 긴요하며, 승산이 충분한 전쟁임을 설득하자는 것, 둘째, 여왕이네덜란드 왕관을 수락하게 하려면 적극적이고 충분한 재정지원을 약속해야 하는데, 이때 재정 지원과 왕관 수락을 조건부로 결부시킨다면 여왕의 심적 부담을 가중시킬 수 있다는 것, 셋째, 그러므로 신민들은 전쟁에 필요한 재정을 지원할 뿐 여왕이 그것을 어떻게 쓰든 관여하지 않겠다고 해야 한다는 의견 등을 내놓았다.[33]

　3월 2일에는 의회 내에서 발생한 중대한 질서문란 행위에 대한 여왕의 질책소식이 전해졌다. 개회 시 여왕의 특권에 속하는 종교 문제에 대해 발언을 삼갈 것을 경고했음에도 몇몇 의원들이 이를 어기고 종교 문제에 관한 발언을 했다는 것이었다. 문제가 된 발언은 청교도인 잡 스록모턴 Job Throckmorton이 이

32　같은 책, pp.298, 302, 388~389. Text from 〔BL Harley 6845, fos. 34~39〕.

33　원문은 다음과 같다. "Not fitt to designe or direct the Queen how she shall use it." 같은 책, pp.389~391. Text from 〔BL Harley 7188, fos. 89~103〕.

의회의 소집 목적은 '여왕의 안전'인데, 이를 위해서는 종교개혁이 필요하다는 것이었다.[34]

3월 6일 속개된 회의에서는 기부세benevolence 문제가 새로운 의제로 떠올랐다. 상원에서 보조세를 증액하자는 의견이 대두되자, 하원이 그 대안으로 기부세를 제시한 것이다. 이와 관련해 기부세와 엘리자베스의 네덜란드 왕관을 수락하는 문제를 연계시키자는 의견도 있었지만 두 사안을 분리해 네덜란드 왕관 문제는 여왕에게 일임하자는 의견이 대세였다. 기부세에 관해서는 자발성의 원칙을 지키되 대지주와 목장주, 부유층 상인들이 주로 부담하는 것으로 의견이 모아졌다. 또한 기부세는 진행 속도가 상대적으로 느리므로 보조세와 직접세 징수를 서둘러야 한다는 의견도 나왔다. 보조세 법안은 이튿날 하원을 통과해 상원으로 넘겨졌다.[35] 하원에서 나온 의견들은 여왕에 대한 청원문 형식으로 요약되었는데 그 골자는 다음과 같다.

첫째, 스페인과의 전쟁은 명예롭고 정의로운 전쟁이며 신의 뜻에 부합한다는 것이다. 악의, 탐욕, 헛된 정복욕이 아니라 신에 대한 진정한 경외심에서 비롯되는 전쟁이며, 또한 스페인 왕의 피비린내 나는 폭력으로 인해 부당하게 핍박을 받으며 학살당하고 있는 가장 가까운 이웃을 보호하려는 정당한 명분에서 비롯되는 전쟁이기 때문이다. 둘째, 스페인이 네덜란드를 통제하고 세계 최강의 함대를 영국 앞바다에 집중적으로 배치한다면 우리의 안전에 치명적인 위협이 될 뿐 아니라 독일 등에 대한 영국의 상품 교역과 시장이 큰 타격을 받을 것이다. 셋째, 막강한 스페인을 상대로 전쟁을 수행하기 위해서는 막대한 전비가 소요되는 바, 이는 여왕 폐하의 통상적인 재정으로는 감당하기 힘든 부담임을 인식하며 두 개의 15분의 1세fifteenth와 하나의 보조세, 이에 더해 상류

---

34   같은 책, pp.203, 391~392. Text from〔BL Harley 7188, fos. 89~103〕.

35   같은 책, pp.398~399. Text from〔BL Harley 7188, fos. 89~103〕.

계층better sort of the realm을 중심으로 대규모의 자발적인 기부세를 걷어 제공하고자 한다. 넷째, 따라서 여왕 폐하는 우리의 재정 지원을 받아들여 네덜란드 왕관을 수락하고, 네덜란드의 방어와 보전을 위해 철저한 조치를 취해주기 바란다.[36]

청원문에는 여왕의 심기를 건드리지 않으려는 세심한 배려가 초지일관 깔려 있는데, 평화와 번영을 지켜온 여왕의 위업과 각별한 군주애princely love를 찬양하며 그에 감사하는 마음을 표현한 것과 네덜란드 왕관의 수락 여부는 어디까지나 군주의 특권에 속한 사항이라고 명시한 사실을 보면 알 수 있다. 그럼에도 청원문이 담고 있는 뜻만은 명확하다. 궁극적으로 영국으로 향할 스페인의 침공 야욕을 분쇄하기 위해 예방전을 감행해야 한다는 것과 여왕이 네덜란드의 왕관을 수락한다면 그 경우 발생할 수 있는 스페인과의 전쟁 비용을 신민들이 기꺼이 감당하겠다는 것이다.

네덜란드 왕관 수락을 조건으로 한 추가적인 재정 지원, 즉 기부세와 관련해서 지금까지 의원들이 목격한 그 어느 전쟁보다 더 큰 비용이 발생할 것이고 그것이 과연 얼마나 될지 미리 계산할 수는 없지만 자신들의 모든 재산, 토지, 자유, 생명을 걸고 성전聖戰을 지원할 것을 약속하고 맹세한다며 재정 지원의 한계를 설정하지 않은 것은 특기할만한 일이다. 지금까지 튜더 조의 군주들은 자신의 의사대로 전쟁을 치른 뒤 부족한 비용을 보전하기 위해서 의회를 소집한 뒤 세금을 요청하는 것이 일반적 관례였다. 앞에서 살펴본 바와 같이 엘리자베스가 일으킨 1562년의 대프랑스 전쟁이나 1585년의 네덜란드 지원 전쟁도 크게 다르지 않았다. 그런데 이번에는 의회가 먼저 나서서 자신들이 재정적 지원을 할 터이니 또 다른 전쟁을 준비하고 감행하라며 국왕에게 압력을 가하는 영국사 사상 초유의 상황이 벌어진 것이다.

---

36 같은 책, pp.303~310. Text from [BL Harley 6845, fos. 30~31].

1588년 11월 12일 소집할 예정이었던 엘리자베스의 일곱 번째 의회는 1589년 2월에서 3월까지 열렸다. 처음부터 보조세 과세를 목적으로 소집된 점으로 미루어 과거의 관례로 돌아갔다고 볼 수 있으나, 의회가 전쟁을 적극적으로 주장하고 재정 지원을 약속한 점에서는 1586~1587년의 의회와 유사하다.

아르마다 함대의 위협이 사라진 지 약 한 달 뒤에 소집된 이 의회에서는 관례대로 정부 측이 보조세의 필요성을 제기하고 의회가 이를 논의해 결정하는 수순을 밟았다. 대법관의 자리에 오른 해턴은 2월 4일 개회 연설에서 '여왕의 은혜로 영국민은 평화, 풍요, 그리고 정의를 지킬 수 있었으나 여전히 국가의 방어를 위해 여러 수단을 강구해야 한다'고 주장했다.[37] 2월 11일 속개된 의회에서 마일드메이는 '현명한 항해사가 두 번째 폭풍을 대비하듯, 영국은 스페인이 다시 힘을 비축해 바다와 육지를 침공할 가능성에 대비할 필요가 있으며' 이를 위해 새로운 조세를 부과해야 한다고 역설했다. 3차 독회에서 침략 위협이 명백하지 않고 계속되는 전쟁 경비로 인해 국민 부담이 증가했다는 이유로 반대 의견이 표출되기도 했지만 절대다수가 보조세 징수에 찬성하는 분위기였다. 3월 17일, 하원 보조세 위원회는 2개의 보조세와 4개의 15분의 1세fifteenth와 10분의 1세tenth를 각각 4년에 걸쳐 징수하는 것을 승인했다.[38] 여기까지만 보면 과거의 형태, 즉 군주가 전쟁 또는 전쟁 담론을 주도하고 의회가 소극적으로 용인하는 '동의의 컨텍스트'가 부활한 것으로 볼 수도 있다.

그러나 의회의 활동은 거기에서 끝나지 않았다. 이번에는 상원이 전쟁 담론의 주도권을 행사하고 나섰다. 상원은 하원에서 올라온 보조세 등의 과세 법안을 승인한 후 '주전론主戰論'을 골자로 하는 청원문을 결의하고 하원도 동참해 줄 것을 요구했던 것이다. 청원문의 골자는 첫째, 이번 의회에서 결정된 2개의

---

37 같은 책, pp.404, 411~412. Text from 〔BL Lansdowne 104, fos. 62~63〕.
38 같은 책, p.412.

보조세 등은 왕국의 방어에 필요한 전쟁 비용을 충당하기 위한 것이며, 둘째, 스페인의 전쟁 야욕을 분쇄하기 위해서는 방어 전쟁을 넘어서 공격적 수단을 동원해 이를 응징해야 하며 셋째, 이를 위해 상원의 모든 구성원들은 생명, 토지, 재화를 모두 바치겠다는 것이다.[39]

5. 의회 주전론의 배경

앞서 살펴본 바에 따르면, 1585년 이전에 열린 엘리자베스 의회의 특별 조세는 대체로 군주가 전쟁 또는 전쟁 담론을 주도하고 의회가 이를 소극적으로 승인하는 방식으로 이루어졌다. 여기에는 전쟁이 군주의 특권이며 신민은 그에 협조할 뿐이라는 전통적 방식의 '동의의 컨텍스트'가 작동하고 있었다.

그러나 1580년대 들어 스페인이 영국의 주적으로 등장하면서 외교 문제에서 엘리자베스의 주도권이 도전받기 시작했고 '동의의 컨텍스트'에도 변화의 조짐이 나타났다. 추밀원 의원들과 자문관들이 주전론을 내세워 여왕을 압박하더니, 의회마저 재정 지원을 조건부로 내세우며 전쟁을 주장하기 시작했던 것이다.

엘리자베스의 여섯 번째 의회(1586~1587)와 일곱 번째 의회(1589)가 남긴 전쟁 및 의회 조세 관련 기록은 군주가 아닌 신민들이 전쟁 담론을 주도하고 있음을 보여준다. 이는 전쟁에 대한 전통적인 '동의의 컨텍스트'가 변화하고 있음을 말해주는 것이다. 그렇다면 이 같은 변화가 일어난 배경은 무엇일까?

첫 번째 배경으로 '추정'할 수 있는 것은 16세기 후반 급속하게 성장한 상공업계의 이해관계와 상공업자들의 로비이다. 사실 16세기 영국의 의회는 외부

---

39   같은 책, p.493. Text from [State Papers Domestic, Elizabeth I, 223/34].

의 로비나 영향력으로부터 완전히 자유롭지는 않았다. 의원들 자신이 외부의 상공업적 이익과 긴밀하게 결부된 경우도 많았고, 정부의 고위 관료나 궁정 조신, 추밀원 멤버들은 상공업자들과 후견인 관계를 맺고 있어서 그들의 로비로부터 자유롭지 않았다. 영국 해외 무역의 4분의 3을 차지할 정도로 성장한 모험상인Merchant Adventurers들은 당시 스페인의 개입으로 안트베르펜Antwerpen 시장을 상실한 데 이어 함부르크Hamburg 시장마저 붕괴되자 '출로vents' 확보에 부심하고 있었다. 엎친 데 덮친 격으로 네덜란드마저 스페인에 넘어가게 되면 모든 교역로가 봉쇄되고 영국의 의류 산업은 질식사할 수밖에 없는 상황이었다. 그러자 다급해진 모험상인들이 자신들과 밀접한 유대 관계를 맺고 있는 벌리 경Lord Burghley; William Cecil을 통해 의회의 결정이 자신들에게 유리하게 이루어지도록 압력을 넣었을 것이고, 벌리 경은 의회 안에 많은 추종자들을 거느렸으므로 그들의 로비가 성공적이었으리라는 추측이 가능하다.[40]

　1587년 의회에서 제기된 주전론의 배경으로 상공업계의 이해관계를 공유하는 정치적 파당의 역할이 있었을 것으로 보는 또 다른 근거는 군사적 비즈니스와 직간접적으로 관련된 의원들이 많았다는 사실이다. 1587년 의회에서 네덜란드 지원 및 전쟁 필요성을 역설한 해턴은 프랜시스 드레이크Francis Drake의 원정(1577~1580)에 투자하는 등 사략선私掠船 비즈니스와 관련이 있었다. 정부의 인정 또는 보호하에 활동한다는 사실만 제외하면 해적과 별다를 바 없었던 사략선 비즈니스는 런던 상인들과 남부 항구들을 기반으로 하는 상인들의 투자와 재정 지원에 힘입어 조직화된 후 서부 아프리카와 지중해, 레반트 Levant, 동인도에 걸쳐 새로운 시장을 활발하게 개척하고 있었다.[41]

40　J. E. Neale, *The Elizabethan House of Commons* (London: Jonathan Cape, 1949), p.151; G. R. Elton, "Tudor Government: the Point of Contact I. Parliament" *The Transactions of the Royal Historical Society*, 5th ser., 24(1973), pp.196~199.

41　Wernham, *The Making of Elizabethan Foreign Policy,* pp.16~17, 86~87.

실제로 의회 의사록을 살펴보면 '주전파 의원'들은 경제적 이익을 여왕과 왕국의 안전 못지않게 강조하고 있음을 확인할 수 있다. 1587년 2월 24일 보조세 위원회 회의의 내용 중 많은 부분이 네덜란드 지원 전쟁을 영국의 경제적 이익과 직결시키고 있다. 영국이 네덜란드를 지원해 스페인의 무력으로부터 지켜낸다면 영국에 호의적인 개방 시장이 계속 유지될 것이지만 그렇지 않을 경우 영국 상품은 해외 시장을 잃고 국내에 갇히게 될 것이라는 주장이었다.[42]

이어서 작성된 의회의 청원문도 같은 맥락으로 해석할 수 있다. 스페인이 네덜란드를 장악하게 되면, 독일과 연결된 모든 강과 교역로 역시 손안에 넣게 될 것이며, 그렇게 되면 영국의 수출 시장은 고사枯死하고 판로 개척의 희망도 모두 사라진다는 것이다. 동시에 영국의 국부는 줄어들고 실업률은 높아져서 백성들의 숨은 원성이 늘어나리라고 경고한 것이다.[43]

'동의의 컨텍스트'가 변화하게 된 두 번째 배경으로 추정할 수 있는 요소는 네덜란드에 대한 영국인들의 종교적 동질감이다. 실제로 1587년의 의회 청원문 원고에는 청원의 목적 중 하나가 '진정한 종교'를 위한 것임을 분명하게 명시하고 있다. 이 부분에서 스페인에 대한 영국의 공식적인 전쟁은 1585년에 시작되었지만 이미 1572년부터 수많은 영국인들이 종교적 명분으로 네덜란드 전선에서 싸우기 시작한 사실을 상기할 필요가 있다. 그러므로 1587년 의회의 주전론에는 20년 이상 공동의 적에 대항해 협력하면서 형성된 종교적 동류의식이 일정 부분 작용했다고 보는 것이 자연스럽다. 또한 1572년에 이미 62명에 이른 청교도 의원들이 의회 활동에 매우 적극적이었다는 사실도 감안할 필요가 있다.

---

42   T. E. Hartley(ed.), *Proceedings in the Parliaments of Elizabeth I,* vol.II, pp. 298~299. Text from 〔BL Harley 6845, fos. 34~39〕.

43   같은 책, pp.305, 308. Text from 〔BL Harley 6845, fos. 30~31〕.

우리는 의사록을 통해 엘리자베스의 집권 후반부에 접어들면서 군주가 가지고 있던 전쟁의 주도권의 상당 부분을 의회가 공유하게 되었으며, 조세에 대한 의회의 승인권을 십분 활용해 그 힘을 발휘했음을 확인했다. 이는 분명히 전쟁에 대한 '동의의 컨텍스트'가 변화하고 있었음을 말해주는 것이다.

제5장

튜더 의회

중앙과 지방의 접점

1. 튜더 시대 영국의 중앙은 어디인가?

16세기 런던의 인구는 비약적으로 증가했으며 이는 영국 전체 인구의 증가율을 훨씬 상회했다. 1520년경 6만 명 수준이었던 런던 메트로폴리탄metropolitan의 인구는 1600년 무렵에는 20만 명으로 증가해 인구수를 기준으로 서부 유럽에서 나폴리와 파리에 이어 제3의 도시가 되었다. 런던은 또한 인구수에서 영국의 다른 어떤 도시와도 비교할 수 없을 정도의 절대적 우위를 차지했다. 16세기를 거치며 노리치Norwich가 8000명에서 1만 5000명으로 증가했을 뿐, 브리스톨Bristol, 요크York, 엑시터Exeter 등의 주요 도시들은 기껏해야 1만 2000명을 넘지 못했다.[1]

---

1   D. M. Palliser, *The Age of Elizabeth: England under the Later Tudors, 1547~1603*, 2nd edn(London and New York, 1992), pp.236~237; Jonathan Barry, "Introduction," in his ed., *The Tudor and Stuart Town* (London and New York, 1990), p.3.

런던 인구의 급격한 증가는 눈부신 경제성장을 기반으로 이루어졌다. 런던은 영국 제조업의 중심이자 동시에 최대의 소비 시장이기도 했다. 국제 무역의 중심지로서의 역할을 수행했을 뿐만 아니라 수출품과 수입품의 집하와 분배가 이루어지는 국내무역의 요충지였다. 또한 런던은 옥스퍼드, 케임브리지와 더불어 교육의 중심지이기도 했다. 더구나 런던에는 국왕의 거소(7개)를 비롯해 의회, 행정부, 최고 법원 같은 기관들이 집중되어 있었다. 엄밀하게 말하면 런던과 웨스트민스터는 별개의 도시였지만 갈수록 상호 의존성이 강화되면서 경계가 매우 희미해졌다.[2] 이렇게 되자 궁정 조신들은 물론이고 의회의 의원들과 송사 문제 등으로 런던을 방문한 토지 엘리트landed classes들의 런던 거주 기간이 확연하게 늘어났다. 그 정도가 심해지자 국왕이 포고령을 통해 비非 회기 중의 의원이나 업무가 끝난 송사 관계자들의 원거주지 귀환을 촉구할 정도였다. 런던은 방문객들의 늘어나는 욕구를 수용하기 위한 정치적·문화적 공간을 확대해나갔다.[3] 이러한 사실로 볼 때, 런던은 중앙정부의 소재지로서 특수한 지위를 누리고 있었으며 여러 중앙적 특성을 가지고 있었다는 사실을 확인할 수 있다.

그럼에도 튜더 시대의 런던을 영국의 중앙으로 확고하게 규정하기는 어려운 측면들이 있다. 런던이 16세기를 통해 정치·경제·사회·문화의 중심지로서 비약적 발전 과정을 경험한 것은 분명하지만 여전히 지방적 정체성도 가지고 있었기 때문이다. 우선 런던의 인구는 영국 전체 인구의 5% 남짓에 불과했다. 또한 16세기 영국이 제조업과 상업 부문에서 이룩한 괄목할 만한 성장에도 불

---

2   D. M. Palliser, *The Age of Elizabeth: England under the Later Tudors, 1547~ 1603*, p.243.

3   Ian W. Archer, *The Pursuit of Stability: Social Relations in Elizabethan London* (Cambridge University Press, 1991), p.4; D. M. Palliser, *The Age of Elizabeth: England under the Later Tudors, 1547~1603*, p.244.

구하고 국가 전체의 산업에서 이 부분이 차지하는 비중은 기껏해야 10%를 넘지 못했다. 영국의 지배계급을 구성하는 사람들은 제조업이나 상업이 아니라 여전히 농업에 부의 원천을 둔 토지 엘리트들이었다. 국왕을 중심으로 중앙정부를 구성하고 주요 정책을 결정하고 집행해나가는 사람들도 이들이었으며, 심지어 의회에서도 이들의 영향력은 절대적이었다. 이에 비해 자치 정부를 이끌며 런던을 실질적으로 경영하고 있던 지배 엘리트들은 제조업자들과 도매상들이었다. 계급으로 보면 이들은 지방의 다른 도시들과 마찬가지로 중앙이 아닌 주변에 불과했다. 런던의 지위도 의회 내에서는 런던의 명성에 크게 미치지 못했다. 런던을 대표하는 의원이 단 4명으로 전체 하원 의원의 약 1% 정도밖에 되지 않았던 것이 그 단적인 예다.

2. 튜더 시대의 행정 및 자치도시

1) 중앙정부와 지방정부

튜더 시대의 행정은 크게 중앙정부와 지방정부로 분리되어 이루어졌다. 중앙정부는 궁정royal court과 추밀원privy council을 중심으로 한 전문 행정 부서와 의회, 법정으로 구성되고, 지방정부는 카운티county/shire와 자치도시의 관리들을 중심으로 구성되었다. 행정 체계의 근간은 추밀원으로서, 국왕의 포고령이나 추밀원 명령 등 나라의 주요 정책을 각 카운티의 관리들justice of peace, sheriff, coroner, escheator 등과 자치도시의 관리들에게 전달하고, 지방정부는 그 이행 결과와 관할 지역이 안고 있는 각종 문제에 대해 추밀원에 보고할 의무가 있었다. 또한 중앙정부는 수시로 국왕의 대리인단commission을 지방에 파견해 조사, 징병, 조세 독려 등 다양한 임무를 수행하게 했으며, 국왕의 사법권을 행사하는 순회재판도 중앙정부의 통치 기능 중 하나였다.[4] 더구나 국왕과 중앙정

부는 종교개혁 이후 각 카운티의 핵심 관리를 임명하는 데 직접적인 권한을 행사하는 경향이 나타났다.[5]

중앙정부가 자치도시에 대해 행사하는 통치권의 성격은 카운티 정부에 대한 것에 비해 좀 더 간접적이라는 특성이 있었다. 국왕의 칙허장royal charter을 받은 자치도시들은 자율적인 회의체와 행정 조직을 갖출 수 있었으며, 일부 도시들은 인근 카운티 정부의 행정·사법 관할권에서 벗어나 독자적인 의사 결정권을 행사하기도 했다. 도시 정부의 관리들은 대체로 부유한 상인계급 출신으로서 주민들에 의해 선출된 자들이었다. 이들은 자신들의 법적·정치적 위치와 역할 범위가 중앙정부의 영향력에 의해 결정된다는 것을 잘 알고 있었지만, 주민들의 자발적 지지가 정부 운영에 필수적이라는 사실도 잘 이해하고 있었다.[6] 이와 관련해 런던뿐만 아니라 옥스퍼드, 요크 등의 도시에서는 성인 남자의 절반 이상이, 노리치의 경우는 3분의 1가량이 자유 공민으로서 다양한 단계의 정치적 권한을 행사했음을 염두에 둘 필요가 있다.[7] 그러나 자치도시의 정치적·법적 구조를 결정하는 것은 국왕이 부여한 칙허장이라는 점에서 중앙정부의 통치 체계에 포함되기는 마찬가지였다. 또한 자치도시들은 자신들의 법적 권리를 변경하거나 신장하기 위해서는 국왕과 중앙정부에 의존할 수밖에 없었다.

요크, 노리치, 엑시터, 브리스톨 등 지방의 주요 거점 도시들provincial capitals은 런던과 지리적으로 떨어진 지방 행정의 중심지로서 자율적인 사회 경제적 구조를 유지하고 있었다. 그럼에도 이들은 유럽의 다른 거점 도시들과는 달리

---

4   Penry Williams, *The Tudor Regime* (Oxford University Press, 1979), p.408.

5   Jonathan Barry, *The Tudor and Stuart Town*, p.29.

6   같은 책, p.29.

7   D. M. Palliser, *The Age of Elizabeth: England under the Later Tudors*, pp.251~258.

주변 농촌 지역에 정치적·행정적 영향력을 거의 발휘하지 못했다. 이는 중앙 정부의 지방 통치 구조가 카운티 중심으로 이루어져 있기도 했지만 토지를 기반으로 하는 지배 계층이 지방도시에서 거주하기를 원하지 않은 데에도 그 원인이 있었다.

1547년 당시 60개에 머물던 자치도시의 숫자는 1603년에 이르러 148개로 늘어났다. 그러나 모두가 의원 선출권을 가진 의회 자치도시parliamentary borough들은 아니었다. 엘리자베스는 이미 과도한 숫자의 도시 출신 의원들burgesses이 의회를 구성하고 있다고 보고 인구가 감소한 도시들을 대상으로 의원 선출권을 박탈할 의사가 있었다.[8]

2) 런던의 특수성

16세기를 거치면서 중앙정부와 런던의 관계는 여러 측면에서 협력적인 관계로 발전했다. 중앙정부와 런던 사이의 협력 관계는 특히 엘리자베스 재위 기간에 두드러졌다. 헨리 7세나 헨리 8세의 경우는 런던 시의 취약성을 자신들의 재정을 확대하는 데 적극적으로 이용했지만, 튜더 중기의 혼돈 정국을 경험한 엘리자베스 정부의 핵심 관리들은 정권의 안정적 운영을 위해 런던의 협조가 필수적이라고 판단했다. 이들은 런던 시의 특권과 자율성을 최대한 보장해주려고 했으며, 시 정부의 요구 사항에 관심을 기울였다. 또한 중과세 등 런던에 부담을 주는 정책은 국정 혼란과 심지어 반란 사태까지 야기할 수 있다고 보고 가능한 억제하려고 했으며, 대체로 불간섭의 정책 기조를 유지하려 했다.[9]

---

8   같은 책, p.257.

9   Ian W. Archer, *The Pursuit of Stability: Social Relations in Elizabethan London*, pp.32~33.

불간섭 정책은 시 정부의 인적구성에 대해서도 대체로 적용되었다. 예를 들면, 엘리자베스가 재위 기간에 런던 시의 시장 선거에 개입한 것은 1596년이 유일한 예인데 그때조차 정치적인 이유가 아니라 상당히 개인적인 차원에서 이루어졌다. 이는 1530년대 헨리 8세가 종교적인 견해가 다른 인물을 시의 주요 직책에 선출되지 못하도록 직접적인 압력을 가했던 것과는 성격이 달랐다. 다만, 참사회원이나 동업 조합의 간부 등을 임명하는 것과 관련된 제한적인 범위 내에서 후견권을 행사하는 전통은 엘리자베스 시대에도 유지되었다. 그러나 이러한 후견권 행사는 런던 시의 자율성을 근본적으로 침해할 정도는 아니었으며, 런던 또한 자율성이 침해당하는 사태를 방치하려 하지도 않았다. 이를테면, 1572년 런던 시의 평민회가 관습법에 관련된 업무를 담당하는 직책을 제외한 모든 공직을 오직 런던 시민만이 맡을 수 있도록 조례를 제정한 것이 후자의 예이다. 런던은 또한 독점권 등 국왕의 특권 행사에도 성공적으로 저항했다. 예를 들면 엘리자베스가 1594년 리처드 드레이크Richard Drake에게 식초 추출을 목적으로 하는 맥주 생산 독점권을 부여한 적이 있는데 런던의 양조 조합이 반기를 드는 바람에 7년 만에 회수한 적이 있다.[10]

중앙정부가 런던에 대한 불간섭 정책에서 예외를 둔 것은 런던의 인구 문제였다. 중앙정부의 입장에서 보면 런던의 급속한 팽창은 그다지 바람직한 현상은 아니었다. 무엇보다 국왕은 자신의 거소와 의회 의사당의 지근거리에서 일어날 수 있는 소요 사태나 역병의 창궐을 우려했다. 튜더 정부의 핵심 인물들이 런던 인구의 과밀 현상이 가져올 수 있는 재난을 우려했던 증거는 많다. 예컨대 윌리엄 세실은 1563년 돌았던 역병의 원인이 인구 과밀 현상에 있었다고 보고 1주택 1가구 주거 원칙을 공표하면서 신규 전입자들의 시외 이주를 명령했다.[11] 1580년에는 포고령을 통해 런던 내 건물의 신축과 1주택 다가구 거주

10 　같은 책, pp.34~38.

를 금지하는 한편, 런던 거주 7년 미만의 세입자들에게 인구가 감소한 다른 도시로 강제 이주하도록 명령했다.[12] 1590년의 추밀원 명령, 1593년의 의회 입법, 1602년의 포고령도 비슷한 내용을 담고 있었다.

한편, 런던의 입장에서는 다음과 같은 이유로 국왕이나 중앙정부와 긴밀한 협력 관계를 유지할 필요가 있었다. 첫째, 식량의 안정적 공급을 위해 중앙정부의 우호적 조치는 필수적이었다. 특히 흉작 등의 시기에 식량을 확보하기 위해서는 곡물의 해외 수출을 금지하고 국내에서의 곡물 이동을 자유화하는 조치가 필요했다. 이러한 정책의 결정은 추밀원의 배타적 권한이었으므로 런던 정부는 재무대신 등 중앙정부의 책임자와 항상 긴밀한 관계를 유지해야 했다. 둘째, 런던 시 행정구역 내에 위치한 특별 구역에서 발생하는 치안과 탈세 문제 등의 해결을 위해서도 중앙정부의 협조가 필요했다. 셋째, 공공질서, 부랑인, 역병 등의 문제와 관련해 미들섹스Middlesex와 서리Surrey 등 런던 주변 카운티 관리들의 협조를 구해야 했는데 이를 위해서는 중앙정부의 압력이 빈번하게 요구되었다. 더구나, 의회의 입법을 통해 해결해야 하는 현안 문제들이 있었으므로 중앙정부와의 긴밀한 협력 관계 유지는 그만큼 절실했다.[13]

3) 런던과 지방

16세기와 17세기에 걸친 런던의 급성장은 영국의 다른 지역은 물론 동시대의 다른 유럽 국가에서도 발견할 수 없는 특이한 현상이었다. 그에 비해 런던을 제외한 다른 영국 도시들은 의미 있는 변화를 보이지 않다가 17세기 후반

11　D. M. Palliser, *The Age of Elizabeth: England under the Later Tudors*, p.250.

12　*Tudor Royal Proclamations*, edited by Paul L. Hughes and James F. Larkin (Yale University Press, 1969), vol.2, n.649, pp.466~468.

13　Ian W. Archer, *The Pursuit of Stability: Social Relations in Elizabethan London*, p.39.

이후에야 비로소 성장 국면으로 돌입하는 경우가 많았다. 이 때문에 동시대인들 중에는 런던의 성장이 다른 도시들의 희생을 기반으로 이루어진 것이라고 생각한 사람들이 있었다.[14] 일부 역사가들은 당시 영국 정부의 경제 정책이 런던의 상업 엘리트들에게 우호적이었다는 점을 지적하면서 이러한 동시대 지방 도시 거주민들의 피해 의식을 정당화하기도 했다. 그러나 16세기 지방 도시들의 상황을 침체가 아닌 경제 환경의 변화에 적응해가는 과정으로 보아야 한다는 주장도 있다.[15]

또한, 해외 무역 등 런던의 독점적 지위에 대한 지방 도시들의 불만이 1550년대나 1580년대 후반 등 경제적 불황기에만 집중된 사실을 들어 런던과 지방 도시들 간의 갈등을 상시적인 것으로 확대 해석하면 안 된다는 의견도 있다. 도시들 중에는 뉴캐슬Newcastle 이나 맨체스터Manchester 처럼 런던의 경제성장으로부터 긍정적 영향을 받은 곳도 있으며, 해외 무역보다는 국내 유통에 더 적극적으로 참여해 런던의 해외 무역 독점과 상관없이 독자적 발전을 이루어낸 도시들도 있기 때문이다.[16]

특히 지방 거점 도시들 중에는 국내 무역뿐 아니라 국제 무역에서도 중요한 역할을 수행한 도시들이 있었다. 이 도시들은 16세기 후반을 거치는 동안 국왕으로부터 해외 무역에 관한 독점권을 허가받기도 했다. 브리스톨(1552), 체스터(1554), 엑시터(1560), 요크(1581) 등이 그러한 경우로서 이들은 축적된 경제력을 바탕으로 런던의 영향력과 중앙정부의 직접적 행정 통제로부터 자유로운 사회적·정치적·문화적 공동체를 독자적으로 이루어나가는 데 성공했다는 평가를 받고 있다.[17]

---

14 Jonathan Barry, *The Tudor and Stuart Town*, p.5.

15 Peter Clark and Paul Slack, *English Towns in Transition 1500~1700* (Oxford University Press, 1976); Jonathan Barry, *The Tudor and Stuart Town*, pp.4~8.

16 D. M. Palliser, *The Age of Elizabeth: England under the Later Tudors*, p.274.

이렇게 볼 때, 근대 초기 영국에서 런던은 왕의 궁정과 추밀원, 의회 등 중앙정부의 소재지와 공간적으로 매우 인접했고, 인구와 경제력 면에서 다른 지방에 비해 우월한 위치에 있는 등 특수한 위치를 점하고 있었으나, 결코 중앙은 아니었다. 그렇다면 근대 초기 영국의 중앙은 어디였을까? 웨스트민스터, 왕의 궁정, 추밀원 등도 있지만, 이 시기 영국의 최고 주권supreme sovereignty은 '의회 속의 국왕king-in-parliament'이었다는 표현[18]이 상당한 반향을 얻었을 정도로 영국 정치의 핵심으로 자리 잡게 된 '의회'가 아니었을까? 튜더 시대 의회의 역할을 분석하고 정리하면서 그 타당성을 살펴보자.

3. 의회의 역할: 중앙과 지방의 접점?

국왕, 귀족, 평민의 세 계층으로 구성된 영국 튜더 시대의 의회는 동시대 프랑스, 스페인 등 대륙 국가의 신분제 의회들이 쇠퇴 과정을 경험한 것과는 대조적으로 비약적인 발전을 이루었다. 의회의 소집 주기가 단축되고 회기가 연장되는 등 규칙성이 강화되었을뿐더러 의회 입법이 양적·질적으로 확대되었으며, 의회가 다루는 의제의 정치적 중요성이 크게 고양되었다.

20세기 튜더 의회 연구사에서 선구적 역할을 담당했던 닐은 국왕의 자의적 통치권 행사에 대한 견제 및 대척적 활동을 엘리자베스 의회의 기본적인 성격으로 규정했다. 그러나 의회, 특히 하원의 정치적 기능을 절대적으로 강조한 그의 견해는 엘턴이 이끄는 이른바 수정주의적 사가들에 의해 뿌리째 흔들리

---

17 같은 책, pp. 258~259.

18 G. R. Elton, *England under the Tudors* (London and New York: Methuen, 1955), pp. 14, 167~170, 174~175.

게 되었다. 특정한 정치적 사건보다는 의회의 일상적 업무를 재구성하는 데 중점을 둔 이들의 연구에 따르면 튜더 의회는 '갈등'과 '대립'보다는 '협력'과 '조화'의 장場이었다는 것이다.[19]

특히 엘턴은 튜더 의회가 중앙(국왕, 중앙정부)과 지방(지방 귀족, 젠트리, 법률가, 시읍borough 정부, 지방 상인 등)의 기대와 야망이 충족되고 이해가 조정되는 '접점point of contact'이었으며, 이는 통치의 안정성을 담보하는 메커니즘으로 기능했다고 주장했다. 종교개혁과 가격혁명 등이 야기한 여러 가지로 힘든 시대 상황 속에서 전문적인 직업 관료도, 정책의 집행을 물리적으로 담보할 수 있는 경찰이나 상비군도 없었던 튜더 정부가 비교적 안정적이고 효율적인 통치를 할 수 있었던 이유는 다름 아닌 의회의 접점으로서의 기능 때문이었다는 것이다.[20] 1973년 영국 왕립역사학회가 열렸을 때 당시 회장이던 엘턴이 이러한 주장을 처음으로 개진한 이후 엘턴을 비롯한 많은 학자들이 후속 연구에 활발하게 참여했다.

튜더 의회의 본질을 어떻게 규정하건, 튜더 시대 의회는 국왕의 필요에 의해 소집된 것은 사실이었다. 국왕이 의회로부터 얻고자 했던 것들 중 가장 중요한 것은 보조세 부과에 대한 동의였다. 16세기에 접어들면서 중앙정부의 활동 영역과 개입의 정도가 비약적으로 신장된 데 비해 정부 활동을 지원할 수 있는 재정적 수단은 여전히 중세적 관행에 묶여 있었다. 그러므로 보조세는 국왕이 의회를 소집할 수밖에 없는 가장 강력한 유인誘因이었다.

국왕과 중앙정부가 의회를 통해서 얻으려고 했던 두 번째 목표는 법의 제정이었다. 매 의회마다 발의된 엄청난 규모의 정부 법안과 이들을 통과시키기

19 허구생, 「닐을 넘어, 엘튼을 넘어: 16세기 영국 의회사 연구동향」, ≪서양사론≫, 제68 호(2001), 213~232쪽.

20 G. R. Elton, "Tudor Government: the Point of Contact," in his *Studies in Tudor and Stuart Politics and Government* (Cambridge, 1983), vol.3, pp.3~20.

위해 동원된 조직적인 영향력의 행사가 이를 뒷받침한다. 엘턴과 러셀Conrad Russell 등에 따르면 국왕과 중앙정부가 의회로부터 기대한 또 하나의 목표가 있었는데, 왕위 계승과 종교 정책 등 잠재적인 위험성이 내포된 사안을 의회의 논의에 붙여 신민의 이해를 구하고 광범위한 지지 여론을 확산시킴으로써 정책의 안정성을 확보하는 것이었다.[21] 통치의 성공 여부가 엘리트 계급의 자발적 협력에 달려 있던 현실을 감안할 때 크게 틀린 주장으로 보이지 않는다.

예를 들어 니컬러스 베이컨은 국새상서Lord Keeper라는 그의 직책 때문에 1559년, 1563년, 1571년 의회의 개원 연설을 맡았다. 그의 모든 연설문은 유사한 구조를 가지는데 국왕이 의회를 소집한 목적을 몇 개의 범주로 나누어 설명하는 것도 그러한 특징 중 하나였다. 그가 세 차례의 개원 연설에서 공통적으로 거론한 의회 소집의 목적은 첫째는, 원만한 종교 문제의 해결을 추진하기 위한 협력을 구하는 것이고, 둘째는 왕국이 직면한 현안 문제를 해결하기 위해 기존의 법률을 정비하거나 새로운 법률을 제정해달라는 것, 그리고 셋째는 국왕의 재정 문제를 해결해달라는 것이었다. 마지막 범주와 관련해서는 적자 회계의 상속, 국왕의 성공적 통치에 대해 신민들이 지고 있는 은혜의 빚, 외부의 침략으로부터 국가를 방위할 준비 등의 명분과 논리 등이 제시되었다.[22]

그렇다면 신민들이 의회로부터 기대한 것은 무엇이었을까? 모든 영국 사람은 스스로 또는 대리인을 통해서라도 의회에 참여하게 되어 있었다는 윌리엄

---

21   Conrad Russell, *The Crisis of Parliament: English History, 1509~1660* (Oxford University Press, 1988), pp.38~39; G. R. Elton, "Tudor Government: the Point of Contact," pp.3~20; David Dean, *Law-Making Society in Late Elizabethan England: the Parliament of England, 1584~1601* (Cambridge University Press, 1996), pp. 9~11.

22   T. E. Hartley(ed.), *Proceedings in the Parliaments of Elizabeth I,* vol.I(Leicester University Press, 1995), pp.33~39, 80~86, 183~187; G. R. Elton, *The Parliament of England, 1559~1581,* pp.29~31.

해리슨William Harrison 의 말[23]을 액면 그대로 받아들이지 않더라도 상당수의 사람들이 의회의 의원이 되고자 열망했던 것은 확실하다. 지방 유력 가문의 사람들이 관행적으로 선출되는 오랜 전통이 유지되는 가운데에서도 경쟁적 선거가 종종 이루어지고 특정인의 선출을 위한 압력과 영향력이 후견인 제도의 연장선상에서 행사되기도 했다. 또한 선거구의 증가와 시읍borough 선거구 출신 의원burgess의 대부분이 거주 공민resident townsmen이 아닌 젠트리로 채워지는 현상gentry invasion도 이러한 열망을 반영하는 것으로 해석되어 왔다.

16세기 영국 의회에 발생한 가장 큰 변화 중의 하나는 의원의 숫자가 비약적으로 증가했다는 것이다. 16세기 초 296명에 불과했던 의원 수는 세기말에 이르러 462명으로 늘어났다. 이러한 변화는 기본적으로 시읍 선거구가 늘어난 데서 비롯되었다. 시기별로는 엘리자베스 시대에 가장 크게(선거구 31개, 62명) 늘어났지만 에드워드 6세와 메리 1세의 짧은 치세 동안에도 각각 선거구 17개(34명)와 선거구 14개(25명)가 늘어났다. 시읍 선거구가 늘어난 이유에 대해서는 여러 해석이 있지만 중앙보다는 지방의 요구가 반영된 결과로 보는 편이 우세하다.[24]

튜더 의회에 일어난 또 다른 의미 있는 변화는 일찍이 닐이 명확하게 분석한 바와 같이 지역 거주민이 아닌 법률가가 하원의 절대다수를 차지하게 되었다는 점이다. 1584년 의회의 경우 신분 확인이 가능한 의원 447명 중 상인이나 시읍 정부의 관리 등 거주 공민의 숫자는 고작 53명에 불과했으며, 1592년

---

23 윌리엄 해리슨은 다음과 같이 설명했다. "every particular person is intended to be present, if not by himself, yet by his advocate or attorney." William Harrison, *The Description of England: the Classic Contemporary Account of Tudor Social Life,* edited by Georges Edelen(Washington, D.C. and New York: The Folger Shakespeare Library and Dover Publications, 1994), pp.149~150.

24 J. E. Neale, *The Elizabethan House of Commons* (London: Jonathan Cape, 1949), pp.141~143.

에는 신분이 확인된 의원 435명 중 역시 53명만이 그러한 사람들이었다. 또 다른 통계에 따르면, 엘리자베스 통치 기간 중 열린 10개 의회의 시읍 선거구 의원 중 거주 공민은 전체의 24.1%에 머물렀다.[25]

거주 공민만 시읍 선거구 의원으로 선출될 수 있다는 법을 무시해가면서 젠트리 계급과 법률가 집단이 그 자리를 차지한 이유는 무엇일까? 우선적으로 받아들여지는 해석은 거주 공민을 의회에 파견할 경우에 발생하는 경비 부담이 너무 컸다는 것이다. 런던에 집을 소유한 의원이 흔치 않았으므로 체류비가 가장 큰 부담이 되었으며 특히 의회의 회기가 길어지는 경우에는 상당한 경비의 지출을 감수해야 했다. 그러므로 젠트리 출신 의원들이 스스로 또는 후견인을 통해 활동비를 부담한다면 구태여 이를 마다할 이유가 없었다. 더구나 젠트리 출신들은 거주 공민들보다 많은 교육을 받았고 경험도 풍부했으므로 의회에서 자기 지역의 이익을 효과적으로 대변할 능력을 가지고 있었다.[26] 한편, 젠트리 출신의 시읍 선거구 의원들은 의회 활동을 통해 지면을 넓히고 중앙 무대에서 자신의 능력을 과시함으로써 관직 등에 진출하는 기회를 얻을 수 있었다. 실제로 16세기 이후 대부분의 추밀원 인사들이 하원에서 활동한 전력이 있었다. 또한 법률가들은 유력한 고객을 확보하는 기회로 이용할 수 있었다.[27]

역사가들 사이에 이견이 존재하는 부분은 이들 시읍 선거구 의원들과 그들을 대표로 선출한 지역구의 관계이다. 노먼 존스Norman Jones 등은 시읍 선거구의 의원으로 의회에 진출한 젠트리가 자신들의 지역구 이익에 구속당하지 않

---

25 같은 책, pp.146~147.

26 Conrad Russell, *The Crisis of Parliament: English History, 1509~1660*, pp.38~39; Norman Jones, "Parliament and the Political Society of Elizabethan England," in Dale Hoak(ed.), *Tudor Political Culture* (Cambridge University Press, 1995), pp.232~233.

27 J. E. Neale, *The Elizabethan House of Commons*, p.151; G. R. Elton, "Tudor Government: the Point of Contact I. Parliament," pp.196~199.

왔다고 주장한다. 지역구민들이 요구하는 바를 충실하게 수행해야 한다는 의무감 따위도 존재하지 않았으며, 어떤 의제건 자신들의 소견에 따라 자유롭게 발언하고 소신껏 투표했다는 것이다. 그들이 의회에 진출한 목적은 왕국의 문제에 대해 자신들이 가진 지식에 비추어 올바르다고 판단하는 의견을 제시하고 국왕과 정부 정책에 대한 동의 여부를 결정하기 위해서였다고 보는 것이다.[28] 이는 '많은 의원이 국가 정책과 종교 문제보다는 자신 또는 자신과 관련된 집단의 특정 이익을 확보하는 데 더 큰 관심이 있었다'[29]는 엘턴의 의견을 정면으로 부정하는 것이다.

그러나 시읍 선거구 출신 의원들이 지역구의 이익을 위해 노력한 증거는 다수의 기록상에 남아 있다. 런던 출신 의원들이 시 참사회의 실질적인 통제하에 있었다는 것은 잘 알려진 사실이지만, 다른 시읍 선거구 출신 의원들의 경우도 크게 달랐던 것 같지는 않다. 또한 경쟁 후보가 있는 선거에서는 서로 지역구의 이익을 잘 반영하겠다는 후보자 간의 설전이 벌어지기도 했다. 이를테면 런던에서 공증인으로 활동하던 윌리엄 다윙William Dowing은 자신을 의회로 보내주면 오퍼드Orford의 이익을 위해 최선을 다하겠다고 다짐한 후 이 도시 출신의 의원으로 선출되었다. 그는 1589년 오퍼드 지역의 어획고를 늘리기 위해 매듭과 매듭 사이의 폭이 '2와 2분의 1인치 이상'이 되도록 규정된 그물 규격을 '1인치 이상'으로 완화시키는 법안을 제출해 양원 모두 통과시키는 데 성공했다.[30]

피터 클락Peter Clack이나 데이비드 색스David Sacks 등의 연구 결과가 말하듯

---

28 Norman Jones, "Parliament and the Political Society of Elizabethan England," pp. 230~233.

29 G. R. Elton, "Tudor Government: the Point of Contact I. Parliament," pp. 193~194.

30 David Dean, *Law-Making Society in Late Elizabethan England: the Parliament of England, 1584~1601*, p. 245.

16세기 이후 지방 도시의 엘리트들 사이에서 국가 정책이 지역 문제에 미치는 영향에 대한 인식이 증가하고 있었다. 거기에다 런던과 상업적인 이해관계가 충돌하는 경우가 빈번해지면서 각 지방은 중앙에 정치적 거점 또는 우호적 지인을 확보할 필요성이 더욱 절실해지는 상황이었다. 다시 말해 지방은 자신들의 문제를 전국적 무대에서 해결할 방법을 적극적으로 모색하고 있었다.[31]

4. 지방과 의회: 1584~1585년과 1593년 의회를 중심으로

의회가 제정한 법률은 왕국의 최상위 법으로서 국왕의 특권으로 이를 완전히 폐지하거나 이것이 가진 법률적 효력을 본질적으로 훼손할 수는 없었다. 물론 법이 허용하는 절차 내에서 재량권에 의해 특정 지역이나 특정인을 법의 적용 대상에서 제외할 수는 있었지만, 엘리자베스 시대에 이르러 그러한 권리의 사용은 극히 예외적인 경우에만 국한되었다.[32] 그러므로 의회는 지방이 원하고 바라는 바를 궁극적으로 해결할 수 있는 통로였다.

16세기 런던은 의원 4명을 뽑아 하원에 보냈다. 런던의 인구 비중을 감안하면 결코 많은 수라고 할 수 없지만, 의원 선출권이 있는 자치도시가 대부분 각 2명씩 의원을 보내는 것에 비하면 그나마 특권이라고 할 수 있었다. 또한 런던 출신의 의원들은 요크 출신 의원 2명과 함께 추밀원석 바로 옆에 마련된 특별

---

31   Peter Clark, "The Ramoth-Gilead of the Good: Urban Change and Political Radicalism at Gloucester 1540~1640," in Jonathan Barry(ed.), *The Tudor and Stuart Town* (London and New York, 1990), pp.244~273; David Harris Sacks, "The Corporate Town and the English State: Bristol's 'Little Businesses' 1625~1641," in Jonathan Barry(ed.), *The Tudor and Stuart Town* (London and New York, 1990), pp.297~333.

32   G. R. Elton, *The Parliament of England, 1559~1581*, pp.38~39.

석을 차지했다.[33]

런던은 의회 회기를 대비해 정기적으로 특별 기구를 구성하고 사전에 치밀한 대鸞의회 전략을 수립했다. 의회에 제출될 모든 법안은 참사회가 주도했으며 평민회나 동종 조합의 대표자들로부터 의견을 수렴하기도 했다. 참사회는 동종 조합들이 독자적으로 법안을 의회에 제출하는 것을 금지하는 등 의회 업무에 관한 독점적 지위를 확보하고 일사불란한 의회 정책을 수행하기 위해 노력했으며, 최소한 엘리자베스 시대 이전까지는 실제로 상당한 수준의 통제가 이루어진 것으로 보인다. 참사회에서 마련한 법안들은 통상 런던 출신 의원들이 제출했는데, 이들에 대한 참사회의 통제와 영향력은 회기 내내 지속적으로 작용했다.[34]

런던은 자체 법안의 통과 또는 불리한 법안의 폐기를 위해 조직적이고 적극적인 로비를 벌였다. 특히 헨리 8세 이후 중앙정부와의 관계가 재정립되면서 기존의 권리를 유지하기 위한 적극적 의회 활동이 전개되었다. 때때로 의회 관계자들에게 현금 또는 대형 와인 통 등을 제공하기도 했다.[35]

1580년대와 1590년대 런던 시의 주요 의회 프로그램 중 하나는 귀화 외국인이 시와 인근 지역에서 상업 활동을 하지 못하도록 규제하는 법을 만드는 것이었다. 엘리자베스 치세 기간에 종교 박해를 피해 영국으로 귀화하는 외국인들이 증가했는데, 이들 종교적 난민의 수용은 과거 메리 치하에서 대륙으로 망명했던 청교도들의 입장에서 볼 때 보은報恩적 성격이 있었다. 그런데 런던 또는 근교에서 소매업에 종사하는 귀화자들이 늘어난 것이 사회문제가 되었다. 특별한 생계 수단이 없었던 외국인 또는 귀화인들은 본국의 제조업자로부터

---

33 Helen Miller, "London and Parliament in the Reign of Henry VIII," *Bulletin of Institute of Historical Research,* vol. 35, no.92(1962), p.128.

34 같은 글, p.132.

35 같은 글, pp.137~146.

물건을 넘겨받아 영국에서 판매하는 것을 생업으로 삼았는데 그들이 들여온 물건의 품질이 영국산보다 뛰어났을 뿐 아니라 가격 또한 상대적으로 저렴해 결과적으로 영국 소매상들의 파산이 속출했던 것이다.

이 문제를 해결하기 위해 런던 시는 외국인들의 소매 행위를 제한하는 법률을 제정하기 위해 적극적인 노력을 기울였다. 1589년도의 의회 기록에 의하면 영국에서 7년 이상의 도제 수련 연한을 마친 자들을 제외한 모든 외국인의 소매 행위를 금지하는 법안이 상정되었는데, 이는 1584~1585년과, 1586~1587년의 경우와 마찬가지로 런던 시의 주도로 이루어졌다. 이 법안은 인도적인 차원에서 논란을 일으키는 한편 외국인들의 소매 활동이 상품을 저가로 공급하는 긍정적 경제적 효과가 있다는 반론이 제기되기도 했다.[36]

외국인의 소매업 종사를 금지하려는 런던 시의 입법 기도는 1593년 의회에서 다시 한 번 격렬한 논쟁을 불러일으켰다. 3월 중순경 외국인의 소매업을 금지하는 법안이 상정되고 이를 심사할 위원회가 구성되었다. 그러나 위원들 간의 의견이 팽팽하게 대립하며 원활한 의사 절차 진행이 어렵게 되었다. 이 문제를 해결하기 위해 당시 의회에서 런던 시의 이익 확보를 위한 캠페인을 진두지휘하고 있던 에드워드 드루Edward Drew 는 런던 시와 귀화 외국인의 입장을 각각 대변할 수 있는 법률가들을 의회로 불러 의견을 청취하도록 제의했는데 의장이 이를 받아들여 성사되었다. 이해 당사자들의 입장을 대변하는 법률가로부터 의견을 청취하는 것은 공적 법안에만 허용하는 것이 하원의 관행적인 의사 절차였으므로 이 같은 결정은 매우 이례적이었으며 그만큼 의원들의 의견이 첨예하게 대립했음을 말해주는 것이다.[37]

---

36 T. E. Hartley(ed.), *Proceedings in the Parliaments of Elizabeth I*, vol.II, pp. 481~483.

37 T. E. Hartley(ed.), *Proceedings in the Parliaments of Elizabeth I*, vol.III, p.132.

3월 21일 속개된 청문회에서 런던 시의 입장을 대변한 법률가는 미들 템플 Middle Temple[38] 소속의 프랜시스 무어Francis Moore 였다. 그는 외국인이 판매하는 상품들이 품질과 가격 면에서 런던 소매상들의 물건을 압도하기 때문에 이들과 경쟁하는 런던 소매상들이 거지로 전락하고 있다고 지적하면서 이는 궁극적으로 국왕의 보조세 재원을 약화시키고 국부를 해외로 유출시키는 결과를 초래하고 있다고 주장했다.[39]

청문회가 끝난 후에도 의원들 간의 논란이 지속되고 법안에 반대하는 분위기가 우세해지자 드루는 금지 조치를 기존의 소매상에게는 적용하지 않는다는 것과 앞으로도 귀화 외국인의 소매업 종사를 특정 품목에 한해 허용할 수 있도록 한다는 것을 골자로 한 수정안을 제시했다. 수정안이 제출된 뒤에도 런던 출신의 앤드류 파머Andrew Palmer 가 나서서 나라 전체의 흥망이 달려 있는 런던의 이익을 존중해달라고 호소하는 등 런던은 이 법안의 통과를 위해 마지막까지 전력을 다했다. 3월 27일 우여곡절 끝에 다음 의회의 회기가 시작되기 전까지만 법의 효력을 유지시킨다는 단서 조항을 삽입한 뒤에야 하원을 통과할 수 있었다.[40] 결국 이 법안은 상원에서 폐기되어 입법에는 실패했지만 런던 출신 의원들의 적극적인 입법 활동을 비교적 상세하게 보여준 사례라고 할 수 있다.

런던 출신 의원들이 얼마나 지역의 이익에 민감했는지 보여주는 예는 이 밖

---

38 Lincoln's Inn, Gray's Inn, Inner Temple과 더불어 영국의 대표적인 법률가 양성기관 (the Inns of Court, 법학원)이었다. 또한 모든 법률가가 어느 한 기관에 의무적으로 소속을 두도록 하여 통제를 받게 하는 등 현재 한국의 변호사회 같은 기능을 가지고 있었다. 숙소와 식사를 제공하기도 했다. 1852년 법률가 양성 교육기관으로서의 기능은 공식적으로 폐지되었지만, 아직도 법정 변호사들(barristers)의 교육을 일부 맡는 등 영국 법조계와 긴밀한 관계를 유지하고 있다.

39 T. E. Hartley(ed.), *Proceedings in the Parliaments of Elizabeth I,* vol.III, pp. 134~135.

40 같은 책, p.132.

에도 많다. 1584~1585년 의회에서 런던 출신의 한 의원이 런던의 이익에 반하는 내용을 포함한 것으로 추정되는 특정 법률안에 대해 격렬하게 반응했다는 기록도 그중 하나이다. 그는 "이것은 런던 시민에게 악의적인 사적 법안이다. 우리는 당당하게 정의를 행할 것이며, 그렇지 않다면 우리의 살을 찢고 못을 박을 것"이라고 말했다.[41] 어떤 법안에 대한 발언인지는 알 수 없으나 비장함과 결연함이 가히 인상적이라고 할 수 있다. 1593년 의회에서도 유사한 사례가 있었다. 그해 3월 14일, '런던 거주 주민은 그 누구라도 런던으로부터 20마일 이상 떨어진 자치시, 시장 읍성market town 등지에서 열리는 정기 시장에서 소매 행위를 하지 못한다'는 런던 시민의 이익에 반하는 내용의 법안이 발의되었다. 그러나 이 법안은 '집어치워!Away with it'라는 고성과 함께 1차 독회를 넘기지 못하고 폐기되고 말았다.[42]

그로부터 보름 남짓 지난 후인 1593년 3월 31일, 런던과 웨스트민스터 지역 내 건물의 신축과 분할 임대를 금지하는 내용의 법안이 상원을 통과해 하원으로 넘어왔다. 그것은 런던과 웨스트민스터 지역 내 건물의 신축과 분할 임대를 금지하는 내용이었다. 런던 시민의 쾌적한 생활, 빈민 문제의 해결, 농촌 지역의 인구 감소 방지 등을 명분으로 내걸었으나, 이는 빈민들에 의한 치안 질서의 위협과 전염병 발생을 우려하는 1580년 포고령과 1586년의 추밀원 명령의 연장선에서 중앙정부가 주도한 법률안이었음에 틀림없었다. 이 법안은 일정 수준 이상의 재산 소유자들(동산 5파운드, 토지 3파운드)을 대상으로 건물의 개·증축을 허용하고는 있으나 런던 시민의 재산권 행사를 크게 제약할 수 있는 것이었다. 이 법안은 결국 4월 10일 하원을 통과해 법이 되었지만[43] 그 과

---

41 원문은 다음과 같다. "This is prevy byll made of malyce to us of London. I tell them we will do iustice as uprightly or els let us have our skynnes puld and nayld." 같은 책, p.120.

42 같은 책, p.128.

정에서 런던은 자신들의 이익을 최대한 반영하는 성과를 거두었다. 즉 원래 법률안에는 이 법을 소급 적용해 1580년 포고령 이후 신축된 모든 건물과 분할 임대를 원상 복구하도록 하고 있으나 하원 심의 과정에서 이 조항이 삭제된 것이다.[44]

그런가 하면, 런던의 독주에 제동을 걸고자 하는 다른 지역 출신 의원들의 활동도 결코 소극적이지 않았다. 1584~1585년의 의회에서 한 의원이 런던에 특혜를 주는 주요 어류魚類의 통제에 관한 법률안을 비판하는 과정에서 '런던은 영국의 복부belly, 또는 머리라고 할 수 있다. 그러나 손이나 발도 각기 나름대로의 삶을 살아야 한다'라고 말했는데 이는 비非런던 지역의 소외감을 표현한 매우 의미 있는 발언이었다.[45]

지방 도시들이 의회를 통해 얻고자 했던 것은 대체로 제조업과 상업 활동에 대한 규제 완화이거나 예외적 적용이었다. 그중에서도 런던과 각 지역 의원들이 법안의 통과 또는 저지를 위해 가장 빈번하게 각축을 벌인 의제는 직물 공업과 관련된 것이었다. 직물 공업과 관련된 핵심 입법은 1552년과 1558년에 이루어졌는데, 1580년대 이후 의회에서는 이 법률들을 개정해 자신들의 지역에 불리한 조항들을 제거하고자 하는 입법 활동이 활발하게 전개되었다. 다시 말하면, 특정 직물의 생산이 일부 자치시의 독점적 권리로 규정된 경우가 많았는데, 이를 자신의 지역에 유리하게 폐지·변경하거나 예외적 적용을 규정하려 했다.[46] 예를 들면, 1593년 3월 8일 자치시에만 허용되어 있던 커지 직물kersey

43   35 Elizabeth, c.6(1593).

44   T. E. Hartley(ed.), *Proceedings in the Parliaments of Elizabeth I*, vol.III, pp. 154~156, 170.

45   같은 책, p.112.

46   David Dean, *Law-Making Society in Late Elizabethan England: the Parliament of England, 1584~1601*, pp.133~136.

cloth의 생산[47]을 데번 Devon 지역에 한해 농촌에서도 생산할 수 있도록 해달라는 법안이 하원에 상정되었다. 이 법안이 기존 법률의 예외적 적용을 요구한 명분은 데번의 경우 인구가 과밀해 경작할 토지가 부족하고 따라서 주민의 상당수가 빈곤으로 고통받고 있다는 것이었다.[48] 이 법안은 3월 23일 직물을 생산하는 모든 카운티와 자치시의 의원들을 참여시켜 위원회를 구성할 정도로 관심을 끌었는데 그 이유는 노퍽, 에식스 Essex, 서리 등 다른 많은 카운티에서도 동일한 예외 규정의 적용을 원했기 때문이었다.[49] 그러나 최종 법률에서는 데번과 서리만 예외 적용을 받도록 규정되었다.[50] 이보다 앞선 1584~1585년 의회에서도 에식스의 농촌 마을 복스테드 Boxted 등이 예외적으로 직물을 생산할 수 있는 법을 확보한 적이 있었으나 1593년의 경우처럼 광범위한 예외 적용이 이루어지지는 못했었다.[51]

엘리자베스 치세 후반기 의회에서는 각종 직물의 규격을 변경해달라는 사적 법안들 또한 다수 상정되었는데, 대표적인 것인 1584~1585년 의회에서 다루어진 글로스터 Gloucester와 우스터 Worcester 등 서부 지역에서 생산되는 백색과 홍색 직물에 관한 것이었다. 런던 출신 의원인 윌리엄 플리트우드 William Fleetwood에 따르면 런던 참사회원 1인과 런던 상인 1인이 의사당 입구에서 자신을 찾아와 "좋은 법안이다. [법안이 통과되면] 과거와 똑같은 양질의 천을 훨씬 싸게 구입할 수 있게 될 것이다"라며 로비를 벌였다고 한다. 엑시터의 상인

---

47 4 & 5 Mary, c.5(1557~1558).

48 비슷한 법안이 1586~1587년 데번 출신 의원 존 처들리(John Chudleigh)에 의해 주도되었으나 1차 독회에서 폐기된 바 있다.

49 T. E. Hartley(ed.), *Proceedings in the Parliaments of Elizabeth I*, vol.III, pp.140, 147, 154.

50 35 Elizabeth, c.10(1593).

51 27 Elizabeth, c.23(1584~1585); T. E. Hartley(ed.), *Proceedings in the Parliaments of Elizabeth I,* vol.II, pp.67, 70.

조합the Merchant Adventurers이 주도한 것으로 보이는 이 법안의 골자는 서부 지역에서 생산되는 천의 폭을 63인치에서 58.5인치로 축소해달라는 것이었다. 이 법안은 플리트우드와 서식스Sussex 카운티 출신 프랜시스 앨퍼드Francis Alford 등의 반대에도 하원과 상원을 모두 통과했다.[52] 또한 같은 해 데번과 콘월Cornwall에서 생산되는 특정 천의 제조 공정에서 양모사와 양털 뭉치의 사용을 기존 법률에[53] 반해 예외적으로 허용하는 법률이 제정되기도 했다.[54]

1593년 의회에서도 직물 규격(길이)의 변동과 관련된 사적 법안들이 다루어졌다. 예컨대, 서머싯에서 생산되는 각종 염색 천의 폭을 축소하는 법이 제정되었다.[55] 그러나 우스터와 코번트리Coventry에서 생산되는 천의 규격에 관한 법안은 2차 독회까지 진행되었으나 법률로 제정되지는 못했다.[56] 1593년에는 다소 이색적인 법안도 있었는데, 켄트의 크랜브룩Cranbrook 인근에 사는 직조업자들의 이익을 위해 추진된 법안도 그중 하나이다. 제철소가 연료로 목재를 대량 사용하자 직조업자들이 염료의 원료 조달에 어려움을 겪고 있어 산업 사양화의 위험이 있다면서 향후 이 지역에 제철소 또는 유리 공장의 신설을 금지해달라는 것이 법안의 주요 골자였다. 이 법안은 제정 과정이 너무 오래 걸린 탓인지 중도에 폐기되었다.[57]

항만이나 도로 등을 유지하거나 개·보수하는 일은 그 비용 부담 때문에 지

---

52 27 Elizabeth, c.17(1584~1585); T. E. Hartley(ed.), *Proceedings in the Parliaments of Elizabeth I*, vol.II, pp.81, 94, 125.

53 5 & 6 Edward VI, c.6.(1551~1552).

54 27 Elizabeth c.18(1584~1585); T. E. Hartley(ed.), *Proceedings in the Parliaments of Elizabeth I*, vol.II, pp.90, 94.

55 35 Elizabeth, c.9(1593); T. E. Hartley(ed.), *Proceedings in the Parliaments of Elizabeth I*, vol.III, pp.85, 128, 134, 152.

56 같은 책, pp.120, 126, 128, 130.

57 의회 폐회 이틀 전인 4월 8일에야 위원회가 구성되었다. 같은 책, pp.120, 166.

방정부들의 골칫거리였다. 지방정부들은 예산을 손쉽게 확보하는 방편으로 의회를 이용하려고 했다. 그러므로 사적 법안들 중에는 이 같은 비용을 감당하기 위한 목적세의 부과에 관한 것이 많았다. 예컨대 1584~1585년에 다루어진 의제들 중에는 뉴윈저New Windsor 등지의 도로포장을 위한 법안들과[58] 오퍼드, 치체스터Chichester, 라임 레지스Lyme Regis 등지의 항만 시설 개·보수에 관한 법안들이 포함되어 있었는데 이 중 다수가 양원을 통과해 법률로 제정되었다. 라임 레지스의 경우에는 당해 항구에서 화물을 하역하는 모든 상인에게 특정 목적의 가산세를 부과하는 것을 허용했는데, 한 가지 주목할 만한 대목은 이 지역 출신 의원이며 시장을 역임한 존 해서드John Hassard가 이 법을 통과시키는 데 총 52파운드 상당의 개인 비용을 지출했다는 사실이다.[59] 1593년 의회에서는 콜체스터Colchester에 있는 항구의 선박 정박 시설 및 도로포장 예산을 마련하기 위해 인근 수로에서 하역 작업을 하는 모든 선박에 대해 일정액(2펜스)을 징수할 수 있도록 하는 법안이 논의되었다. 이 법안을 위해 추밀원 멤버인 해턴과 콜체스터 출신 의원들이 위원회에 소속되어 활동했으나 하원을 넘어서지 못했다. 위원회가 '콜체스터 거주민들을 만족시킬 수 있는 어떠한 결론에도 이르지 못했다'며 법안을 폐기했기 때문이다. 플리머스Plymouth 등 많은 도시가 유사한 법안을 1597년 의회에 제출했지만 대부분 2차 독회에서 폐기되었다.[60]

---

58 T. E. Hartley(ed.), *Proceedings in the Parliaments of Elizabeth I*, vol. II, pp. 78~79, 89~90, 92.

59 T. E. Hartley(ed.), *Proceedings in the Parliaments of Elizabeth I*, vol. III, pp. 134, 149; David Dean, *Law-Making Society in Late Elizabethan England: the Parliament of England, 1584~1601*, p. 244.

60 T. E. Hartley(ed.), *Proceedings in the Parliaments of Elizabeth I*, vol. III, pp. 134, 149; David Dean, *Law-Making Society in Late Elizabethan England: the Parliament of England, 1584~1601*, p. 242.

5. 후속 연구의 필요성

튜더 의회의 활동에 대해 과거의 연구 성과를 살펴보면 중앙이 지방에 원했던 것이 무엇이고 그것을 어떻게 성취했는가에 집중되어 있었다. 이 시기 의회에 대한 역사가들의 관심이 '중세적 정부에서 근대적 정부로 이행하는 과정에서 의회가 정치적으로 어떤 역할을 수행 했는가'에 초점이 맞추어졌기 때문이었다. 그러므로 의회를 통해 지방이 얻으려고 한 것이 무엇이고, 얼마나, 어떻게 얻었는지에 대한 연구는 미흡한 편이었다.

다행히 최근 들어 사적 법안에 대한 관심이 부쩍 높아지고 의회의 활동 중 지방의 이니셔티브initiative에 의해 추진된 부분에 대한 연구의 필요성이 제기되면서부터 상당한 연구 성과가 나오고 있다. 대부분의 연구는 엘리자베스 의회에 집중되어 있는데, 그 이유는 1547년 이후부터 하원의 공식 의사록이 남아 있을 뿐 아니라 의원들이 개인적으로 기록하고 정리한 의회 일지들 안에 귀중한 정보들이 수록되어 있기 때문이다. 특히, 헬렌 밀러Helen Miller와 패트릭 콜린슨Patrick Collinson의 작업을 바탕으로 하틀리T. E. Hartley에 의해 최종 편집 발간된『엘리자베스 1세 의회 의사록Proceedings in the Parliaments of Elizabeth I』은 엘리자베스 의회의 모든 공식 의사록과 비공식 일지들을 회기별로 정리했기 때문에 연구자들에게 큰 도움이 된다.

위에서 살펴본 사례들은 대부분 1584~1585년과 1593년 의회에서 다루어진 것들로서 하틀리의 책에 수록된 정보를 이용한 결과이다. 물론 이 책에는 엘리자베스 치하의 다른 의회에 관해서도 많은 정보가 수록되어 있으나 정보의 내용이 1584~1585년과 1593년 의회의 경우와 특별한 차별성을 보이지 않는다는 판단에 의해 이 책에서는 다루지 않았다. 그렇다고 해서 1584~1585년과 1593년 의회에 대한 기록이 튜더 의회가 중앙과 지방의 접점 역할을 했는지를 규명하기에 충분한 사료가 되는 것은 아니다. 일반적으로 지방의 자치 정부가 의회에 제출한 법안들은 공적 법안public bill이 아닌 사적 법안private bill으로 분류되는데,[61] 사적 법안의 경우에는 법안의 준비 과정과 의회의 처리 과정을 추적하기에 상당한 어려움이 따르기 때문이다.

그러므로 튜더 의회의 성격에 관한 엘턴의 주장은 많은 미시사적·지방사적인 연구가 선행되어야만 타당성을 완전히 검증받을 수 있다. 그렇다고 해서 1584~1585년과 1593년 의회를 중심으로 의원들의 의회 활동을 추적한 작업의 결실이 결코 의미 없는 것은 아니다. 무엇보다 자신들의 지역구 이익을 위해 헌신적인 활동을 벌인 튜더 의회 의원들의 열정은 매우 인상적이었다. 그리고 그들이 추구한 지역의 이익이 모호하거나 추상적이지 않고 상당히 구체적인 것임을 확인할 수 있었다. 또한 하원의 의석이 젠트리 출신으로 채워질수록 하원이 다룬 의제 중에서 상업이나 제조업 관련 법안의 비중이 비약적으로 늘어난 사실[62]은 이들이 출신 지역구 주민들의 이익을 외면하지 못했음을 단적으로 증명해준다.

---

61 공적 법안과 사적 법안은 양원의 서기가 구분한다. 법이 제정됨으로써 혜택을 보는 대상이 개인이나 특정 지역에 국한될 경우에는 사적 법안으로 분류하는 것이 일반적인 관행이었다.

62 Jennifer Loach, *Parliament under the Tudors*, p.117.

세 사람의 토머스

영화 〈사계절의 사나이〉와 〈천 일의 앤〉의 역사 인식

1. 울지, 모어, 그리고 크롬웰

토머스 울지(1472~1530), 토머스 모어(1477~1535), 토머스 크롬웰(1485?~1540) 세 사람은 영국 역사의 격동기라 불리는 16세기 전반부에 헨리 8세 치하에서 재상을 지낸 사람들이다. 토머스 울지는 1515년부터 1529년까지 대법관Lord Chancellor으로서, 추기경, 교황의 전권 대리인으로서, 실질적으로 영국의 정치와 교회를 통치했다. 당시 영국에 주재하던 베네치아 대사는 '울지가 곧 왕the king himself'이라고 본국에 보고할 정도로 그의 권세는 하늘을 찔렀다.

『유토피아Utopia』의 작가이자 법률가였던 토머스 모어는 일찍이 1523년에 하원 의장을 지냈으며, 1529년 울지의 뒤를 이어 대법관에 올라 1532년 사임할 때까지 영국에서 가장 영향력 있는 정책 결정자 중 한 사람이었다. 토머스 크롬웰은 1533년부터 1540년까지 국무대신과 국새상서로 있으면서 영국의 종교개혁을 주도했으며, 근대적 국가 체제를 확립하는 데도 결정적으로 기여했다. 그런데 이 세 사람은 토머스라는 이름 외에도 몇 가지 공통점이 있다.

먼저 이들은 모두 하층 계급 출신이었다. 울지의 할아버지는 평범한 농부였고, 아버지는 가업을 이어받은 중농이었다가 1466년 입스위치Ipswich로 옮겨 푸줏간을 열었다. 울지보다 5년 정도 늦게 태어난 모어의 할아버지는 런던의 링컨 법학원Lincoln's Inn 구내식당의 와인 관리인butler이었고 아버지 존 모어는 이 직업을 물려받았다가 법학원의 평의원들을 설득하는 데 성공해서 법학원 학생이 되었다. 그는 말년에 고위 법관직에 오르는 등 성공 가도를 달렸는데, 모어가 태어났을 당시 그의 직업이 여전히 식당의 와인 관리인이었는지, 아니면 법률가로서 새로운 생활을 시작한 이후인지는 알 수 없다. 한편, 크롬웰의 아버지는 대장장이로 알려졌다.

세 사람의 사회적·정치적 성공담은 당시 영국의 사회 계급이 비교적 개방적이었다는 가설을 뒷받침하는 사례로 자주 거론된다. 울지와 크롬웰의 경우, 사후에는 물론이고 살아 있을 때에도 종종 시기, 비난, 조롱의 대상이 되기도 했다. 영화 〈사계절의 사나이〉에 나오는 다음 대목은 당시 사람들이 울지에게 가졌을 법한 부정적 이미지를 잘 표현하고 있다.[1]

노퍽:　　울지가 누군가? 결국 백정의 아들이 아닌가?

모어:　　그래도 영국의 대법관이네.

마거릿(모어의 딸):　　직책이야 그렇지만 출신이 천한 건 사실 아닌가요?

1　노퍽 공작은 당대 영국 최고의 귀족이며 모어의 친구이다. 마거릿은 모어가 가장 아꼈다는 큰딸이다. 또 엘리스는 모어가 첫 부인과 사별한 후 아이들 양육과 경제적 이유로 한 달 만에 재혼한 런던 상인의 미망인이고, 리처드 리치(Richard Rich)는 1540년대 대법관 등 고위관직을 맡았던 인물이다. 영화 〈사계절의 사나이〉와 이 영화의 모태가 된 로버트 볼트의 희곡에서 리치는 토머스 모어의 재판에서 그에게 결정적으로 불리한 위증을 함으로써 모어를 곤경으로 밀어 넣는 악역으로 그려지고 있다. 볼트의 희곡에는 엘리스가 "일개 말굽에 징이나 박는 집 아들"로 크롬웰을 묘사하면서, "출세도 빠르지만 몰락하는 것도 순식간일 것"이라고 빈정거리는 장면도 나온다.

노펴: 생긴 것도 영락없이 백정의 아들이야.

모어: 울지의 외모가 그렇다는 건 나도 인정하네.

엘리스(모어의 부인):   울지는 여전히 백정일 뿐이에요.

후대의 이러한 드라마 대사가 아니더라도 울지나 크롬웰의 급격한 신분 상승에 대해 당대인들이 보인 적대적 감정은 여러 기록에 남아 있다. 가장 대표적인 사례가 종교개혁과 그에 따른 사회적·경제적 질서 변화에 불만을 품고 일어난 북부 지방의 대규모 반란인 '은총의 순례the Pilgrimage of Grace'이다. 반란군은 크롬웰이 사회적으로 낮은 성분임을 거론하며 크롬웰을 공직에서 제거해주기를 공개적으로 요구했다. 이 때문에 크롬웰은 당대의 이름난 휴머니스트 논객인 리처드 모리슨Richard Morison을 동원해 관직·작위·명예의 배분은 혈통보다는 개인의 능력과 업적에 의해서 이루어져야 한다는 이른바 '공훈의 법칙principle of merit'을 내세워 자신을 방어해야 했다.[2]

이와 대조적으로 모어의 경우에는 그의 낮은 사회적 출신 성분이 거론되지 않았다. 여기에는 모어의 아버지 존 모어가 이미 성공한 법률가였다는 점이 작용했을 것으로 추정된다. 하지만 당시 영국 사회에서 하층 계급 출신이 아무리 엄청난 경제적 부를 축적하거나 사회적 성공을 거두더라도 그가 사회적으로 '젠틀맨'으로 인정되기까지는 보통 3세대 정도의 시간이 소요되었다는 사실을 감안하면, 모어의 신분 상승에 대해 사회적 거부감이 거의 없었다는 점은 여전히 예외적 현상으로서 별도의 설명이 필요한 것으로 보인다.

세 사람의 또 다른 공통점은 모두 대역죄로 참수당하거나 참수될 처지에 놓

---

2   Richard Morison, *A Remedy for Sedition* (1536), edited by D. S. Berkowitz, *Humanist Scholarship and Public Order: Two Tracts against the Pilgrimage of Grace* (Folger Books, 1984), pp. 115~116.

였었다는 점이다. 모어는 1535년, 크롬웰은 1540년에 각각 대역죄로 참수되었고, 울지는 대역죄 다음으로 중대한 교황 존신죄praemunire (교황이 국왕보다 우월하다고 보는 죄)로 유죄를 선고받아 지위와 재산을 모두 잃었으며 1530년에는 대역죄 혐의로 체포되었다. 런던으로 압송되는 길에 병으로 사망하지 않았다면 그 역시 참수를 면할 수 없었을 것이다.

그런데 이들의 실각이 국왕의 이혼 내지 재혼 문제와 깊은 관련이 있다는 점은 흥미롭다. 울지는 헨리 8세의 첫 왕비인 캐서린과의 이혼 문제를 해결하는 데 실패해 결정적으로 왕의 눈 밖에 났고, 모어는 왕의 이혼 문제가 불씨가 되어 단행된 영국 국교회의 성립 과정을 받아들이지 못해 결국 참수형의 운명을 맞게 되었다. 크롬웰은 왕의 이혼 문제를 로마 교회와의 단절과 종교개혁이라는 강수를 사용해 효과적으로 처리함으로써 왕의 절대적인 신임을 받아 승승장구했으나, 왕의 세 번째 왕비인 제인 시모어Jane Seymour가 병사한 후 왕의 재혼 상대로 독일 지역의 신교 국가인 클레베Kleve의 앤을 선택했는데 그녀가 왕의 눈에 차지 않아 내처지면서 정적들의 공격을 자초한 셈이 되었다.

2. 역사적 평가

1) 울지

울지는 불과 11살에 옥스퍼드 모들린 칼리지Magdalen College에 입학해 15세에 졸업함으로써 '소년 학사boy-bachelor'로 불렸다. 그러나 미천한 출신 성분 때문에 30세가 넘어서야 당시 국왕 헨리 7세의 왕실 신부로 임명되었고, 윈체스터 주교이자 국새상서이던 리처드 폭스Richard Foxe의 비서로 외교 업무에 종사하면서 관직 생활을 시작했다. 1509년에는 새로운 국왕 헨리 8세의 왕실 시여물施輿物 관리인으로 임명되어 왕과 지근거리에서 접촉할 수 있는 길이 트이면서 출세 가도를 달리게 되었다.

2년 후 오늘날의 내각에 해당되는 추밀원의 일원이 된 그는 다른 사람들과 달리 국왕에게 회의 주재 등 국정에 전념해줄 것을 요청하지 않았다. 그 대신, 국정은 자신들에게 맡기고 국왕은 사냥과 유흥을 즐기도록 권유해 아직 20세에 불과한 젊은 왕의 환심을 샀다. 그는 다른 사람들보다 업무 수행 능력이 뛰어났으며, 왕이 원하는 바를 신속하고 정확하게 처리할 줄 알았다. 사실상 국정을 장악한 그는 형식과 절차를 중요시하지 않고 사안에 따라 바로 결론을 내리는 업무 스타일을 추구했다. 1515년 대법관에 임명됨으로써 명실상부한 최고 실력자가 된 그는 같은 해에 추기경이 되었으며 1518년에는 교황의 전권 대리인이 되는 등 승승장구했다.

울지의 가장 큰 관심 분야는 외교였다. 그는 대체로 평화 정책을 추구했는데, 그 노력의 결정판이 1518년 체결된 국제 평화 조약이었다. 보편적·영구적 평화 조약을 표명한 이 조약의 골자는 어느 기독교 국가가 다른 기독교 국가를 공격하면 나머지 기독교 국가들이 협력해서 침공 받은 국가를 지원한다는 것으로서 모두 24개국이 서명했다. 평화 조약의 유효 기간은 길게 유지되지 못했지만 울지에게 기독교 세계의 중재자라는 자부심을 부여했고 잠시나마 런던을 국제 평화의 중심지로 부상시킨 사건이었다.[3]

그는 학문과 문화의 중흥을 위해 남다른 노력을 들였다. 특히 1524년과 1528년 사이 옥스퍼드와 고향인 입스위치에 각각 대학교를 세우고 각별한 애정을 쏟았다. 아서 퍼거슨A. B. Ferguson은 새로운 르네상스 학문에 대한 그의 애정과 지원은 진취적이고 개혁적인 인재들이 모여 전문가 집단을 형성하는

---

3   '평화주의자' 울지에 대한 역사가들의 평가는 대체로 긍정적이다. 예를 들면, 존 스캐리
    스브릭(J. J. Scarisbrick)은 울지 외교 정책의 일관적 목표는 평화 추구였으며, 그 근저
    에는 재정적인 문제와 기독교 세계의 평화를 갈망하는 북방 휴머니즘적 가치가 깔려 있
    다고 보았다. J. J. Scarisbrick, *Henry VIII* (Penguins, 1971), pp.70~71.

결과를 가져와 영국의 근대정신 형성에 큰 영향을 미쳤다고 평가했다.[4]

울지의 실각이 왕의 이혼 문제를 해결하지 못한 데서 비롯되었다는 점에 대해서는 별 이견이 없다. 그러나 그는 마지막까지 자신의 능력을 믿고 희망을 버리지 않았다. 1529년 교황이 중병에 걸렸다는 소식이 들리자 그는 기회가 왔다고 생각했다. 그가 교황의 자리에 오르면 자신의 명예가 절정에 이를 뿐 아니라 헨리의 이혼 문제를 쉽게 해결할 수 있었다. 헨리의 전폭적인 지원을 받으며 적극적으로 차기 교황 자리를 노렸으나 교황이 건강을 회복하면서 그의 희망은 수포로 돌아가고 말았다.

울지에 대한 세상 사람들의 평가는 계속 변해왔다. 그는 살아 있을 때 많은 사람들의 부러움과 시기의 대상이었다가 죽은 뒤에는 한동안 가톨릭과 신교 어느 쪽으로부터도 좋은 평가를 받지 못했다. 신교도들의 입장에서 볼 때 그는 구시대의 상징이었으며 개혁의 대상이었다. 가톨릭의 입장에서 볼 때 그는 캐서린의 이혼에 책임이 있었다. 또한 자체 개혁을 등한시하고 사생활이 문란해 신교의 등장에 일조했으며 이단을 단호하게 척결하지 않고 방치했다는 비난도 받았다. 그러므로 가톨릭과 신교를 막론하고 16세기 작가들은 그를 '가장 비열한 인물'로 그렸다.[5]

울지의 의전관이었던 조지 캐번디시George Cavendish가 울지가 죽은 지 27년 뒤인 1557년, 그에 대해 동정적인 관점의 전기를 쓴 것이 그나마 다행이었다. 캐번디시의 전기는 주로 울지의 말년과 몰락 과정에 초점을 맞추고 있어서 그의 전체적인 행적을 살펴보기에는 미흡한 부분이 있다. 그럼에도 캐번디시의

---

4   Arthur Ferguson, *The Articulate Citizen and the English Renaissance* (Duke University Press, 1965).

5   신교 쪽 작가인 에드워드 홀의 눈에 비친 울지는 로마적 부패와 사치 그 자체였고, 합스필드(Nicholas Hapsfield) 같은 가톨릭 작가들은 영국 교회가 파국에 이르게 된 직접적인 책임이 울지에게 있다고 생각했다.

전기는 울지에 대한 균형적인 평가를 이끌어내는 데 크게 기여했는데, 그의 책이 처음으로 인쇄되어 나온 것은 1641년이었다. 존 스토John Stow는 캐번디시가 쓴 수기본手記本 전기의 일부분을 발췌해 그의 책 『연대기Annals』에 수록했다. 16세기 말에는 토머스 처치야드Thomas Churchyard 등이 캐번디시의 이야기에 토대를 둔 울지의 전기를 출간했다. 또한 셰익스피어가 그의 희곡 〈헨리 8세〉에서 캐번디시의 관점을 반영함으로써 행차할 때마다 600명이 넘는 시종이 따랐다는 위풍당당한 추기경 울지의 모습을 사람들의 기억 속에 심어주었다.[6]

1724년에는 리처드 피데스Richard Fiddes가 본격적인 울지 전기를 출간했다. 19세기 후반에 이르러서야 비로소 울지는 빅토리아 역사가들에 의해 '영국의 영웅'으로 떠올랐다. 울지는 영국의 힘과 위엄을 만방에 떨친 위대한 외교가이며, 영국이 낳은 가장 뛰어난 정치적 천재, 나아가 제국주의 영국의 외교 정책 기조로 자리 잡은 세력 균형balance of power 정책의 창시자로 떠받들어졌다.[7] 울지는 국왕을 성심껏 보좌해 영국의 위상을 높인 애국자이며 앤 불린Anne Boleyn과 정적들의 음모에 희생되었다는 평가도 나왔다.[8]

그러나 20세기 들어 울지에 대한 역사적 평가는 다시 한 번 부정적으로 바뀌었다. 앨버트 폴라드Albert F. Pollard는 20세기 초 울지에 대해 본격적으로 연구하면서 울지가 교황의 전권 대리인이 되기 위해서, 또한 스스로 교황의 자리에 오르기 위해서 영국의 국익을 외면하는 외교 정책을 무리하게 추진했다는 부정적 평가를 내렸다. 또한 시급한 국내 현안을 방치했으며 재정 문제에도 무관심했다고 비판했다.[9] 의회주의자이며 영국식 관습법에 깊은 애정을 가진 폴

6   A. F. Pollard, *Wolsey* (The Fontana Library, 1965), p.5.

7   Richard Fiddes, *Life of Cardinal Wolsey* (London, 1724).

8   Mandell Creighton, *Cardinal Wolsey* (London, 1891).

라드에게서 울지에 대한 호의적 평가를 기대하기는 애당초 어려운 일이었다. 엘턴이 지적하듯 헨리 8세를 의회주의자요, 모범적인 국왕으로 높이 평가하면서 숭배에 가까운 애정을 보냈으므로 그는 헨리 치하에서 일어난 모든 정책적 실패나 권위주의적 통치의 원인을 울지나 크롬웰에게로 돌리려 했던 것이다.

엘턴은 폴라드의 저술은 울지가 실각했을 때 그에게 씌워진 혐의를 비롯해 정부의 공식 기록에 지나치게 의존한 나머지, 이단에 대한 관용적 태도나 반대 의견을 수용하는 아량 등 울지가 가진 긍정적 측면을 평가하는 데 인색했다고 비판했다. 엘턴은 실제의 울지는 폴라드가 표현한 울지보다 "훨씬 호감이 가고 분별력이 있고 균형적 감각을 지닌 사람이었다"라고 평가했다.[10]

이렇게 울지에 대한 폴라드의 평가를 비판한 엘턴이었지만, 그 또한 울지에게 그리 호의적인 입장은 아니었다. 그는 특히 울지의 행정가적·개혁가적 면모에 대해서는 여지없이 부정적이었다.[11] 튜더 시대의 '혁명적' 개혁은 모두 크롬웰이 추진한 것이라는 그의 주장에 비추어볼 때 그의 이러한 평가는 쉽게 이해가 간다. 이렇게 20세기 영국사학계를 대표하는 두 역사가에 의해 혹평을 받은 울지는 재스퍼 리들리Jasper Ridley와 피터 귄Peter Gwyn이 그에 대해 새로운 평가를 내려주기 전까지 오랜 세월을 기다려야 했다.[12]

---

9   A. F. Pollard, *Wolsey*, pp.108~164. 그러나 폴라드 이후의 연구자들은 대체로 울지가 교황이 되기 위해 적극적으로 노력한 때는 1529년이 유일하며, 그것도 헨리 8세의 이혼 문제를 해결하려는 것이 주목적이었다고 보는 등 폴라드의 견해를 부정하는 편이다.

10   물론 폴라드가 울지의 부정적인 면만을 본 것은 아니었다. 예컨대, 그는 울지가 사회적 강자에게는 법을 더욱 엄격하게 적용한 반면 비 특권층에게는 아량을 베풀었다고 평가 했고, 상식과 형평의 원칙을 존중하며 사법적 정의의 실현을 위해 노력했음을 인정했다.

11   G. R. Elton, *Reform and Reformation: England, 1509~1558* (Harvard University Press, 1977), pp.42~102.

12   Jasper Ridley, *Statesman and Saint: Cardinal Wolsey, Sir Thomas More, and the Politics of Henry VIII* (New York, 1983); Peter Gwyn, *The King's Cardinal: the Rise and Fall of Thomas Wolsey* (London: Barrie & Jenkins, 1990).

2) 모어

옥스퍼드와 링컨 법학원에서 공부한 모어는 한때 수도원 생활을 진지하게 검토했으나 결국 법률가의 길을 걷게 되었다. 26세였던 1504년 하원 의원이 되었으며, 1510년에 왕위에 오른 지 1년밖에 안 되는 헨리 8세와 개인적 친분을 쌓기 시작했다. 1516년에는 『유토피아』를 출간했으며, 1517년에 처음으로 추밀원 의원이 되었다. 이후 헨리 8세의 신임을 바탕으로 1523년에는 하원의장, 1525년에는 랭커스터 직할 영지 대법관, 1529년에는 실각한 울지의 후임으로 대법관에 올랐다. 그러나 전임자와 달리 행정부의 수반 역할은 맡지 않았으며 외교 분야도 담당하지 않았다. 대법관은 여전히 정부의 최고위직이었지만 그의 역할은 주로 사법 분야에 국한되었으며, 정부의 요직을 맡은 사람 중 유일하게 친가톨릭 정책 지지자였던 그의 정치적 입지는 넓지 않았다.

따라서 존 가이John Guy가 지적하듯이, 그에 대한 좋은 평판은 주로 정치가가 아닌 판사로서 행한 공평무사하고 신속한 판결에서 비롯되는 것이다. 그러나 그는 이단에 대해 용납하지 않았기에 명망 있는 판사라고 할 수는 없다. 울지가 대법관이었던 1520~1529년 사이에는 단 한 명도 이단 혐의로 처형된 적이 없지만, 모어가 대법관으로 있던 2년 7개월 동안 무려 여섯 명의 희생자가 발생했다. 이 기간 중에 모어가 대법관이었고 그가 대법관 취임 직전 저술한 책에서 이단에 대한 화형火刑은 합법적이라고 주장했던 사실[13]로 미루어 그가 이단의 화형에 대해 일단의 책임이 있다는 것을 부인하기는 어렵다.

이 때문에 모어에 대한 악의적 평가는 대체로 신교 측에서 나왔다. 모어에 대한 가장 신랄한 비판을 한 사람은 아마도 존 폭스일 것이다. 1563년과 1570년에 나온 폭스의 책은 신교도들에 대한 가장 잔인한 박해자로 모어를 꼽는 데 주저하지 않았다. 그의 책에는 첼시에 있던 모어의 집에서 결박당한 채 감금되

---

13 Thomas More, *Dialogue Concerning Heresies* (1528~1529).

어 고문을 받고 정원에 있는 나무에 묶여 매질을 당했다는 이단 혐의자의 증언이 실려 있다. 또한 이단 혐의자들은 감옥에서 고문을 당했다는 증언을 하기도 했는데, 이들 중 몇몇은 모어가 지켜보는 가운데 고문 후유증으로 몸이 불구가 될 정도의 심한 고문을 당했다고 증언했다.[14]

모어가 살아 있는 동안에도 이것이 문제가 되었는지 모어는 1533년 「변명」이라는 글을 써서 자신의 입장을 밝혀야 했다. 그는 이 글에서 강도, 살인, 신성 모독 등의 죄를 범한 자들에게 채찍질을 하도록 명령한 적이 있다고 시인했다. 그러나 그는 이단은 이들보다 더 중대한 범죄자지만 '두 번의 경우'를 제외하고는 이단 혐의자들에게 매질을 가한 적이 없다고 주장했다. 그중 하나는 앞에서 말한 폭스의 책에 나오는 어린 하인의 경우였다. 어느 날 이 소년이 성체 변화聖體變化; transubstantiation를 부인하는 얘기를 했고, 이것이 모어의 귀에 들어가게 되었는데 모어는 집 안 사람들을 다 불러 지켜보게 하는 가운데 소년을 매질했다는 것이다.

사실 이단에 대한 불법 감금이나 고문 등 폭스에 의해 제기된 대부분의 혐의는 명백한 증거가 없다. 그럼에도 이 문제가 계속해서 제기되는 이유는 간접적인 정황상 모어가 실제로 그런 일을 저질렀을 개연성이 있다고 생각하는 사람들이 있기 때문이다. 이들은 한때 에라스무스가 위트와 사교성이 넘친다고 묘사했던 모어의 내면 깊은 곳에는 신에 대한 죄책감과 지옥에 대한 두려움이 무겁게 자리 잡고 있었다고 본다. 실제로 모어는 헤어 셔츠hair shirts[15]를 착용

---

14 John Foxe, *Actes and Monuments of These Latter and Perillous Dayes* (London, 1563); John Foxe, *The Ecclesiasticall History, Containung the Actes and Monuments of Thynges Passed* (London, 1570).

15 동물의 거친 털로 만든 내의로, 움직일 때마다 몸에 상처를 내어 고통을 주도록 고안된 것이다. 중세의 성직자들 또는 고행자들이 자신이 죄인임을 잊지 않기 위한 목적으로 착용했다고 한다. 그러나 중세 말기 이후 대부분의 성직자들은 상징적으로 지니고 다녔을 뿐 실제로 입지는 않았다고 한다.

해서 움직일 때마다 몸에 상처를 냄으로써 언제나 자신이 죄인임을 잊지 않으려 했고 자세가 흐트러지면 스스로에게 피가 나도록 채찍질을 하는 등 자신에게도 극단적으로 엄격한 사람이었다. 이러한 모어의 종교적 엄숙성으로 볼 때 이단 혐의자를 다루는 그의 태도나 방식이 정도를 벗어났을 가능성이 있다는 것이 비판적인 시각을 가진 사람들의 생각이다.[16]

그러나 모어에 대한 신교 측의 부정적 평가에도, 그에 대한 사후 평가는 크게 보면 긍정적인 면이 더 우세한 경향이 있다. 긍정적 평가는 주로 아버지의 명예를 회복하려 했던 가족들의 노력과 가톨릭 세력들의 지지로부터 나왔다. 모어가 죽은 지 18년 뒤에 가톨릭 복원의 염원을 가지고 여왕의 자리에 오른 메리가 로마 교회와 관계를 회복하고자 교황의 영국 교회 수장권을 인정하는 등 친가톨릭적 분위기가 형성되자, 이때를 맞추어 모어에 대한 긍정적 평가가 봇물 터지듯 쏟아져 나왔다.

그 대표적인 것이 큰 사위인 윌리엄 로퍼William Roper의 수기와 이를 바탕으로 니컬러스 합스필드Nicholas Hapsfield가 쓴 모어의 전기 발간이었다. 두 저술의 내용은 대동소이하다.[17] 또한 1557년에는 모어의 조카인 윌리엄 라스텔 William Rastell이 모어의 영어 저술들을 취합해 출판했는데, 이러한 것들은 메리 정부의 가톨릭 홍보 정책에 안성맞춤이었다.

---

16 모어의 이단 박해 혐의에 대한 논의는, Jasper Ridley, *Statesman and Saint: Cardinal Wolsey, Sir Thomas More, and the Politics of Henry VIII*, pp.238~262와 Richard Marius, *Thomas More: a Biography* (New York: Vintage Books, 1985), pp.232, 386~406.

17 로퍼의 *The Life of Sir Thomas More*는 원래 합스필드에게 모어의 전기를 쓰게 할 목적으로 작성된 수기 원고이다. 로퍼의 원고는 1935년 EETS(Early English Text Society)에 의해 발간되었다. 이 글에서 참고한 것은 Richard Sylvester and Davis Harding(eds.), *Two Early Tudor Lives* (New Haven and London: Yale University Press, 1990)에 실린 판본이다.

모어에 대한 긍정적 평가는 엘리자베스 치하 또는 그 이후에도 계속되었는데, 이들은 대개 메리 치하에서 만들어진 전기나 자료에 근거해 이루어진 특징이 있다. 1588년에는 토머스 스테이플턴Thomas Stapleton이 『세 토머스Tre Thomae』라는 책을 네덜란드에서 발간했는데, 주로 로퍼의 수기본과 모어의 양딸 마거릿 클레먼트Margaret Clement에게서 전해 들은 이야기들을 중심으로 엮었다. 1631년에는 모어의 증손자Cresacre More가 로퍼와 합스필드가 쓴 내용에 가족 사이에 전해 내려오는 이야기를 추가해서 책을 냈다.[18] 20세기 초에 출판된 레이먼드 체임버스Raymond W. Chambers의 모어 전기를 비롯해서 이후 출판된 대부분의 모어 전기가 기본적으로 로퍼의 이야기에 의존하고 있음을 볼 때, 로퍼가 모어의 역사적 평가에 미친 영향은 매우 크다고 할 것이다.

모어는 1886년에 존 피서John Fisher와 함께 복자福者의 반열에 올랐으며, 1935년에는 성인 반열에 올랐다. 이는 그를 성인 반열에 올리려는 목적에서 의도적으로 기획된 전기들에 힘입은 바 컸다. 1867년의 프레더릭 시봄Frederic Seebohm과 1891년의 토머스 브리짓Thomas E. Bridgett의 책이 대표적인데 19세기 낭만주의의 물결 속에서 중세에 대한 동경이 가톨릭에 대한 관용적 분위기로 이어지는 가운데 나온 것들이다. 앞에서 언급한 체임버스의 모어 전기도 이러한 당대의 호의적인 여론을 반영하고 있다. 이 작품들의 공통점은 이단에 관한 모어의 엄격한 태도나 박해에 대해 다루지 않는다는 것이다.[19]

그렇다고 해서 모어에 대한 현대적 평가가 모두 긍정적인 것만은 아니다. 모어에 대한 비판적 평가는 모어의 이단 박해 혐의에 초점을 맞출 뿐 아니라, 모어가 재판 과정에서 보여준 타협적 태도와 책략들을 근거로 그를 '현실주의

---

18 Jasper Ridley, *Statesman and Saint: Cardinal Wolsey, Sir Thomas More, and the Politics of Henry VIII*, pp. 287~288.

19 Richard Marius, *Thomas More: a Biography*, p. xv.

자'로 규정함으로써 '원칙주의자' 모어의 이미지가 상당 부분 허구임을 입증하려고 했다.[20]

이들의 의견에는 충분히 수긍이 가는 부분도 있다. 이를테면 그가 왕의 이혼 문제와 교황을 배척하는 문제에 관해 발언한 내용들은 일관성이 없다. 로퍼에 따르면 모어는 헨리 8세로부터 '캐서린과의 결혼이 합법이라고 생각하는가?'라는 질문을 받자, 즉답을 피하고 자신은 종교법을 잘 모르기 때문에 답변할 능력이 없다는 말로 대신했다고 한다.[21] 그 후 1531년 3월에는 상원과 하원에서 각각 이혼에 찬성하는 발언을 했다. 또한 '켄트의 성녀the Holy Maid of Kent' 사건[22]에 연루되어 종신형과 재산 박탈의 위기에 몰려 있던 1534년 3월, 크롬웰에게 편지를 보내 자신은 왕이 앤 불린과 결혼하는 문제에 대해 반대하지 않을 것이며, 교황권의 배척에도 반대하지 않겠다는 의사를 전달하기도 했다. 그랬던 그가 39일 뒤에는 앤 불린의 후사後嗣를 우선 서열로 정하는 왕위 계승법에 대한 선서를 거부함으로써 체포되었고, 그해 말에는 '수장법Act of Supremacy'

---

20 아마도 모어에 대해 가장 비판적인 평자는 재스퍼 리들리일 것이다. 예컨대, 그는 *Statesman and Saint: Cardinal Wolsey, Sir Thomas More, and the Politics of Henry VIII* 에서 유능한 행정가로서의 울지와 종교에 지나치게 집착하는 모어를 비교 분석했다.

21 William Roper, *The Life of Sir Thomas More,* p.214.

22 '켄트의 성녀'는 엘리자베스 바튼(Elizabeth Barton)이라는 여성 예언가를 말한다. 신통력이 있다고 소문난 이 여인의 예언 중에는 가톨릭 쪽에 유리한 것이 많아 가톨릭 지도자들이 은근히 그녀를 이용한 측면이 있었다. 토머스 모어도 바튼의 얘기를 듣고 1533년 이 여인을 만난 적이 있었다. 이것이 문제가 된 이유는 이 여인이 1528년에 했던 예언을 정부에서 뒤늦게 알게 되었기 때문이다. 그녀는 만일 왕이 앤 불린과 결혼하면 한 달 내에 죽게 될 것이고 다른 많은 사람들도 흑사병에 걸려 희생될 것이라고 했던 것이다. 모어와 피셔는 이러한 대역 범죄에 대한 불고지 혐의로 체포되었고, 1534년 2월에는 이들에 대한 사권 박탈 법안이 제출되었다. 유죄가 입증되면 종신형이 선고되고 재산이 박탈되는 중대한 혐의였다. 모어는 크롬웰에게 선처를 부탁해 이름이 빠지고 피셔는 종신형을 받았다가 나중에 약간의 벌금을 물고 사면되었다.

의 선서 조항마저 거부했다. 크롬웰이 1535년 6월 3일 모어를 심문한 기록[23] 을 바탕으로 둘 사이의 대화를 재구성하면 다음과 같다.

크롬웰 : 국왕께서는 자신이 영국 교회의 수장인지 아닌지 당신의 입장을 명확하게 밝힐 것을 명령하셨다.

모어 : ……

(크롬웰 재차 묻는다.)

모어 : 그런 물음은 검의 양날 같은 것이다.

크롬웰 : 무슨 뜻인가?

모어 : 만약 어떤 사람이 국왕이 교회의 수장임을 마음속으로는 믿지 않으면서 겉으로만 국왕의 수장권을 인정한다면 그의 영혼을 속이는 것이 되고, 그렇다고 양심에 따라 국왕의 수장권을 인정하는 선서를 거부하면 자신의 생명을 위태롭게 하는 결과를 낳을 것이기 때문이다.

크롬웰: 대법관 시절에 당신도 이단 혐의자들을 심문할 때 그들에게 교황이 교회의 수장인지 아닌지 의견을 밝히라고 강요하지 않았나? 그들도 지금의 당신과 마찬가지 상황에 있었다. 그렇다고 답변하면 자신의 양심을 속이는 일이 되고, 아니라고 답변하면 화형이 기다리고 있지 않았나?

모어 : 두 경우는 상황이 다르다. 내가 이단 혐의자들을 심문할 때에는 모든 기독교 국가에서 교황이 교회의 우두머리임을 법률로 인정하고 있었지만, 지금 영국 국왕이 영국 교회의 수장이라는 법률은 오직 영국 한 나라에만 인정되고 있을 뿐, 다른 나라에서는 받아들이지 않는다.

---

23 *Letters and Papers, Foreign and Domestic, of the Reign of Henry VIII*, edited by J. S. Brewer, Robert Henry Brodie and James Gairdner(London: H.M.S.O., 1862~1910), vol.8, no.814(June 3, 1535).

이러한 모어의 모호한 태도는 재판이 진행되면서 절정에 달한다. 1535년 7월 1일, 재판에 회부된 그는 국왕이 영국 교회의 수장임을 부인한 적이 없고, 다만 그 물음에 대한 답변을 거부하고 침묵을 지켰을 뿐이라고 주장했다. 또한 침묵 그 자체는 대역죄에 해당하지 않으며, 침묵은 '수장법'에 동의한 것으로도 해석될 수 있기 때문에 유죄의 증거로 사용할 수 없다고 항변했다. 그러던 모어가 입장을 바꾼 것은 유죄 판결을 받고 난 다음이었다. 모어는 변론의 기회를 자청해서 런던이 나라 법에 어긋나는 법을 만들 수 없듯이 영국 의회가 기독교 세계 전체에서 받아들여지는 보편적인 법과 어긋나는 법을 만들 수 없다고 주장했다. 자신이 국왕의 영국 교회 수장권을 부인하고 있음을 이제서야 분명히 밝힌 것이다. 리들리는 이러한 모어의 태도와 처음부터 끝까지 당당하게 국왕의 수장권을 부인하고 사형을 선고받은 피셔를 비교함으로써 모어를 간접적으로 비판하고 있다.[24]

리처드 매리어스Richard Marius 의 모어에 대한 평가도 부정적인 편이다. 그는 모어를 매우 야심 있는 사람이었고, 자신에 대한 비판을 용납하지 못하는 성격의 소유자였다고 평가한다. 다만, '겸손'을 가장하고 성공적으로 드러냄으로써 일반인들이 자신의 본심을 알아차리지 못하게 만드는 재주가 있었다는 것이다. 매리어스는 또한 모어가 자신의 야망과 가족의 생계를 위해 고위직을 맡았으나, 그로 인해 자신의 영혼이 더럽혀져 구원을 받지 못할까 늘 우려했으며, 이러한 심적 혼란이야말로 그가 울지나 크롬웰에 비해 뛰어난 행정력을 발휘하지 못한 근본적인 이유였다고 주장했다.[25]

모어에 대한 최근 연구 중 하나는 존 가이의 것인데, 그는 모어에 대한 중요

24　Jasper Ridley, *Statesman and Saint: Cardinal Wolsey, Sir Thomas More, and the Politics of Henry VIII*, pp.278~279.

25　Richard Marius, *Thomas More: a Biography*, pp.xxi~xxiv.

한 역사적 평가들을 거의 총망라해 평가했다. 그러나 그가 그의 책 서문에서 내린 결론은 다음과 같았다.

"나는 이 책을 다 끝냈다. 나는 더 이상 토머스 모어에 대해 정말로 역사적 사실에 입각한 전기가 나오리라 믿지 않게 되었다".[26]

그만큼 모어는 복잡한 인물이었다.

3) 크롬웰

크롬웰은 젊은 시절 대륙으로 건너가 이탈리아에서 용병으로 참전했고, 무역에도 손을 댔으며, 몇 가지 외국어를 익혔다고 알려져 있다. 또한 크롬웰이 법률 지식에 해박하다는 사실을 근거로 그가 법률가로 활동했을 가능성이 있다는 분석도 있다. 1512년 영국으로 돌아온 크롬웰은 1520년경부터 울지 밑에서 일하기 시작했다. 특히 울지가 옥스퍼드와 입스위치에 대학교를 설립하기 위해 수십 개의 수도원을 해체하는 작업에 크롬웰이 깊게 관여했는데, 이때의 경험이 후일 종교개혁 이후 전국의 수도원을 해체하는 작업을 진두지휘하는 데 큰 도움이 되었을 것으로 생각된다.

1529년 의회에 진출한 크롬웰은 모어가 주동하여 의회에 제출한 울지의 사권 박탈 법안에 반대했다.[27] 여기에 대해서는 크롬웰이 울지에 대한 의리를 저버리지 않고 끝까지 신의를 지켰다는 견해가 있는 반면, 그가 일부러 국왕의 주목을 받기 위해 울지의 사건을 이용했다는 의혹도 있다. 아무튼 크롬웰은 다음 해인 1530년 추밀원 의원이 되었으며, 탁월한 행정 능력을 발휘하기 시작

---

26 John Guy, *Thomas More* (New York: Oxford University Press, 2000), p.xi.

27 1529년 이른바 '종교개혁 의회(Reformation Parliament)'를 여는 개회사에서 대법관인 모어는 울지의 비행을 강력하게 규탄하고 이어 44개의 죄상을 나열한 사권 박탈 법안을 통과시켰다. 열거된 죄상 중에는 마마에 걸렸으면서도 감기에 걸린 척 속이고 국왕의 신체에 접촉함으로써 국왕에게 위해를 가했다는 혐의도 포함되어 있었다.

했다. 특히 왕실 보석 관리인, 대법관청 징수관, 재무대신 등 재무 분야에서 두각을 나타냈다. 국왕의 두터운 신임을 받게 된 것은 1532년경 왕의 이혼 문제에 깊숙이 개입하면서부터였다. 이후 그는 대법관직을 대신해 행정부의 실질적인 요직이 된 국무대신principal secretary과 국새상서를 번갈아 맡으며 1533년부터 1540년까지 영국에서 가장 강력한 정치권력을 행사했다. 더구나 1535년부터는 교회 수장인 국왕의 대리인 자격으로 교회까지 그의 영향력 안에 두어 권력의 정점에 섰다.

승승장구하던 크롬웰은 1540년 6월 10일 전격적으로 체포되어 7월 23일 대역죄로 처형당했다. 체포되기 불과 2개월 전인 4월 중순 백작의 작위를 받고 시종장관Lord Great Chamberlain에 임명되었던 그가 갑작스럽게 몰락한 원인은 무엇일까? 20세기 후반의 논의는 그의 몰락이 보수 정파의 반격에 의한 파당 싸움 때문이라는 데 의견이 모아진다. 그가 신교 위주의 외교 정책을 강화하기 위해 선택한 국왕의 혼인 상대가 왕의 눈에 들지 않아 왕과의 사이가 소원해졌고 보수 정파가 그 틈을 반격의 기회로 삼았다는 것이다.[28]

아무튼 크롬웰의 집권 시기에는 종교개혁뿐 아니라 각종 사회 개혁이 단행되었는데, 교회를 비롯한 기득권층의 불만이 컸다. 그러므로 그의 몰락 이후 곧바로 그에게 호의적인 평가가 나오길 기대하기는 어려웠다. 그의 종교적 성향은 신교 쪽에 가까웠으나 그는 기본적으로 종교보다는 정치적 상황을 우선 고려했으며, 그의 집권 때 단행된 종교개혁은 교리 측면에서 가톨릭뿐 아니라

---

28 크롬웰의 몰락에 대해 파당적 측면을 논의한 주요 저술은 다음과 같다. G. R. Elton, "Thomas Cromwell's Decline and Fall," *The Cambridge Historical Journal*, vol.10 (1951), pp.150~185; G. R. Elton, *Reform and Reformation: England, 1509~1558*; Lacey Baldwin Smith, *Henry VIII: the Mask of Royalty* (London, 1971); Penry Williams, *The Tudor Regime* (Oxford University Press, 1979); Susan Brigden, "Popular Disturbance and the Fall of Thomas Cromwell and the Reformers, 1539~1540," *The Historical Journal*, vol.24(1981), pp.257~278.

신교도들도 만족시킬 수 없는 애매한 성격이었다.

따라서 크롬웰은 우군이 없는 상황에서 오랫동안 마키아벨리Niccolò Machiavelli 의 탁월한 후계자 정도로 평가되었으며, 이러한 이미지는 19세기부터 그에 대한 본격적인 연구가 시작된 이후에도 한동안 변하지 않았다. 이렇게 오랫동안 지옥을 헤매던 그를 어느 날 갑자기 천당으로 인도한 사람은 다름 아닌 엘턴이었다. 크롬웰은 그에 의해 뛰어난 정치적 식견과 개혁적 마인드를 가진 최고의 행정가이며 개혁가로 평가되었다. 1953년 출판된 『튜더 정부의 혁명Tudor Revolution in Government』을 비롯한 엘턴의 수많은 저술에 나타난 크롬웰의 업적이 모두 사실이라면, 그는 마땅히 '근대 영국의 아버지'로 불려야 한다.[29]

엘턴에 따르면 왕의 이혼, 성직자에 대한 복종 요구, 국왕의 교회 수장권 확립, 수도원 등 종교 재산의 해체로 이어지는 일련의 정책을 마스터플랜master plan으로 일관성 있게 집행함으로써 영국을 외세로부터 완전히 독립된 주권국가로 변모시킨 사람이 바로 크롬웰이다. 또한 왕실 살림과 국정이 분화되지 않은 중세적 정부를 근대적 정부에 의해 운영되는 효율적인 국가로 전환시켰으며, 모든 개혁을 의회 입법 프로그램을 통해 추진함으로써 영국 의회의 지위를 영구적 반석에 올려놓은 사람이 바로 크롬웰이라는 것이 엘턴의 주장이다. 그뿐 아니라 토머스 스타키와 리처드 모리슨 등 개혁 지향적인 지식인들의 역량을 결집해 사회적 구제의 원칙에 입각한 새로운 개념의 '빈민법'을 제정하고, 소유의 제한, 물가 통제 등 각종 사회 개혁을 추진했으며, 모직 산업 등 새로운 산업을 장려해 16세기 영국 경제 발전의 기반을 닦았다는 평가이다.

그러므로 엘턴은 근대 초기 영국에 혁명이 있었다면, 그것은 17세기가 아닌

---

29 크롬웰에 대한 엘턴의 그 밖의 저술은 다음과 같다. *Policy and Police: the Enforcement of the Reformation in the Age of Thomas Cromwell* (1972), *Reform and Renewal: Thomas Cromwell and the Common Weal* (1973), *Reform and Reformation: England, 1509~1558* (1977).

16세기에 일어났으며, 그 혁명은 다름 아닌 크롬웰에 의한 혁명이라고 주장했다. 엘턴의 주장에 과장된 측면이 있기는 하지만 학계에서 통용되는 대목들만 가지고 평가해도 크롬웰은 근대 영국의 기반을 닦은 가장 중요한 사람 중의 하나임에는 확실하다.[30]

3. 영화 〈사계절의 사나이〉

영화 〈사계절의 사나이A Man For All Seasons〉는 〈하이 눈High Noon〉, 〈지상에서 영원으로From Here to Heaven〉 등의 감독으로 잘 알려진 프레드 진네만Fred Zinnemann의 작품으로 1967년 아카데미 최우수 작품상, 감독상, 남우주연상, 각본상 등 6개 부문에서 수상했다. 이 작품은 원래 로버트 볼트Robert Bolt가 쓴 동명의 희곡으로 브로드웨이에서 큰 인기를 얻은 연극을 진네만이 영화화한 것인데, 치밀하고 독특한 인물 묘사와 다큐멘터리적 미학 세계를 통해 한 인간의 신념과 양심을 탁월하게 연출했다는 평을 들었다.

〈사계절의 사나이〉는 토머스 모어가 울지의 후임으로 대법관직을 맡는 1529년부터 대역죄로 처형되는 1535년까지의 사건을 그렸는데 시간의 전개 과정이 〈천 일의 앤〉보다 정확한 편이다. 그럼에도 〈천 일의 앤〉보다 훨씬 심한 역사적 왜곡을 했다는 평가를 받고 있다.

〈사계절의 사나이〉의 구성은 의외로 간단하다. 자신의 양심과 신념에 따라 행동한 한 지식인의 삶을 부각시키기 위해 동시대에 살았던 다른 두 실존 인물을 대비되는 캐릭터로 설정해 그들과의 갈등 과정을 전개시켜나간다. 비교 대

---

30 이에 대한 가장 최근의 논의는 다음을 볼 것. Ian Harris, "Some Origins of a Tudor Revolution," *English Historical Review*, vol. 126, no. 523(2011), pp. 1355~1385.

상의 인물은 바로 토머스 크롬웰과 리처드 리치Richard Rich 인데 자신의 목적을 달성하기 위해서 수단과 방법을 가리지 않는 사람들로 묘사된다. 극 중 헨리의 대사를 살펴보면 '원칙주의자인 모어와 그를 포위하고 있는 편의주의자들'이라는 캐릭터 설정 구도를 쉽게 포착할 수 있다. 극 중 헨리는 "노퍽 같은 자는 왕관을 따르고, 크롬웰은 내가 휘두르는 무소불위의 권력을 따르며, 민중은 움직이는 건 뭐든 따른다"라고 비하하면서, 모어는 정직하기 때문에 그들과 다르다며 '사막의 물'과 같은 존재라고 치켜세운다.

크롬웰은 영화의 거의 첫 장면부터 남의 대화를 몰래 듣는 부도덕한 사람으로 묘사되고, 양심적인 지식인이자 법률가인 모어를 제거하기 위해 끈질기게 뒤를 캐는 악인일 뿐이다. 크롬웰은 일자리를 부탁했다가 거절당해 모어에게 앙심을 품은 리처드 리치를 포섭해서 모어를 파멸시킬 수 있는 결정적인 증거를 만들어낸다. 심지어는 이러한 대립 구도가 주는 긴장감을 처음부터 끝까지 지속시키기 위해 크롬웰을 모어와 함께 울지의 대법관직 승계를 놓고 경쟁한 인물로까지 묘사하는 무리를 범하고 있다. 그러나 당시의 크롬웰은 울지의 하인이었을 뿐 전혀 이름이 알려지지 않았던, 존재감이 거의 없었던 인물이었다.

크롬웰은 감옥에 갇혀 있던 모어에게서 책과 필기도구를 모두 빼앗고, 사랑하는 가족과의 면회마저 금지시키는 비정한 인물이기도 하다. 영화를 보는 오늘날의 관객들은 『유토피아』의 작가이자 르네상스 휴머니즘을 대표하는 학자이며, 오로지 자신의 양심과 명분을 지키려다 체포되어 감옥에 갇힌 모어라는 인물에게 가해지는 이 야만적인 행위를 보고 분개할 수밖에 없다. 그러나 모어가 수감된 15개월 동안 책과 필기도구의 지참이 허용되지 않았던 기간은 기껏해야 마지막 3주밖에 되지 않았다.[31] 그것도 모어가 같이 감옥에 갇혀 있던 피

---

31 모어가 말년에 쓴 편지들을 편찬한 한 연구자는 모어가 감옥에서 쓴 편지들("Tower Works")이야말로 모어의 학문적 성취의 절정을 보여주는 것이라고 말할 정도로 모

셔에게 몰래 편지를 보내 크롬웰의 심문 방식에 대처하는 방안을 의논한 것이 발각되어 취해진 조처였다. 그러므로 설사 크롬웰의 지시에 의해서 이루어졌다고 하더라도 영화의 그러한 묘사는 매우 불공정하다. 더구나 모어 역시 대법관 시절, 이단 혐의자들에게 책과 필기도구의 지참을 금지하지 않았던가? 이 영화를 본 사람들은 큰딸인 마거릿이 정기적으로 모어를 면회했으며, 시종 한 사람이 감옥 안에서 그를 위해 같이 기거하며 일일이 시중을 들었다는 사실을 짐작이나 할 수 있을까?

출세에 눈이 멀어 위증까지 서슴지 않는 극 중 리치를 향해 질타하는 모어의 도덕적 우월성은 눈부시리만큼 빛난다. 리치의 목에 걸린 웨일스Wales 검찰총장을 상징하는 목걸이를 만지며, "영혼을 파는 자는 이 세상을 다 얻는다 해도 덧없을 뿐인데, 겨우 웨일스냐?"라고 하면서, 처형장 갈 것이 예정된 자신의 처지보다 오히려 리치의 인생이 안타깝다고 한탄하는 모어를 보면 누구라도 감동할 수밖에 없다. 그런데 이 또한 역사적 사실과는 상당한 거리가 있다. 리치는 모어의 재판이 열리기 2년 전인 1533년에 이미 웨일스의 검찰총장이었으며 그해 10월에는 법무차관Solicitor General으로 승진했다. 그런데 이 영화에서 말하는 위증은 1535년 6월에 모어와 리치가 나눈 대화를 모어에게 불리하게 조작했다는 것이므로, 리치가 위증을 대가로 웨일스의 검찰총장 직을 얻었다는 이야기는 터무니없다. 그리고 리치의 증언 중에 부분적인 위증이 있었을 가능성은 있으나 모어가 딸 마거릿에게 보낸 편지에서 재판 전 크롬웰이 심문할 때 자신이 답변한 내용이라며 스스로 밝힌 부분과 재판 과정에서 나온 리치의 증언이 크게 다르지 않은 점을 보면 리치에 대한 묘사도 불공정하다.[32]

어는 감옥에서 활발한 저술 활동을 했다. Alvaro de Silva(ed.), *The Last Letters of Thomas More* (Grand Rapids, MI: Eerdmans, 2000), p.8.

32 영화 〈사계절의 사나이〉에 나오는 모어의 재판 과정은 윌리엄 로퍼가 쓴 모어 전기에 나오는 것과 크게 다르지 않다. 모어가 재판정에서 발언 기회를 얻어 리치의 증언을 위

실제 모어는 마지막 재판에서 영웅적인 변론을 하고[33] 배심원의 평결을 받는데, 영화에서는 크롬웰이 배심원단을 위협해 토의를 하지 못하도록 하고 그 자리에서 유죄 평결을 받아내는 것으로 나온다. 크롬웰이라는 악역 캐릭터의 역할을 끝까지 부각하려는 의도이다. 기록에 따르면 배심원단의 평결에 소요된 시간은 15분이었다. 비교적 짧은 시간이라고 볼 수는 있지만, 크롬웰의 협박이나 회유에 의해 평결 과정이 방해받았다는 증거는 없다. 더구나 실제로 모어 재판에 참여했던 배심원들은 영화에서 묘사된 것처럼 어중이떠중이가 아니라 나름대로 식견을 갖춘 인물들이었다.

이 작품에서 울지가 차지하는 비중은 그리 크지 않다. 그러나 울지 역시 모어의 고결한 인격을 부각하기 위해 등장한 캐릭터라는 점에서 크롬웰의 처지와 크게 다르지 않다. 때로는 교황이 되려는 자신의 야망을 채우기 위해 국왕

중으로 몰아붙이며 리치의 인격을 원색적으로 비난하는 장면도 로퍼의 글을 따른 것이다. 다만, 로퍼의 전기에는 모어가 웨일스를 운운하며 리치가 위증의 대가로 관직을 얻었음을 비난하는 대목은 없다. 따라서 이것은 로버트 볼트의 창작이다. 로퍼가 전기 속에서 모어의 책과 필기도구를 압수하러 들어온 사람들을 열거하면서 리치를 신임 법무차관(newly-made King's Solicitor)이라고 묘사한 부분이 있는데, 아마도 여기에서 볼트의 허구적 상상력이 작용했을 것으로 짐작된다. William Roper, *The Life of Sir Thomas More*, p.244. 그러나 리치는 이미 1년 8개월 전에 그 자리로 승진해 있었다. 로퍼가 리치를 신임이라고 표현한 것은, 그가 책을 쓴 시점이 사건 이후 20년이 경과한 뒤였으므로 이로 인한 기억상의 착오로 보인다. Jasper Ridley, *Statesman and Saint: Cardinal Wolsey, Sir Thomas More, and the Politics of Henry VIII*, p.280.

33   최후 변론이라고 볼 수 있는 모어의 재판정 연설 기록은 원래 로퍼의 것이다. 그런데 로퍼는 그날 재판정에 참석하지 않았으므로 누군가로부터 전해 들은 이야기를 재구성했을 것이다. 실제 모어가 연설한 부분과 로퍼의 기록에 차이가 있을지는 모르지만, 이에 대한 다른 기록이 없으므로 어떤 것도 단정 지어 말할 수 없다. William Roper, *The Life of Sir Thomas More*, pp.245~250. 로퍼 전기 중 이 연설 부분에 관한 논의에 대해서는 다음을 볼 것. Richard Marius, *Thomas More: a Biography*, pp.500~511; Jasper Ridley, *Statesman and Saint: Cardinal Wolsey, Sir Thomas More, and the Politics of Henry VIII*, pp.279~282.

을 능멸하는 위험한 존재이며, 때로는 원칙을 지키기보다 일신의 안전을 도모하기 위해 국왕의 뜻을 무조건 받드는 현실주의자이다. 그런가 하면 울지의 미천한 출신 성분이 조롱거리로 등장하기도 한다. 울지가 600여 명의 시종을 이끌고 위풍당당하게 행진했다거나 왕과 서로 팔을 끼고 걷곤 했다는 증언은 기록으로 많이 남아 있다. 영화 〈사계절의 사나이〉에서는 그러한 울지의 당당한 모습은 온데간데없는 대신, 국왕 헨리가 모어의 어깨에 손을 얹고 둘이 다정하게 모어의 집 정원을 산책하는 장면만 있을 뿐이다.

리들리는 모어가 결코 양심의 자유나 전제에 대항해 싸운 사람이 아니며, 〈사계절의 사나이〉에서 그려진 것처럼 부드럽고 자상한 가장도 아니었다고 주장한다. 그는 영화의 밑그림이 된 로버트 볼트의 희곡을 가리켜 "단 한 가지의 비평이 가능하다. 그것은 눈부시게 올곧은 이 연극의 영웅을 결코 토머스 모어라고 이름 지어서는 안 된다는 점이다"라고 말한다.[34]

4. 영화 〈천 일의 앤〉

〈천 일의 앤Anne of the Thousand Days〉은 16세기 영국의 종교개혁을 촉발시켰던 헨리 8세와 앤 불린의 비극적 사랑을 그린 1969년도 작품으로, 맥스웰 앤더슨Maxwel Anderson이 쓴 동명의 희곡을 영화화한 것이다. 찰스 재럿Charles Jarrott이 연출을 하고 리처드 버턴Richard Burton 등이 출연한 이 영화는 그해 아카데미 최우수 작품상과 남녀 주연상을 비롯해 무려 10개 부문 후보에 지명되었으나 오로지 시대극 의상 부문에서만 상을 받는 데 그쳤다.

---

34   Jasper Ridley, *Statesman and Saint: Cardinal Wolsey, Sir Thomas More, and the Politics of Henry VIII*, p.290.

이 영화는 앤의 사랑을 성취하고 동시에 앤을 통해 사내아이를 생산함으로써 취약한 왕조의 기반을 다지려는 헨리, 왕비의 자리가 보장되지 않는 한 결코 헨리의 사랑을 받아들이려 하지 않는 앤, 이 두 주인공들의 관계가 중심축을 이루며 전개된다. 그러나 헨리의 첫 번째 부인 캐서린과의 이혼 문제가 대두되고 이를 둘러싼 국내외적 갈등 관계가 고조되면서 울지, 크롬웰, 모어 등에게도 상당한 역할이 맡겨지게 된다.

헨리의 열정적인 사랑과 인간적인 고뇌가 적절하게 균형을 유지하고 있으며, 토머스 모어의 현실주의적인 면모가 드러나고 있는 점으로 보아 〈사계절의 사나이〉와 비교하면 상당히 객관적인 시각으로 등장인물을 묘사하기 위해 애쓴 점이 인정된다. 양심과 원칙을 지키기 위해 목숨까지 기꺼이 버리는 '사계절의 사나이'가 〈천 일의 앤〉에서는 "국왕이 무엇을 할 수 있는지에 대해서는 절대 말하지 말고, 무엇을 해야 하는지에 대해서만 이야기하라"라고 크롬웰에게 충고한다. 국왕을 기만해서라도 그를 통제 가능한 범위 내에 묶어놓아야 한다는 것이다.[35] 목적을 위해서 때로는 '정직'과 '진실'이라는 도덕적 원칙을 희생할 수도 있다는 것으로, 마키아벨리를 연상시키는 모어의 기회주의적인 모습이다. 목적이 선량한 것이건, 공익을 위한 것이건 그것은 별개의 문제이다. 정부 정책에 당당하게 맞서 반대하는 피셔와 모호하고 애매한 모어의 태도가 대조적으로 그려지고 있는 점도 〈사계절의 사나이〉와는 확연히 다른 모습이다.

그러나 앤 불린, 그녀와 적대 관계로 설정된 울지와 크롬웰에 관한 한 〈천 일의 앤〉도 그리 공정하지 못하다. 앤은 당대인들이 묘사한 것보다 훨씬 더 매

---

35 이 대목은 허구가 아니라 로퍼의 기록에 근거한 것이다. 로퍼에 따르면, 모어는 1529년 무렵 국왕의 하인으로 궁정에 막 발을 들여 놓은 크롬웰에게 "사자가 자신의 강점을 알게 되면 그 누구라도 그를 통제하기 어려워진다"라며 이렇게 충고했다고 한다. William Roper, *The Life of Sir Thomas More*, p. 228.

혹적이고 긍정적인 캐릭터로 묘사되고 있는 반면, 그녀를 곤경으로 빠뜨리는 울지와 크롬웰에 대한 묘사는 〈사계절의 사나이〉 못지않게 부정적이다.

앤 불린에 대한 당대인들의 평가를 보면, 그녀는 어릴 때부터 프랑스와 네덜란드 궁정에서 르네상스 문물을 듬뿍 익힌 만큼 세련된 매너에서 풍기는 묘한 매력이 있기는 했으나 당시 기준으로 볼 때 미인은 결코 아니었던 것 같다. 적대적인 묘사에 따르면 한 손의 손가락이 여섯 개였으며 목에는 딸기 크기만 한 사마귀가 있었다고 하는데, 사실이라기보다는 그녀를 마녀로 중상中傷하기 위해 지어낸 이야기일 것이다. 아무튼 그녀는 외모는 접어두더라도 당대 영국 백성들에게 그리 달가운 존재가 아니었다. 그 나름대로 국민들의 사랑과 지지를 받던 캐서린 왕비를 불행에 빠뜨리며 나라를 혼란하게 만든 여자라는 인식이 적지 않았다. 〈천 일의 앤〉에 그려진 그녀의 대관식 장면에서 청중들이 뒤에서 외쳤듯이 많은 사람이 그녀를 마녀 혹은 창녀로 생각했다.

그러나 〈천 일의 앤〉에 나오는 앤은 누구보다 당당하고 기품이 있으며, 왕을 포함해 그 누가 자신의 앞에 있다 해도 할 말을 다 하는 똑똑하고 야무진 여자이다. 또한 16세기 여자이면서도 서슴지 않고 프리섹스의 타당성을 주장하며, 진정한 사랑을 위해서라면 재산과 사회적 지위는 아무렇지도 않게 버릴 수 있다고 믿는 여자이기도 하다. 자신의 아이를 사생아로 만들 수 없다며 왕비가 될 때까지는 절대로 왕의 구애를 받아들이지 않는 여자, 여자가 왕이 되어도 영국을 훌륭하게 통치할 수 있다고 주장하는 여자, 자신의 딸을 사생아로 만들지 않으려고 스스로 구명의 기회를 버리는 여자, 죽음 앞에서도 주위 사람에게 미소를 지을 줄 아는 여자가 바로 영화 속 앤이다.

실제 그녀가 간통을 저질렀거나 최소한 그런 혐의를 받을 만한 행동을 했기에 그녀가 몰락했을 것이라는 학계의 의견이 아직 강했던 1960년대에 이런 영화가 만들어졌다는 것은 놀라운 일이다. 앤 불린을 개혁적인 정파의 지도자 위치에 올려놓고 그녀의 몰락 원인을 튜더 붕당정치politics of court factions의 권력

투쟁 속에서 찾는 작업은 1970년대와 1980년대에 들어서 본격적으로 진행되었기 때문이다.[36]

〈천 일의 앤〉에서 크롬웰에게 주어진 역할은 〈사계절의 사나이〉에서 그에게 주어진 그것과 크게 다르지 않다. 두 작품 속에서 크롬웰은 늘 상대방의 약점을 캐기 위해 남을 엿보고 음모나 꾸미는 책략가이자 목표가 설정되면 망설이지 않고 해치우는 비정한 권력 지향적 인간이다. 울지가 왕의 이혼 문제를 해결하지 못하고 실각의 위기에 몰리자, 크롬웰은 자신의 주인인 울지의 위기를 오히려 출세를 위한 발판으로 삼는 기민함을 보인다. 그는 국왕이 영국 내에서 절대적인 주권을 가졌음을 내세워 로마 교회와의 결별을 통해 이혼 문제를 해결하는 방안을 왕에게 제시한다. 그리고 그 부산물로 신대륙의 금광보다 더 부유한 수도원 재산이 국왕의 지갑을 넘치게 채워줄 것이라며 왕을 설득한다. 이로써 그는 앤을 새 왕비로 만드는 데 결정적인 역할을 하게 될 뿐 아니라 자신 역시 권력의 핵심으로 진입하게 된다.

앤이 아들을 낳는 데 실패하고 그로 인해 헨리와의 관계에 틈이 생기자 이번에는 앤을 효과적으로 제거하라는 새로운 역할이 크롬웰에게 주어진다. 크롬웰은 '결백한' 앤에게 간통이라는 혐의를 씌워 죽음으로 몰고 가는 악인의 역할을 맡는다. 궁중 악사인 마크 스미턴Mark Smeaton을 고문하고 그의 목숨을

36　에릭 아이비스(Eric Ives)의 논문 "Faction at the Court of Henry VIII: the Fall of Anne Boleyn," *History*, vol.57(1972)이나 *Faction in Tudor England* (London: Historical Association, 1979) 등이 이러한 시각을 대표하고 있다. 그는 또한 앤 불린에 대한 본격적인 전기인 *Anne Boleyn* (Oxford and New York, 1986)도 출판했다. 이 밖에 엘턴의 *Reform and Reformation: England, 1509~1558*도 앤의 몰락을 파당설로 보는 해석을 담고 있다. 리타 워니크(Retha Warnicke)의 논문인 "The Fall of Anne Boleyn: A Reassessment," *History*, vol.70(1985)도 이러한 해석을 담고 있다. 그러나 가장 최근에 나온 그녀의 전기인 조지 버나드(G. W. Bernard)의 *Anne Boleyn: Fatal Attractions* (Yale University Press, 2010)은 그녀에 대한 혐의가 아마도 사실이었을 것으로 본다.

살려주는 대가로 위증을 받아내는 크롬웰의 역할은 〈사계절의 사나이〉에서 관직을 미끼로 리치로부터 위증을 받아내는 역할과 정확하게 일치한다. 게다가 영화 〈천 일의 앤〉은 극 중 헨리에게 스미턴을 직접 심문하도록 해 크롬웰이 그에게 위증을 교사한 사실을 확인하게 하고 또한 그렇게 함으로써 앤의 결백함과 크롬웰의 사악함이 동시에 드러나도록 줄거리를 설정했다.

울지에 대한 묘사는 어떠한가? 푸줏간 집 아들로 태어나 유럽 전체를 통틀어 손꼽히는 재산과 권력을 가지게 된 울지에게 쏟아지는 부러움과 시샘이 영화의 여러 대목에 반영되었다. 이혼 문제를 처음 꺼낸 사람이 왕이 아니라 울지일 것이라고 오해한 캐서린 왕비가 '백정 놈의 똥개a butcher's cur'라고 욕하는 것은 단지 하나의 예일 뿐이다. 수많은 부재성직不在聖職과 정부情婦를 거느린 부패한 성직자요, 영화의 주 무대인 햄프턴 궁전을 왕에게 선물할 정도로 국왕을 능가하는 부자이며, 왕의 뜻이라면 청춘남녀의 정당한 사랑과 결혼을 아무렇지도 않게 망치는,[37] 원칙 따위는 하나도 없는 권력 지향적 정치인일 뿐이다.

울지의 적들은 울지와 왕이 부인했음에도 왕의 이혼 문제를 처음 제기한 사람이 울지일 것이라고 믿었다. 울지에게 호의적이지 않은 역사가들도 별다른 검증 없이 이를 사실로 받아들였다. 그런데 〈천 일의 앤〉에서는 울지가 아니라 헨리가 먼저 이혼 이야기를 꺼낸 것으로 그려진다. 영화에서는 헨리가 과거 형수였던 캐서린과 결혼할 당시 교황으로부터 받은 특인장特認壯의 정당성과 이혼이 현실적으로 어려운 상황임을 들어 울지가 이혼을 반대하는 것으로 묘사한다. 그러나 이는 울지를 객관적 입장에서 그리려는 의도보다 "지구가 두 쪽이 나는 한이 있어도 앤과의 결혼을 반드시 이루고 말겠다"라고 외치는 헨리

---

37   울지가 헨리의 지시를 받아 앤과 헨리 퍼시의 결혼을 방해했다는 줄거리에는 약간의 무리가 있다. 퍼시는 슈루즈베리(Shrewsbury) 백작의 딸인 메리 탈보트와 예비 약혼 상태였기 때문에 이 예비 약혼이 해소되지 않는 한 퍼시와 앤의 결혼은 불가능했기 때문이다.

의 사랑을 강조하려는 것뿐이다.

5. 영화와 역사 사이

앞에서 살펴본 바와 같이 세 사람의 토머스에 대해서는 참으로 다양한 역사적 평가가 있다. 그럼에도 영화 〈사계절의 사나이〉와 〈천 일의 앤〉에 나오는 울지와 크롬웰은 유독 부정적 측면이 강조된 반면, 모어의 경우에는 매우 긍정적이거나 최소한 중립적인 역할을 맡고 있다. 무엇 때문일까? 이를 설명하기 위해서는 우선 역사적 사건이나 인물을 소재로 하는 이른바 역사극의 성격을 생각해보아야 할 것 같다.

역사적 사건 또는 인물을 다루는 역사극도 나름대로 과거를 재구성한다는 점에서 문자로 쓴 역사와 크게 다를 바 없다. 다만 사실성과 객관성을 생명으로 하는 역사와는 달리 역사극은 작품의 완성도를 가장 중시하게 마련이다. 역사가는 자신이 연구하는 과거의 사건에 대해 증거를 부단히 수집하고 인과관계의 개연성을 논리적으로 설명함으로써 자신의 해석에 대한 신빙성을 증명해야 하지만, 역사극의 시나리오 작가나 감독은 반드시 그럴 필요가 없다. 역사극은 그보다는 작품에 대한 청중의 공감을 끌어내는 데 더 많은 노력을 기울여야 하고, 그러기 위해서는 극 중 캐릭터의 성격과 사건의 전개 과정 등 드라마적 구성 요소를 그러한 목적에 부합되도록 조정해야 할 필요가 있다.

그러나 역사극은 일반 영화와 다르다. 역사극은 실존했던 사건이나 인물을 다룬다는 점에서 캐릭터나 사건의 전개 과정을 설정하는 데 어느 정도의 제약이 불가피하기 때문이다. 만약 역사를 소재로 하더라도 '역사적 사실facts'이라는 제약에 전혀 얽매이지 않고 자유롭게 이야기를 전개해나간다면 그것은 역사 영화가 아니라 그저 영화일 뿐이다. 작가의 상상력을 통해 하나의 허구적

인물을 설정하고 그를 축으로 자유롭게 이야기가 전개되는 〈셰익스피어 인 러브Shakespeare in Love〉(1998)가 그 극단적인 예이다. 그러나 역사극이 문자 매체를 대신해 빛(필름) 매체로 쓰는 새로운 '역사'를 지향한다면, 역사적 사실이라는 제약으로부터 완전히 자유로울 수는 없다.

〈사계절의 사나이〉나 〈천 일의 앤〉은 단순한 영화이기보다 역사극의 요소를 많이 가진 영화이다. 사건의 전개 과정이 적어도 외형적으로는 실제 사건과 일치하며, 역사적 사건이나 인물에 대한 평가를 관객에게 제공하려는 의도가 명확하게 읽히기 때문이다. 그렇다면 두 영화에 나타난 세 명의 토머스에 대한 차별적 대우는 어디에서 비롯될까?

두 영화의 시나리오 작가들이나 또는 이들 영화의 바탕이 된 희곡의 작가들은 나름대로 사실 관계를 확인하기 위해 관련 역사 서적들을 탐독하고 전문 역사가들의 자문을 구했을 것이다. 그런 의미에서 역사극은 특정 사건이나 인물에 대한 동시대의 역사적 평가를 반영한다고 볼 수 있다. 물론 의도적으로 그러한 평가에 반反하는 기획일 수도 있으므로, 영향을 받는다고 표현하는 것이 정확하겠다.

먼저 크롬웰의 경우를 살펴보자. 두 영화의 바탕이 되는 희곡들이 나온 시점이 각각 1948년과 1960년이었는데, 이때는 제프리 엘턴의 '크롬웰 구하기'가 아직 과실을 거두지 못하고 여전히 크롬웰에 대한 부정적 평가가 만연해 있었다. 희곡이 아닌 두 영화가 나올 무렵에는 엘턴의 새로운 해석이 학계에서 상당한 반향과 설득력을 얻고 있었지만, 영화를 만드는 사람들 입장에서 보면 인물에 대한 역사적 평가가 달라졌다고 해서 ─ 그것이 영화의 완성도를 높이는 데 기여할 수 있다는 판단이 섰다면 모르겠지만 ─ 기왕에 존재하는 각본의 뼈대를 고칠 필요를 느끼지 못했을 것이다.

울지의 경우에도 그에 대한 역사적 평가의 추이 속에서 어느 정도 설명이 가능하다. 앞에서 보듯이 울지는 20세기 들어서 폴라드와 엘턴이라는 두 저명한 역사학자로부터 부정적 평가를 받고 이미지에 결정적인 타격을 받았다. 그에 대한 호의적 평가는 1980년대 이후에 나왔기 때문에 그 역시 크롬웰과 마찬가지로 두 편의 희곡과 두 편의 영화 그 어느 것에서도 좋은 이미지를 가질 수 없었다.

영화 〈사계절의 사나이〉에서 그려진 모어의 캐릭터는 역사가들의 의견보다는 거의 전적으로 윌리엄 로퍼가 쓴 전기를 바탕으로 한다. 그런데 캐번디시의 울지 전기와 마찬가지로 로퍼의 모어 전기는, 이 두 전기의 현대판 판본의 서문에서 편집자들이 규정했듯이, 엄밀히 말해 역사서도 아니고 전기도 아니다.[38] 또 다른 모어 전기를 쓴 리처드 매리어스도 로퍼의 모어 전기는 단순히 "가족사家族史이며 그를 사랑한 사람이 그를 사랑한 다른 사람들을 위해 쓴 문학적 비문literary epitaph"일 뿐 역사적 사실과는 거리가 있다고 평했다. 다시 말하면 객관적 분석이나 평가가 결여된 채, 오로지 모어가 "비범한 덕성과 깨끗하고 티끌 하나 없는 양심의 소유자"임을 알리기 위한 목적에서 쓴 글이라는 것이다.[39]

그럼에도 로퍼의 전기는 그가 모어와 가장 가까웠던 사람들 중의 하나라는 이유로 신빙성을 인정받았으며, 심지어는 몇몇 20세기의 전기 작가들도 로퍼의 이야기에 의존하는 경향이 있었다. 물론 그가 모어와 16년간이나 한집에 살면서 보고 들은 이야기들을 세세히 기록한 것은 분명히 그의 글의 장점이며, 희곡이나 영화 대본의 재료로 쓰는 데 유용한 점도 있다. 게다가 적어도 1960년대까지는 모어에 대한 비판적 연구서가 거의 나오지 않았음을 감안하면, 20세기 중반에 나온 대부분의 역사극들이 모어를 긍정적 캐릭터로 설정한 것은

38 Richard S. Sylvester and David P. Harding, "introduction" to their(eds.), *Two Early Tudor Lives* (New Haven and London: Yale University Press, 1990), p.xiv.

39 Richard Marius, *Thomas More: a Biography*, pp.xv~xvi.

어찌 보면 당연한 일이었다. 이렇게 보면, 영화 속 캐릭터들을 놓고 역사적 사실과 너무 다르다는 비난을 퍼부을 수도 없는 일이다.

영화 속 캐릭터가 모어에게 유리하게 설정된 두 번째 설명은 영화감독이나 시나리오 작가들이 자신이 살고 있는 시대의 지배적 가치나 관점으로부터 자유롭지 않다는 점이다. 이 점에 있어서는 역사가들도 마찬가지이지만, 그래도 이들은 과거의 사건이나 인물을 기술하는 데 자신의 주관을 최대한 배제하도록 훈련을 받은 사람들이다. 영화감독이나 시나리오 작가들은 이러한 훈련을 받지도 않았거니와 자신들의 주관적 해석을 경계해야 할 의무도 없다. 이러한 점에서 가톨릭 신도인 존 케네디를 대통령에 선출할 정도로 가톨릭에 관용적 태도를 보이게 된 1960년대 미국의 사회적 분위기와 영화 〈사계절의 사나이〉에서 부각된 모어의 지극히 긍정적 이미지를 연결시키는 매리어스의 평은 적절한 것으로 보인다.[40]

앞에서 밝혔듯이, 영화 〈사계절의 사나이〉의 기본적 캐릭터 설정은 모어에게는 '도덕적 원칙주의', 그리고 울지와 크롬웰에게는 '기회주의'의 딱지를 붙이는 것이었다. 그런데 〈사계절의 사나이〉가 브로드웨이를 거쳐 영화에서도 호평을 받은 사실은 1960년대 미국 민중의 지배적인 윤리 의식을 엿볼 수 있게 해준다. 대통령 닉슨Richard Nixon의 비도덕성에 분노하면서 그에 대한 반발로서 조금 무능하기는 하지만 정직한 카터Jimmy Carter를 대통령으로 선택한 것은 그러한 윤리 의식의 연장선상에 있었다. 그런데 1990년대의 민중들은 조금 달랐다. 그들은 클린턴의 섹스·부패 스캔들에 무덤덤한 반응을 보였다. 오랜만에 소득 수준이 올라가고 실업률이 떨어져 모두가 행복한데, 대통령에게 개인적인 잘못이 있었고, 잘못을 숨기려고 거짓말을 조금 했기로서니 탄핵은 가당

---

40 Richard Marius, "A Man for All Seasons," in Mark Carnes(ed.), *Past Imperfect: History According to the Movies* (New York, 1995).

치않다는 반응이었다. 만약 〈사계절의 사나이〉가 1960년대가 아닌 1990년대에 나왔다면 관객들의 반응은 조금 다르지 않았을까.

두 영화의 캐릭터 설정과 관련된 세 번째 설명은 역사적 인물에 대한 대중의 고정적 이미지이다. 특정 인물에 대해 한 번 형성된 대중적 이미지는 여간해서는 잘 변하지 않는 특성이 있다. 셰익스피어가 만든 리처드 3세의 부정적인 이미지 — 권력에 눈이 어두워 어린 조카들을 무참하게 살해한 악의 화신이다. — 가 가장 대표적인 예이다. 그런가 하면, 대중이 긍정적인 이미지로 생각하는 인물 중 하나가 모어라고 할 수 있다.

대중이 모어에 대해 가지는 호의적인 이미지는 상당 부분 로퍼의 전기에서 비롯되지만, 『유토피아』의 영향도 만만치 않게 컸다. 『유토피아』에는 사회 계급도 사유재산도 존재하지 않는다. 권력과 부를 세습하지 않으므로 조상이 물려준 지위와 재산만으로 떵떵거리며 사는 귀족도 없다. 『유토피아』에서는 모든 관리와 성직자들을 비밀투표로 선출하기 때문에 권력에 의한 억압 또한 생각할 수 없다. 그들은 자기 의사에 반하는 일을 강제로 하지 않는다. 그럼에도 유토피아 사회는 질서가 완벽하게 유지되고 정의가 지배하는 사회이다. 이 사회의 구성원들은 "무엇을 바라고 무엇을 피해야 하는지에 관해 이성의 명령에 복종하는 자연의 안내를 따르기" 때문이다.[41]

그런데 『유토피아』에 그려진 이상적인 사회 모습만 보고 이 책을 쓴 모어의 의도를 판단하는 것은 매우 위험한 일이다. 단적인 예로 모어는 『유토피아』의 영어판 책 출판을 완강하게 반대했는데, 그 이유는 대중이 『유토피아』의 뜻을 오해할 것이 두려워서였다. 그가 같은 이유로 영국에서 영어판 성경의 출판을 반대한 일화는 잘 알려져 있다. 헥스터, 퍼거슨처럼 사회 계급과 사유재산의

---

41   Thomas More, *Utopia*, edited by Edward Surtz, S. J.(New Haven and London: Yale University Press, 1964), pp.67, 93, 139 등 그 밖의 페이지를 참고하라.

폐지가 당시 영국 사회의 병폐를 치유할 목적으로 제시된 것이라는 견해를 가진 학자들도 있지만, 시어도어 메이너드Theodore Maynard처럼 모어가 『위안의 대화Dialogue of Comfort』 등 자신의 다른 저술에서 기존의 경제 질서를 옹호하고 있는 것을 들어 이 같은 견해를 부정하는 사람들도 많다.[42]

오늘날 일반적으로 받아들여지는 해석은 에라스무스, 후안 비베스Juan Vives, 토머스 엘리엇 등의 동료 휴머니스트들이 가졌던 현실 안존적인 사회철학을 비판하는 동시에, 혈통 위주의 사회 계급이 없더라도 기독교적인 휴머니즘이 추구하는 '질서와 조화'의 가치를 실현하는 이상적인 사회가 가능하지 않겠느냐는 화두를 던짐으로써 조금 더 진지하게 사회 계급의 문제를 논의해보자는 것이 모어의 참된 의도였다는 것이다. 다시 말하면, 모어가 생각한 『유토피아』의 독자는 일반 대중이 아니라 모어의 동료 휴머니스트들이었다.[43]

19세기 독일의 카를 카우츠키Karl Kautsky는 모어에게 '현대적 사회주의의 창시자', '위대한 휴머니스트', '진보적 부르주아지', '전제주의에 대항한 순국자' 등의 찬사로 존경을 표했는데, 이것의 상당 부분은 오해에서 비롯된 것이다. 사실 모어와 『유토피아』에 대한 전문적인 의견을 접할 기회가 많지 않은 일반인들이 카우츠키처럼 『유토피아』가 주는 강렬한 인상에 매료되는 것은 어찌 보면 당연한 일이다. 희곡이나 영화 대본을 쓰는 사람들도 전문적인 역사가가 아니니 이들 또한 극 중 캐릭터를 설정할 때 인물들이 가진 대중적 이미지의 영향을 받는 것은 자연스러운 일이다. 이런 점에서 역사극은 역사에 비해 과거보다는 현재의 시점에서 그려지기 쉬운 측면이 있다.

---

42 Theodore Maynard, *Humanist as Hero: the Life of Sir Thomas More* (New York: Macmillan, 1947), p.82.

43 Quentin Skinner, *The Foundations of Modern Political Thought* (Cambridge, 1978), pp.235, 255~262.

제2부

경제와 사회

제7장

튜더 빈민법

경제적·사회적 위기의 산물?

1. 튜더 빈민법의 역사적 의의

1530년대부터 본격적으로 논의가 시작되어 십여 차례의 입법 과정을 거쳐 엘리자베스 1세 말년인 1598년에 완성되는 튜더 빈민법은 규제와 처벌에만 치우쳤던 종전의 법률이나 포고령과 뚜렷하게 구별되는 빈민 구제의 원칙을 확립했다.

첫째, 구걸과 개인적 자선 행위를 금지하는 동시에 사회적 구제의 원칙을 제도화했다. 이를 위해 빈민 구제와 관련된 모든 업무는 각 카운티의 치안판사와 특별히 조직된 교구 단위의 상설 조직인 민생 위원들overseers of the poor이 맡도록 했다. 둘째, 빈민 구제에 필요한 재원은 강제적으로 징수되는 구빈세救貧稅, poor rate로 충당하도록 했다. 셋째, 공공사업을 통해 신체 건장한 빈민에게 일자리를 제공하도록 하고, 지방정부가 일자리를 창출하도록 노력할 것을 의무화했다. 넷째, 신체 건장한 빈민의 노동을 의무화하고 이를 뒷받침하기 위해 각 카운티별로 한 개 이상의 교화소houses of correction를 두어 배정된 공공사업의 일을 거부하는 노동 기피자와 부랑인들을 수용해 일정 기간 강제 노역을 부과하도록 했다.

그렇다면 이 튜더 빈민법이 서구 사회복지의 역사에서 가지는 의미는 무엇일까? 근대적 사회 정책 또는 사회복지의 효시라는 이름은 과연 적절한 것인가? 중세에서는 교회가 사회적 자선을 주도하고 관리했다. 교회가 주도한 자선은 기독교적 구원 프로그램과의 밀접한 관련 속에서 이루어졌다. 그러나 튜더 빈민법은 이와 달리 사회적 자선이 세속 정부의 관리와 통제 속으로 완전히 편입되었음을 의미했다.

세속 정부에 의해 시행되는 사회적 자선은 기독교적 구원 프로그램과의 완전한 결별을 뜻했다. 교회 주도의 자선제도는 자선이 곧 구원의 수단으로 간주되었기 때문에 자발성의 원칙voluntaryism 에 입각할 수밖에 없었다. 십일조에 강제적 성격이 일정 부분 포함되었다고 할 수 있겠지만 그 외 자선에 필요한 나머지 재원과 관련해 교회가 할 수 있는 일은 설득과 권유를 통한 간접적 압력이 고작이었다.

튜더 빈민법은 자발성의 원칙을 버리고 세금을 강제로 징수해 사회적 자선의 재원을 확보했다. 더욱 중요한 것은 강제 징수한 세액의 규모가 사회적 구제가 필요한 사람들의 필요needs 에 따라 결정되었다는 점이다. 교회 주도의 자선이 때로는 무차별적으로 관대하게 행해지고 때로는 구제를 필요로 하는 사람들deserving poor 을 외면하기도 한 것을 생각하면 큰 차이가 있다. 또한 '필요'에 의해 재원의 규모가 결정된다는 것은 철저한 빈민 조사를 전제로 하며, 이는 '합리적 자선'의 출발점이 되었다.

튜더 빈민법은 노동 능력이 없는impotent 빈민과 노동 능력이 있는sturdy 빈민을 구분해 전자의 유형에 속하는 빈민들에 대한 사회적 구제를 규정함과 동시에 신체 건장한 자의 노동 의무를 강제적으로 규정했다. 노동 의무는 공공사업과 교화소를 통해서 실현되었다. 교화소의 설치가 빈민의 도덕적 타락에 대한 경계에서 비롯되었다면, 공공사업제도에는 일을 하고자 하는 의욕이 있어도 일자리를 얻지 못하는, 이른바 '비자발적 실업'이 있을 수 있다는 현실 경제에 대한 중요한 인식이 기저에 깔려 있다. 중세는 물론 근대 초기에 들어서도 많은 사람이 완전고용이 가능하다는 생각을 하고 있었다는 사실에 비추어볼 때 그 의미가 적지 않다.

마지막으로 살펴볼 수 있는 튜더 빈민법이 가지는 의미는 이 법이 국가적 차원에서 관리되었고 일관성을 가지고 지속적으로 시행되었다는 점이다. 튜더 빈민법은 1834년 신新빈민법이 제정될 때까지 큰 틀이 유지되며 영국 사회복지 정책의 근간으로 남아 있었다. 유럽의 많은 도시에서도 근대적인 성격의 빈민구제제도가 마련되고 시행되었으나 국가적 차원에서 시행된 것은 19세기의 일이며 더구나 이들 도시의 빈민구제제도는 지속적이고 일관적으로 시행되지도 않았다.

그렇다면 빈민 정책상의 커다란 변화를 가져온 튜더 빈민법은 왜 만들어졌을까? 한때는 급격한 인구 증가와 인플레이션으로 인한 경제 상황의 악화와 절대 빈곤층의 증가, 그리고 사회적 불안을 입법 배경으로 풀이하는 경향이 있었다. 다시 말하면, 빈곤 문제에 대한 튜더 정부의 지속적 관심과 대책 마련을 빈곤 문제가 초래할 수 있는 사회문제를 최소화하려는 '질서 유지 차원의 노력'으로 해석했던 것이다. 그러나 최근에는 16세기 영국의 경제적 성장과 사회적 안정을 강조하는 수정주의적 연구 성과를 학계에서 받아들이면서 빈곤 문제에 대한 동시대인들의 관심 증가가 빈곤 자체의 증가 때문이 아니라는 견해가 확산되고 있다. 경제적 안정을 바탕으로 빈곤 문제에 대한 새로운 인식이 대두되었으며, 튜더 빈민법의 제정을 그 결과물로 보는 입장이다.

그러나 70여 년 동안 십여 차례의 입법 과정을 거쳐 비로소 완성되는 튜더 빈민법을 뭉뚱그려 '하나의 사건'으로 취급하는 접근 방식으로는 튜더 빈민법의 입법 동기를 명확하게 설명할 수 없으며, 각각의 입법 과정에 개별성을 부여할 필요가 있다. 이 글에서는 비교적 자료가 많이 남아 있는 여섯 차례의 개별 입법 과정을 선택해 입법 당시의 경제적·사회적 상황 등 입법 환경legislative environment과 입법 과정을 구체적으로 추적하고 분석하려고 한다.

2. 빈곤의 정도

1) 16세기의 경제 상황

16세기 영국의 경제 상황이 과거에 알려진 것만큼 어렵지 않았다는 주장은 여러 방향에서 지적되었다. 그중 하나는 물가 인상 폭과 실질임금 하락 폭을 다시 산정한 결과였다. 스티브 래퍼포트Steve Rappaport가 작성한 농작물 물가 지수표에 따르면 1457~1471년을 기준 연도(100)로 했을 때 1590년대의 물가 지수는 약 332에 그쳤다. 이는 한때 정설로 받아들여졌던 브라운-홉킨스 지수의 3분의 2에 불과한 인상 폭이다. 브라운-홉킨스Brown-Hopkins 지수는 식품으로 가공되기 전 단계의 농산물 도매 물가를 기준으로 작성되었지만 래퍼포트 지수는 빵 등 완성품의 소매 물가를 기준으로 했으므로 물가 변동이 임금노동자들의 생활에 미친 직접적인 영향을 살펴보는 데는 래퍼포트 지수가 더 적합하다는 평가를 받고 있다.[1]

1520~1600년 사이 영국의 인구는 약 60% 증가했다. 런던만 해도, 16세기 초에는 약 5만 명에 불과했으나 16세기 말에는 약 20만 명으로 증가했다. 이

---

1 Steve Rappaport, *Worlds within Worlds: Structures of Life in Sixteenth Century London* (Cambridge, 1989), pp.130~145. cf. E. H. Phelps and S. V. Hopkins, "Seven Centuries of the Price of Consumables, Compared with Builders' Wage Rates," *Economica*, new ser. vol.23(1956), reprinted in *A Perspective of Wages and Prices* (London, 1981), pp.13~59.

른바 맬서스Thomas Malthus 적인 해석은 16세기 가격혁명price revolution 의 근본적인 원인이 이 같은 급격한 인구 증가에 있다고 본다. 즉 16세기의 영국은 식량의 공급이 인구 증가를 따라가지 못해 심각한 식량 부족 상황에 있었다는 것이다. 그러나 이러한 주장은 지난 20여 년 동안 꾸준히 비판의 대상이 되었다. 영국은 괄목할 만한 수준으로 농업 생산성이 향상되어 16세기 후반에 이르면 흉작이 2~3년 이상 연속적으로 발생하지만 않는다면 식량 부족의 어려움을 겪지 않을 수 있게 되었다는 것이다. 예컨대 이 분야의 선도적 연구자라고 할 수 있는 앤드류 애플비Andrew B. Appleby 는 유럽 대륙 대부분의 국가들과는 달리 영국은 일찌감치 기아 문제에서 탈출했으며, 심각한 흉작 상황 속에서도 그 영향은 지역적 현상에 국한되었을 뿐 전국적 문제로 확대되지 못했다고 주장했다.[2]

---

2   Andrew B. Appleby, *Famine in Tudor and Stuart England* (Stanford University Press, 1978); 인구 증가로 인해 농작물 수요가 증가하자 새로운 농업기술의 도입이 촉진되었다는 주장들은 농업혁명의 성과가 과거에 생각했던 것보다 훨씬 일찍 일어났다는 점에 초점을 맞추고 있다. 예컨대 에릭 커리지(Eric Kerridge)는 전환농업(convertible husbandry 또는 up-and-down husbandry) 등에 의한 기술 혁신이 16세기 중반부터 시작되어 16세기 말에는 광범위하게 전파되었다고 주장했다. 호스킨스는(W. G. Hoskins)는 이러한 농업기술의 발달에 힘입어 17세기 중반의 식량 생산량은 16세기 초에 비해 총량 기준으로 두 배가 넘어 인구 증가에 따른 수요 증가분을 대부분 흡수할 수 있었다고 분석했다. 또한 에드워드 리글리(Edward Wrigley)는 파종 기술의 획기적인 발달로 순산출량(수확 총량 중 다음 해의 농사를 위한 종자 씨앗을 제외한, 즉 즉시 식량으로 소비가 가능한 양) 기준으로 총량 증가분 외에 추가적으로 33%의 증가 효과를 가져왔을 것이라고 추정했다. 이와 함께 16세기에는 귀리와 보리 등 겨울 작물의 산출도 증가했다는 주장이 제기되고 있다. Eric Kerridge, *Agrarian Problems in the Sixteenth Century and After* (London and New York: Barnes And Noble, 1969), p.328; W. G. Hoskins, "Harvest Fluctuations and English Economic History, 1480~1619," *Ag. H.R.* vol.12(1964), p.27; E. A. Wrigley, "Some Reflections on Corn Yields and Prices in Pre-Industrial Economies," J. Walter and R. S. Schofield(eds.), *Famine, Disease and the Social Order in Early Modern Society* (Cambridge, 1989), pp.257~259.

농업 생산성 증가를 뒷받침해주는 사실 중에는 1563년 이후 새로운 반反인 클로저enclosure 입법이 사라졌으며, 1593년 의회가 '풍부한 곡물 생산과 저렴한 농작물 가격'을 이유로 경작지의 목축지 전환을 금지하는 모든 법률을 폐지한 것 등이 있다.[3]

경제·사회 사가들이 강조하는 16세기 경제의 또 다른 긍정적 측면은 새로운 산업의 성장인데, 이를 주도한 것은 모직물의 수출이었다. 16세기 초부터 늘기 시작한 모직물 수출은 1530년대에 이르러 약 세 배로 증가했고 1550년경에는 다섯 배를 웃돌았다. 이러한 직물 공업 및 관련 산업은 16세기 런던의 경제 성장을 견인했다. 런던이 16세기에 약 네 배로 늘어난 인구를 큰 무리 없이 흡수할 수 있었던 것은 거의 전적으로 모직물 산업의 성장 덕분이었다.[4]

2) 상시 빈곤과 위기 빈곤

살펴본 바와 같이 농업 생산성의 향상과 직물 공업 등 제조업 분야의 성장에 힘입어 16세기의 영국 경제는 과거에 생각해온 것보다는 훨씬 안정적이었던 것으로 보인다. 또한 소매 물가의 상승 폭은 도매 물가에 비해 상당히 낮았다는 분석도 있어 실질임금의 하락 폭도 축소 추정되고 있다. 래퍼포트의 임금 지수표에 따르면, 16세기 말의 실질임금은 1490년대(100)와 비교해 약 29% 정도 떨어진 것(71)으로 나타났는데, 이는 브라운-홉킨스 지수(43)보다 훨씬 높은 수준이다.[5]

---

3   35 Elizabeth, c.6; 39 Elizabeth c.1 & c.2.

4   Ralph Davis, *English Overseas Trade, 1500~1700* (London: Macmillan, 1973), pp.7~19; Steve Rappaport, *Worlds within Worlds: Structures of Life in Sixteenth Century London,* pp.91~93.

5   Steve Rappaport, *Worlds within Worlds: Structures of Life in Sixteenth Century London,* pp.130~145.

브라운-홉킨스 지수와 래퍼포트 지수 모두 영국의 물가가 1540년대, 1550년대, 1590년대에 급격하게 상승했음을 보여주는데, 1540년대는 불량 화폐의 제조debasement, 나머지 두 시기는 연이은 흉작이 주요 요인으로 분석된다. 그런데 이 시기들을 제외하면 16세기 영국 물가는 비교적 완만한 인상 폭을 보이고 있다. 래퍼포트 지수에 의하면 15세기 말에서 1540년대까지 약 22%, 1552년에서 1592년 사이에 약 23% 정도가 올랐을 뿐이다. 더구나 두 물가지수표의 기준 연대인 15세기 말의 임금 수준이 예외적으로 높았다는 점과 1590년대가 심각한 위기 상황이었음도 고려해야 할 것이다. 따라서 이 두 시점의 단순 비교는 16세기 영국 경제의 일반적 상황을 읽는 데 큰 도움이 되지 않는다.

또한, 수정주의적 연구 성과가 받아들여짐에 따라 소득 구조가 급격하게 양극화되었다거나 전체 인구의 절반가량이 절대 빈곤층이었다는 종전 주장들[6]은 설득력을 잃고 있다. 찰스 애덤스Charles Phythian-Adams, 데이비드 팔리사David Palliser, 존 파운드John Pound, 바이어A. L. Beier 등은 일시적 실업인구를 포함, 전체 인구 중 단 10~20%의 인구만이 최저 수준 이하의 생활을 한 것으로 산정한다.

16세기 빈곤에 관한 최근의 연구 동향은 '상시 빈곤background poverty'과 '위기 빈곤crisis poverty'을 구분하려는 것이 특징이다. 즉 상시적으로 빈곤 상태에 있어서 구제 기금에 의존해야 하는 노동 능력이 없는 빈곤자와 정상적인 상황에서는 자력으로 생활할 수 있지만 경제 위기 등 예외적인 상황에서는 외부의 도움을 필요로 하는 빈곤 노동자를 구분하려는 것이다. 이안 아처Ian Archer는

---

6   Peter H. Ramsey, *The Price Revolution in Sixteenth-Century England* (London: Methuen, 1971), pp.4~5; Peter Clark, *County Towns in Pre-Industrial England* (Leicester University Press, 1981), p.10.

런던의 총 가구 중 7%가 상시 구제를 받았으며 18%는 위기 시에만 구제를 받았다고 분석했다. 또한 폴 슬랙Paul Slack은 지방 도시의 경우 약 4~5%의 인구가 상시 구제를 받았으며, 10~15%의 인구는 위기 시에만 도움을 받았다고 분석했다. 최근 이 분야에 대한 연구 성과에 따르면, 정상적인 상황에서는 자립 생활을 유지하던 빈곤층이 수년간의 경기 침체가 지속될 경우 최저 생활수준 이하 또는 절대 빈곤 인구로 떨어지게 되며, 1550년대와 1590년대 등의 상황이 바로 이러한 위기 상황에 해당된다고 한다. 이는 16세기 영국의 빈곤 문제가 전국적 규모의 사회문제로 확대된 것은 일부 시기에만 국한되었다고 해석할 수 있게 한다.[7]

그렇다면, 16세기 영국에서 이러한 경제 위기, 특히 빈곤층의 위기는 어떠한 경우에 발생하는지를 살펴볼 필요가 있다. 먼저 흉작의 영향을 지적할 수 있다. 16세기 영국 경제에 대한 수정주의적 연구 성과들이 지적하는 바와 같이 농업 생산성의 향상이 장기적인 관점에서 인구 증가에 따른 농작물 수요 증가분을 상당 부분 감당할 수 있었다고 하더라도, 단기적으로 볼 때 특정 시기의 흉작은, 특히 그것이 연속으로 덮쳤을 경우에는 심각한 식량 부족 상황을 야기할 수 있었을 것이다. 흉작이 임금노동자에게 미치는 영향은 실직에 대한 우려와 높은 식량 가격으로부터 오는 양 갈래 위협이다. 흉작은 농업 노동자들에게 추수 시의 비교적 높은 임금을 받을 수 있는 기회의 박탈 또는 축소를 의미했다. 또한 지배적 산업인 농업 생산의 감소는 사회 전체의 구매력을 떨어뜨

7   D. M. Palliser, *The Age of Elizabeth: England under the Later Tudors, 1547~1603*, p.143; A. L. Beier, "Poverty and Progress in Early Modern England," *The First Modern Society*, pp.205~208; Ian W. Archer, *The Pursuit of Stability: Social Relations in Elizabethan London*, pp.150~153; J. P. Boulton, *Neighborhood and Society* (Cambridge, 1987), pp.95~96; Paul Slack, *Poverty and Policy in Tudor and Stuart England* (Longman, 1988), pp.2~5, 38~40, 73~75.

려 타 산업의 불황과 대량 실업을 초래할 가능성이 있었다. 또한 토지를 가지지 못한 임금노동자들에게 흉작은 식량을 높은 시장 가격에 구입해야 하는 것을 의미했으며, 특히 흉작이 2~3년 이상 연속해서 발생한 경우에는 물가가 폭등해 심각한 생존 위기subsistence crisis 상황이 초래되었다.

두 번째는 제조업, 특히 모직물 공업의 불황이었다. 런던 성인 남자 인구의 약 3분의 1을 고용할 정도로 성장한 모직물 공업은 런던의 인구 증가를 흡수할 수 있었으나, 고용 안정성이 결여되어 있었다. 직물 수출의 호·불황은 노동시장에 큰 영향을 미쳤으며, 경우에 따라 시장의 불황뿐 아니라 저低성장 상황도 대규모 실업 사태를 초래할 우려가 있었다. 결론적으로 말하면, 상업적 농업의 증가와 모직물 공업 등 새로운 산업의 성장으로 상당한 수의 임금노동자 집단이 형성되었으며, 흉작과 주요 산업의 불황은 일자리와 먹을 것을 모두 시장경제에 의존해야 하는 이들 임금노동자 집단에게 커다란 고통을 초래했다.

3) 정상 입법과 위기 입법

입법 환경으로서 사회적 안정의 문제, 또는 정부가 당시의 사회 상황을 어떻게 인식하고 있었는가 하는 문제는 주로 사회적 소요 사태의 성격과 빈도, 빈민 문제와 관련해 정부가 취한 포고령royal proclamation 이나 추밀원 명령 등을 분석하면 대체로 드러난다고 볼 수 있다. 그런데 16세기 영국에서 사회질서가 위협받을 것을 우려해 정부가 긴급한 조치를 취한 경우는 대체로 연속 흉작과 그에 따른 물가의 폭등, 그리고 제조업 등 다른 산업 불황이 겹친 시기였다. 경제 사가들의 연구에 따르면, 1550년대와 1590년대가 바로 연속 흉작과 주요 산업의 불황이 겹쳐 많은 임금노동자들이 실업과 물가 폭등의 이중고를 겪으며 절대 빈곤층화한 시기라 볼 수 있다. 그러므로 이 시기를, 급속하게 늘어난 빈곤층으로 인해 사회질서가 위협받는 위기 상황으로 규정할 수 있을 것이다. 반면에 1530년대와 1570년대는 대체로 풍작 또는 평년작의 작황이 이어져 식량 가격이 떨어지거나 안정적으로 유지되었고, 주요 산업의 호황으로 노동시장이 안정되어 있던 비교적 풍요로운 시기였다. 이때는 사회적으로도 대체로 안정을 유지한 시기였다.

튜더 빈민법의 입법은 위기 상황인 1550년대와 1590년대뿐만 아니라 정상적인 상황인 1530년대와 1570년대에도 이루어졌다. 입법 환경이 다른 상황에서 추진된 개별 입법들은 추진 과정과 내용이 상이할 것이라고 추정할 수 있다. 이분화에 따른 위험성이 없지 않으나 편의상 전자의 시기에 추진된 입법을 위기 입법, 후자의 경우는 정상 입법으로 구분해 개별적인 입법 과정을 살펴보고, 입법 과정의 긴박성 여부, 입법 내용의 혁신성 등 몇 가지 측면을 비교 분석하고자 한다. 1552년과 1597~1598년의 빈민법 입법을 위기 입법으로, 1536년, 1547년, 1570년대에 이루어진 두 차례의 입법을 정상 입법으로 보기로 한다.

3. 정상 입법의 경우

1) 1536년

1530년대의 경제상황은 대체로 좋았다. 1535년을 제외하면 대부분의 작황이 정상 또는 풍작으로 평가된다. 덕분에 곡물 가격은 10년 동안 거의 변하지 않았으며 육류와 낙농 제품도 1520년대에 비해 6% 정도만 오르는 등 16세기의 경제 현상을 대변하는 가격혁명은 아직 그 모습을 드러내지 않고 있었다. 또한 16세기 초반부터 늘기 시작한 영국의 모직물 수출이 1530년대와 1540년대에 호황을 이루어 런던 등의 대도시에서는 노동력 부족 현상까지 일으킬 정도였다.[8] 1530년대 들어 튜더 정부는 부랑인 관련 포고령을 네 차례에 걸쳐 선포했는데, 이를 걸인과 부랑인의 숫자가 증가한 탓으로 해석할 수도 있

으나 빈곤 문제로 인한 사회 혼란의 여지는 거의 없었다는 것이 일반적인 견해이다.[9]

1535년의 작황이 좋지 않았으며 특히 북부 지역에서 이로 인한 어려움이 있었던 것은 사실이다. 그러나 당시 대법관 토머스 오들리Thomas Audley가 토머스 크롬웰에게 보낸 서한에서 자신 있게 밝혔듯이, 재고 곡물이 충분히 남아 있었으며 보리, 귀리 등 겨울 작물의 작황이 좋아서 심각한 사회문제로는 발전되지 않았다.[10]

한때 윌리엄 지벨드William Zeeveld는 1536년 말에 발생한 '은총의 순례' 반란을 예로 들며 경제적 어려움으로 인한 사회 혼란이 1536년 빈민법 제정의 직접적 동기가 되었을 것이라는 추정을 한 바 있다.[11] 그러나 '은총의 순례'의 원인과 성격에 대한 최근 20~30년간의 연구 결과에 따르면 경제적 상황은 부수적 원인으로만 취급되고 있다.[12] 더구나 빈민법 원안이 최소 2~3년 이상의 검토 과정을 거쳤음을 감안하면 1535년 흉작에 따른 경제 상황을 1536년 빈민법 제정의 직접적인 동기로 지목하기에는 무리가 따른다고 본다.

---

8 W. G. Hoskins, "Harvest Fluctuations and English Economic History, 1480~1619," p.35; Steve Rappaport, *Worlds within Worlds: Structures of Life in Sixteenth Century London*, pp.88~90, 131; Alan G. R. Smith, *The Emergence of a Nation State*, p.53.

9 *Tudor Royal Proclamations*, edited by Paul L. Hughes and James F. Larkin(Yale University Press, 1969), vol.2, nos.128, 131, 132, 141.

10 *State Papers, published under the authority of His Majesty's Commission, King Henry the Eighth* (London: G. Eyre and A. Strahan, 1830~1852), vol.1, pt.2, nos. 37, 39.

11 William G. Zeeveld, *Foundations of Tudor Policy* (Harvard, 1948), p.167.

12 C. S. L. Davies, "Popular Religion and the Pilgrimage of Grace," in A. J. Fletcher and J. Stevenson(eds.), *Order and Disorder in Early Modern England* (Cambridge University Press, 1985), pp.68~79; M. L. Bush, *The Pilgrimage of Grace* (Manchester University Press, 1996), pp.407~409; A. J. Fletcher and D. MacCulloch, *Tudor Rebellions,* 4th edn.(London and New York, Longman, 1997), p.45.

1530년 이전 영국 정부는 빈곤 문제를 해결하기 위해 특별한 노력을 기울이지 않았다. 의회나 추밀원이 취한 조치는 대부분 걸인과 부랑인의 처벌에 국한되었다. 그러다가 1531년에 제정된 빈민법은 그 이전의 빈민법과 마찬가지로 부랑인의 처벌과 규제에 치중된 경향이 있었으나, 노동 능력이 없는 빈민과 신체 건장한 빈민을 처음으로 뚜렷하게 구별한 점에서 역사가들의 주목을 받아왔다. 이 법은 노동 능력이 없는 빈민에 대한 구제의 필요성을 인식하고 치안판사들로 하여금 노령, 질환, 기타 장애로 인해 일을 할 수 없는 빈민을 조사하게 하여 이들에게 일정 지역 내에서 구걸을 할 수 있도록 허용하는 한편, 신체 건장한 빈민들은 채찍 형벌을 주고 원거주 지역으로 돌려보내도록 규정했다.[13]

종교개혁 의회the Reformation Parliament는 예외적으로 많은 양의 경제·사회 관련 입법을 정부 측의 방침대로 처리했으며, 특히 마지막 회기인 1536년에는 이들 법안이 그 수에서는 물론이고 중요성에서도 종교 관련 입법과 맞먹을 정도였다. 인클로저, 토지 취득과 양¥ 소유의 제한, 육류 및 낙농 제품의 가격 규제, 직물 공업의 수출 지원 등의 경제·사회 법안 가운데에는 빈민법도 포함되어 있었다.[14]

1536년의 빈민법 제정 과정이 특별하게 주목을 받아야 하는 이유는 그해 의회를 통과한 실제 법률안이 아닌 당초 의회에 처음 제출되었던 원안의 내용 때문이다. 여기에는 비자발적 실업자에 대한 대책으로 공공사업 조항이 포함되어 있었다. 이 조항은 신체 건장한 실업 빈민들을 항구, 도로, 수로 등의 건

---

13   22 Henry, c.12. 이러한 구별은 14세기부터 행해지기 시작했으나, 이것이 실제로 정책적 차별로 확립된 것은 1531년이 처음이다.

14   S. E. Lehmberg, *The Reformation Parliament, 1529~1536* (Cambridge, 1970), pp. 230~235; G. R. Elton, *Reform and Renewal: Thomas Cromwell and the Common Weal* (Cambridge, 1973), p.164.

설과 정비 등의 공공사업에 투입시키고 이들에게 적절한 임금은 물론 식사와 의료 혜택을 제공하도록 규정했다. 또한 이 사업에 필요한 재원은 누진적 소득세의 강제 징수와 왕의 하사금, 그리고 자발적 희사에 의한 기금으로 충당하도록 했다. 또한 걸식과 걸인에 대한 사적 자선은 금지하고, 각 교구 단위로 원칙적으로는 자발적이지만 반강제적 성격도 일부 포함된 기금을 마련해 노동 능력이 없는 빈민을 구제하도록 했다. 이를 위해 중앙정부에 이 업무를 관장할 상설 기구를 설치하도록 하며, 각 교구 단위로 민생 위원을 두고 조직적 재원 적립과 구제 업무를 맡도록 했다.

빈민법 원안은 최소한 2~3년간의 검토 기간을 거쳐 완성되었다. 이 내용을 이해하기 위해 이 원안 작성에 기초 또는 참고가 된 것으로 보이는 두 개의 초안을 먼저 살펴볼 필요가 있다. 이 초안들은 현재 영국 공문서 보관청Public Record Office과 영국 국립도서관British Library에 각각 보관 중이므로 편의상 'PRO 초안'과 'BL 초안'으로 부르기로 하자.

여러 면에서 미완성으로 남겨진 PRO 초안[15]은 1530~1532년 사이에 작성된 것으로 보이는데, 그 내용은 상설 기구를 창설하여 노동 능력이 있는 빈민들의 취업을 위해 도로 공사 등 공공사업을 조직화하는 일을 전담하게 하는 것을 골자로 한다. 공공사업이 착수되면 신체적 결함이 없는 미취업 빈민들은 의무적으로 이에 참여해야 되고 노동의 대가로 적절한 임금과 음식을 지급받도록 규정하고 있다. 이에 필요한 재원을 충당하기 위해 PRO 초안은 전 가구에 대한 소득세의 강제 징수와 자발적 기금 모집을 제시한다. 이 초안에 따르면 왕 자신이 이러한 법률의 시행을 위해 일정액의 희사금을 약속했다.[16]

---

15   State Papers, Henry VIII, 6/7, art 14 〔*Letters and Papers, Foreign and Domestic, of the Reign of Henry VIII*, edited by J. S. Brewer and James Gardiner(London, 1862~1910), vol.5, no.50〕; printed in John Guy, *Christopher St. German on Chancery and Statute* (Selden Society, 1985), pp.133~135.

BL 초안은[17] PRO 초안에 비해 훨씬 더 법률안으로서의 모습을 갖추고 있는데, 그 주요 내용은 바로 앞에서 1536년 의회에 제출된 원안의 내용으로 소개한 바와 같다. 이 초안은 빈민들이 비자발적 실업에 봉착할 수 있음을 명시하면서 빈민의 공공 취업을 제도화했다. 이 사업은 새로이 만들어질 '부랑인 방지를 위한 평의회the council to avoid vagabonds'가 전담하고 사업 추진에 필요한 세부적인 규정을 만들 수 있는 권한을 위임받도록 했다. 이 초안은 또 각 교구 단위로 두 사람의 민생 위원을 두도록 해 노동 능력이 없는 빈민의 구제를 맡도록 하고 빈민 자녀들의 직업교육을 알선하도록 규정했다. 소득세의 비율 등이 미완으로 남아 있으나 이 초안의 주요 내용이 1536년의 빈민법 원안에 포함된 것은 거의 확실해 보인다.

이 BL 초안은 이프레스Ypres 빈민 구제 규정의 영어 번역자이며 크롬웰 곁에서 자문을 담당하던 윌리엄 마셜William Marshall이 1535년 가을에 즈음해 곧 소집될 의회의 마지막 회기에 제출할 목적으로 앞서의 PRO 초안을 참고해 기초했을 것으로 짐작된다.[18]

---

16 이 초안의 작성 시기와 작성자에 대해서는 논란이 있다. 엘턴은 1534년경 토머스 크롬웰 주변에서 작성되었다고 주장하는 반면 스캐리스브릭은 토머스 모어를 기초자로 보고 있다. 한편 보머(F. L. Baumer) 및 존 가이는 세인트 저먼(Christopher St. German)을 유력한 기초자로 지목한다. 특히 가이는 필적 분석에 의해 최종 작성자가 세인트 저먼임을 밝혀냈는데 그는 이 초안의 작성 시기를 1530년에서 1532년 사이로 보고 있다. G. R. Elton, *Reform and Renewal: Thomas Cromwell and the Common Weal* (1973), pp.71~74; J. J. Scarisbrick, "Thomas More: the King's Good Servant," *Thought: Fordham Quarterly*, vol.52(1977), pp.259, 261~265; F. L. Baumer, "Christopher St. German: the Political Philosophy of a Tudor Lawyer," *American Historical Review*, vol.42(1937), pp.631~651; John Guy, *St. German on Chancery and Statutes* (1985), pp.31~33, 62.

17 BL Royal, 18, c, vi.

18 S. E. Lehmberg, *The Reformation Parliament, 1529~1536*, p.231; G. R. Elton, "An Early Tudor Poor Law," *Economic History Review*, 2nd ser., vol.6(1953), p.56.

1536년 의회에 실제로 제출된 빈민법 법안은 남아 있지 않다. 그러나 신성로마제국 측의 외교문서와 토머스 도싯Thomas Dorset의 기록을 보면 BL 초안의 내용이 거의 그대로 포함되었음을 알 수 있다. 당시 영국에 파견되었던 카를 5세의 대사 외스타스 샤퓌Eustace Chapuys는 이 법안에 대한 의회 내의 불만이 없지는 않지만 당시 분위기로 보아 의회 통과가 확실할 것으로 전망했다. 또한 도싯은 이례적으로 왕이 하원에 직접 나타나 법안 하나를 소개하면서, 검토를 요청하고 3일 후에 다시 오겠다고 말한 것으로 기록하고 있다.[19] 이는 왕이 법안의 통과를 위해 은근한 압력을 행사한 것으로 볼 수 있지만, 과연 이 법안이 엘턴이 주장한 바와 같이 빈민 법안이었는지 혹은 수도원 해체에 관한 법률안이었는지는 확실하지 않다.[20]

어쨌건 상당한 정보 수집과 분석 능력을 가졌다고 평가되던 샤퓌의 전망과 달리 이 법안은 의회 내의 반대에 부딪혀 폐기되고, 그 대신 정부 측의 대체 입법안이 제출되었다. 이 대체 법안은 상·하원 모두에서 약간의 수정을 거쳐 통과되었다.

이 대체 입법은 전국 규모의 구빈세와 공공사업제도 등 원안의 혁명적 내용을 누락시켰으나 몇 가지 의미 있는 원칙을 확립했다. 무엇보다 비자발적 실업의 가능성을 인정하고 이들 실업 빈민에게 일을 제공할 필요성을 인식했다. 즉 노동 능력이 있는 걸인들이 연고지로 돌아가면 지방 관리들이 이들에게 계속적인 노동으로 생계를 유지할 수 있도록 필요한 조치를 취하라고 규정했던 것이다. 노동 능력이 없는 빈민을 구제하기 위해 교구 단위의 조직적인 기금 마련과 분배를 제도화하고 구걸과 사적 자선을 금지했다. 또한 5~14세에 해당하

---

19 BL Cotton, Cleopatra E. iv, fols. 131v~132v; *Letters and Papers*, vol.10, nos.494, 495.

20 G. R. Elton, *Reform and Renewal: Thomas Cromwell and the Common Weal*, pp.123~124.

는 빈민 자녀들의 직업교육도 규정했다.[21] 그러나 이 법은 얼마 가지 않아 폐지되고 1531년 빈민법이 다시 부활하게 된다.

빈민법 원안의 통과 좌절은 공공고용을 위한 누진적 소득세 징수에 대한 의원들의 반대 때문이라고 해석되는데, 사실 입안자들도 이 문제 때문에 많은 고심을 한 흔적이 있다. 예컨대 BL 초안이 세율을 결정하지 못한 채 공란으로 남겨져 있는 것이 그것이다. 이 초안에는 누진 소득세의 징수 시한 또한 1540년까지로 못 박고 있는데 이 또한 이런 이유 때문인 것으로 볼 수 있다.

그러나 다른 해석도 가능하다. 당시 상황으로 보아 왕실 수입의 급격한 증가가 충분히 기대되는 가운데 빈민의 공공고용에 필요한 재정 지원을 왕이 이미 약속한 바 있었다. 1535년 즈음 크롬웰 등의 핵심 정책 입안자들에게 수도원 등의 해체는 이미 결정된 정책이었던 것이다. 수도원 재산이 아니더라도 새로 왕실에 편입된 초년도 수익first fruits[22] 등 종교 관련 수입만으로도 1535~1540년 사이에 4만 2000파운드의 추가 수입이 있었다. 이는 당시 도버 항의 정부 공사에 투입된 노동자들의 평균임금을 기준으로 할 때[23] 매년 수천 명의 실업 빈민을 고용할 수 있는 금액에 해당될 정도였다. 종교개혁으로 인한 막대한 수입 중 일부는 빈민 구제에 사용해야 한다는 주장이 계속적으로 제기되고 있었음을 감안할 때, 정책 입안자들이 1540년 이후에는 이 재원을 공공고용에 사용할 계획이 있었을 가능성을 배제할 수 없다.[24]

---

21 27 Henry VIII, c.25, 1536.

22 성직에 임명된 성직자가 첫해의 성직 수입을 임명권자에게 지불하던 관행을 일컫는다. 영국 교회가 로마로부터 독립해 국왕이 수장, 즉 임명권자가 됨으로써 과거 로마 교황에게 지불되던 초년도 수익이 이제는 영국 국왕에게 돌아가게 된 것이다.

23 *Letters and Papers, Foreign and Domestic, of the Reign of Henry VIII*, edited by J. S. Brewer and James Gardiner, vol.9, no.243.

24 같은 책, vol.9, no.1065.

2) 1547년

만일 에드워드 6세 치하의 영국을 인플레이션, 실업, 그에 따른 사회적 무질서로 인해 긴급한 사회 정책이 요구된 시대라고 평가한다 하더라도, 최소한 1547년과 1548년 초의 경우는 이에 포함되지 않는다고 말할 수 있다. 무엇보다 1546년부터 3년간은 연속으로 풍작을 기록해 1540년대 곡물의 가격 인상 폭 완화에 커다란 도움이 되었다. 특히 밀의 가격은 1520년대 중반 이후 최저가를 기록했다.[25]

영국의 모직 천 수출은 1540년대 말 최고에 달했는데 16세기 초에 비해 무려 세 배 이상이 늘어났다. 1542~1543년과 1547년에 수출 물량이 일시적으로 감소하기도 했으나, 전체적으로 볼 때 1540년대에 걸쳐 런던 등에서의 직물 관련 산업의 수출량은 약 34%가 증가하는 등 호황을 누렸으며, 런던에서는 노동력 부족 현상이 빚어지기까지 했다. 빈민법이 새로 제정된 1547년에는 모직물의 수출이 일시적으로 정체에 빠졌으나 농산물의 풍작으로 인해 국내 소비가 늘어나 노동시장이 별 영향을 받지 않았다.[26]

16세기 중반의 사회질서 문제를 런던의 인구 증가와 관련시키는 경향이 있다. 특히 구직과 도제 수업을 위해 전국에서 몰려온 젊은 층과 빈곤층의 증가가 두드러졌다는 것이다. 특히 도제 수업을 받던 자들 중 약 절반이 약정 기간을 채우지 못하고 도중에 그만두었으며 그중 상당수가 고향에 돌아가지 않고 런던에 남아 수도의 질서 유지에 많은 문제를 일으켰다.[27] 그러나 1547년에

---

25 W. G. Hoskins, "Harvest Fluctuations and English Economic History, 1480~1619," p.35; Steve Rappaport, *Worlds within Worlds: Structures of Life in Sixteenth Century London,* pp.88~90, 131.

26 Steve Rappaport, *Worlds within Worlds: Structures of Life in Sixteenth Century London,* pp.88~90; Ralph Davis, *English Overseas Trade, 1500~1700,* p.11.

27 Ian W. Archer, *The Pursuit of Stability: Social Relations in Elizabethan London,* pp.217~218; Steve Rappaport, *Worlds within Worlds: Structures of Life in Six-*

걸인과 부랑인 문제가 심각한 사회문제가 되었다는 증거는 찾기 어렵다. 예를 들면 정부는 1542~1547년 사이에 이 문제와 관련해 단 한 차례의 포고령도 내린 적이 없다. 정부가 부랑인 문제로 고심하기 시작한 것은 3년 연속 풍작 끝에 첫 흉작을 기록한 1549년 가을부터였다.[28]

이렇듯 경제적·사회적으로 큰 문제가 없었다면 어떠한 목적으로 빈민법의 제정이 추진되었는지 궁금하다. 구걸을 허용하는 1531년 빈민법이 계속 유효하던 1547년, 의회는 또다시 구걸 행위를 예외 없이 금지하는 동시에 신체 건장한 걸인에 대해 매우 엄격한 처벌 규정을 신설한 새로운 빈민법을 도입해 통과시켰다. 이 법에 의하면 부랑자와 걸인은 초범인 경우 민간 고용주 밑에서 2년간의 강제 노동에 처해지고 누범의 경우에는 무기한의 강제 노동 또는 사형까지 형량을 증가시킬 수 있도록 규정했다. 이와 함께 노동 능력이 없는 빈민의 구제와 빈민 청소년의 고용을 위한 재원 마련을 위해 조직적인 기금 모집도 규정했다.[29]

엘리자베스 이전 시대의 법안이 대부분 그렇듯이 1547년 빈민법 제정 과정에 관한 기록은 그다지 많이 남아 있지 않다. 그러나 최소한 5~6개의 빈민과 부랑인 관련 법안들이 동시에 의회에 상정된 사실로 미루어보아 정부가 사전에 치밀한 계획을 갖고 새 빈민법의 제정을 준비한 것 같지는 않다. 몇몇 법률가를 중심으로 구성된 빈민법 위원회가 상원에 제출된 3~4개의 관련 법안을 토대로 하나의 포괄적인 빈민 법안을 만들었는데 이것이 의회 심의 과정에서

teenth Century London, pp.311~315.

28 *Calendar of State Papers, Domestic for the Reigns of Edward VI, Mary I, Elizabeth and James I, 1547~1625,* edited by Robert Lemon and Mary Anne Everett Green(London: Longman, Brown, Green, Longmans, & Roberts, 1856~1872), vol.1, p.23(State Papers, Edward VI, 8/66).

29 1 Edward VI, c.3, 1547.

약간의 수정을 거쳐 양원을 통과했다. 그러나 '빈민 자녀들의 양육'에 관한 법률 등 관련 법안 두 개는 하원에서 폐기되었다.[30]

에드워드 6세가 후일 이 법을 가리켜 '극단적'이라고 표현했을[31] 정도로 노동 기피자들에 대한 엄격한 처벌 조항, 이른바 '노예 조항'이 포함된 것으로 유명한 이 빈민법의 의회 통과 과정은 비교적 순조로웠던 것 같다. 그런데 이 노예 조항이 '빈민의 옹호자'로 불리던 '좋은 공작' 서머싯Duke of Somerset; Edward Seymour의 섭정하에서 통과된 점은 특기할 만하다. 서머싯 정부의 정책은 — 나중에 저명한 역사가인 폴라드가 '커먼웰스 당'the commonwealth party이라고 불렀던 — 서머싯 주위에 포진했던 사회 개혁가들의 영향을 받은 것으로 평가받아왔기 때문이다. 예컨대 존 헤일스John Hales는 빈민 위주의 농업 정책과 물가 관련 정책을 주도했으며, 빈민의 공공고용 정책을 유도하는 정책을 입안하기도 했다.

1547년 11월 의회가 소집되자 서머싯은 "신민들에게 좀 더 합당한 자유를 주기 위해 너무 엄격한 몇몇 법률을 폐지 또는 완화할" 계획임을 밝힌 바 있다.[32] 그런데 빈민법의 노예 조항은 얼핏 보기에 이러한 서머싯의 의도와 부합하지 않을뿐더러 '빈민의 옹호자'라는 그의 칭호와도 어울리지 않는다. 빈민 법안의 노예 조항을 서머싯 측근이나 정부에서 입안했다는 증거는 없으나, 분명한 것은 서머싯이 상원 의원의 신분으로 법안 심사와 의결에 참여했으며 더구나 섭정공protector의 신분으로 이 법안을 최종적으로 승인한 사람이라는 점

---

30 *Journals of the House of the Lords* (London, 1846~1887), vol.1, pp.302~303; *Journals of the House of the Commons* (London, 1803~63), vol.1, pp.1~3.

31 *The Chronicles and Political Papers of King Edward VI,* edited by W. K. Jordan (Cornell University Press, 1966), p.8.

32 *Calendar of State Papers, Spanish* (London: H.M.S.O., 1862~1954), vol.9, 197 (Nov. 9, 1547).

이다.

이에 대한 한 가지 해석은 동시대인들이 이 노예 조항을 그다지 '야만적'이라고 보지 않았을 것이라는 추정이다. 1547년 빈민법의 전문은 "커먼웰스의 적인 게으른 부랑인들은 사형, 채찍형, 감옥형 또는 다른 체형을 받아 마땅하지만 그들이 커먼웰스에 봉사할 수 있다면 훨씬 더 바람직한 일"이라고 선언하고 있다.

범죄자에 대해 체형을 가하기보다 강제 노동을 시키자는 발상은 토머스 모어의 『유토피아』와 토머스 스타키의 『대화Dialogue』 등 16세기 휴머니스트들의 저술에도 담겨 있다. 어떤 측면에서 '노예 조항'은 이러한 아이디어를 구체화시킨 것이라고 볼 수도 있다.

클리포드 데이비스Clifford S. L. Davies 등은 설사 정부 측이 1547년 빈민법을 입안하지 않았음에도 결과적으로 서머싯 정부가 이를 받아들일 수 있었던 이유는 서머싯 측근의 휴머니스트, 사회 개혁가, 로마법 계통 법률가들의 영향력 때문인 것으로 풀이했다. 그는 또 12년이 지난 1559년에 당시의 대표적 휴머니스트인 토머스 스미스Thomas Smith가 '1547년 빈민법'의 부활을 촉구한 점을 들어 스미스가 입안자일 가능성이 있다고 보았다.[33]

사실 노예 조항은 극단적이기는 하나 어떤 의미에서는 획기적인 발상이었다. 16세기 영국에서는 노동력 이외에 별다른 생활 수단(토지, 사업체, 재산 등)이 없는 빈민이 실업 상태에 놓이는 상황 자체가 이미 법적으로 범죄를 구성하는 것이었다. 노예 조항은 이 '범죄자'들에게 공공 재원이 아닌 '민간 고용'을 통해 일자리를 제공한다는 아이디어에서 나왔으며, 노동 기피자에 대한 무거

---

33 C. S. L. Davies, "Slavery and Protector Somerset: the Vagrancy Act of 1547," *Economic History Review*, 2nd ser., vol. 19(1966), pp. 545, 549; R. H. Tawney and Eileen Power(eds.), *Tudor Economic Documents*(London, New York, Toronto: Longmans, Green and Co., 1951), vol. 1, p. 325.

운 형벌은 이들의 민간 고용을 유인하기 위한 일종의 부스터booster 장치였다고 할 수 있다. 이런 의미에서 폴 슬랙은 이 법을 '매우 야심적vastly ambitious'인 구상이었다고 평가했다.[34]

이 법은 제대로 시행되지 못하다가 1550년 폐지되고, 부랑인 처벌에 관해서는 또다시 1531년의 규정이 부활되었다.

3) 1572년, 1576년

1550년대 초반부터 내리막길을 걷던 영국의 직물 수출은 1570년대 들어 다시 증가세로 돌아서서 1586년까지 호황을 이어갔다. 농작물 생산도 1560~1586년 사이에 대체로 평년작 또는 풍작을 기록했고 그 덕분에 농작물의 가격도 안정을 유지할 수 있었다.[35] 1560년대 말 몇몇 지역에서 발생했던 소요 사태도 1571년에는 완전히 사라져 사회적 안정을 되찾았다.

런던으로 유입된 부랑인 집단이 여전히 정부의 골칫거리로 남아 있었으나 심각한 사회불안을 조성할 정도는 아니었던 것 같다. 실제로 1576년 정부가 걸인과 부랑인 관련 법규의 엄격한 집행을 포고령으로 한 차례 강조한 것을 제외하면 1570년대에는 이와 관련한 포고령이 더 이상 따로 나온 적이 없었다. 또한 추밀원이 1570~1587년 사이에 이 문제와 관련된 행동을 취한 것은 여덟 차례 정도에 불과했다.[36]

---

34 Paul Slack, "Social Policy and the Constraints of Government, 1547~58," in Jeniffer Loach and Robert Tittler(eds.), *The Mid-Tudor Polity* (London: Palgrave Macmillan, 1980), p.102.

35 Ralph Davis, *English Overseas Trade, 1500~1700*, pp.11, 17; David Palliser, *The Age of Elizabeth: England under the Later Tudors, 1547~1603*, pp.292~293; Steve Rappaport, *Worlds within Worlds: Structures of Life in Sixteenth Century London*, p.57.

36 *Acts of the Privy Council of England*, edited by J. R. Dasent(London: H.M.S.O.,

1572년, 1576년의 두 입법은 1536년에 소개되었다가 좌절된 적극적 빈민 구제제도의 핵심이라 할 수 있는 구빈세의 강제 징수와 공공고용을 다시 도입 함으로써 영국 빈민제도 발전의 근간이 되었다. 한편, 1570년대의 빈민법은 이러한 적극적 프로그램과 함께 부랑인에 대한 매우 엄격한 처벌 조항을 규정 함으로써 1536년과 같은 양면 정책 two-directional policy 의 전통을 이었다.[37]

법의 제정 과정을 살펴보자. 1572년 5월 의회가 열렸을 때, 정부는 이미 상 당 기간의 면밀한 검토를 거쳐 준비한 새 빈민 법안을 손에 가지고 있었던 것 같다. 추밀원 기록에 따르면 추밀원은 1571년 말 런던 시장과 주교를 불러 구 제 대상 빈민과 처벌 대상 빈민을 좀 더 합리적이고 효과적으로 구분할 수 있 는 방안을 마련하기 위해 협의했으며 이러한 논의는 이듬해 3월까지 계속되었 다.[38] 그런데 이러한 논의는 1571년에 제출되었다가 자동 폐기된 빈민 법안을 바탕으로 이루어진 것처럼 보인다.[39]

1571년 의회에서는 빈민법이 하원에 제출된 후 1차 독회에서부터 찬반 토 론이 벌어지는 예외적인 일이 일어났다. 몇몇 의원은 부랑인 처벌 규정이 매우 가혹하다고 비판했으며, 처벌보다는 적극적 구제가 더욱 효과적이라는 주장도 제기되었다. 결국 새로운 법안을 다시 입안할 위원회가 구성되고, 여기에는 프 랜시스 놀리스 Francis Knollys 등 다수의 청교도 의원들이 포함되었다. 이렇게 해 서 작성된 새 법안은 하원을 통과하고 2차 독회까지 했으나 아마도 시간이 부

1890~1907), pp.52~53, 73~74; vol.9, p.247; vol.10, p.99, 215; vol.14, pp.187~188, 253; vol.15, p.256.

37   14 Elizabeth, c.5, 1572; 18 Elizabeth, c3, 1576.

38   *Acts of the Privy Council of England,* edited by J. R. Dasent, vol.8, pp.52~53 (Dec. 6, 1571); vol.8, pp.72~73(Mar. 9, 1572).

39   T. E. Hartley(ed.), *Proceedings in the Parliaments of Elizabeth I,* vol.I, pp.366~ 367.

족해 더는 진척되지 못하고 폐회를 맞게 되었던 것 같다.[40]

1572년 5월 의회가 소집되자 정부 측에서 입안한 것으로 보이는 '부랑인 처벌과 빈민 구제를 위한 법률안'이 상원에 제출되었다. 1571년 법안과 마찬가지로 1차 독회만 마친 후 위원회가 구성되고 닷새 만에 상원을 통과해서 하원으로 넘겨졌다.[41]

1572년의 의회 입법 과정에 대해서는 비교적 상세한 공식·비공식의 의사기록이 남아 있다. 이상한 것은 '구빈세'라는 새로운 종류의 세금이 신설되었음에도 이에 대한 논란이 전혀 기록되어 있지 않다는 점이다. 법안의 다른 쟁점에 대해서는 매우 상세하게 기록된 것을 볼 때 누락은 아니며 아예 쟁점사항이 되지 않았을 가능성이 더욱 크다. 기록에 의하면 하원에서 주로 문제삼은 점은 '부랑인'에 대한 정의定義였으며, 특히 대상 범위를 축소해야 한다는 주장이 여러 차례 제기되었다. 그 밖에 다른 쟁점은 부수적 사항에 국한되었다.[42]

1572년의 빈민법 입법이 그다지 긴급성을 요하지 않았다는 것은 앞에서 살펴본 사회적·경제적 안정 요인에 더해 법안의 통과 과정에서도 여실히 드러난다. 윌리엄 세실의 주도하에 추밀원과 런던 시 사이에 이뤄진 긴밀한 협의를 포함해 상당히 오랜 기간의 준비 과정을 거쳐 마련된 법안임에도 하원이 사소한 항목들을 문제 삼으며 통과를 지체하는 등, 새 빈민법의 제정이 당시 사회

---

40 T. E. Hartley(ed.), *Proceedings in the Parliaments of Elizabeth I,* vol.I, p.247, pp.250~253; Simonds D'Ewes(ed.), *The Journals of all the Parliaments during the Reign of Elizabeth* (London, 1608), reprinted in Irish University Press, 1973, pp.148, 165, 178,181~187.

41 Simonds D'Ewes(ed.), *The Journals of all the Parliaments during the Reign of Elizabeth,* pp.198, 207.

42 T. E. Hartley(ed.), *Proceedings in the Parliaments of Elizabeth I,* vol.I, pp.366~369.

상황 때문에 긴박하게 요구되고 있다는 분위기가 전혀 발견되지 않는 것이다. 부랑인의 정의 등에 관한 논란으로 법안 심의의 장기화가 우려되자 놀리스는 "완벽을 기한다는 명목으로 사소한 문제에 매달려 아무것도 못 하게 되는 우를 범하지 말아야 한다"라며 법안의 빠른 통과를 요청했을 정도였다.[43] 그는 왕실 회계 책임자Treasurer of the Household로서 의회 내에서 정부 정책의 조율을 담당 하고 있었다.

또한 법안의 핵심 사항, 즉 구빈세라는 새로운 세금의 신설이 쟁점이 되지 못한 이유는 빈곤층은 몰라도 사회 전체적으로 볼 때 어느 정도 경제적 여유가 있었기 때문이라고 풀이될 수 있을 것이다.

1572년 빈민법의 핵심은 노동 능력이 없는 빈민의 구제를 위해 강제적인 누진 소득세 성격을 가지는 구빈세를 신설한 점이다. 이 법에 의하면 치안판사 와 시장이 빈민 조사와 세금 징수액 산출에 대한 전적인 책임과 권한을 갖는 다. 또한 이들은 각 교구별로 징수관과 민생 위원을 임명해 빈민 구제와 세금 징수에 따르는 여러 가지 업무를 수행하도록 했다. 고지된 구빈세의 납부를 거 부하는 자는 치안판사에게 출두하도록 하고 납부 시까지 투옥할 수 있었다.

한편, 1572년 빈민법은 하원의 반대에도 부랑인에 대해 여전히 무거운 처 벌 조항을 포함하고 있었다. 이는 엘리자베스 치하에서 제정된 관련 법규 중 가장 엄격했으며 튜더 시대 전체를 통틀어서도 1547년의 '노예 조항' 다음으 로 가혹하다고 평가된다. 1531년부터 40여 년 동안 몇 번의 짧은 공백 기간을 제외하고 계속적으로 부랑인 처벌에 적용되어온 1531년 빈민법은 채찍형을 가한 후 연고지로 돌려보내도록 되어 있다. 그런데 1572년 빈민법의 부랑인 처벌 규정은 초범의 경우 다음 재판이 열릴 때까지 감금되고 유죄 확정 시 채

---

43 Simonds D'Ewes(ed.), *The Journals of all the Parliaments during the Reign of Elizabeth*, pp.214, 220.

찍 형벌과 귀에 구멍을 뚫는 형벌에 처할 수 있게 했으며, 재범은 중죄로 다루고 세 번째에는 사형에 처하도록 했다. 단, 초범자와 재범자의 경우는 후견인이 나타나 각각 1, 2년간의 민간 고용 관계가 이루어지면 신체적 형벌을 면할 수 있게 했다. 이 단서 조항은 1547년 '노예 조항'과 본질적으로 같은 아이디어에서 나왔다고 볼 수 있다.

이 법은 노동을 기피하려는 '부랑인'과 '비자발적 실업 노동자'를 구분하고 후자를 위해 치안판사 재량에 의해 빈민 구제 재원의 잉여 자금으로 공공고용을 시행하도록 했다. 그러나 구체적 실천 방안이 결여되어 실효를 거두기 어려웠는데 이 문제는 4년 뒤 다시 거론되어 훨씬 효과 있는 제도로 자리 잡게 된다.

1576년 2월에서 3월에 걸쳐 열린 의회에는 빈민 문제와 관련된 두 개의 법안이 제출되었다. 그 하나는 각 교구별로 일감 비축을 의무화하고 각 카운티에는 교화소를 설립하도록 하여 공공고용을 제도화하는 것이었다. 이 법안은 개회 첫날인 2월 8일 제출된 것으로 보아 사전에 준비된 것으로 보인다. 2차 독회를 거쳐 구성된 위원회를 살펴보면 기록에 이름이 거명된 위원들 중 압도적인 다수가 청교도 의원들로 이루어졌음을 알 수 있다. 당시 하원 내 청교도 수가 62명 정도에 머물렀음을 고려할 때 특기할 만한 사실이라고 할 수 있다. 3월 1일 하원을 통과한 이 법안은 상원으로 넘어가 약간의 수정을 거쳐 일주일 만에 통과되었다.[44]

공공고용에 관한 법안이 비교적 순탄하게 법률이 되는 과정을 밟은 반면, 하원에 제출된 부랑인 처벌에 관한 법안은 많은 논란을 불러일으켰다. 법안의

---

44 T. E. Hartley(ed.), *Proceedings in the Parliaments of Elizabeth I,* vol.1, p.477;
    Simonds D'Ewes(ed.), *The Journals of all the Parliaments during the Reign of
    Elizabeth*, pp.230, 247, 252~253.

수정과 재작성을 위해 2월 11일 위원회가 구성되었으나 별다른 진전을 못 보였고, 3월 7일에는 공공고용 법안을 맡았던 위원들이 추가로 대거 투입되었다. 이 확대된 위원회는 상원과 합동 회의를 개최하는 등 의욕을 보였으나 3월 15일 폐회까지 법률이 되기 위한 과정을 거치지 못했다.[45]

1576년의 빈민법은 '비자발적 실업' 문제의 해결을 위해 신체 건장한 빈민들에게 일자리를 제공하는 것을 골자로 한다. 이 법은 모든 시와 자치도시에 양모, 대마, 아마, 철 등의 재료를 비축하도록 의무화해서 일자리가 없는 신체 건장한 빈민을 고용하도록 규정했다. 이와 함께 치안판사의 재량으로 좀 더 소규모의 지방 단위에도 이 제도를 적용할 수 있게 했다. 또한 이렇게 준비된 일을 거부하는 반항적 부랑인을 강제 수용하기 위해 각 카운티에 교화소를 설치함으로써 강제 노역과 처벌을 동시에 행하도록 했다. 이를 위해 교화소에도 일감을 비축하도록 했다.[46]

물론 1570년대에 이르렀을 때 구빈세의 강제징수나 공공고용제도는 더 이상 새로운 아이디어가 아니었다. 1530년대부터 거론된 이 아이디어들은 이미 런던, 노리치 등 여러 지방에서 시험되었다. 그러나 노리치를 제외한 대부분의 지방에서 제도 정착에 실패했고, 특히 재정적인 어려움에 봉착해 지지부진할 수밖에 없었던 것이 사실이다. 그러므로 몇 안 되는 지방에서 시험적으로 실시된, 그것도 대부분 실패로 끝난 아이디어를 전국적 제도로 도입한 것은 여전히 매우 과감하고 야심찬 시도였다. 1572년과 1576년을 끝으로 튜더 빈민법은 더 이상 새로운 제도의 도입을 시도하지 않았다. 다만 현실 적용 시 발생하는 문제를 보완 정비하는 작업만이 남았을 뿐이었다.

---

45 같은 책.
46 18 Elizabeth, c.3, 1576.

4. 위기 입법의 경우

1) 1552년

1550년대 초 영국 경제는 매우 큰 어려움을 겪고 있었다. 1549년과 1551년 사이의 농산물 작황은 매우 나빴으며, 특히 직물 수출이 하향선을 긋기 시작해 1550년대 초의 연간 수출 물량은 1530년대 수준으로 격감했다. 20여 년간 지속되어온 고도성장 끝에 들이닥친 직물 산업의 불황은 때마침 흉작과 가격 폭등으로 시달리던 임금노동자들에게 극심한 경제적 타격을 주었다.[47] 그래서 1552년 런던 시민들은 추밀원으로 보내는 호소문에서 걸인 및 실업 문제의 증가에 우려를 표명하고 신체가 건강한 걸인들에게 일자리를 늘려줄 것을 촉구하기에 이르렀다.[48]

1549년 케트의 반란Kett's Rebellion은 1540년대에 유일하게 경제 문제와 관련되어 일어난 민중 반란이었다. 반란 주동자들은 대부분 중농층으로서 임차인의 권리 보호와 공유지 및 유휴지에 대한 대지주의 권리 침해 중지를 요구했다.[49] 이들은 서머싯 정부가 1548년 이후 반인클로저 입법 등 대지주의 권리 행사 제한 등의 정책을 적극적으로 추진하는 데 고무된 것으로 알려졌다.

케트의 반란 이후 영국에는 소규모이기는 하지만 경제 문제와 관련한 소요

---

47 W. G. Hoskins, "Harvest Fluctuations and English Economic History, 1480~1619," p.35; Steve Rappaport, *Worlds within Worlds: Structures of Life in Sixteenth Century London,* p.131; A. G. R. Smith, *The Emergence of Nation State: The Commonwealth of England, 1529~1660,* 2nd edn.(Longman, 1997), pp.51~53; D. M. Palliser, *The Age of Elizabeth: England under the Later Tudors, 1547~1603,* p.57.

48 *Tudor Economic Documents,* vol.2, p.307.

49 BL Harley 304, fo.75; printed in Fletcher and MacCulloch, *Tudor Rebellions,* Document 17, pp.144~146.

사태가 빈발했으며, 정부는 1548~1552년의 짧은 기간에 무려 다섯 차례의 포고령을 선포해 치안 문제를 해결하려 했다. 정부가 특히 부랑인 문제에 집착한 이유는 이들 집단이 소요의 원인이 되는 악성 루머를 퍼뜨리는 역할을 한다고 보았기 때문이었다.[50]

1549년 가을에 접어들어 인플레이션과 실업 문제로 사회질서가 극도로 문란해지자 에드워드 6세는 지방 관리들에게 부랑인 관련 포고령을 보다 엄격하게 집행하고 특히 소요를 선동하는 자들은 지체 없이 교수형에 처할 것을 명령했다.[51] 그러나 빈민들의 경제적 고통은 오히려 심화되었다. 1549년부터 시작된 흉작은 3년간 내리 계속되어 식품 가격이 치솟았고 1551년에는 안트베르펜의 의류 수출 시장이 거의 붕괴 직전에 놓여 실업 문제가 전례 없이 악화되었다. 케트의 반란이 진압된 이후에도 에드워드 6세가 사망한 1553년 7월까지 반역 음모, 폭동 등이 계속되었으며 정부는 사회질서 확보 문제, 특히 런던 내 부랑인 문제로 신경을 곤두세웠다.

1551년 4월 추밀원은 수도의 질서 확보를 위해 걸인 교화와 야간 경계의 강화를 런던 정부에 지시한 데 이어 각 카운티의 치안판사들에게도 공문을 보내 부랑인 관련 법규의 더 엄격한 집행을 요청했다. 그럼에도 식품 가격 급등과 경제적 불만이 팽배한 가운데 에식스, 런던 등지에서 소요를 부추기는 책과 벽보가 나돌아 정부를 긴장시켰으며 미들랜드 지역에서도 광범위한 소요 사태가 예상된다는 보고서가 올라왔다.

정부가 의회 소집을 결정한 1551년 가을은 사회 혼란이 여전히 극심한 때였다. 추밀원은 의회 소집과 함께 보궐선거를 지시하면서 "청소년과 판단이 모

---

50   *Tudor Royal Proclamations,* edited by Paul L. Hughes and James F. Larkin(Yale University Press, 1969), vol.II, nos., 281, 337, 352, 356, 363, 371.

51   *Calendar of State Papers, Domestic for the Reigns of Edward VI, Mary I, Elizabeth and James I, 1547~1625,* vol.1, p.23(SP, 8/66).

자라는 자들 사이에 만연한 무질서 문제를 다룰 수 있는 신중하고 현명한 의원을 선출해줄 것"을 당부했다.[52]

'빈민의 옹호자' 서머싯 공작이 처형된 바로 다음 날인 1월 23일에 열려 관심을 끌었던 1552년 회기에서는 예외적으로 많은 사회·경제 법안들이 다루어졌는데 폐기된 사회·경제 법안의 숫자만 해도 약 60여 개에 달했다.[53] 그런데 이 실패한 법안들 중에는 '빈민과 무능력자를 위한 세금에 관한 법률안'이 포함되어 있었다. 법안이 남아 있지 않아 정확한 내용은 알 수 없으나 법안의 이름이 시사하는 바와 같이 전국적으로 시행되는 강제적 구빈세의 신설에 관한 것으로 추정된다.

상원으로 제출된 이 법안을 심사하기 위해 구성된 위원회에는 빈민들의 심각한 고통에 관해 국무대신 윌리엄 세실에게 편지를 보냈던 글로스터 주교 후퍼John Hooper[54] 등이 배정되었다. 위원회는 3일 후 이 법안을 폐기하고 그 대신 '빈민 구제에 관한 법률안'을 새로 작성했는데 이 안이 양원을 통과해 법률로 확정되었다.

원안의 의회 통과 좌절은 세금 신설 문제가 의회 내의 반대에 부딪혔기 때문인 것으로 풀이되는데, 젠트리 계급의 정치적 지지 확보가 최대 현안이었던 노섬벌랜드 공작John Dudley, Duke of Northumberland의 정부였다는 점을 감안하면 의회 내의 반발을 감수하면서까지 원안을 관철하려는 의지는 없었던 것이 분명하다.[55] 그렇다고 해서 새로운 세금의 신설 없이 기존의 재정으로 새로운 빈

---

52 *Acts of the Privy Council of England*, edited by J. R. Dasent, vol.3, p.400(Oct. 28, 1551).

53 Wilbur K. Jordan, *Edward VI, The Threshold of Power: the Dominance of the Duke of Northumberland* (Harvard University Press, 1970), p.340.

54 printed in Patrick F. Tytler, *England under the Reigns of Edward VI and Mary* (London, 1839), vol.1, pp.364~367.

민구제제도나 사회 개혁 프로그램을 시도할 수 있는 상황은 아니었다. 수도원 해체 등으로 급격히 불어났던 왕실 재정은 1540년대의 계속된 전쟁으로 거의 탕진되고 1552년에 이르러 왕실 빚에 대한 이자만 해도 연간 4만 파운드에 달하는 등 매우 어려운 위치에 있었다.

원안이 폐기된 이유를 다른 각도에서 추정해볼 수도 있다. 빈민법 위원회의 주요 멤버였던 존 후퍼는 평소 법의 존재 가치가 얼마나 현실적으로 집행이 가능한지의 여부에 달려 있다고 생각했으므로 그의 의견에 따라 원안의 실용성 등이 문제가 되었을 가능성이 있다.[56]

1552년의 빈민법에는 적극적 빈민 정책이 아무것도 포함되지 않았다. 부랑인 처벌에 대해서는 1531년의 규정을 그대로 적용하도록 했으며 노동 능력이 없는 빈민에게 구걸을 허용한 규정도 1531년과 별 차이가 없다. 1531년에 비해 진일보했다고 평가할 수 있는 것은 각 교구별로 2명의 수금원을 두어 노동 능력이 없는 빈민들의 실태를 조사하도록 하고 자발적 기금을 거두게 한 점뿐이다. 이들에게는 교구 내의 모든 사람에게 희사액을 약정하도록 권유하고 이를 기록할 의무가 주어졌다.[57]

희사를 끈질기게 거부하는 사람들에 대해서는 주교가 직접 설득하는 등의

---

55 근래 들어 윌리엄 세실, 토머스 그레샴(Gresham), 윌리엄 폴렛(Paulet), 월터 마일드메이 등 유능한 행정가들을 갖춘 노섬벌랜드 정부는 인플레이션과 연속 흉작의 사회적 충격을 줄이기 위해 나름대로 잘 대응했다는 평가를 받고 있다. 노섬벌랜드 정부는 통화 개혁을 추진하는 등 의욕적인 정책 집행을 하기도 했으나 지주 계층의 지지를 전제로 한 사회 개혁 정책은 보수적인 성격을 가질 수밖에 없었다. G. R. Elton, *Reform and Reformation: England, 1509~1558,* p.358; Barret Beer, *Rebellion and Riot: Popular Disorder in England during the Reign of Edward VI* (The Kent State University Press, 1982), p.198 등을 참고 바람.

56 "Causes of the Universal Dearth in England"(1551), printed in P. F. Tytler, *England under the Reigns of Edward VI and Mary,* pp.364~372.

57 5 & 6 Edward VI, c.2, 1552.

압력을 가하도록 규정한 것도 진전이라고 할 수 있다. 여전히 자발성의 원칙에 입각해 있었지만 자발적으로 기금을 납부하기를 거부하는 주민들에게 약간의 조직화된 압력을 가할 수 있도록 함으로써 강제적인 구빈세 징수제도에 한 걸음 다가선 것으로 평가할 수 있기 때문이다. 그러나 1552년의 빈민법은 구빈세의 강제징수나 신체가 건장한 빈민에 대한 공공고용을 시험하고 있던 몇몇 지방정부의 빈민 구제 프로그램보다도 훨씬 뒤처진 것이어서 결코 혁신적이거나 전향적이라고 평가하기는 어렵다.

결론적으로 말해서 1550년대 초기의 사회적·경제적 상황은 예외적으로 어려웠으며, 정부는 이로 인한 사회질서 혼란이 심각한 상태에 이르렀다고 판단하고 있었음이 여러 기록에서 발견된다. 1552년의 빈민법은 이러한 위기 상황이 주는 사회적 압력에 의해 제정되었다고 보아도 별 무리가 없으며, 이 법의 보수적 성격은 법의 집행 가능성을 우선적으로 고려한 탓이라고 풀이할 수 있다.

여전히 경제적·사회적 상황이 어렵던 메리 여왕 치하에서 열린 1555년 의회는 1552년 빈민법과 거의 유사한 내용의 법안을 만들었다. 다만 구걸이 허가된 무능력 빈민이 교구나 시의 경계를 넘어 구걸할 수 있도록 함으로써 당시의 절박한 상황이 반영되었다.[58]

2) 1597~1598년

1594~1597년 동안의 4년 연속 흉작은 영국 곳곳에 대량사망 위기mortality crisis를 일으키는 등 극심한 기아 사태를 초래했다. 1597년과 1598년 사이에 사망률이 25% 증가했으며 지역에 따라 50% 이상 증가한 곳도 여러 군데 있었다. 또 1596년부터 1598년까지 3년간 물가가 최소한 46% 뛰어올랐으며 실질

---

58 2 & 3 Philip & Mary, c.5, 1555.

임금도 30% 가까이 하락해 실질임금 수준이 120년간의 튜더 전 시대를 통틀어 가장 최저점으로 떨어졌다. 결국에는 1590년대 중반에 들어 실업 문제, 해외 무역의 위축, 계속되는 흉작, 극심한 곡물 가격 인상 등으로 사회가 극심한 혼란에 빠졌다.[59]

1580년대 말과 1590년대에 걸쳐 부랑인 문제는 심각한 사회문제로 발전했는데 이들이 몇몇 대규모 대중 소요와 조직범죄에 가담했기 때문이었다. 1595년 한 해 동안 런던 근교에서 발생한 불법 집회가 13회에 이르고, 이 중에는 특히 런던에서 발생한 2개의 대규모 식량 폭동이 포함되어 있다. 1520년대 이후 근 70년 만에 발생한 런던의 식량 폭동이라는 사실 자체가 문제의 심각성을 말해주지만, 참가자가 수천 명에 이르는 등 그 규모가 정부를 긴장시켰다. 1587년과 1596년 사이 10년 동안 정부는 사회질서 문제와 관련해 무려 16개의 포고령을 선포했다.[60]

더구나 이들 집단에는 중도 하차한 견습공들과 군사 훈련을 받은 제대군인 등 불평불만을 가진 자들이 대거 가담해 위험 세력이 되어가는 경향이 있었다. 특히 제대군인들 중 다수가 권총 등으로 무장하고 있어 문제가 더욱 심각해질 우려가 있었다. 정부가 이들이 가담한 소요 사태에 대해 계엄령을 선포하고 반역죄를 확대 적용하는 등 극단적인 방법으로 대처한 것은 이들에 대한 우려가

---

59 W. G. Hoskins, "Harvest Fluctuations and English Economic History, 1480~1619," pp.38~39; Peter Bowden, "Agricultural Prices, Farm Profits and Rents," in Joan Thirsk(ed.), *The Agrarian History of England and Wales*, vol.4(Cambridge University Press, 1967); D. M. Palliser, *The Age of Elizabeth: England under the Later Tudors, 1547~1603*, p.58; Steve Rappaport, *Worlds within Worlds: Structures of Life in Sixteenth Century London*, pp.130~145, 150~161.

60 F. Larkin(eds.), *Tudor Royal Proclamations*, edited by Paul L. Hughes and James F. Larkin(Yale University Press, 1969), vol.II, nos.692, 703, 712, 715~716, 721, 735~736, 740, 745, 755, 762, 766, 769, 777, 784.

그만큼 컸음을 짐작하게 한다.[61]

식량 부족과 빈민들의 기아 상태에 관한 보고서가 전국 모든 지역에서 올라오는 등 1597년에 들어서도 상황이 호전될 기미는 보이지 않았다. 추밀원은 매점매석을 처벌하는 등 곡물의 정상적 유통 구조를 확보하는 데 전력을 다했지만, 먹을 것과 일자리를 찾아 전국에서 몰려든 인구 때문에 런던에서는 사회 불안이 가중되고 있었다.[62] 1597년 10월 24일 열린 엘리자베스의 아홉 번째 의회는 1598년 2월 9일까지 계속되었다.

개원 후 약 12일이 지난 11월 5일 프랜시스 베이컨이 '매점매석 규제에 관한 법률안Bill against Forestallers, Regrators and Ingrossers'에 대한 지지 연설의 말미에서 인클로저와 경작지의 목축 전환 금지 등에 관한 위원회 구성을 제의했다. 이에 따라 구성된 위원회에는 빈민 문제와 부랑인 문제를 다룰 책무도 같이 주어졌다.

그러나 빈민 문제에 대해 별 진척이 이루어지지 않자 프랜시스 헤이스팅스 경Sir Francis Hastings, 헨리 핀치Henry Finch 등 청교도 의원들이 빈민 문제만을 중점적으로 다룰 별도의 위원회 설치를 제의했다. 이것이 받아들여져 11월 19일 위원회가 구성되었는데 여기에는 지난 1572년, 1576년, 1593년 회기에서 빈민법 위원회에 소속되었던 의원들이 다수 포함되어 전문성을 살릴 수 있도록 했다.[63]

---

61 같은 책, vol.II, no.769; John Stow, *Annales, or Generall Chronicle of England,* edited by E. Howes(London, 1631), pp.769~770; Roger B. Manning, *Village Revolts: Social Order and Popular Disturbances in England, 1509~1640* (Oxford, 1988), pp.204~210.

62 *Acts of the Privy Council of England,* vol.26, pp.112~113, 116~117, 152~153; vol.27, pp.15~17, 45, 55, 84, 118~119; vol.28, pp.69, 144~145.

63 Simonds D'Ewes(ed.), *The Journals of all the Parliaments during the Reign of Elizabeth,* pp.551~552, 555, 559~561.

이 빈민법 위원회에는 총 13개의 빈민 문제 관련 법안이 배정되었는데 여기에는 구빈원과 병원 건립, 노동 능력이 없는 빈민의 구제, 빈민의 공공고용, 구빈세 징수 등에 관한 것이 포함되었다. 그러나 위원회는 이들 법안들을 대부분 폐기하고 그 대신 '빈민 구제에 관한 법률안'이라는 하나의 포괄적인 법안을 새로 작성했다. 이 새 법안은 다음 해 1월 20일까지 모든 절차를 거쳐 양원 모두를 통과했다.[64]

이 빈민 구제법은 각 교구의 주민과 부재지주에게 구빈세를 부과하고 이를 기반으로 노동 능력이 없는 빈민을 구제하도록 했다. 구걸은 원칙적으로 금지했으나 교구 내의 걸식은 허가했다. 이는 걸식의 무조건 금지를 규정한 1536년의 원안, 1547년, 1572년 빈민법과 비교되는 대목이다. 또한 이 새 빈민법으로 빈민 구제에 관한 핵심 업무의 대부분이 치안판사가 아닌 각 교구의 민생위원과 교구위원의 손에 맡겨지게 되었다.[65]

한편 위원회는 '교화소 건립과 부랑인 처벌에 관한 법률안'에 대해 수차례의 회합을 갖고 대폭적인 수정을 가해 하원을 통과시켰다. 상원에 보내진 이 법안은 거기에서도 많은 논란을 거치며 수정 및 추가 조항이 삽입되어 상원을 통과했고 이 수정 및 추가 조항은 다시 하원으로 넘겨졌다.

그런데 이의 검토를 위해 양원 합동 회의가 개최되는 과정에서 상원의 '매너'가 문제시되어 갈등이 일어났는데, 이 때문인지 몰라도 이 법안은 1월 17일 찬성 66표, 반대 106표로 부결되었다. 그러나 부랑인 처벌을 다루는 또 하나의 법안이 1월 20일 상원으로 제출되어 8일 뒤 양원을 모두 통과했다.[66]

---

64 같은 책, pp.557, 559~561, 565, 572, 577, 584.

65 39 & 40 Elizabeth, c.3.

66 이 법안은 원문에 다음과 같이 표기되어 있다. "Bill for Punishment of Rogues, Vaga-bonds and Sturdy Beggars." Simonds D'Ewes(ed.), *The Journals of all the Parliaments during the Reign of Elizabeth*, pp.531~534, 536~538, 540~542, 563,

부랑인 처벌에 관한 새 법은 기존의 부랑인 처벌 관련 법규를 모두 폐지하고 처벌 절차를 대폭 단순화했다. 치안판사는 상습적이거나 위험성이 있다고 판단되는 부랑인의 처벌을 주로 맡아, 이들을 교화소에 보내 노동을 시키고 누범자를 중형으로 처벌하거나 추방하는 권한을 부여받았다. 단순 걸인이나 부랑인들은 재판 절차 없이 치안관constables이 채찍으로 형벌을 가하거나 연고지로 돌려보낼 수 있도록 했다.[67]

또한 1597년 11월 17일 하원에 제출된 병원과 사설 구빈원 건립에 관한 법률은 별도의 위원회에 배정되어 논란 끝에 양원을 통과했다. 또 의회는 제대군인과 관련된 두 개의 법률을 새로 제정했다. 하나는 부랑 제대군인들을 엄격한 형벌로 제재하기 위한 것이고 다른 하나는 치안판사가 제대군인들에게 일자리를 얻어주도록 임무를 맡기는 것이었다.[68]

1597~1598년 사이에 무려 17개의 빈민 관련 법안들이 쏟아져 나왔다는 사실은 그 자체로 위기 상황을 대변한다. 그것도 상당수가 중복된 내용이다. 1597~1598년에 새로 제정된 빈민법들이[69] 갖는 의미는 1570년대에 도입한 제도들을 근간으로 절차상의 효율성과 실행 가능성을 중점적으로 보완했다는 것이다. 예를 들면 치안판사에게는 주로 감독 책임만 맡기고 실제 구빈 행정은 민생 위원과 교구 위원에게 일임함으로써 교구를 기본으로 하는 효율적 행정체계를 확립했으며, 부랑인 처벌을 위해 필수적이던 재판 절차를 없애 채찍형 등을 치안관 전권으로 처리할 수 있게 했다. 또한 처벌 규정을 대폭 완화해 지방 관리들의 법 집행 기피 현상을 없앤 것 등도 이러한 맥락에서 해석할 수 있다.

579~582, 589~590.

67 39 & 40 Elizabeth, c.4.

68 Simonds D'Ewes(ed.), *The Journals of all the Parliaments during the Reign of Elizabeth,* pp.530, 560, 565, 558; 39 & 40 Elizabeth, c.5.

69 39 & 40 Elizabeth, c.1, c.2, c.3, c.4, c.5, c.17, c.21.

5. 정상 입법과 위기 입법은 무엇이 달랐나?

앞에서 튜더 빈민법의 발전 과정에서 중요한 의미를 가지는 여섯 개의 주요 입법 사례들을 살펴보았다. 이는 길게 보면 규제와 처벌 위주의 소극적 빈민 정책이 적극적 구제로 전환되어온 과정이다. 그러나 이러한 전환은 단순한 직선 운동이 아니라 전진과 후퇴를 거듭하는 가운데 70년 이상의 세월을 거쳐 완성된 것이다.

입법 사례를 비교 분석한 결과 다음과 같은 결론을 도출할 수 있었다. 첫째, 튜더 정부가 위기 상황에만 빈민 문제에 눈을 돌렸다는 주장은 틀린 것으로 보아야 한다. 빈민 구제와 부랑인 규제에 대한 새로운 입법은 사회적·경제적으로 위기 상황일 때뿐만 아니라 정상적이거나 비교적 풍요로운 시기에도 시도되었다. 다시 말하면, 위기 입법과 정상 입법이 모두 이루어졌다.

둘째, 1536년, 1572년, 1576년의 경우로 볼 수 있는 정상 입법은 거의 예외 없이 혁신적이거나 적극적 의미의 프로그램을 포함하고 있다는 점이다. 이러한 프로그램들은 일반적으로 상당한 수준의 예산을 요구하므로 이를 위한 재정이 확보되지 않으면 추진하기 어려운 것이었다. 달리 말하면, 적극적·혁신적인 프로그램의 도입은 현실에 얽매이지 않고 새로운 사회목표를 설정할 수 있는 사회적·심리적인 여유가 전제되어야 함을 반영하는 것이라 할 수 있다.

반면에 위기 상황에서 시도되는 입법의 목적은 당장 눈앞에 닥친 문제의 해결이므로 즉시성과 실용성이 최우선적인 고려 사항이며, 이런 상황에서는 새로운 아이디어의 실험이 어렵다. 1552년이나 1597~1598년과 같이 사회적·경제적으로 매우 어려운 시기에 제정된 빈민법의 경우, 대부분 현실적으로 당장 시행할 수 있는 조항들로 구성된 것은 이러한 관점에서 이해할 수 있다.

셋째, 위기 상황에서 추진된 빈민법의 부랑자 처벌 규정이 오히려 정상 입법의 경우보다 훨씬 관대하다는 점이다. 여기에서 엘리자베스 시대의 법의 엄격성이나 가혹한 처벌이 사회 혼란의 증가에서 기인한다는 학설이 최소한 빈민법에는 해당되지 않음을 알 수 있다. 정상 입법의 사례들은 한편으로 적극적인 프로그램을 도입하면서 다른 한편으로는 가혹한 처벌 조항을 두는, 소위 당근과 채찍의 양면 정책을 여실하게 보여준다.

반면에 위기 상황 입법은 예외 없이 처벌 규정을 완화하고 있다. 이는 지방 관리들이 온정주의로 인해 너무 엄격하거나 가혹한 법률의 시행을 기피하는 경향이 있었으므로 오히려 처벌 조항을 완화하는 것이 법의 집행성을 높일 수 있다는 궁여지책에서 비롯되었다. 이는 그만큼 위기 상황이 긴박했음을 나타내는 것이라 풀이할 수 있다. 또한 정상 입법의 범주에 넣은 1536년, 1547년, 1570년대의 빈민법이 구걸을 금지한 데 반해 위기 입법의 경우는 이를 허용한 점도 이러한 맥락에서 이해할 수 있다.

제8장

휴머니즘과 빈곤의 문제

1. 튜더 빈민법과 정책 사상

정책 사상policy thought의 존재 의미는 동시대인에게 자신들의 사회와 그 사회가 가지고 있는 문제점을 인식할 수 있는 사고의 틀을 제공한다는 점이다. 따라서 역사상 있었던 특정 사회 정책의 본질과 성격을 이해하기 위해서 동시대에 존재했던 정책 사상을 살펴보는 일은 중요하다. 사회 내에서 실제로 일어나고 있는 변화의 내용이나 성격이 무엇인지도 중요하지만 실제 정책 결정 과정에서는 여론 주도층이 그 변화를 어떻게 인식하고 있는지가 더욱 큰 변수로 작용할 수도 있기 때문이다.

튜더 빈민법의 역사적 의미는 처벌과 규제 일변도였던 종전의 부랑인 및 빈민 관련 법규와 확연하게 구별되는 적극적 의미의 빈민 구제와 이에 대한 사회적 책임을 입법화했다는 데에 있다. 즉 구걸 행위는 물론 개인적인 자선 행위 일체를 불법화한 반면, 강제적인 구빈세를 재원으로 하여 병자, 고령자, 장애인 등 '노동 능력이 없는 빈민impotent poors'을 직접 구제하도록 했다. 또한 공공사업을 통해 '노동 능력이 있는 빈민sturdy beggars'을 고용하도록 제도화했던 것이다.

튜더 빈민법에 영향을 미친 정책 사상으로는 휴머니즘과 프로테스탄티즘, 법 존중주의legalism, 태동기의 정치경제학political economy 등이 거론되어왔다. 그러나 튜더 빈민법이 약 70~80년간에 걸쳐 10여 차례의 의회 입법을 통해 엘리자베스 말년에 비로소 완성된다는 점, 그 과정이 하나의 특정한 방향을 향해서 착오 없이 진행된 직선 운동이 아니었다는 점, 그리고 각각의 의회 입법이 입법 환경, 입법 과정, 입법 내용 등에서 개별적인 특수성을 가지고 있었음을 고려할 때, '튜더 빈민법과 긴밀하고 직접적인 관련성을 가진 정책 사상이 무엇이었는가'에 대한 논의는 자칫 비생산적인 논쟁에 그칠 수 있는 것이 사실이다.

그러나 이 문제에 관한 논의를 1530년대로 한정한다면 큰 논란은 피할 수 있을 것으로 본다. 사실 튜더 빈민법의 발달 과정에서 1530년대는 큰 의미가 있다. 이 시기에 빈곤과 빈민 문제에 대해 가히 혁명적이라 할 수 있는 정책의 전환이 시도되었고 이때 논의되고 입법이 추진되었던 빈민 정책의 원칙과 핵심적 아이디어들이 결국은 엘리자베스 말년에 최종적으로 제도화되었기 때문이다.

1531년에 제정된 빈민법은 그 이전의 빈민법과 마찬가지로 부랑인의 처벌과 규제에 치중된 경향이 있었으나, 영국 역사상 처음으로 노동 능력이 있는 빈민과 노동 능력이 없는 빈민을 법적으로 뚜렷하게 차별한 점에서 역사가들의 주목을 받았다. 이 법은 노동 능력이 없는 빈민에 대한 구제의 필요성을 인식하고 치안판사들이 고령, 질환, 기타 장애로 인해 일을 할 수 없는 관내의 빈민들을 조사해서 이들에게 일정 지역 내에서 구걸을 할 수 있도록 허용했다. 반면, 노동 능력이 있는 빈민들에게는 구걸을 금지하고 이를 어길 시에는 채찍형의 형벌을 가한 후에 거주 지역으로 돌려보내도록 규정했다.[1]

1536년에 접어들자 의회는 빈민 문제에 대한 획기적인 입법을 시도했다. 그해 의회에 제출된 빈민법 원안은 신체 건장한 실업 빈민들을 항구, 도로, 수로 등의 건설과 정비 등 공공사업에 투입하도록 하고, 이들에게 적정한 임금과 의료 혜택을 지급하도록 했다. 그리고 공공사업에 필요한 재원은 소득세를 징수해 충당하도록 하고, 중앙정부에 이 업무를 관장할 상설 기구를 설치하도록 하고 있다. 또한 각 교구 단위로 민생 위원을 임명해 조직적인 재원 적립을 맡겨 노동 능력이 없는 빈민들을 구제하도록 했다. 이 법안은 의회 내의 반대에 부딪혀 폐기되고, 그 대신 정부 측이 제출한 대체 법안이 의회를 통과해 최종적인 법률이 되었다. 이 대체 입법은 중앙정부가 직접 관장하는 구빈세와 공공사업제도 등 원안의 혁명적 내용을 누락시켰으나 몇 가지 의미 있는 원칙을 확립했다.

무엇보다 '비자발적 실업'이 발생할 수 있는 경제적 현실을 인정하고 실업 빈민들에게 일자리를 제공할 필요성을 인식한 것이다. 이는 완전고용 시장을 전제로 두고 빈곤의 원인을 나태, 도박, 음주 등 개인의 도덕적 타락으로 돌렸던 과거의 빈곤 인식에서 벗어났음을 의미한다. 또한 빈민 구제를 사회적 책임으로 인식해 사적 자선과 구걸을 금지하고, 노동 능력이 없는 빈민들의 구제를 위해 교구 단위의 조직적 재원 마련과 합리적 분배를 규정했으며 5~14세에 해당하는 빈민 자녀들의 직업교육을 제도화했다.

그런데 이렇게 당시로는 혁명적이라 할 수 있는 빈민 문제의 해결 방향이 제시될 수 있었던 배경은 무엇이었을까? 대부분의 경제사학자들은 1530년대 영국의 경제 상황이 대체로 좋은 편이었다는 평가를 내리고 있다. 1535년을 제외하면 대부분의 작황은 풍작 또는 평년작 수준을 기록했다. 그 덕분에 곡물

---

1   22 Henry, c.12. 이러한 구분은 14세기부터 행해지기 시작했으나, 실제 정부에 의한 정책적·법적 차별로 확립된 것은 1531년이 처음이다.

가격은 10년 동안 안정적으로 유지되었으며 육류와 낙농 제품도 6% 인상된 수준에 머무는 등 16세기의 경제 현상을 대변하는 가격혁명은 아직 나타나지 않고 있었다. 또한 16세기 초반부터 늘기 시작한 모직물 원단 수출이 1530년대와 1540년대에 붐을 이루어 런던 등 대도시에서 노동력 부족 현상을 초래하기도 했다.[2] 물론 중세 이후 빈민 구제를 담당해왔던 교회의 영향력 쇠퇴와 도시 빈민의 증가 등 빈민 문제의 새로운 측면이 떠오르기 시작한 사실을 간과할 수 없으나, 이것이 빈곤과 빈민 문제에 대해 1530년대에 이루어진 혁명적 논의의 배경을 충분히 설명할 수 있다고 보이지는 않는다. 이러한 점에서 '사상의 역할role of ideas'을 논의할 필요성이 있다.

16세기 초반은 많은 튜더 지식인이 빈곤 등 여러 가지 사회적 문제들을 비판적으로 분석하면서 다양한 대안을 제시한 시기였는데, 이들은 특히 경제 및 사회 분야에 대한 정부의 책임과 역할을 강조했다. 그런데 이들에게 새로운 패러다임을 제공함으로써 이 시대의 대표적인 지적 전통으로 자리 잡은 것은 휴머니즘이었다. 물론 지식인 모두를 휴머니스트의 범주에 넣기에는 무리가 있으며, 이들의 논의가 휴머니즘의 틀 속에서만 이루어졌다고 보기도 어렵다. 더구나 대부분의 휴머니스트들이 사회 개혁을 촉구하는 과정에서 이른바 커먼웰스 사상이라고 일컬어지는 동시대 지적 흐름의 일부를 이루었다는 점에 유의할 필요가 있다.

커먼웰스 사상 또는 운동은 각 사회 구성원들의 유기체적 관계와 역할 분담론, 그리고 이에 입각한 지배 계층과 정부의 사회·경제 문제에 대한 책임론을

---

2   W. G. Hoskins, "Harvest Fluctuations and English Economic History, 1480~1619," p.35; Steve Rappaport, *Worlds within Worlds: Structures of Life in Sixteenth Century London* (Cambridge, 1989), pp.88~90, 131; A. G. R. Smith, *The Emergence of Nation State: The Commonwealth of England, 1529~1660,* 2nd edn.(Longman, 1997), p.53.

강조한 16세기 영국 지식인들의 생각이나 운동을 일컫는 말이다. 그런데 영국 휴머니즘 또한 사회질서와 각 사회 계층 간의 조화로운 관계 유지를 사회 존립의 최우선 조건으로 간주하고 이를 위한 공동선의 증진을 정부의 책임으로 본다.[3] 이러한 점에서 휴머니즘과 커먼웰스 사상 사이에 어떤 명확한 선을 긋는다는 것은 불가능할 것으로 보인다.

그럼에도 휴머니즘이 정부 주변의 지식인들과 정치인들에게 사회를 보는 새로운 시각을 제공한 것은 사실이며, 정부의 사회적·경제적 책임의 본질과 범위에 관해 끊임없이 문제를 제기해온 영국 휴머니즘의 전통을 고려할 때 커먼웰스 사상을 토대로 한 사회 개혁론의 전개 과정에서 휴머니스트들의 선도적 역할을 부정하기 어렵다고 할 것이다. 그러므로 튜더 빈민법의 성립 과정을 올바로 이해하기 위해서는 휴머니스트들의 사회 개혁관이 무엇이며, 그들은 빈곤 문제를 어떤 시각에서 접근했는지, 또한 그들이 내놓은 해결책은 무엇이었는지를 살펴볼 필요가 있다.

2. 영국의 휴머니즘과 사회 개혁

대부분의 휴머니스트들에게 사회 개혁은 기존의 사회구조를 크게 벗어나는 일이 아니었다. 또한 사회 개혁의 방법론으로서 외형적인 제도상의 변화보다는 정신적인 면이나 덕성의 함양 등 내면적인 변화를 더욱 중시하는 도덕론적 입장이 주된 경향이었다고 말할 수 있다. 때때로 휴머니즘의 사회 개혁 사상이

---

3 Quentin Skinner, *The Foundations of Modern Political Thought,* pp.215, 228~ 231, 235; M. F. Fleisher, *Radical Reform and Political Persuasion in the Life and Writings of Thomas More* (Geneva: Droz, 1973), vol.1, p.123.

본질적으로 보수적 또는 중세적이라는 평가를 받기도 하는 것은 바로 이러한 점 때문이다.[4]

예컨대 토머스 엘리엇은, 자연적으로 인간은 불평등하기 때문에 사회 계층은 존재할 수밖에 없다고 주장했다. 그는 사물을 이해하는 능력의 차이에 따라 사회 계층이 형성되고 또 각 계층에 합당한 사회적 역할이 부여되는 것이 사회 질서 유지의 기본 조건이며, 그렇지 못할 경우 사회는 끊임없는 갈등 속으로 빠져들고 말 것이라고 경고했다. 엘리엇은 높은 덕성의 소유자만이 이성의 지배를 보장할 수 있다고 생각했으며 이를 위해 귀족 계층의 도덕교육을 매우 중요시했다.[5]

전통적인 지배 계층이 자기 개혁을 통해 공동선common good의 증진이라는 사회적 책무를 담당해야 한다는 엘리엇의 관점은 대부분의 영국 휴머니스트들이 가진 보수적인 사회 개혁관을 대표한다고 볼 수 있다. 토머스 스타키 또한 '이성'의 요소가 사람들에게 균등하게 분배되지 않았다는 이유로 사회 계층의 존재와 그에 따른 역할 분담을 정당화했다. 그러나 그는 이성의 요소가 불평등하게 분배된 이유 중 하나로 교육 기회의 불균등을 지적함으로써 엘리엇에 비해서는 상대적으로 진보적인 견해를 피력했다.[6]

---

4   A. B. Ferguson, "The Tudor Commonweal and the Sense of the Change," *The Journal of British Studies*, vol.3(1963), pp.12~14; W. R. D. Jones, *The Tudor Commonwealth, 1529~1559: A Study of the Impact of the Social and Economic Developments of Mid-Tudor England Upon Contemporary Concepts of the Nature and Duties of the Commonwealth* (The Athlone Press, University of London, 1970), pp.13~14.

5   Thomas Elyot, *The Book named The Governor,* edited with an introduction by S. E. Lehmberg(London: Dent; New York: Dutton, 1962), pp.2~5.

6   State Papers, Henry VIII, 1/90 fo.103r; T. F. Mayer, *Thomas Starkey and the Commonweal* (Cambridge: Cambridge University Press, 1989), pp.8, 138~139; T. F. Mayer, "Faction and Ideology," *Historical Journal,* vol.28(1985), p.18.

리처드 모리슨의 주장에서 좀 더 혁신적인 견해를 발견할 수 있다. 모리슨 역시 사회질서와 조화의 유지라는 대명제를 받아들였으나 세습에 의한 사회 계급의 공고화와 비유동성에 대해서는 부정적인 견해를 보였다. 그는 진정한 귀족성이 태생보다는 덕성에 의해 결정된다고 보았으며 정부 관리의 등용과 승진은 물론 명예의 배분까지도 능력의 원칙에 입각해 이루어져야 한다고 주장했던 것이다.[7] 그러나 모리슨의 이러한 급진적인 주장이 '은총의 순례' 반란 군(1536)이 제기한 평민 출신의 고위 관리들 특히 토머스 크롬웰의 자질 시비에 대한 맞대응으로 나왔던 만큼, 그가 어느 정도까지 심각하게 능력의 원칙에 집착했는지는 알 수 없다.

16세기의 사회 개혁론을 다룬다면 토머스 모어의 『유토피아』를 언급하지 않을 수 없다. 유토피아에는 사회 계급도, 사유재산도 존재하지 않으며 사람들은 모든 면에서 평등하다. 최고 지도자를 비롯한 모든 관리들은 비밀투표로 선출되며 유토피아 사람들은 이성의 명령에만 복종할 뿐 자신들의 의지에 반하는 그 무엇도 강요받지 않는다. 그러면서도 유토피아는 질서가 잘 유지되는 사회로 그려진다.

그런데 『유토피아』를 기술한 토머스 모어의 진정한 의도는 무엇이었을까? 이에 대해서는 너무나 다양한 해석들이 존재한다. 가장 큰 논란을 불러일으키는 것은 작품 속에 두 가지 목소리가 존재한다는 점이다. 즉 유토피아의 사회 제도를 반영할 수 있도록 사회 개혁을 요구하는 히슬로데이Hythloday와 여전히 사유재산과 사회 계층의 정당성을 옹호하는 해설자로서의 모어의 입장이 공존하는 것이다.

---

7   Richard Morison, *A Remedy for Sedition* (1536), edited by D. S. Berkowitz, *Humanist Scholarship and Public Order: Two Tracts against the Pilgrimage of Grace* (Folger Books, 1984), pp.115~116.

토머스 모어는 과연 사회 계급과 사유재산의 폐지를 자신의 궁극적 이상으로 받아들였을까? 만약 그렇다면, 그는 그러한 개혁이 당시의 영국 사회에서 실제로 이루어질 수 있다고 생각했을까? 많은 학자들은 토머스 모어가 세습귀족을 인정하는 에라스무스, 엘리엇 등 동료 휴머니스트들의 온건한 사회철학에 비해 진보적인 사회 개혁관을 가지고 있었다는 것은 틀림없으나, 계급과 사유재산의 폐지는 당시의 지식인 사회에 하나의 화두話頭로 제시한 것일 뿐 실제 그러한 개혁이 당시 영국 사회에 바람직하다고 생각하지는 않았을 것이라고 본다.[8]

휴머니스트들의 보수적·제한적 사회 개혁관은 이들이 기성 권위에 대한 직접적인 공격을 삼갔다는 점에서 잘 나타난다. 자칫하면 사회 혼란과 기독교 공동체의 파괴를 가져올지 모른다는 우려 때문이었을 것으로 보인다. 휴머니스트들의 사회 개혁을 위한 설득의 대상은 언제나 군주와 지배 엘리트들이었다. 일반인들의 여론에 호소하는 일을 꺼렸을 뿐 아니라 오히려 지식인 사회에서의 논의가 일반인들에게 잘못 전달될 것을 걱정했다. 예컨대 토머스 모어가 『유토피아』의 영어 번역뿐 아니라 영어 성경이 일반인들에게 배포되는 것을 극구 반대한 이유가 여기에 있었을 것으로 풀이된다. 또한 토머스 엘리엇이 그의 저서 『거버너Governor』에서 'common weal' 대신 'public weal'이라는 용어를 선호한 것은 전자가 주는 평등과 관련된 어감 때문이라는 분석이 있다.[9]

---

8 Quentin Skinner, *The Foundations of Modern Political Thought,* pp. 235, 255~ 262; J. H. Hexter, *More's Utopia. The Biography of an Idea* (New York: Harper & Row, 1965) pp. 52~56; Jasper Ridley, *Statesman and Saint: Cardinal Wolsey, Sir Thomas More, and the Politics of Henry VIII* (New York, 1983), p. 63, 71, 77; Martin Fleisher, *Radical Reform,* pp. 126, 137. c.f. A. B. Ferguson, "The Tudor Commonweal and the Sense of the Change," p. 28.

9 W. R. D. Jones, *The Tudor Commonwealth, 1529~1559,* pp. 25, 69; Thomas Elyot, *Governor,* pp. 1~2; G. R. Elton, *Reform and Renewal: Thomas Cromwell and the*

이러한 휴머니스트들의 보수적인 사회 개혁관은 왕과 중앙정부, 그리고 소수의 지배 엘리트들에게 개혁을 의존하게 되는 논리적 필연성을 낳았으며, 많은 휴머니스트들이 왕이나 정부 주변에서 그들의 새로운 지식을 현실 정책에 반영하고자 하는 경향으로 나타났다. 휴머니스트들이 왕권의 절대적 권위를 강조한 것은 왕이나 정부 실세에 대한 이들의 의존성 때문이다. 그러나 이들 입장에서 볼 때 왕권이 가지는 권위의 원천은 백성들이 좀 더 안락한 삶을 누릴 수 있도록 '좋은 정치'를 펴는 데에 있었다. 이들이 당시 영국 사회가 당면한 광범위한 사회적·경제적 문제를 해결하는 데 정부의 책임과 역할을 강조하는 주장들을 펼친 것은 이 때문이다.

한편, 이러한 주장들은 엘턴이 규정하는 튜더 시대 국가 온정주의state paternalism 의 근간을 이루는 것으로서, 당시의 헨리 8세와 토머스 크롬웰 정부가 종교개혁과 종교개혁이 가져다준 여러 가지 정치 사회적 변동에 능동적으로 대처하기 위해 필요로 했던 논리를 뒷받침해주었다고 볼 수 있다.

3. 도덕론적 휴머니즘과 실용적 휴머니즘

영국의 휴머니스트들은 개인 이익의 추구보다는 공동선의 증진이 앞서야 한다고 생각했다. 커먼웰스는 모든 구성원 사이의 상호 필요성과 의존성에 의해 유기체적으로 결합되었으므로[10] 공동선이 우선 전제되어야 그 존재 목적이

Common Weal (Cambridge, 1973), p.6.

10   이러한 사회 각 구성원 간의 유기체적 관련성과 상호 의존성을 부각시키기 위해서 이른 바 '신체의 비유'가 자주 사용되었다. 공동선을 외면하고 자신의 사적 이익에만 집착하는 행위에 대한 비판과 빈민 구제의 당위성 설득에 자주 사용되었다. 이 신체의 비유는 원래 중세 영국과 유럽 각국에서 중세의 계급 질서를 정당화하는 수사로 가끔 사용되었

성립한다고 보았다. 따라서 무분별한 개인 이익의 추구는 사회 계층 간의 조화를 깨뜨려 커먼웰스의 존립 자체를 위태롭게 한다고 경고하면서 휴머니스트들은 무분별한 개인 이익의 추구를 통제하기 위해 정부가 그 역할을 적극적으로 담당해야 한다고 주장했다. 커먼웰스 사상에 의하면 통치자의 기본 책무는 바로 사회 전 구성원이 각자의 의무를 다하게 독려하고 각 구성원 간의 협력을 확보함으로써 공동선을 증진하는 것이었다.[11]

그런데 영국의 휴머니스트들은 군주 또는 지배 계층에게 개혁을 의존한다는 데 대체로 의견의 일치를 보였지만, 방법론에서는 상당한 차이가 있었다. 에라스무스의 영향을 받은 많은 영국의 휴머니스트들은 제도적·법적 개혁 등 어떤 외형적 변화보다는 사람들 개개인의 정신 내부에 덕성을 함양시키는 방법이 진정한 개혁이라고 생각했으며, 이를 위해 군주나 지배 계층이 도덕적 덕성에서 우러나오는 행위적 모범을 보여야 한다고 생각했다. 엘리엇 등이 덕성 교육의 중요성을 강조하면서 특히 덕치를 실현하기 위해 군주가 좋은 도덕 교육을 받을 필요가 있다고 주장한 것은 바로 이러한 이유에서였다.[12]

그러나 토머스 스타키, 리처드 모리슨, 토머스 스미스 등 후세대 휴머니스트들의 사회 개혁관은 에라스무스 식의 도덕적 절대주의와 상당한 거리가 있었다. 이들은 오히려 인간 본성을 감안한 정책이 더 효과적이라고 생각했으며, 정책에 의한 개혁, 즉 적절하고 효과적인 법의 운용과 정부 주도의 사회제도 재확립이 필요하다고 보았다. 이들 젊은 세대 휴머니스트들의 새로운 시각은

는데, 16세기 영국에서는 왕권 행사의 정당성과 책임론을 뒷받침했다.

11 Thomas Starkey, *A Dialogue between Cardinal Pole and Thomas Lupset*, edited by T. F. Mayer(Royal Historical Society, 1989), pp.48, 56, 58; Thomas Elyot, *Governor*, p.1; *Tudor Economic Documents,* edited by R. H. Tawney and Eileen Power(London, New York, Toronto: Longmans, Green and Co., 1951), vol.1, p.44.

12 Thomas Elyot, *Governor,* pp.2~5 et passim.

비교적 실용적이고 유동적인 정책 대안을 제시하는 것으로 나타났다. 사실상 모든 튜더개혁이 개혁 입법의 방식으로 이루어졌음을 감안할 때, 법으로 인간 본성을 조절할 수 있다고 믿었던 이들의 생각이 도덕론적 입장에 섰던 앞 세대 휴머니스트들의 주장에 비해 정책 결정 과정에 더 직접적인 영향을 끼쳤으리 라는 것은 미루어 짐작할 수 있다.

토머스 스타키는 옥스퍼드에서 교육받았다. 석사 학위 취득 후 토머스 울지 추기경이 마련해준 옥스퍼드 대학교의 학생감 직을 그만두고 대륙으로 건너가 파도바 등지에서 머물며 레지널드 폴Reginald Pole 의 후원 아래 민법과 교회법 분야의 박사학위를 취득했다. 1535년 1월에 귀국해서 토머스 크롬웰에게 자신의 학문을 나라를 위해 쓰게 해달라며 일자리를 간청해 왕의 궁정사제 chaplain 로 임명되었는데, 이때부터 정부의 정책 수립에 깊숙이 관여했다. 1529 년에서 1532년 사이에 쓴 것으로 추정되는『대화』와 1535년에 쓴『세상 사람 들에 대한 권언Exhortation to the People』으로 식견과 능력을 인정받았다.

리처드 모리슨은 하층민 가정에서 태어나 이튼 칼리지를 졸업하고 울지 추 기경이 설립한 휴머니스트 재단의 도움으로 옥스퍼드 대학교에서 공부했다. 한때 법학원에 몸을 담기도 했으나 대륙으로 건너가 파리 등지에서 공부했으 며 1536년 귀국 직전에는 파도바에서 레지널드 폴의 후원을 받았다. 귀국하자 마자 크롬웰의 참모로 들어가 활약했다. 1539년에는 크롬웰의 주선으로 의회 에 진출했으며, 신성로마제국 카를 5세 궁정에 대사로 파견되기도 했다. 그의 사상이 잘 드러난 곳은 1536년 '은총의 순례' 반란군을 상대로 쓴 두 개의 글 Lamentation, Remedy 이다.

두 사람의 공통점은 옥스퍼드에서 토머스 울지의 후원을 받았고, 이탈리아 파도바에서는 레지널드 폴의 후원을 받았다는 공통점이 있다. 당시 파도바 대 학교가 진보적 사상의 요람이었고, 학문 연구의 과학적 방법론으로 전 유럽에 서 명성을 떨치고 있었던 점도 특기할 만하다. 이러한 경력상의 공통점보다 더욱 중요한 것은 이들이 공유한 생각이었다. 이들은 법의 상대적 측면을 잘 이해했고 인간 본성에 대해 낙관적인 견해를 가지고 있었다. 이들은 또한 법이 사회 개혁의 도구로 유용하게 활용될 수 있다는 신념이 있었다.

스타키는 의회 입법과 정부의 강제적 공권력을 수단으로 삼아 개혁을 실현해야 한다고 주장했다. 그는 법의 본질적 가치를 사회적·역사적 맥락에서 이해하려 했으며, 법이 사람의 자연적 잠재 능력을 발휘할 수 있도록 도와주어야 하고 이를 위해 변화하는 사회 조건에 맞도록 늘 조정되어야 한다고 믿었다. 모리슨도 법의 상대성에 대한 스타키의 견해를 상당 부분 공유했다. 또한 모리슨은 모든 관습법을 묶어 체계화함으로써 권리와 의무를 적절히 배분하는 유일한 법적 근거로서 확립하려 했다. 이들이 법을 사회 개혁의 효율적인 수단으로 간주하게 된 것은 인간의 잠재 능력에 관한 믿음과 인간 본성에 관한 낙관적 전망 때문이었다.[13]

스타키와 모리슨의 유연한 태도와 상황 적응력은 토머스 모어 등 도덕론적 휴머니스트들과 구분되는 또 하나의 요소이다. 세습 군주제나 왕권의 절대적 권위를 옹호한 것이 대표적 사례이다. 스타키는 『대화』에서 통치자 1인에게 무제한적인 권력을 허용한다면 커먼웰스의 파멸을 불러올 수 있다며 의회 등에 의해 통치 권력이 제한받는 선출직 군주제가 가장 바람직하다고 기술했지

---

13 법 중심 휴머니즘(legal humanism)은 로마법을 역사적 맥락 속에서 연구하고 이해하려한 16세기 르네상스 휴머니스트들의 생각을 말한다. 이들은 로마법을 로마 역사의 산물이라고 생각했으며 따라서 16세기 유럽 사회에 이를 그대로 적용하는 것은 맞지 않다고 보았다. 다시 말하면, 16세기 유럽의 사회적 문제를 해결하기 위해서는 그 역사적 상황과 조건에 맞는 법과 제도를 고안해야 한다는 것이다. 스타키와 모리슨의 법 중심 휴머니즘에 대해서는 다음을 참고. Quentin Skinner, *The Foundations of Modern Political Thought*, pp.206~208; G. R. Elton, "Reform by Statute," in T. E. Hartley (ed.), *Proceedings of the British Academy* (Oxford and N.Y., 1970), pp.174~179; Arthur B. Ferguson, "The Tudor Commonweal and the Sense of the Change," pp.23~28.

만, 영국의 경우에는 세습적 군주제가 더 적합하다는 예외론적 주장을 펼쳤다. 엘턴을 비롯한 일부 역사가들은 선출직 군주제는 스타키가 당시 영국에 대해 실제로 가지고 있던 대안적 정부론이었지만, 일자리를 얻기 위한 목적으로 '영국 예외론'을 나중에 추가 기술했을 것이라고 본다.[14] 모리슨도 스타키와 마찬가지로 좀 더 민주적이고 입헌적 정부론을 선호했지만 상황에 따라 왕권신수설에 입각한 절대왕권을 옹호하기도 했다.[15]

대부분의 휴머니스트들은 생계와 저술 활동을 위해서 후원이 필요했고, 또한 자신들의 학문을 현실 사회의 병폐를 치유하는 데 실제로 사용할 수 있는 방편을 모색해야 했으므로 자연히 관직을 얻거나 정부의 실력자에게 고용되는 길을 선택했다. 모어는 『유토피아』에서 동료 휴머니스트들이 '군주를 설득해 공동선을 추구하도록 하는 것'을 자신들의 책무로 느끼고 있다고 기록했다. 이는 앞에서 이야기한 바와 같이 대부분의 휴머니스트가 군주 등 지배층에 의존하는 제한적 사회 개혁론을 주장했음을 말해준 것이다.

문제는 군주나 지배 엘리트들을 설득하는 과정에서 일어나기 마련인 이른바 '자문의 문제problem of counsel'이다. 원칙론자이며 도덕적 절대론자인 모어도 자신이 왕의 신하로서 현실 정치에 직접 참여하게 되면서 자문의 문제가 가진 심각성을 인식하게 되었고, 동료 휴머니스트들에게 융통성과 유연성을 가지도록 권고하기도 했다.[16] 이는 모어 등 대부분의 휴머니스트가 현실 정치의 냉혹한 현실을 분명하게 인식하고 있었다는 이야기이다. 그럼에도 1530년대 왕의 이혼 문제와 그로 인해 야기된 종교개혁의 혼란 속에서 영국의 휴머니스트들은 줄서기를 강요당했으며 이 과정에서 모어, 존 피셔, 엘리엇 등 대부분

---

14   G. R. Elton, "Reform by Statute," pp.167~170; T. F. Mayer, introduction to his ed. *A Dialogue between Cardinal Pole and Thomas Lupset,* pp.x~xii.

15   Richard Morison, *Remedy,* p.117.

16   Thomas More, *Utopia,* pp.39, 49.

의 앞 세대 휴머니스트들은 종교적 믿음 또는 개인적 성향의 문제로 현실 정치
와 타협하지 못했다.[17]

이에 반해 스타키 등의 실용론적 휴머니스트들이 가진 유연성은 그들을 격
동의 현장에서 현실 정치와 타협하며 제한된 범위 내에서나마 개혁의 이상을
추진할 수 있는 공간을 유지할 수 있게 했다. 퀜틴 스키너Quentin Skinner 등의
학자들은 이들의 현실 정치에 대한 인식과 타협적 태도에 대해 마키아벨리의
영향이 있었음을 지적한다. 이들에 따르면, 영국의 휴머니스트 공동체에서 마
키아벨리의 주요 개념 중 하나인 '정치적 사려political prudence'가 처음에는 비판
과 경멸의 대상이었으나 점차 군주가 갖추어야 할 자질의 하나로 받아들여졌
고, 특히 1530년대의 극심한 정치적 혼란을 겪으면서 '공동선 보호'의 차원에
서 폭넓게 받아들일 필요성에 대한 인식이 확산되기 시작했다는 것이다.[18]

4. 스타키와 모리슨의 휴머니즘과 빈곤의 문제

1530년대의 정치와 사회 개혁에 나름대로의 대안을 제시하고 적극적으로
참여했던 휴머니스트들은 토머스 크롬웰 주변의 사람들이었으며 그중에서도
스타키와 모리슨이 가장 활발하게 활동했다. 동시대 대부분의 개혁 성향 지식
인들이나 동료 휴머니스트들과 마찬가지로 스타키는 무절제한 사적 이익의 추
구를 사회 화합을 해치는 주요 요인으로 보았다. 그는 진정한 커먼웰스는 사회
의 어느 특정 부분만 번영해서는 절대로 이루어질 수 없으며 잘 단합되고 조화

---

17 S. E. Lehmberg, "English Humanists, the Reformation and the Problem of Counsel,"
    Archiv fur Reformationsgeschichte, vol.52(1961), pp.89~90.

18 Quentin Skinner, *The Foundations of Modern Political Thought,* pp.250~251;
    William G. Zeeveld, *Foundations of Tudor Policy,* p.14.

된 전체가 함께 번영할 때에만 가능하다고 주장했다. 따라서 그는 정부가 정책이나 법률을 제정 또는 시행할 때 어느 특정 그룹이 아니라 사회 전체에 골고루 혜택이 돌아갈 수 있도록 신중을 기해야 한다고 역설했다.[19]

그러나 동료 휴머니스트들에 비해 비교적 실용적인 입장에 섰던 스타키와 모리슨은 사적 이익의 추구 자체를 사회 전체의 번영과 양립할 수 없는 관계로는 규정하지 않았다. 스타키에게 물질적 풍요는 진정한 커먼웰스 실현을 위한 하나의 필수적인 조건이었으므로, 그는 모든 사람이 공동 이익을 염두에 둔다는 전제하에서라면 사적 이익의 추구가 오히려 사회 전체에 도움이 된다고 보았다. 모리슨 또한 물질적 부나 관직 등 개인적 성취에 대한 야망은 공동선이나 사회 화합에 꼭 해롭지만은 않다고 보았다. 모든 개인이 자신들의 잠재 능력을 법이 정한 테두리 안에서만 발휘한다면 사회 전체의 일반적 복지가 효과적으로 증진될 수 있다고 보았기 때문이었다. 따라서 이들은 개인적 야망이나 사적 이익의 추구 및 사유재산권의 행사가 사회 공동 이익과 안녕을 해치지 못하도록 법률에 의해 규제할 것을 제안했다.[20]

에드워드 6세와 엘리자베스 시대에 많은 활동을 한 토머스 스미스는 남에 대한 배려에 앞서 자신의 이익을 챙기게 되는 것은 인간의 어쩔 수 없는 본능이지만 정부가 이를 잘 통제하기만 하면 사회 전체에 이득이 될 수 있다고 보았다. 그러므로 사적 이익과 공동 이익을 조화시키기 위해서는 정부의 세심한 정책이 필요하고, 이때 정부 정책은 이러한 인간 본성에 적합해야 한다는 것이 스미스의 지론이었다. 예컨대, 목축을 위한 인클로저가 농촌을 피폐하게 만들고 있다면 이를 일방적인 법으로 금지하기보다는 경작이 목축보다 훨씬 이익이 되도록 만드는 정책을 펴는 것이 더욱 효과적이라는 주장이다.[21]

---

19 Thomas Starkey, *Dialogue*, pp.53, 57~58, 65~66.

20 같은 책, pp.33, 36~38; Richard Morison, *Remedy*, pp.112, 117, 135.

이들 실용적 휴머니스트들의 또 다른 특징은 빈곤이나 사회적 궁핍의 문제를 인간의 도덕적 또는 정신적 결함에서 비롯되었다고 보기보다는 하나의 경제적 사실로 받아들이기 시작했다는 점이다. 따라서 이들은 에라스무스의 영향을 받은 도덕론적 휴머니스트들이나 프로테스탄트 개혁가들처럼 일부 계층의 몰지각한 사적 이윤 추구를 비난하거나 도덕적 회복을 호소하는 데 그치지 않고 정부의 적절한 정책과 제도로써 문제를 풀어나가려 했다.

스타키는 빈곤 문제가 전에 없이 심각해진 이유는 빈민들 자신의 게으름 탓도 있으나 정책의 잘못이 크다고 분석했다. 그는 그 근거로 영국은 다른 유럽 국가에 비해 풍요로운 나라이며 바른 정책만 시행된다면 모든 국민을 충분히 먹여 살릴 수 있는 자원을 보유하고 있음을 지적했다. 또한 그는 정부의 잘못으로 인해 "어떤 이들은 너무 많이 가지고 있는 반면, 또 어떤 이들은 너무 적거나 아예 가지지 못하는" 부의 편중 현상을 방지할 수 있는 적절한 정책이 결여되었다고 비판했다.[22]

그는 또한 종교개혁 이후 왕이 새로이 얻게 된 막대한 종교 재산을 빈민 구제 등 공동선을 위해 쓸 것을 가장 먼저 왕에게 제안한 사람들 중 하나였다. 1533년에 그는 모든 초년도 수익을 빈민들에게 분배함으로써 경제적 불평등 문제를 조금이나마 완화시킬 것을 왕에게 권고했고, 수년 뒤 수도원 해체와 함께 막대한 토지가 왕의 재정에 편입되자 이를 대지주 계급인 귀족이나 젠트리 계층에 넘기지 말고 더 조그만 단위로 분할해서 하층민에게 임대할 것을 강력히 제안하기도 했다. 또 일부 재원은 빈민층을 위해 할당함으로써 수도원 해체의 혜택이 골고루 돌아갈 수 있도록 해야 한다고 믿었다.[23]

---

21 Thomas Smith, *A Discourse of the Commonweal of this Realm of England*, edited by Mary Dewar (The University Press of Virginia, 1969), pp. 50~60, 118.

22 Thomas Starkey, *Dialogue*, pp. 88~92.

23 *Letters and Papers*, vol. 6, 414, also printed in *England in the reign of King*

그런데 튜더 시대 사람들의 관점으로 볼 때 빈곤 문제는 무엇보다도 사회질서의 혼란을 야기할 우려가 있었고 이 점에서 스타키와 모리슨도 예외가 아니었다. 이들에게도 빈민의 구제는 사회 전체의 안정과 조화를 확보하는 사회적 수단의 하나로 간주되었다. 스타키에게 빈곤은 시기, 적개심, 알력 등을 낳게 하는 근본 원인이었다. 가난한 자들은 생존을 위한 '필요' 때문에 강도로 돌변할 수도 있는 것이었다. 따라서 빈곤의 문제는 진정한 커먼웰스와는 결코 양립할 수 없는 요소라고 분석했다.[24] 모리슨 또한 빈곤을 사회질서를 어지럽힐 수 있는 위험 요인으로 간주했다.

빈곤 문제를 사회질서의 확보라는 차원에서 바라보는 이러한 시각은 동시대인들의 일반적인 경향과 부합했지만, 처벌과 규제라는 소극적 방법에서 벗어나 정부가 좀 더 적극적인 정책을 시행해 근본적으로 문제를 해결해야 한다는 이들의 주장은 대단히 예외적인 것이었다. 모리슨은 처벌이나 규제로 사회악이나 범죄를 근본적으로 없앨 수는 없다고 주장했다. "도둑질을 하지 않아도 살아갈 방도가 있으면 모르지만, 그렇지 않다면 사람들은 비록 교수형을 당하는 한이 있더라도 도둑질을 계속할 것이기" 때문이다. 따라서 모든 사람이 직업을 가지고 생계 수단을 확보할 수 있도록 만드는 일이 범죄를 없애는 데 더욱 효과적인 방책이 된다고 했다.[25]

토머스 스미스는 단순히 일자리를 공급하는 데에서 그치지 않고 한 걸음 더 나아가 사람들의 노동에 대한 적절한 대가를 보장해주는 것이 꼭 필요하다고 보았다. 자신들의 노고에 대한 보상이 적절하게 주어진다면 노동 의욕이 절로 나겠지만 그렇지 않다면 누가 육체노동을 열심히 하겠느냐는 것이다. 그는 법

Henry the Eighth, edited by J. Meadows Cowper(London: N. Trüner for the Early English Text Society, 1871-78), p.lviii.

24 Thomas Starkey, *Dialogue,* pp.50, 91.

25 Richard Morison, *Remedy,* p.135; State Papers, Henry VIII, 6/13 fol.22.

의 강제력도 별 소용이 없다고 보았다. 사람에게 고통을 가함으로써 어떤 특정 행위를 하지 못하게 할 수는 있어도 어떤 일을 열심히 하도록 의욕을 북돋을 수는 없기 때문이라는 것이다.[26]

처벌보다 교육이나 취업 기회의 확대를 통해 빈곤 문제를 해결하려는 시도의 기저에는 빈곤이 사회의 기능이 제대로 발휘되지 못한 데에서 비롯된다고 보는 시각이 깔려 있었다. 이러한 발상은 어떤 측면에서 획기적인 것이었다. 빈곤의 원인을 당사자의 게으름이나 도덕적 결함으로 보고 이들을 사회적 청소의 대상으로 보는 시각은 16세기에 들어와서도 여전히 팽배해 있었으며 비자발적 실업의 개념은 아직 생소했기 때문이다.

처벌보다는 일자리를 제공함으로써 빈민 문제를 해결하고자 하는 생각은 영국에서 일정 기간 활동했던 스페인 태생의 휴머니스트 후안 비베스도 제기한 바 있고[27] 그의 영향을 받았다고 짐작되는 플랑드르 지방의 도시 이프레스의 빈민 구제 규정에도 반영되었으나, 빈곤이 여전히 개인의 도덕적 결함에서 비롯되는 것으로 보는 관점에서 벗어나지 못했다. 이들은 또한 부유층의 자발적 기금으로 재원을 충당할 수 있다는 낙관적인 견해를 견지함으로써 강제 징세 등 정부의 적극적 역할을 생각하지 못했다.[28] 이 부분에서 스타키와 모리슨 등 영국 휴머니스트들의 생각은 시대를 앞서 있었다.

---

26   Thomas Smith, *A Discourse of the Commonweal of this Realm of England*, pp.60~61.

27   Juan L. Vives, *De Subventione Pauperum sive de humanis necessitatibus* (Bruges, 1526); 영어 번역본은 다음 책에 실려 있다. F. R. Salter(ed.), *Some Early Tracts on Poor Relief* (London: Methuen & Co., 1926), pp.11~15.

28   William Marshall, *The Forme and Maner of Subvēion or Helping for Pore People* (1535), English translation of Forma Subventionis Pauperum(The Ypres Scheme of Poor Relief), reprinted in F. R. Salter(ed.), *Some Early Tracts on Poor Relief*, pp.36~79.

또한 스타키는 청소년기의 아이들이 자질에 따라 직업이냐, 학문이냐를 선택해 그 분야에서 좋은 교육을 받을 수 있는 제도의 입법화를 제안했다. 모리슨 역시 빈곤 문제와 관련해서 청소년들의 직업교육을 중요시했다. 스타키와 마찬가지로 모리슨도 영국의 경제력을 낙관적으로 평가했기에 누구든지 필요한 실용적 지식만 갖추고 있다면 별다른 어려움 없이 일자리를 구할 수 있다고 보았다. 이들의 이러한 견해는 어떤 정해진 목표를 얻는 데 교육의 역할을 중요시하는 전형적인 휴머니즘의 입장을 따른 것이라고 볼 수 있다.[29]

5. 휴머니즘과 빈민법

1536년의 빈민법 원안은 현재 보관 중인 장소에 따라 편의상 이름 붙인 'PRO Public Record Office 초안'과 'BL British Library 초안'에서 비롯되었다고 볼 수 있다. 실업 빈민에 대한 대책으로 공공고용제도를 받아들이고, 빈민 구제를 위한 정부 기구의 신설을 규정했으며, 빈민 구제를 위한 강제적인 세금을 도입하는 등 혁명적인 빈민 구제 프로그램을 담은 BL 초안은 이프레스 빈민구제제도의 영문 번역자이며 토머스 크롬웰의 보좌관이었던 윌리엄 마셜이 1535년 가을 무렵 곧 소집될 의회에 제출하기 위한 목적으로 작성했을 것으로 추측된다. PRO 초안의 작성자는 알려져 있지 않지만, BL 초안보다 앞서 작성된 것으로 보인다. 또한, PRO 초안이 빈민법 입법을 주도한 크롬웰의 손안에 있었고, 이 초안의 주요 내용이 BL 초안에서 다시 다루어지고 있음을 볼 때, BL 초안의 작성자가 PRO 초안을 참고했을 것이라고 생각된다.

스타키나 모리슨이 빈민법 제정에 일정 부분 역할을 했을 것이라고 짐작되

---

29 Thomas Starkey, *Dialogue*, pp. 152~154; Richard Morison, *Remedy*, p. 135.

지만, 그들이 이 두 개의 초안에 직접 관여했다는 증거는 없다. 모리슨은 이 시기에 이탈리아에 머물고 있었으므로 1536년 빈민법 제정 과정과 그를 직접 연결할 방법은 없다. 그러나 스타키의 경우에는 그가 1536년의 빈민법 입법 과정에 간접적인 영향을 미쳤을 가능성을 여러 면에서 확인할 수 있다. 앞서 살펴본 몇 가지 정책 제안 이외에도 스타키는 민생 문제와 관련, 여러 가지 개혁 입법의 입안 과정에 적극적으로 참여했는데, 토지 임대에 관한 정부 규제의 강화 및 모든 제조업을 정부 파견 요원에 의해 조직화하도록 제안한 바 있으며 또한 인구 규제와 가축 사육 등에 관한 법률안을 기초한 것으로 알려져 있다.[30] 그런 그가 빈민법의 제정 과정에서 완전히 소외되었을 가능성은 희박하다.

아닌 게 아니라 그는 이미 『대화』에서 효과적인 빈민 구제를 위해 구체적인 시책들을 제안한 바 있다. 무엇보다도 신체 건장한 미취업 빈민들을 위해 공공고용제도의 시행을 제안했으며 또 유죄가 확정된 범죄자에게 사형이나 신체적 처벌을 하는 대신 일정 기간 공공사업에 종사하도록 하는 것이 공동의 이익을 위해 바람직하다고 강조했다. 그뿐 아니라, 그는 마셜과 마찬가지로 이프레스 빈민구제제도의 영국 도입을 역설하기도 했다.[31]

토머스 크롬웰이나 그 주변 사람들이 새로운 빈민법의 제정을 준비하며 그 내용을 검토하는 동안 PRO 초안뿐 아니라 스타키나 클레멘트 암스트롱Clement Armstrong의 공공고용이나 직업 창출에 대한 제안도 참고했으리라 추정할 수 있다. 이러한 제안들이, 크롬웰이 1536년의 빈민법 원안을 본격적으로 검토하기 이전에 이미 크롬웰에게 전달되었을 가능성이 매우 높기 때문이다.[32]

---

30 Thomas Starkey, *Dialogue,* pp.97~99; G. R. Elton, "Reform by Statute," pp.174~187.

31 Thomas Starkey, *Dialogue,* p.176.

32 G. R. Elton, *Reform and Reformation: England, 1509~1558* (Harvard University Press, 1977), pp.225~227.

또한 BL 초안이 최종적으로 윌리엄 마셜의 손에 의해 작성되었다 하더라도 그가 새로운 빈민법의 제정을 공개적으로 촉구해왔던 스타키 등 주변 지식인들의 의견을 참고했을 가능성이 크다고 할 것이다.

결론적으로 말하면, 1530년 이전 영국 정부는 빈곤 문제를 처벌과 규제 이외의 다른 방식으로 다루려는 어떠한 시도도 하지 않았다. 영국의 지식인들이 이 문제에 대해 본격적으로 논의하고 적극적인 대안들을 만들어내기 시작한 것은 1530년대에 들어서였다. 이들 지식인은 대체로 여러 측면에서 정부와 긴밀한 관련을 맺고 있던 휴머니스트들이었으며, 스타키와 모리슨은 실용적인 개혁 성향을 가진, 특히 법을 효과적인 개혁의 방편으로 믿는 일단의 지식인들을 대표하고 있었다.

또한 스타키와 모리슨은 빈곤의 문제를 나태, 도박, 음주 등 개인의 도덕적 결함보다는 법과 정부 정책의 부족으로 보았다. 이들은 빈곤 문제에 대한 사회적 책임을 강조하고 정부의 적극적인 정책을 주문했다. 공공고용과 직업 창출 노력을 통한 빈곤 문제의 해결을 제안했고, 장기적인 관점에서 직업교육의 중요성을 강조했다. 이들의 진보적이고 실용적인 개혁관은 토머스 스미스, 존 체크John Cheke, 토머스 윌슨Thomas Wilson, 토머스 호비Thomad Hoby, 존 포네트 John Ponet 등 다음 세대 지식인들에게도 많은 영향을 미쳤다.

비록 스타키와 모리슨이 1536년의 빈민법 입법 과정에 직접적으로 참여했다는 명백한 증거는 존재하지 않지만, 이들의 독특한 사회 개혁관과 빈곤 문제에 대한 정부의 책임과 역할에 대한 시각이 당시 정부 주변에 포진한 개혁 성향의 지식인들에게 공유되고 있었음은 명백한 사실이다. 또한 이들의 의견이 1536년의 빈민법안뿐 아니라 1570년대와 1598년에 의회를 통과한 빈민법에 충실히 반영된 점을 고려할 때, 스타키와 모리슨의 역할은 좀 더 장기적 관점에서 검토되어야 할 필요가 있다.

헨리 브링클로우의 사회 개혁론

1. 커먼웰스 사상과 헨리 브링클로우

커먼웰스는 공동체적 사회를 구성하는 개인들 간의 유기체적 연결 관계와 역할 분담론, 그리고 이에 입각한 정부와 지배 엘리트들에 대한 책임론을 강조한 16세기 영국 지식인들의 생각이나 운동을 일컫는 말이다. 다양한 견해 차이가 있었지만, 모든 사회 구성원이 상호 의존관계에 있다는 생각을 공통분모로 했다. 진정한 커먼웰스는 정치 공동체의 각 부분(계층)이 자연의 질서에 의해 자신들에게 부여된 기능과 책임을 성실하게 수행할 때 비로소 이루어진다는 생각이었다. 반면에 부분(계층)들이 자신의 사적 이익에 집착하고 공동선의 추구를 도외시한다면 상호 의존과 협력의 기반이 무너지면서 공동체는 혼란과 갈등 속으로 빠져들게 된다. 커먼웰스의 정점에는 군주가 있으며, 군주의 가장 큰 책임은 사회 각 계층 간 유기적 협력 관계를 확보하는 것이었다. 특히 군주와 그의 정부가 이러한 책임을 다하지 못한 실정失政에서 사회적·경제적 문제가 비롯된다고 보는 인식이 확산되면서 커먼웰스 사상은 정부의 역할 증대와

활동 영역 확대를 요구하는 논리로 작용했다.[1]

빈곤도 자연적 재앙으로 발생하는 불가피한 현상이 아니라 정부의 잘못된 정책으로 인해 발생하는 경제적 현상으로 간주되기 시작했다. 또한 자선을 개인적 신앙의 증거로 보는 관점이 급격히 후퇴한 반면, 빈곤 문제 해결의 책임이 정부에 있다고 보는 관점이 확산되었다. 인클로저, 인플레이션, 함량 미달 화폐의 발행과 부작용, 매점매석, 실업과 고용 확대의 필요성, 재산 소유의 제한 등 다양한 경제 문제의 논의는 정부에 적극적인 정책을 생산하도록 요구하는 것으로 귀결되었다.

시대별로 세분해보면, 1530년대의 커먼웰스 운동은 토머스 스타키와 리처드 모리슨 등 실용적 휴머니스트들에 의해 주도되었는데, 영국 사회의 여러 문제가 '세속적 언어'로 심도 있게 논의된 것이 특징이었다. 1540년대에는 1530년대의 휴머니즘적 세속주의가 여전히 지속적인 영향력을 행사하는 가운데,

---

1   역사가들에 따라서 관심가지는 주창자들이 따로 있다. 예컨대 폴라드는 휴 래티머(Hugh Latimer), 토머스 레버(Thomas Lever), 존 헤일(John Hale), 토머스 스미스, 로버트 크로울리(Robert Crowley) 등 1540년대의 사회 개혁가들을 주목했고, 엘턴은 토머스 크롬웰 주변에 포진했던 존 라스텔(John Rastell), 윌리엄 마셜, 토머스 스타키, 리처드 모리슨, 클레멘트 암스트롱(Clement Armstrong) 등을 중심인물로 꼽았다. 존스(W. R. D. Jones)는 이들 이외에 토머스 모어와 그의 동료 휴머니스트들, 그리고 윌리엄 틴들(William Tyndale)과 같은 급진적 신교 개혁가들까지 포함시켜야 한다고 본다. A. F. Pollard, *England under Protector Somerset* (London: Kegan Paul, Trench, Trüner & Co. Paternoster House, Charing Cross Road, 1900), pp.214~217; G. R. Elton, *England under Tudors,* 2nd edn.(1974), pp.185~188; W. R. D. Jones, *The Tudor Commonwealth, 1529~1559: A Study of the Impact of the Social and Economic Developments of Mid-Tudor England Upon Contemporary Concepts of the Nature and Duties of the Commonwealth* (The Athlone Press, University of London, 1970), p.24. 이 밖에 튜더 시대 커먼웰스 사상을 이해하는 데 유용한 참고 문헌으로는 P. A. Fideler and T. F. Mayer, *Political Thought and the Tudor Commonwealth* (London and New York, 1992); Arthur Ferguson, *The Articulate Citizen and the English Renaissance* (Duke University, 1965) 등이 있다.

강한 종교적 열정과 공동체 의식으로 무장한 일단의 신교 개혁가들이 사회 개혁운동의 전면에 나선 시기라고 할 수 있다. 따라서 1540년대에는 사회적·경제적 문제들이 세속적 언어로 논의되는 가운데 신학적 논쟁이나 회개와 천벌 같은 종교적 개념이 간헐적으로 개입하곤 했다.

또한 1540년대는 헨리 8세에 의한 종교개혁이 가시적인 성과를 거두기 시작한 시기인데, 급진적 신교 개혁가들에게는 그 결과가 성에 차지 않았다. 그들은 헨리의 종교개혁 노선에 대한 신학적 불만과 종교개혁이 가져온 사회적·경제적 결과에 대한 실망을 공공연하게 소책자에 담아 분출시켰다. 그중 대표적인 사람이 헨리 브링클로우Henry Brinkelow였다. 프로테스탄티즘은 휴머니즘, 커먼웰스 사상과 더불어 16세기 영국의 정책 사상을 형성하는 중요한 요소이지만 현실 사회 개혁과 관련해 구체적인 분석과 해결책을 제시한 프로테스탄트적 저술은 그리 많지 않다. 따라서 브링클로우의 사회 개혁론은 정책 사상으로서의 프로테스탄티즘을 이해하는 데 매우 중요하다.

그의 생애에 대해서는 태어난 해를 짐작할 수 없을 정도로 알려진 바가 별로 없다. 다만 그가 1546년에 죽었으며 이때 그의 나이는 중년에 가까웠을 것으로 추측된다.[2] 버크셔에서 중농의 장남으로 태어난 그는 처음에는 성직자의 길을 걸었던 것으로 알려졌다. 그 자신은 프란체스코회 소속의 수사로 있다가 "신의 진리를 말했다"는 이유로 주교의 박해를 받아 고향인 버크셔에서 쫓겨났다고 말하고 있으나, 성직자 기록 등에서는 확인이 되지 않는다. 어쨌든 고향을 떠난 그는 런던에서 포목상으로 자리를 잡았는데 그의 이러한 경험은 다른 프로테스탄트 개혁가들에 비해 당시의 경제 상황을 좀 더 현실적인 눈으로

---

2 조셉 쿠퍼(Joseph Meadows Cowper)는 그의 아버지인 로버트가 그가 죽기 바로 3년 전인 1543년까지 살았으며, 그의 결혼 생활이 그리 길지 않았던 점으로 미루어 그렇게 보고 있다. J. M. Cowper의 'introduction' to *Henry Brinklow's Complaynt of Roderyck Mors* (London, 1874), pp.v~vii를 참조.

분석하는 데 도움이 되었을 것으로 보인다.

그의 생애뿐 아니라 개혁가로서의 브링클로우의 활동 또한 로버트 크로울리Robert Crowley, 휴 래티머Hugh Latimer, 토머스 레버Thomas Lever 등의 동료 신교 개혁가들에 비해 덜 알려져 있다. 이것은 아마도 그가 서머싯이 주도하는 에드워드 6세 초기의 좀 더 진일보한 신교적인 종교개혁이 시작되기 전에 죽었기 때문인지 모른다. 다만 그가 썼다고 알려진 4개의 저술들[3]이 남아 있어 이를 통해 그의 생각을 살펴볼 수 있는 것이 다행이다.

브링클로우의 논문들은 기본적으로 진정한 종교개혁의 필요성을 주장하는 등 종교적 성격의 저술로 볼 수 있지만, 개혁이 필요한 이유를 당시의 사회적·경제적 상황, 특히 빈곤 문제와 부의 분배 문제 등과 밀접하게 연관시킴으로써 단순한 종교적 저술에 그치지 않고 구체적 대안을 담은 사회 개혁론으로 자리매김할 수 있게 한다. 그의 저술들이 여러 차례 재발간된 사실[4]로 보아 당시 사회에 상당한 반향을 일으킨 것으로 분석된다.

2. 종교개혁과 사회적·경제적 문제

브링클로우를 비롯한 신교 개혁가들의 일차적 관심은 종교였다. 다시 말해, 기독교 복음의 새로운 해석을 널리 알리는 일이었다. 그런데 이들이 일견 그들

---

3   *The Complaynt of Roderyck Mors* (1542), *The Lamentation of a Christen Agaynst the Cytie of London* (1545), *A Supplycacion to our moste Soueraigne Lorde Kynge Henry the Eyght* (1544), *A Supplication of the Poore Commons* (1546) 등이다.

4   특히 의회에 대한 탄원 형식으로 작성된 *The Complaynt of Roderyck Mors* 는 영국 도서관(British Library)에 4가지 판본이 남아 있는데 제네바(세 차례)와 사부아에서 발행된 것이다.

의 일차적 목적과 거리가 있어 보이는 사회적·경제적 문제에 대해 그토록 깊은 관심을 기울인 까닭은 무엇일까?

따지고 보면, 사회 모든 분야의 사람들 또는 계층이 각기에게 주어진 의무와 책임을 다함으로써 조화롭고 평화로운 사회를 이룩해야 한다는 커먼웰스 사상은 중세 기독교의 사회적 이상을 상당 부분 반영하는 것이었다. 신교 개혁가의 생각도 이와 크게 다르지 않았으나, 다만 이들의 주된 관심과 보호의 대상은 가진 자들의 횡포로 인해 스스로를 보호할 능력이 없는 하층 계층이었다. 신교 개혁가들은 모든 사람이 궁핍과 억압으로부터 해방되어야 한다고 믿었으며, 그러기 위해서는 가진 자와 가지지 못한 자 사이의 사회적·경제적 불균형이 해소되어야만 했다. 더구나 이들은 이러한 불균형이 인간의 원죄적 본성으로부터 기인한 것으로 보았으므로 복음에 기초한 진정한 종교를 확립하는 일이 필요하다고 보았던 것이다.

이들이 가지지 못한 자, 억압받는 자들에게 보인 관심은 종교개혁의 경제적·사회적 결과와도 깊은 관련이 있다. 신교 개혁가들은 헨리 8세에 의해 촉발된 종교개혁이 사회 구성원들의 정신적 갱생을 통해 더 공정하고 덕스러운 사회가 실현되는 긍정적 결과를 가져올 것으로 기대했다. 그러나 실제로는 가진 자와 가지지 못한 자 사이의 간극이 더욱 벌어지고 더 많은 수의 사람들이 궁핍과 억압 속에 비참한 생활을 하게 되었다.

수도원 소유의 토지 등 종교 재산의 처분만 해도 그랬다. 처음부터 개혁 지향적 튜더 지식인들은 수도원 해체가 순수하게 종교적 명분이나 사회 전체의 이익을 위한 방향으로 추진되지 않을 것을 우려했다. 이들은 종교 재산의 상당 부분이 국왕의 금고 속으로 편입되고 궁극적으로는 기득권층의 수중에 떨어질지 모른다고 걱정했다. 우려했던 상황이 가시화되기 시작한 것은 헨리 8세 치세 말기에 들어선 1540년대 초였다.

신교 개혁가들의 관점에서 보면 수도원의 존재 의의는 오로지 빈민 구제였다. 그런데 1530년대 이후 빈민 문제가 사회적으로 구제되어야 할 원칙으로 대두되고 이것이 세속 정부가 책임져야 할 영역으로 귀속됨에 따라 존재 의의를 잃은 수도원의 재산은 사회 전체의 이익을 위해 환원되어야 마땅했다. 그러나 브링클로우, 크로울리, 레버 등의 눈에 비친 1540년대의 상황은 이들의 기대와 정반대 방향으로 진행되고 있었다. 더구나 수도원이 운영하던 병원이나 구빈 시설이 자취를 감추었으며 빈자와 장애인들은 거리로 내몰렸다. 그뿐 아니라 브링클로우 등 신교 개혁가들은 수도원 재산의 처분 방향이 사회 내의 경제적 불균형을 더욱 심화시키는 결과를 초래했다고 보았다. 이들에게 수도원 토지를 분배받은 새로운 지주들은 사리사욕에 눈이 멀어 닥치는 대로 지대를 올리는 '탐욕스러운 대식가greedy cormorants'로 밖에 보이지 않았다. 신교 개혁가들은 당시 인플레이션의 주범으로 이들 새로운 지주들이 단행한 지대 인상을 꼽았다. 빚에 몰린 농부들이 임금노동자로 전락하고 빈곤층이 높은 물가에 허덕이게 된 현실이 모두 이들의 탐욕에서 비롯되었다는 것이 신교 개혁가들의 생각이었다.

신교 개혁가들은 이러한 상황을 사람들에게 설명할 필요가 있었다. 자신들이 주장하고 전파해온 새로운 복음이 진정 옳다면 종교개혁의 결과가 그처럼 불행한 결과를 초래해서는 안 되었다. 여기에는 진정한 복음이 아닌 인간의 원죄적 본성이 개입한 것이 틀림없었다. 신교 개혁가들이 사회 비판에 적극적이었던 것이 사회의식 그 자체보다는 이러한 상황 설명의 필요성 때문이었다는 해석은 여기에서 나온다.[5]

---

5   Arthur Ferguson, *The Articulate Citizen and the English Renaissance*, p.252.

3. 경제적 불평등의 원인과 처방

　브링클로우는 당시 많은 지식인과 마찬가지로 공동체적 사회관을 가지고 있었으며 공동선의 추구가 사적 이익에 우선해야 한다고 생각했다. 그러나 그가 진단한 영국 사회는 "곧 신의 벌이 내릴" 정도로 타락한 사회였다. 그는 가난한 민중을 지배층들이 주도한 사악한 법률과 그로부터 비롯된 여러 가지 억압에서 고통받는 희생자로 단정하고, 자신만의 영리 추구에 집착하는 이들 탐욕스러운 지주, 상인, 성직자들로 인해 정당한 사회적 관계를 실현시키는 일이 방해받고 있다고 주장했다.[6]

　브링클로우는 이러한 비정상적인 상태를 정상으로 돌리는 역할을 군주가 맡아야 한다고 생각했다. 그는 어느 누구도 억압받거나 구속받는 일이 없도록 대책을 강구하는 것이 군주의 의무라고 규정하고, 군주는 모든 종교적·정치적 수단을 동원해 백성의 복리를 추구해야 한다고 역설했다. 그는 또한 국왕이 "지금 자신의 정당한 몫을 빼앗긴 채 거리에서 죽어가는 불쌍한 사람들과 하나도 다를 것 없는 똑같은 자격으로 신의 심판석 앞에 서게 될 것"임을 환기시키면서 만약 빈곤한 자들을 방치하는 등 군주의 책무를 소홀히 하면 반드시 신의 처벌이 따를 것이라고 경고했다.[7]

　수도원 해체와 그에 따른 종교 재산의 처분 과정에서 빈곤층의 고통이 완화되지 않고 오히려 심화되었다면 그 궁극적 책임은 국정의 최고 책임자인 국왕에게 있었다. 그러나 브링클로우를 제외한 대부분의 신교 개혁가들은 수도원 토지의 새로운 주인이 된 젠트리 집단과 자신의 사적 이익 추구에만 몰두하는 부유한 상인 계층, 탐욕스러운 관리들에게 비난의 화살을 돌렸다. 국왕을 직접

6　Henry Brinkelow, *The Complaynt of Roderyck Mors*, pp.73~74.
7　Henry Brinkelow, *A Supplication of the Poore Commons*, pp.77, 81.

적으로 비난하는 브링클로우의 주장은 당시 현실을 감안할 때 매우 위험한 행위였으며 동시에 매우 드문 일이었다.[8]

그는 하층민들이 자구自救 행위의 명분으로 폭력적 반란을 일으키는 것은 용인하지 않았으나 크로울리의 경우처럼 지배계급에 대한 무조건적인 복종을 강요하지는 않았다. 그는 세속 군주의 법도 신의 법과 마찬가지로 지킬 의무가 있음을 인정했으나, 다만 그것이 신의 뜻에 어긋날 경우 육신의 죽음을 두려워하지 않고 감연히 맞서 싸울 수 있다고 주장했다.[9] 이러한 그의 주장은 동시대 신교 개혁가였던 크로울리와 대조되는 대목이다. 크로울리는 인간은 신의 뜻에 따라 지배층과 피지배층으로 구분되며 지배층은 신이 위임한 바에 따라 평민들을 보호해야 할 책무를 지고 있다고 생각했다. 그는 또한 부모 재산의 크기와 상관없이 이 세상의 모든 어린이들을 이 땅의 차별 없는 상속자로 규정하기도 했으나 민중의 지배 계층에 대한 무조건적인 복종을 강요했으며 부의 재분배 문제와 관련해서는 의미 있는 정책을 제시하지 못하는 등 대체로 보수적인 관점을 유지했다.[10]

브링클로우는 당시의 영국 사회를 매우 불평등한 사회로 규정하고, 과도한 부를 소유한 소수의 착취자들과 절대다수의 빈곤층inordinate rich extortioners and a great multitude of poor people으로 구성되어 있다고 비난했다. 그는 이러한 극심한 불평등을 해소하기 위해 신분의 고하를 막론하고 그 누구도 하나 이상의 농장,

---

8   바로 이러한 과격한 주장 때문에 브링클로우는 늘 처벌의 위험 속에서 살았을 것으로 보인다. 그가 가명을 사용하고 그의 저술이 대부분 해외에서 발간된 점은 이런 짐작을 뒷받침해준다.

9   Henry Brinkelow, *A Supplication of the Poore Commons* (1546), p.83.

10   Robert Crowley, *The Way to Wealth* (1550), pp.86~87; *The Voyce of the Last Trumpet* (1550), pp.163~164 참조. 크로울리의 저작들은 J. M.쿠퍼가 편집한 *The Selected Works of Robert Crowley* (London, E.E.T.S., 1872)에 실려 있다. 앞에 표기한 쪽 번호는 모두 쿠퍼 편집본에 의한 것이다.

장원 또는 영지를 소유하지 못하도록 의회가 법으로 정해야 한다고 주장했다. 그는 귀족이나 젠트리 계층의 지주도 연간 20파운드 정도의 수입만 있으면 적절한 생활을 영위할 수 있다고 생각했다. 따라서 농장 등이 2개가 있어도 연간 수입이 20파운드가 안 되면 제한적으로 2개를 소유할 수 있으나, 어떠한 경우에도 3개 이상 소유할 수는 없도록 해야 한다고 주장했다. 그는 이렇게 토지 소유를 제한하는 것이 형제애와 신의 뜻에 부합되는 법이라고 말하고, 이를 통해 사회가 소수의 빈곤층과 다수의 중간적 혹은 온당한 재산을 소유한 사람들로[11] 구성되는 것이 커먼웰스의 유지에 진정으로 도움이 될 것이라고 주장했다.

브링클로우는 앞에서 말했듯이 포목상을 했는데 그는 의류 공업과 관련해 한 가지 특이한 제안을 했다. 양털을 원료로 한 의류 공업은 당시 영국에서 농업 다음으로 큰 산업이었으며, 특히 런던에서는 성인 남자 인구의 약 3분의 1을 고용하는 등 런던 경제를 성장시키는 견인차 역할을 했다.[12] 그런데 브링클로우는 의류 생산이 도시에서만 허용되어야 한다고 주장했다. 또한 모든 의류업자는 자신들이 직접 소비할 양식 생산을 목적으로 하지 않는 한 농촌에 토지를 소유할 수 없도록 해야 한다고 말했다. 그는 지주나 젠틀맨은 토지의 경영에만, 상인은 상품에만 관심을 두어야 한다고 주장했다. 의류업자는 의류를 만들고 농부는 땅을 경작하며 상인은 사람들이 필요로 하는 물건들을 적절하게

---

11 원문에는 다음과 같이 표기되어 있다. "a few poor and a great number of mean and reasonable substance." Henry Brinkelow, *The Complaynt of Roderyck Mors*, pp. 48~49. 토지 소유의 제한은 브링클로우 이전에도 빈부 격차를 줄이는 방편으로 종종 제시되었으며 실제로 1531년 토머스 크롬웰이 앞장서서 의회 입법을 시도하기도 했다. 1530년대와 1540년대에 걸쳐 부의 재분배 문제는 새로 왕실 재정에 편입된 종교 재산의 처리 문제와 관련해 제기되기도 했다.

12 Steve Rappaport, *Worlds within Worlds: Structures of Life in Sixteenth-Century London*, pp.91~93.

공급함으로써 상부상조하는 사회가 이루어질 수 있다고 보았기 때문이다.[13]

경제적인 불평등의 완화를 위한 토지 소유의 제한은 그가 경제적 불평등이 심화된 원인을 근본적으로 지배층의 탐욕에 있다고 본 데서 나왔는데, 브링클로우는 지대의 인상도 그러한 관점에서 분석했다. 그는 수도원 해체로 인해 보다 낮은 임대료와 보다 안정적인 임대 조건이 차지인借地人들에게 주어질 것을 기대했으나 결과는 완전히 상반되는 방향으로 나타났다고 한탄했다. 즉 옛 수도원과 맺은 계약의 효력은 새 지주들에 의해 빈번하게 무효화되었고 불리한 계약이 강요되었으며, 이에 따라 임차계약 갱신금entry fine과 임대료가 전과 비교할 수 없을 정도로 인상되었다는 것이다. 16세기의 지대 인상이 당시의 물가 상승을 실제로 상당 부분 주도했는지, 혹은 지대가 앞서가는 물가를 단순히 뒤쫓아 갔는지에 대해서는 여전히 경제 사가들 간에 논쟁이 있는 부분이다. 그러나 브링클로우에 따르면 지대 인상은 옛 수도원 땅을 차지한 새 지주들의 탐욕에 의해 주도되었다. 이 때문에 자신의 노동력으로 자녀를 키우고 정직하게 살아가던 수천 명의 소농들이 농업 노동자로 전락하거나 구걸에 의존하게 되었고, 그들의 자녀가 수감되거나 교수형을 당하고 있다고 한탄했다.[14]

브링클로우의 관점에서 볼 때 경제적 불평등은 성직자들의 타락에 의해서도 심해졌다. 이 대목에서 브링클로우의 성직관과 교회 재산에 대한 생각을 먼저 살펴볼 필요가 있다. 그는 역사적인 관점에서 이들의 의미를 파악하고자 했

---

13   Henry Brinkelow, *The Complaynt of Roderyck Mors*, pp. 51~52. 이러한 생각은 칼뱅의 천직론(calling) 및 유기체적 사회관과 유사한 측면을 가지며, 또한 사회 전체의 이익에 부합하는 이자 수입을 용인하는 점도 칼뱅과 유사하다고 볼 수 있다. 그러나 칼뱅주의가 영국에 영향을 미치기 시작한 것은 1550년대 말 부터이며, 브링클로우의 팸플릿(The Complaynt of Roderyck Mors)이 발간된 시기가 칼뱅이 제네바에서 자리 잡기 시작한 지 몇 년 되지 않은 1541~1542년임을 감안할 때 여기에서 칼뱅의 영향을 논하기에는 무리가 따른다.

14   Henry Brinkelow, *A Supplication of the Poore Commons*, pp. 79~80.

다. 그에 따르면 예수가 이 땅에 있을 때 기독교인들은 모든 것을 공동으로 소유했으며 따라서 십일조나 빈민 구제를 위한 용도의 재물이 별도로 필요하지 않았다. 그러다가 기독교인의 수가 증가하고 교회가 비대해지면서 사유재산이 발생했다. 이에 따라 구약시대처럼 노동 능력이 없는 빈민의 구제가 필요하게 되었으며, 이를 위해 설교에 전념하는 성직자 외에 부제副祭 등을 임명해 빈곤층을 돕는 일을 맡기게 되었다. 그러므로 십일조는 본질적으로 빈곤층을 구제하기 위해 시작되었다는 것이 브링클로우의 생각이었다. 그런데 성직자들이 본분에서 벗어나 세속적인 부와 명예를 탐하고 급기야 이 '게으르고 건강한 거지들idle sturdy beggars' 집단이 영국 전체 재산의 3분의 1을 차지했을 뿐더러 교회 재산을 원래 목적과 다르게 사용함으로써 민중의 고통이 더욱 심해졌다는 것이다.[15]

브링클로우는 주교들이 마치 이교도의 왕자들처럼 생활하고 있다고 비난했다. 성과 장원, 사슴이 뛰어다니는 사냥터, 물고기들이 노니는 연못 등을 갖춘 사치스러운 생활이 그들을 타락하게 만들고 있다고 주장했다. 그는 주교들이 그 엄청난 재산을 사교 활동을 하거나 왕의 궁전에 자신의 심복을 심는 데 쓴다고 비난했으며, 또한 이들의 재산은 승진이나 더 수입이 좋은 성직을 얻는 데 뇌물로 쓰이거나, 사치스러운 생활에 낭비되고 있다고 비난했다. 그는 주교들을 낭비자, 약탈자, 강도 등에 비유하면서 이들이야말로 가난한 사람에게 가야 할 자선기금을 부당하게 빼앗아 단순 무지한 그들을 궁핍한 상황으로 몰아넣은 주범이라고 단정했다.[16]

그는 초기 교회처럼 오로지 주교와 사제 두 가지 직책만 남기고 모든 성직

15 같은 책, pp.62, 71~73.
16 Henry Brinkelow, *A Supplycacion to our moste Soueraigne Lorde Kynge Henry the Eyght*, pp.49~56.

을 폐지해야 하며, 특히 이들이 영지 관리, 이혼 재판 등 모든 세속적인 업무에서 손을 떼도록 해야 한다고 주장했다. 또한 주교직에 딸린 재산 중에서 100파운드만 주교에게 지급해 본인과 가족이 안락한 생활을 영위하도록 하고(브링클로우는 성직자가 결혼하지 않을 이유가 없다고 생각했다) 나머지 재산은 모두 처분하는 것이 마땅하다고 했다. 이와 함께 그는 주교좌성당cathedrals과 본당성당 내에 기부 재산으로 설치되어 있는 공양당chantry을 성서에 입각해 모두 폐지할 것을 주장했다.[17]

4. 종교 재산의 처분과 사회정의

16세기에 브링클로우만 개인의 토지 소유를 제한해야 한다거나 종교 재산을 사회 전체의 이익을 위해 사용해야 한다고 주장한 것은 아니었다. 예컨대, 토머스 스타키는 이미 1533년에 경제적 불평등의 해소를 위해 국왕의 새로운 수입원인 초년도 성직 수입을 빈곤층에 분배할 것을 제의한 데 이어서 수도원이 해체되기 시작한 후에는 이들 종교 재산을 대지주 계층에 나누어주지 말고 공리적 원칙에 입각해 세분해서 저소득 계층에 임대해야 한다고 건의한 바 있다.[18] 또한 헨리 8세 치하에서 토머스 크롬웰을 보좌하던 존 베일John Bale과 에드워드 6세 치하에서 활발한 활동을 벌였던 크로울리도 종교 재산의 일부를 빈민 구제에 할당해야 한다고 주장한 바 있다.[19] 이 밖에도 레버는 설교를 통

---

17 같은 책, p.44; *The Complaynt of Roderyck Mors*, pp.47~48.

18 *Letters and Papers, Foreign and Domestic, of the Reign of Henry VIII*, edited by J. S. Brewer and James Gardiner(London, 1862~1910), vol.6, 414.

19 Jesse W. Harris, *John Bale*(Urbana, Illinois: The University of Illinois press, 1940), pp.27~28, 63~64; Robert Crowley, *Epigrams*(1550); printed in J. M. Cowper(ed.),

해 종교 재산의 상당 부분을 대학교 등 학교의 운영을 위해 사용하거나 가난한 학자들의 연구를 돕는 교육 재원으로 사용해야 한다고 주장했다.[20]

종교 재산을 사회 전체의 이익을 위해 써야 한다는 브링클로우의 생각은 어느 정도 이러한 동시대 영국 지식인들의 주장에 대한 공감에서 비롯되었겠지만 독일 종교개혁의 사례에서 더 직접적인 영향을 받은 것으로 보인다. 브링클로우가 독일의 종교 재산 처리 방식을 높이 평가했고 영국도 같은 방식을 따를 것을 여러 차례 제안한 바 있기 때문이다.[21]

1536년부터 1539년 사이에 시행된 수도원 해체의 결과가 브링클로우 등의 기대와 완전히 상반된 결과를 가져왔지만 브링클로우는 여전히 많은 종교 재산이 낭비되고 있다며 이의 합당한 처분을 끈질기게 주장했다. 먼저 그는 모든 성직의 초년도 수익과 십일조가 원래 목적대로 빈곤층을 위해 사용되어야 한다고 했다. 그는 이러한 종교적 수입을 로마 교황에 이어 영국 국왕이 차지한다는 것은 신의 법에 어긋나는 강도질에 해당한다고 비난하고, 이러한 악법을 만든 의회가 스스로 이를 빈민에게 되돌려주는 역할을 자임해야 한다고 주장했다.[22]

브링클로우는 공양당과 성직에 딸린 불필요한 세속적 재산을 모두 처분해서 사회 전체의 이익을 위해 사용하도록 제안했다. 종교적 세금의 목적과 성격

The Selected Works of Robert Crowley (London, E.E.T.S., 1872).

20 Thomas Lever, *Sermons* (1550), edited by Edward Arber, *Sermons*, 1550(London, 1870).

21 브링클로우는 또한 독일의 관리들이 빈곤층의 불만에 얼마나 귀를 기울이고 있는가를 설명하고 연중무휴로 관청에 대기하는 그들의 태도를 교훈으로 삼을 것을 지적하는 등 종교개혁 이후의 독일에 많은 관심을 보였다. Henry Brinkelow, *The Complaynt of Roderyck Mors*, pp.42~43.

22 같은 책, pp.38~39. 참고로 1535년과 1540년 사이 왕실 재정에 편입된 초년도 수익과 십일조는 연간 약 4만 파운드에 달했다.

에 대한 그의 관점을 고려할 때, 종교 재산의 처분에 관한 그의 제안이 빈곤층을 배려하는 데 집중된 것은 너무나 당연한 일이었다. 그는 우선 종교 재산의 일부를 빈곤층에 직접 분배해야 한다고 생각했다. 그렇게 함으로써 맹인, 병자, 절름발이 등 신체 부자유한 빈민들의 생활고를 덜어주고, 빈곤 가구의 가장을 경제적으로 지원하며, 가난한 여자 하인들이 결혼할 수 있도록 도와줄 수 있다는 것이었다.[23]

그는 또 종교 재산의 일부를 모든 도시와 읍락뿐 아니라 규모가 큰 촌락 등에 배정한 후 병자, 맹인, 절름발이 등 노동 능력이 없는 빈민들이 기거하며 요양할 수 있는 구호소를 설치하고, 각 구호 시설에서는 가난한 여인들을 유급으로 고용해 이들의 자립을 돕도록 해야 한다고 주장했다. 그뿐 아니라 각 구호 시설에 내·외과 의사들을 상주하게 하고, 해당 도시 또는 읍락은 물론 인근 지역의 빈곤층을 대상으로 진료 활동을 하도록 제도화할 것을 주장했다. 그의 제안에 따르면 이때 의사들은 종교 재산의 처분으로 축적된 기금에서 나오는 봉급만으로 생활해야 하며, 만약 한 푼이라도 빈곤층 환자에게 대가를 받는 일이 발견되면 봉급 지불이 중지되도록 해야 한다고 주장했다.[24]

또한 브링클로우는 종교 재산의 일부로 각 도시와 큰 읍락마다 학교를 세워 히브리어, 그리스어, 라틴어의 세 가지 언어로 강의하도록 하고, 특히 일정한 수의 빈곤층 자녀들을 대상으로 무료교육을 시행해서 그들이 자라 사회 전체에 유용한 사람이 될 수 있도록 배려해야 한다고 강조했다.[25] 브링클로우 등 신교 개혁가들의 교육에 대한 관심은 유능한 성직자를 양성해야 한다는 종교적 목표와도 깊은 관련이 있었다. 그들은 공동체의 정신적 안녕을 위해서는 좋

---

23 같은 책, pp.51~52.
24 같은 책.
25 같은 책.

은 교육을 받은 양질의 성직자 공급이 필수적이라고 보았고, 빈민층 자녀들에게도 그러한 교육의 혜택을 제공해야 한다는 생각이었다.[26]

그는 또한 대출을 적극적인 의미의, 빈민 구제의 한 방식으로 제안한 개혁가였다. 종교 재산을 재정이 어려운 도시와 읍락에 배당해서 생활이 어려운 빈곤층에 우선적으로 대부해 생활 대책을 마련하게 해야 한다고 주장했던 것이다. 그의 제안에 따르면, 첫해에는 이자를 부과하지 않고 이후부터 3%의 이자만을 물리도록 했는데, 1540년대가 극심한 물가 인상의 시기였음을 감안할 때 이는 극히 낮은 이자율이었다. 그는 더 나아가 이 3%의 이자 수입은 막 결혼한 가난한 남녀가 새로운 생활을 잘 시작할 수 있도록 도와주는 데 사용해야 한다고 주장했는데, 이로써 이자 수입의 정당성마저 확보하려 했던 것이다.[27]

5. 브링클로우 개혁론의 의미

브링클로우가 가난한 자들의 권리를 성서에 입각해 옹호한 것은 다른 신교 개혁가들과 차이가 없었다. 신교 개혁가들은 젠틀맨, 상인, 법률가 등 상위 계층에 속하는 자들이 여러 가지 방법으로 빈곤층을 억압하고 수탈하고 있다고 비난하면서 그러한 행위는 성서에 기록된 말씀에 어긋난다고 주장했다. 그러나 이들은 세속적 위계질서 자체를 부정하지는 않았으며, 따라서 권위에 대한

---

26 Arthur Ferguson, *The Articulate Citizen and the English Renaissance*, pp. 254~255.

27 Henry Brinkelow, *The Complaynt of Roderyck Mors*, p. 52. 16세기 영국에서 평균적인 초혼 연령은 남자 26세, 여자 23세이며 평민층의 경우는 이보다 더 늦었던 것으로 알려져 있다. 핵가족이 일반적인 가족 형태였음을 감안할 때, 빈곤층의 경우는 주거 공간과 안정된 일자리 등 경제적 독립의 요건을 갖추지 못해 결혼 생활을 시작하는 데 많은 어려움이 따랐을 것이다. 경제적으로 매우 불안정했던 1540년대에 많은 빈곤층 남녀가 경제적인 이유로 결혼을 늦추고 있던 현실을 브링클로우는 간과하지 않았던 것이다.

직접적 공격을 삼가고 하위 계층을 대상으로 선동하지도 않았다. 브링클로우
도 여기에서 크게 예외는 아니었다.[28] 브링클로우가 당시 영국의 사회적·경제
적 문제점을 분석하면서 지배층의 도덕성을 문제 삼은 것도 다른 신교 개혁가
들과 다름없었다. 예컨대 휴 래티머는 에드워드 6세 앞에서 행한 설교에서 노
동을 유일한 생계 수단으로 삼는 가난한 민중들이 자신들이 흘린 땀의 정당한
대가로 스스로의 삶을 영위할 수 없게 만드는 것은 식량 품귀 현상인데, 이는
일부 부자들의 지나친 영리 추구에 의해 일어나는 것이라고 지적했으며[29] 레
버도 유사한 견해를 피력한 바 있다.[30] 다시 말하면 브링클로우의 사회적·경제
적 분석도 근본적으로는 종교적 도덕론에 바탕을 두고 있었다.

그러나 브링클로우가 당시의 경제 문제를 분석하는 데 경제 현상 사이의 인
과관계를 상당히 체계적으로 설명하는 등 다른 신교 개혁가들과는 비교할 수
없을 정도로 구체적인 주장을 개진했다는 점을 지적하지 않을 수 없다. 앞에서
보았듯이 지대 인상을 당시 사회가 당면한 문제점으로 지적하면서 그것이 옛
수도원 땅을 매입하거나 하사받은 새로운 지주들에 의해 주도되었음을 상세하
게 설명한 것, 지대 인상이 지속적인 물가 상승을 초래했다는 것, 그리고 물가
상승이 장기적으로 영국 모직물 상품의 해외 수출에 장애가 될 것이라고 분석
한 것 등이 그러한 예들이다. 그뿐 아니라 성직 개혁과 종교 재산 처분의 원칙

---

28 폴 피들러(Paul A. Fideler)는 그들의 사회사상이 성서적 근거뿐 아니라 중세 이래의 포
    퓰리즘 이론에서도 영향을 받았다고 지적한다. Paul A. Fideler, "Poverty, Policy and
    Providence: the Tudors and the Poor," in P.A. Fideler and T. F. Mayer(eds.),
    *Political Thought and the Tudor Commonwealth: Deep Structure, Discourse
    and Disguise* (London and New York, 1992), p.206.

29 Hugh Latimer, *Selected Sermons of Hugh Latimer*, edited by Allan G. Chester
    (The University of Virginia Press, 1968), p.66.

30 레버 등 에드워드 6세 시대의 커먼웰스 사상에 대해서는 G. R. Elton, "Reform and
    'Commonwealth-Men'of Edward VI's Reign," in P. Clark(ed.), *The English Common-
    wealth, 1547~1640* (Leicester University Press, 1979)을 참조.

을 성서적 입장에서 설명하면서도 그 처분 방안으로 빈곤층에 대한 무료 의료 시술을 제도화한다거나 빈곤층 자녀에 대한 무료교육 시행을 제안하는 등, 매우 구체적인 대안을 제시한다. 이러한 점에서 그의 경제 분석은 에드워드 6세와 엘리자베스 1세 시대에 활동했던 실용적 휴머니스트인 토머스 스미스에는 미치지 못하지만 당대의 다른 신교 개혁가들에 비해서는 탁월한 수준이었다고 평가할 수 있다.[31]

또한 그는 의회가 나라의 으뜸가는 회의체head council of all realms이며 의회의 결정이 왕의 동의와 함께 왕 자신을 포함한 국민 모두를 구속한다고 보고 의회 입법을 통한 개혁을 주창했는데, 이는 제안의 구체성과 함께 인간 내부의 도덕적 개혁에 초점을 맞추었던 동료 신교 개혁가들과 그를 구별되게 하는 또 하나의 요인이었다. 물론 브링클로우가 사회적 쟁점 사항의 공적인 논의 장소로 인식했다고 하지만 그가 당시 영국 의회를 긍정적 시각으로만 평가한 것은 아니었다. 예컨대 그는 의원들 중에는 현명하지 못한 자들이 있어서 잔인하거나 민중의 어깨를 짓밟는 악법들이 만들어지고 있다고 비난하기도 했으며, 같은 이유로 당시 의회가 지대 인상과 인플레이션이 초래한 빈곤층의 어려운 상황을 타개할 수 있는 방안을 자진해서 마련할 것이라고 기대하지도 않았다. 이러한 의원들의 자질 개선을 위해 브링클로우는 의원의 선출 기준을 덕성, 분별력, 정직성 등에 두어야 한다고 주장했으며, 또한 그들에게 끊임없이 책임과 의무를 환기시킬 필요가 있다고 보았다. 그러한 방법 중 하나는 의회가 열릴 때마다 정직한 성직자가 일주일에 세 차례 이상 의원들에게 책임 의식을 강조하고 부조리의 개혁에 전력하도록 설교를 하는 것이었다.[32]

---

31 Arthur Ferguson, *The Articulate Citizen and the English Renaissance*, pp.257~258.

32 Henry Brinkelow, *The Complaynt of Roderyck Mors*, pp.5~6, 8~13.

브링클로우가 주장한 사회 개혁론의 의미는 크게 두 가지, 즉 사상사적 측면과 더욱 중요하게는 실제 정책에 미친 영향력 측면에서 살펴볼 수 있다. 그러나 특정 사상이나 개혁 논리가 실제 정책에 어떻게 반영되었는지, 혹은 정책 결정 과정에서 어떠한 영향력을 발휘했는지를 평가하는 일은 결코 쉬운 작업이 아니다. 특히 브링클로우의 경우 그가 왕성한 활동을 펼쳤던 시기에 영국 정부의 개혁 작업은 오히려 소강상태에 빠져들었기에 그의 직접적인 영향력을 말하기가 더욱 어려운 측면이 있다. 1540년 토머스 크롬웰 처형 이후 커먼웰스 사상에 기반을 둔 개혁 정책은 심각한 후퇴를 경험했으며, 이후 7~8년간 공백 기간이 지속되었는데 바로 이 시기와 브링클로우의 활동 시기가 일치한다.[33] 그러다가 서머싯 공작 주위에 포진하고 있던 개혁적 지식인들이 경제적·사회적 개혁 작업을 다시 단행하기 시작한 것은 브링클로우가 죽은 직후인 1547년부터였다.

에드워드 6세 치하의 첫 두 회기 동안 의회가 통과시킨 법률의 40% 이상이 경제적·사회적 문제를 다루었다는 점에서 서머싯 정부의 개혁 추구 성향이 잘 드러난다.[34] 브링클로우의 주장과 유사한 정부 정책도 있었지만 그의 영향력 여부를 판단하기는 어렵다. 단적인 예로 1547년 의회 입법에 의해 약 2000여 개소에 달하는 공양당이 폐지되었는데 이는 브링클로우의 영향이라기보다 신교적인 종교개혁을 추구했던 서머싯의 의지가 반영되어 단행된 결과로 볼 수 있으며,[35] 좀 더 직접적으로는 전쟁의 경비를 마련하는 데 사활을 걸었던 정부

---

33   G. R. Elton, *Reform and Reformation: England, 1509~1558* (Harvard University Press, 1977), pp.317~327.

34   W. K. Jordan, *Edward VI: The Young King* (Harvard University Press, 1968), p.391.

35   루터가 주장한 '믿음만에 의한 구원 원칙(justification by faith alone)'이나 더 나아가 칼뱅의 엄격한 '예정설'에 입각할 때 죽은 자를 위한 기도는 무의미한 일이었다.

의 재정적인 필요가 우선했던 것으로 보아야 한다.

브링클로우가 주장했던 토지 소유의 제한 정책은 1540년대 말과 1550년대에 걸쳐 여러 차례 입법이 시도되었다. 존 헤일스가 토지 소유에 제한을 가할 목적으로 1548~1549년 의회에 법안을 제출했으나 실패하고 말았고, 비슷한 법안이 1552년과 1554~1555년 의회에 제출되었으나 이 역시 좌절되었다. 1552년에는 양의 소유를 제한하려는 입법이 시도되기도 했다. 그런데 사유재산의 소유에 일정한 제한을 가하려는 이러한 시도들과 브링클로우를 연결하는 일은 쉽지 않다. 그가 이러한 주장을 한 유일한 인물이 아니거니와 첫 인물도 아니기 때문이다. 1530년대에는 토머스 스타기 등이 이 문제를 정부가 추진해야 할 정책 방향으로 제시했고,[36] 1534년에는 실제로 토머스 크롬웰에 의해 토지와 양의 소유에 제한을 가하는 법안이 의회에 제출되기도 했다.[37]

브링클로우의 대표적 저술[38]이 네차례나 다시 발간되는 등 그의 급진적 사회 개혁론이 당시 사회에 상당한 반향을 불러일으킨 것이 틀림없는 사실임에도 그의 개혁론이 정부 정책에 실제로 반영된 증거를 찾기 어려운 또 다른 이유는 그가 1530년대의 토머스 크롬웰이나 에드워드 6세 치하 초기의 서머싯 공작 같은 개혁 지향의 실세들과 가까이 할 기회가 없었기 때문이다. 이는 튜더 시대의 주요한 정책 결정이 대부분 핵심 당국자와 그 주변에 있던 특정 인

36　Thomas Starkey, *A Dialogue between Cardinal Pole and Lupset,* edited by T. F. Mayer(Royal Historical Society, 1989), p.92.

37　이 법안은 의회를 통과해 법이 되기는 했으나(25 Henry VIII, c.13) 상원의 반대에 부딪혀 대폭 수정됨에 따라 원래 기대했던 효과는 대부분 사라졌다. 크롬웰이 쓴 것으로 보이는 1531년 의회 입법 관련 비망록에도 토지 소유의 제한과 관련된 항목이 포함되어 있다. *Letters and Papers, Foreign and Domestic, of the Reign of Henry VIII,* Addenda, edited by J. S. Brewer, Robert Henry Brodie and James Gairdner (London: H.M.S.O., 1932), p.754. 이 문제에 관한 논의는 G. R. Elton, *Reform and Renewal: Thomas Cromwell and the Common Weal,* pp.54, 101(n.11)을 참조.

38　*The Complaynt of Roderyck Mors.*

사들의 개인적 정책 건의에 의해 이루어졌음을 고려할 때 그의 의견이 정책에 반영될 기회가 그만큼 적었음을 의미한다. 그가 토머스 스미스나 존 헤일스 등과 비교해 쟁점 사항에 대한 사회적 논의가 정책화되는 과정을 잘 이해하지 못했었다고 평가받는 것[39]도 같은 맥락에서 이해할 수 있다.

브링클로우의 사회 개혁론이 실제 정책에 직접 반영된 증거가 없다 해서 이를 과소평가할 이유는 없다. 앞에서 살펴보았듯이 그의 사회 개혁론은 다른 신교 개혁가들에 비해 분석적이고 구체적이었으며, 의회 입법을 통한 개혁을 주장함으로써 도덕론적 입장에 섰던 다른 신교 개혁가들과의 차별성을 확보했다.

그뿐만 아니라 브링클로우가 정부의 정책 결정 과정에 참여한 경험이 없다는 것은 역설적으로 그가 국왕이나 상층 계급의 눈치를 볼 필요가 없었음을 의미한다. 그의 사회 비판이 동시대의 다른 사회 개혁가들에 비해 훨씬 더 과격하다고 평가받는 것은 바로 이 때문이다. 물론 브링클로우도 동료 개혁가들과 마찬가지로 세속적 위계질서 그 자체를 부정하지 않았고 하위 계층에 대해 직접 자구적 행동에 나서도록 선동하지도 않았다. 그러나 대부분의 개혁적 지식인들이 권위에 대해 직접적인 공격을 삼갔으나 브링클로우는 주저 없이 국왕을 비난하는 등 당시 사회의 금기를 훌쩍 뛰어넘었음을 주목할 필요가 있다.

브링클로우의 사회 개혁론을 평가하는 데 고려해야 할 또 하나의 사항은 그의 활동 기간이 사회적 자유주의 또는 경제적 평등주의에 입각한 사회 개혁론이 후퇴하거나 수면 아래로 잠복했던 시기라는 점이다. 1540년부터 1547년까지가 바로 그 시기였다. 스타키는 1538년에 죽었으며 모리슨은 1540년 이후 외교관 경력을 쌓으면서 더 이상 사회 개혁 문제를 제기하지 않았다. 리처드 타버너Richard Tarverner는 작곡 활동에 몰두했으며 래티머는 설교를 중단했다.

---

39 Arthur Ferguson, *The Articulate Citizen and the English Renaissance*, p.151.

토머스 비콘Thomas Becon은 대륙으로 망명했다. 헤일스, 스미스, 윌리엄 세실 등은 아직 본격적인 활동을 할 준비가 되어 있지 않았다.[40]

사회 개혁론이 다시 활기를 띠기 시작한 때는 앞에서 밝힌 바와 같이 헨리 8세가 죽고 에드워드 6세의 섭정공이 된 서머싯 공작이 집권한 1547년부터였다. 헤일스, 래티머, 크로울리, 레버 등이 부의 편중 문제를 비롯해 커먼웰스 사상에 기반을 둔 사회 개혁론을 다시 주창하기 시작한 것이었다.

이러한 점에서 브링클로우가 경제적 불평등을 해소하기 위해 토지 소유의 제한을 주장하고 종교 재산을 사회 공동체와 빈민층을 위해 사용하도록 하는 의회 입법을 주장한 것은 1530년대 말에서 1540년대 말까지 자칫 생길 뻔했던 사회적 자유주의 또는 경제적 평등주의의 사상사적 공백을 메워줌으로써 그 연결고리 역할을 했다는 점에서 또 다른 의미를 찾을 수 있다.

---

40   G. R. Elton, *Reform and Reformation: England, 1509~1558*, pp.317~320.

제10장

반反악덕대출법과 이자의 허용

1. 고리대금과 악덕 대출

　대출에 대한 대가로서의 이자 수수는 화폐경제가 발전하면서부터 관행적으로 행해져온 측면이 있었으며 그 부정적 측면은 숱한 논란을 낳았다. 흔히 고리대금이라고 해석하는 영어의 'usury'에 대한 중세적 정의는 대체로 대출자가 차입자와 위험 부담을 공유하지 않는 상황에서, 다시 말하면 상환이 보장되는 상황에서 단 한 푼이라도 원금 이외의 것을 받는 일체의 행위를 가리켰다. 이러한 행위를 용납하지 않는 사회적·윤리적 태도는 대체로 기독교 전통으로부터 비롯되었으며, 토머스 아퀴나스Thomas Aquinas 에 이르러 하나의 체계적인 개념을 갖추게 되었다.

　그러나 중세 말과 근대 초기에 이르러 상업 활동이 활발해지면서 대부업과 이자에 대한 인식이 변화하기 시작했다. 이자를 상업 활동의 필수적인 요소로 간주하는 시각이 나타나고 이자의 정당성을 종교적인 윤리가 아닌 경제적 효용성의 측면에서 평가하려는 흐름이 나타났다. 이러한 움직임은 궁극적으로 이자를 규제하는 교회법과 세속법을 개혁하려는 시도로 이어졌다. 그러나 세속적 관점에 바탕을 두고 이자 규제의 완화를 옹호하던 주장이라 하더라도 신학과 윤리학의 범위를 완전히 벗어나지는 못했다. 더구나 규제되지 않은 고리대금이 사회에 몰고 올 부작용에 대한 우려에서 그 누구도 자유롭지 못했다.

그러므로 교회법, 세속법을 막론하고 그 변화의 과정은 점진적일 수밖에 없었다. 특히 영국은 15세기 말 이자 문제를 처음으로 세속 정부의 영역으로 끌어들인 이래 과감한 자유화와 전면 금지 정책이 교차하는 굴곡을 경험했다. 그 과정에서 의견이 첨예하게 대립했으며 그에 따른 논쟁에는 종교적 윤리학과 경제의 논리가 동원되었다.

이 글의 목적은 16세기 영국에서 '악덕 대출usury'[1] 또는 이자의 다양한 측면이 논리적으로 그리고 현실적으로 어떻게 인식되었으며 그러한 인식이 어떠한 과정을 거치며 변화해나갔는지를 추적해보는 것이다. 특히 의회의 입법 과정은 이러한 변화를 추적하는 데 유용한 단초를 제공할 수 있다. 매우 중요한 입법이라고 할 수 있는 1545년과 1552년의 반反악덕대출법이 어떠한 과정을 거쳐 이루어졌는지에 대해 충분한 정보가 남아 있지 않은 것은 안타까운 일이다. 그러나 1571년의 입법 과정에 대해서는 비교적 많은 정보가 남아 있는 편이다. 특히 1571년 반악덕대출법Act against Usury의 입법 과정에는 지난 수 세기 동안 이자와 관련해 제기되어온 유럽 사회의 다양한 견해가 의회라는 비교적 자유로운 논의의 장에서 각축을 벌였다는 점에서 그 의미가 크다. 아마도 이를 통해 이자의 합법화와 규제라는 근대적 정책의 태동 과정을 살펴보고 이것의

---

1   'usury'에 대한 중세와 근대 초기의 개념은 금리의 높고 낮음에 관계없이 원금의 상환이 보장되는 상태에서 원금 이외의 받는 행위를 의미했으므로 이를 고리대금이라 번역하는 것은 적절하지 않다. 그러므로 이 책에서는 별도의 혼란이 야기되지 않는 경우에 한해서 '악덕 대출'이라는 용어를 취하기로 했다. 여기에서 악덕 대출이란 이자를 부과하기로 약정된 현금이나 현물의 대출로서 사회적·종교적으로 용납되지 않는 행위를 지칭한다.

사회적 의미를 규정해볼 수 있을 것이다.

2. 기독교 전통과 이자

이자에 대한 서양의 종교적·윤리적 논쟁의 출발점은 성경이었다. 성경에는 이자를 금지한다고 해석될 수 있는 대목이 여러 군데 있는데, 구약의 신명기 (23:20-1), 출애굽기(22:25), 레위기(25:35-6) 등과 신약의 루가복음(6:35) 등이 그것이다. 읽기에 따라서 이자를 받지 말아야 할 대상이 동포(유대인)나 가난한 사람에게만 해당되는 것 같이 보이는 부분이 있는가 하면, 그 대상이 누구이건 보편적·절대적으로 이자를 금지한 것으로 보이는 부분도 있다.

이자에 대한 성경의 부정적 입장에도 불구하고 화폐경제가 완전히 붕괴되었던 중세 초기에는 이자가 그렇게 심각한 사회문제가 되지는 않았던 것 같다. 그러나 10세기 이후 다시 화폐경제가 일어나 확산되면서 상업적 거래와 이자 수수 문제는 교회 당국의 관심과 우려의 대상이 되었다. 중세 교회법의 발전에 지대한 영향을 끼쳤던 12세기의 교회법 학자인 그라티아누스Gratianus는 『데크레툼Decretum Gratiani』에서 "사고파는 행위가 죄를 유발하지 않기는 쉽지 않다"라고 하면서 화폐경제가 기독교 공동체에 몰고 올 파장을 경고했다. 결국 모든 상업적 거래가 교회의 감시 대상이 되었으며 부富의 사용에는 자선의 의무가 결부되었다.

돈을 빌려주고 이자를 받는 모든 행위가 금지되었으며 부정직한 이윤turpe lucrum의 추구 또한 허용되지 않았다. 교회법에 따르면 부정직한 이윤이란 싸게 사서 비싸게 파는 것이었다. 예외가 있다면 그 과정에서 품질의 개선이나 부가적 가치가 추가되었을 경우, 상품의 수송 등 노동이 투입되었을 경우, 효용과 필요성의 차원에서 인정되는 경우였다.[2] 그러나 상품을 비축해놓고 값이 오를 때까지 기다리는 행위는 이러한 예외적 대상이 아니었다.

이자를 전면적으로 부정하는 중세적 개념의 형성에 결정적인 영향을 미친 토머스 아퀴나스는 로마법의 개념을 차용했다. 로마법의 개념에 따르면 사물은 사용 후 원래의 상태대로 주인에게 돌려줄 수 있는 것들non-fungible goods이 있고, 사용하는 과정에서 소비·마모·수축되어 원상태로 돌려줄 수 없는 것들fungible goods이 있는데 집이나 토지 등은 전자에 속하고 음식이나 돈은 후자의 범주에 속했다. 아퀴나스는 전자의 경우에는 사용료rent를 받을 수 있지만 후자의 경우는 원래의 상태대로 돌려줄 수 없으므로 빌려주고 받을 수 있는 성격의 것이 아니라고 했다. 그러므로 남에게 돈을 준다는 것은 곧 그것의 사용권(소비권)을 포함하는 소유권 자체를 넘기는 행위이며 따라서 금전 대출은 곧 화폐의 판매와 같다. 그러므로 이 경우 원금의 상환으로 쌍방 간의 거래는 종결되며 그 이외의 것, 즉 이자의 요구는 하나의 물건에 대해 두 번의 지불을 요구하는 것과 같다. 아퀴나스는 이를 사기와 절도에 해당되는 범죄로 규정했다.[3]

아퀴나스는 이자의 불법성을 부각하기 위해 아리스토텔레스의 개념도 빌어, 화폐의 적절한 기능은 상품의 교환을 위해 사용되는 데 있으므로 돈으로 돈을 사는 행위는 적절하지 못하다고 규정했다. 이자는 화폐의 본질을 훼손하는 행위이며 이는 곧 신의 뜻과 자연법에 어긋나는 죄악이었다.[4]

아퀴나스는 대출자와 차입자가 위험 부담을 공유하는 경우에 한해서만 원금 이외의 것을 취할 수 있다고 했다. 그러나 중세의 대부업자들은 이 예외 조

---

2   Michael Haren, *Sin and Society in Fourteenth-Century England: A Study of the Memoriale Presbiterorum* (Oxford, 2000), pp.163~164.

3   Norman Jones, *God and the Moneylenders: Usury and Law in Early Modern England* (Basil Blackwell, 1989), pp.8~11.

4   같은 책.

항을 적극 활용해 마치 그들이 차입자 측과 모종의 위험 부담을 공유하는 것처럼 꾸미는 방식으로 법망을 피해나갔다. 심지어는 저당물을 잡아놓고 대출을 하는 전당포들도 저당물을 환금하는 과정에서 생길 수 있는 위험을 과장하면서 그들의 행위를 합리화하는 경향이 있었다.

13~14세기 영국의 『고해 지침서Memoriale Presbiterorum』에 따르면 성직자, 속인 가릴 것 없이 악덕 대출이 거의 일상적인 관행이었음을 지적한다. 문제는 사람들이 이를 죄로 인식하지 못하고 있으며 법정의 판사까지도 이를 처벌할 의지가 없다는 것이었다. 『고해 지침서』 속에는 당시 사람들이 실제로는 악덕 대출에 해당하는 거래를 하면서도 이를 교묘히 은폐하고자 한 몇 가지 사례가 소개되어 있다.

그 하나는 돈을 빌려주는 쪽에서 대출금의 회수를 보장하기 위해 토지를 담보로 잡은 후 대출 기간에 이 담보용 토지에서 나오는 수입을 차지하는 것이다. 그리고 원금을 회수할 때 토지를 돌려주되 그동안 해당 토지에서 얻은 수입을 공제하지 않음으로써 실질적으로 이자 수입을 올리는 수법이다. 또 하나의 사례는 외상 거래를 할 때 상품의 적정가보다 높은 웃돈을 받는 수법이다.[5] 세 번째 사례는 곡물의 수확 시기가 다가오기 전에 미리 금액을 지불하고 나중에 수확한 곡물을 차지하는 수법이었다.[6]

---

5   중세 전성기 이후에는 외상 거래가 빈번해졌으며 특히 도매 거래나 중간상인과의 거래에서 많이 일어났다.

6   세번 째 사례의 경우, 계약 당시에는 수확 예정인 곡식의 미래 가치가 불확실하고 따라서 이익 실현 여부가 불분명한 측면이 있다. 그러나 결과적으로 이익을 실현하게 된다면 이 또한 기술적으로 악덕 대출에 해당된다는 해석이 있었다. 그럼에도 불구하고 그리고 리우스 9세처럼 미래 시점의 상품 가격이 불확실한 경우 광범위하게 예외 조항을 적용하는 등 교회 당국의 방침에도 혼란이 있었다. Michael Haren, *Sin and Society in Fourteenth-Century England: A Study of the Memoriale Presbiterorum*, pp.164~168.

악덕 대출에 대한 사회적 비판은 때로 특정한 집단의 사람들에 대한 적개심으로 연결되기도 했다. 르네상스 이탈리아에서 악덕 대출에 대한 비판은 반反유대적인 캠페인으로 받아들여지기 일쑤였다. 공직이나 기타 정상적인 삶의 공간에서 배제된 유대인들이 대부업이나 전당포를 주요 생업으로 삼고 있었기 때문이다. 하지만 기독교인들이라고 해서 그러한 명예스럽지 못한 직업에 종사하지 않은 것이 아니었다. 15세기 이탈리아에서 몬티monti라고 하는 일종의 투자 기관의 운영자들을 비롯해 악덕 대출 영업을 하는 사람들의 절대다수는 사실상 기독교인이었다. 프란체스코 교단의 수사 베르나르디노Bernardino of Siena (1380~1444)는 반유대인 설교의 대명사로 알려졌지만 그의 설교집을 실제로 살펴보면 이자 소득을 올리는 기독교인 대부업자들을 명시적으로 지목해 비판한 대목이 많음을 볼 때 이른바 '고리대금-유대인 동일시 이론the usurer-Jew synonym theory'은 일부 과장된 것으로 볼 수 있다.[7]

15세기 이후 일군의 휴머니스트들과 법의 상대적 관점을 중시하는 사람들을 중심으로 금융업자의 사회적 효용성에 대한 인식이 생기고 악덕 대출 여부에 대한 판단은 대출 약정의 외형적인 요소보다 차입자의 상황, 대출자의 의도, 좀 더 중요하게 대출이 어떠한 결과를 초래했는가를 감안해야 한다는 주장이 제기되었다. 특히 15세기 말과 16세기 초에 걸쳐 활발한 활동을 펼친 튀빙겐 학파Tübingen School의 영향은 주목할 만하다. 가브리엘 비일Gabriel Biel, 요한 엑크Johann Eck, 콘라트 줌멘하르트Konrad Summenhart 등은 계약은 어디까지나 법적인 문제이며 그것이 쌍방 간의 신뢰 속에서 이루어지고 또한 약정된 이자가 적정한 수준이라면 문제 삼을 일이 아니라는 입장에서 이자의 정당화를 추

---

7   Franco Mormando, *The Preacher's Demons: Bernardino of Siena and the Social Underworld of Early Renaissance Italy* (The University of Chicago Press, 1999), pp.183~189.

구했다. 특히 줌멘하르트는 아퀴나스의 견해를 반박하며 금전의 대출이란 돈 그 자체를 사고파는 것이 아니라 그 돈이 창조해낼 수 있는 '미래의 열매'에 대한 권리를 주고받는 것으로 간주해야 한다고 주장했다. 다시 말해서, 현재 시점에서의 100이라는 가치가 미래 특정 시점에서는 120 또는 그 이상과 같을 수 있다는 것이다. 튀빙겐 학파는 또한 죄는 대출자의 외부적 행위에서 비롯되는 것이 아니라 그의 사악한 의도에서 비롯된다며 이자 금지의 엄격성에 의문을 제기했다.[8]

종교 개혁가들의 이자에 대한 관점은 어떠했을까? 루터는 대체로 보수적인 입장을 견지했으나 교회, 성직자, 학생, 노인, 여자, 고아 등에 대한 지원을 목적으로 하는 공익성 사업에는 이자 대출을 허용할 수 있다는 견해를 피력했다. 칼뱅은 이자에 대한 현대적 이론의 창시자로 알려졌으나 그의 생각은 1540년대 프랑스의 지식인들에게는 이미 친숙한 것이었다. 특히 샤를 뒤 물랭Charles du Moulin의 견해가 유명했다.

뒤 물랭은 다음 몇 가지 이유를 들어 이자의 전면적 금지를 비판했다. 첫째, 구약은 본질 면에서 특정한 시간, 특정한 장소에 맞도록 만들어진 정치적인 법이므로 이자에 대한 구약의 금지는 후대 사회의 기독교인들에게 자동적으로 적용되는 것은 아니다. 둘째, 신약에서 예수가 이른 말lend freely expecting nothing in return은 모든 기독교인들에게 적용되는 법이지만 이를 문자 그대로 해석해야 할 이유는 없다. 다시 말해서 예수의 메시지는 사랑과 자비의 정신이지 인간의 외부적 행위를 절대적으로 규제하는 것은 아니라는 말이다. 결국, 뒤 물랭은 이자가 개입된 금전의 대출이라 하더라도 차입자의 상황에 따라 다른 판단이 필요하다고 주장했다. 예컨대 빈민에게는 '아무것도 바라지 않고' 돈을 빌려주

---

8   Norman Jones, *God and the Moneylenders: Usury and Law in Early Modern England*, pp. 12~15.

어야 마땅하지만 더 큰돈을 만들기 위해 돈을 빌리고자 하는 부자 차입자의 경우에는 대출자도 그 이익을 공유할 권리, 즉 이자를 요구할 수 있는 권리가 있다는 것이다.[9]

뒤 물랭은 특히 소비가 아닌 생산을 목적으로 하는 금전 대출은 사회 공동체를 위해서도 이익이 된다고 주장했다. 상인이나 제조업자들이 자신들의 경제활동에 필요한 충분한 자본을 만들 수 없는 경우에 이루어지는 대출은 '생산적 자본'의 성격을 가진다는 것이었다. 뒤 물랭은 또한 대부업자는 돈을 가진 자와 돈이 필요한 자를 적절하게 연계해주는 효용성을 가지며 그렇게 함으로써 돈의 효용 가치를 극대화하는 역할을 수행한다고 보았다. 그러나 그는 화폐의 자유 시장을 옹호하지는 않았다. 이자를 엄격하게 통제하지 않으면 오히려 경제활동에 부담이 될 정도로 이자가 높아질 수 있고 자선 대출이 감소할 수 있다고 우려했기 때문이었다. 그러므로 고리대금에 대해서는 고문, 체형을 포함한 엄격한 처벌로써 통제해야 한다는 것이 그의 생각이었다.[10]

칼뱅은 아마도 뒤 물랭이나 튀빙겐 학파의 견해를 알고 있었을 것이다. 사실 이자에 대한 칼뱅의 견해는 뒤 물랭의 것과 흡사했다. 즉 모세의 법은 사람들이 형평과 이웃 존중의 정신에 입각해 행동하도록 요구하는 정치적인 법이므로 이를 문자 그대로 해석할 필요는 없으며 이자의 존재는 공익을 위해서도 일부 불가피한 측면이 있다는 것이었다. 매사 형평의 원칙을 따르면 신의 뜻에 어긋나지 않으며 이는 이자의 문제도 마찬가지라는 것이 칼뱅의 입장이었다. 이를테면 빈민이나 재난으로 고통받는 사람들에게 이자를 물리거나 대부업자가 수익 그 자체에 집착하면 자선의 정신이 훼손되므로 자연법과 형평의 원칙

---

9 그의 논문 *Tractatus contractuum et usurarumreditumque pecunia constitutorum et monetarum* 은 1542년 완성되었으나 1547년에야 출판되었다. 같은 책, pp.16~17.

10 뒤 물랭은 장기 대출에 한해서 5% 이하의 이자가 바람직하고 소비 목적이 아닌 이익 창출을 위한 생산에 사용되는 경우가 바람직하다고 생각했다. 같은 책.

에 어긋나게 된다고 보았다. 하지만 잘 알려져 있다시피 칼뱅은 이자에 대한 자신의 의견이 일반 대중에게 알려지는 것을 원하지 않았고 따라서 관련 문구는 인쇄나 출판 시 삭제되었다. 그럼에도 엘리자베스 시대에 이르러 이자에 대한 그의 관용적 입장은 영국에까지 알려지는 등 비공식적으로 확산되었다.

3. 16세기 영국의 경제적 현실

16세기 영국 경제는 커다란 변화를 경험했다. 우선 종교개혁과 그에 따른 수도원의 해체로 말미암아 토지 소유 구조에 큰 변동이 일어났다. 또한 수도원 해체 이후 활발해진 토지 매매는 금융 수요를 크게 증가시켰다. 사회적 신분 상승에 대한 기대와 경제적 계산으로 많은 사람이 돈을 빌려 토지를 구입했다.

또한 영국에서는 해체된 수도원 토지를 취득한 새로운 지주들이 중심이 되어 보다 적극적이고 효율적인 농업경영 방식을 도입함으로써 자본 집약적이면서 동시에 상업 지향적인 농업이 나타나는 등 종교개혁은 토지 시장뿐 아니라 농업의 경영 여건에도 적지 않은 변화를 초래했다.

자본 집약적 농업은 토지의 돌려쓰기 또는 교대 농법convertible husbandry이라고 불리는 새로운 토지 이용 방식과 밀접한 관련이 있었다. 여기에는 필수적으로 대규모의 구획된 토지가 있어야 했다. 즉 대규모 토지에 울타리를 둘러치고 이 땅을 다시 여러 개의 구역으로 나누어 각기 목축과 경작지로 구분한다. 그런 다음에 몇 년마다 목축지로 사용했던 곳은 경작지로 바꾸고 경작했던 곳은 목축지로 바꾸어서 사용하는 것이다. 신농법新農法의 실제 효과에 대해서는 논란이 계속되고 있으나 상당수의 학자들은 이러한 방식이 토지를 효과적으로 활용한 것은 물론이고 토지의 비옥도도 유지할 수 있어서 농업 생산성의 획기적 향상을 가져왔다고 믿고 있다. 17세기 들어 일부 지주들은 강물을 목초지로 끌어들이는 관개 농업도 추진했다. 이러한 기술혁신은 경우에 따라 비약적인 농업 생산성의 향상을 가져왔을 것으로 평가되지만, 이는 상당한 수준의 자본 투자 없이는 엄두도 낼 수 없는 경영 방식이었다.

16세기에 일어난 또 하나의 경제 변화는 제조업의 비약적인 팽창이었다. 특히 런던 등지에서 제조업의 팽창을 선도했던 산업은 수출용 모직물 산업이었다. 영국의 모직물 수출량은 16세기 전 기간에 걸쳐 네 배 이상의 괄목할 만한 증가세를 나타냈으며 17세기 중반에는 여덟 배로 급속하게 늘어났다.[11]

이뿐 아니라 영국의 석탄 생산량은 1500년 20만 톤에 불과하던 것이 17세기 중반에는 150만 톤으로 늘어났는데 이는 유럽 전체 생산량의 4분의 3에 해당하는 물량이었다. 또한 분사식 용광로blast furnace 의 대중화에 힘입어 못, 망치, 삽, 칼, 말발굽 등 모든 금속 제품이 대량생산되어 저가로 보급되는 등 금속 제품의 제조가 다섯 배 이상 증가했다. 이러한 산업의 팽창은 필연적으로 신용거래의 확산을 수반했다.

또한 16세기를 관통한 지속적 인플레이션도 이자를 공론화시키는 데 크게 기여한 경제적 현상이다. 펠프스-브라운E. H. Phelps-Brown 과 실라 홉킨스Sheila V. Hopkins 가 작성한 16세기 영국의 물가 변동표에 따르면 이 시기에 영국의 농작물 가격은 약 다섯 배 상승했다.[12] 이를 연평균으로 환산하면 연간 1% 내외의

---

11   Ralph Davis, *English Overseas Trade, 1500~1700* (London: Macmillan, 1973), pp. 7~19.

12   E. H. Phelps-Brown and S. V. Hopkins, "Seven Centuries of the Prices of Consumables, Compared with Builders' Wage-Rates," *Economica*, new series vol. 23 (1956); reprinted in their *A Perspective of Wages and Prices* (London, 1981), pp. 13~59; 그러나 임금노동자의 실제적 경제생활을 보다 충실하게 반영할 수 있도록 구매력 기준으로 작성한 래퍼포트 지수에 따르면 이 기간 물가는 약 3~4배의 인상에 머무른 것으로 분석되었다. Steve Rappaport, *Worlds within Worlds: Structures of Life in Sixteenth-Century London,* pp. 130~145.

증가율에 불과하지만 물가가 당해 연도의 작물 공급 상황에 따라 급격히 달라질 수 있었던 상황을 감안하면 사람들이 피부로 느꼈을 인플레이션의 영향은 훨씬 더 컸을 것으로 생각된다. 당시는 낮은 농업기술 수준으로 인해 조그마한 기상 이변에도 작황은 치명타를 입기 일쑤여서 물가 동향을 예측하기가 쉽지 않았다.

찰스 데이브넌트Charles Davenant는 17세기 영국인 그레고리 킹Gregory King의 관찰 기록을 바탕으로 전前 산업화 경제pre-industrial economy에서 작황이 곡물 가격의 변동에 미치는 영향을 분석했다. 그는 작황이 평균치에 못 미쳤을 경우를 10% 단위로 상정해 각각 발생할 수 있는 곡물 가격의 변동률을 제시했다. 그에 따르면 어느 해의 곡물 수확량이 평균보다 10%를 밑돌았다면 30% 정도의 가격 인상 요인이 발생하며 20%가 미달하는 수확을 거두었다면 곡물 가격에 80%의 인상 요인이 발생하게 된다는 것이다. 30%가 감소하면 가격은 2.6배가 되고 평균치의 절반으로 떨어지면 가격이 5.5배가 되는 등 수확량이 감소할수록 가격은 기하급수적으로 올라간다고 밝혔다.

수확량 감소에 따라 가격이 급격히 상승하는 이유는 에드워드 리글리Edward Wrigley가 밝혔듯이 수확한 곡물 전량이 시장에 나올 수 없기 때문일 것이다. 다시 말하면, 총산출량gross yields 중 다음 해 농사를 위한 씨앗으로 평균 수확량 기준으로 25%를 비축해야 하고 추가적인 10%를 말, 소 등을 먹일 사료로 남겨놓아야 하기 때문이다. 이러한 목적의 비축 곡물은 절대치이기 때문에 흉작 때에는 그 비율이 늘어나고 순 산출량net yields은 그만큼 급격하게 감소하게 된다.[13] 돈을 빌려주는 입장에서 보면 이와 같이 작황에 따라 널뛰는 물가는 분

---

13   E. A. Wrigley, "Some Reflections on Corn Yields and Prices in Pre-industrial Economies," in J. Walter and R. S. Schofield(eds.), *Famine, Disease and the Social Order in Early Modern Society*(Cambridge University Press, 1989), pp. 235~278; 허구생, 『빈곤의 역사, 복지의 역사』(한울, 2002), 142~146쪽.

명히 잠재적 위험 요인이었을 것이다. 이러한 위험 부담을 줄이기 위해 대부업자들은 다양한 방책을 강구했을 것이고, 이러한 상황이 이자율에 대한 압력으로 작용했을 것은 자명한 이치이다.

더구나 16세기에 들어 대부분의 사람들이 금융거래를 일상적으로 이용했다. 화폐경제의 영향을 비교적 적게 받았던 농촌도 별반 다를 바가 없어서 농부들에게도 금전 대출은 어느새 일상이 되었다. 농업이란 최소한 몇 달 뒤에나 수확할 것을 미리 기대하며 지속적인 투자를 하는 것인데 그 투자 기간에 죽은 우마牛馬의 대체 등 각종 농사 비용이 발생하므로 농촌의 금융 수요를 발생시켰으며 갑작스러운 기상재해는 급전의 대출을 필요하게 만들었다. 영국의 경우 1530년대에 들어서면서 화폐 부족 현상이 일어났으며 인구 1인당 화폐 보유액이 1파운드에 불과했다. 1530년대는 물가 인상 폭이 그다지 크지 않았으며 악화 주조debasement에 따른 화폐 가치의 하락도 본격화되기 이전이므로 유통되는 화폐의 양이 상업적 거래의 규모에 비해 모자랐다는 분석이 가능하다. 이러한 분석이 맞는다면 금융거래는 화폐의 유통을 늘리는 통상적인 행위라고 볼 수 있을 것이다.[14]

이웃끼리 필요에 따라 현금이나 현물을 빌려 쓰는 촌락의 공동체적 상호부조 차원을 벗어나 본격적인 상업 활동 영역에 들어서면 보다 체계적인 신용 시스템이 요구되는 것은 어찌 보면 당연한 일이었다. 더구나 16세기 기업 활동에서 고정자본은 별 의미가 없었으며 유동자본이 더 중요했다. 제조업 분야의 신용거래는 대개가 6·9·12개월에 걸쳐서 이루어졌으며 1년 이상 지속되는 경우는 드물었다. 농부가 수확 예정 곡식에 대한 값을 미리 쳐서 받는 경우처럼 제조업자들도 생산 비용과 임금 지불에 충당하기 위해 단기 대출을 받고 나중

---

14 D. M. Palliser, *The Age of Elizabeth: England under the Later Tudors, 1547~1603*, p.342.

에 이를 제품으로 대체 지불하기도 했다.

그런가 하면 토지 거래에 대한 금융은 저당물mortgage을 설정하는 방식이 유행했다. 이렇게 하면 채권자는 대출된 돈이 모두 회수되기 전까지 저당된 토지의 소유권을 보유할 수 있을 뿐 아니라 대출 기간에 해당 토지에서 발생하는 수익도 챙길 수 있었다. 이는 기술적으로 악덕 대출에 해당되었으나 이로 인해 소추받은 예는 별로 없었다. 16세기 중반에 이르러 영국 법정은 저당물의 상환과 관련해 형평의 원칙equity of redemption을 도입해 토지에 저당이 설정되더라도 분할 지불이 약정대로 이행되는 한 차입자인 토지 매입자가 그 소유권을 보유하도록 함으로써 토지 대금 이외의 추가 지불을 막으려고 했으나 실효를 거두지 못했다. 일반적인 관행은 차입자가 토지 수입의 일정 부분을 임대료 명목으로 돈을 빌려준 사람 혹은 전문적 대부업자에게 지불하는 것이었다. 악덕 대출 문제에 대한 논란은 있었으나 이러한 관행이 결과적으로 토지 거래의 활성화에 많은 도움이 되었다는 평가이다.[15]

위에서 살펴본 사례는 대개가 생산적 금융에 해당하는 경우였다. 이것도 문제가 없지는 않았으나 그 폐해는 소비금융에 비하면 훨씬 적었다. 돈을 벌기보다 빌리는 것이 손쉬운 현실에서 금융은 사람들을 자신의 경제 능력 이상으로 소비하게 만들고 결국 파산으로 이끄는 경우가 허다하게 많았다. 특히 젊은 젠틀맨들이 탐욕스러운 대부업자의 재물이 되고 있다는 당대인들의 불평과 우려는 대출이 젠틀맨과 상인이라는 신분이 다른 두 집단 사이에서 사회적 갈등의 소지로까지 발전할 가능성이 있었음을 보여주었다. 토머스 로지Thomas Lodge 라는 사람은 타락한 상인들이 젠틀맨들을 파멸시키기 위해 자신들의 재물을 사용하고 있다고 비난하기도 했다. 이로 미루어 이자를 동반한 대출이 토지 거

---

15 Conrad Russell, *The Crisis of Parliaments: English History 1509~1660* (Oxford, 1971), p.190.

래, 산업, 무역 등 생산적 금융 부문에서 확산 일로에 있었을 뿐만 아니라 인플레이션 기간 중 적지 않은 젠틀맨이 자신들의 소비생활을 대출에 의존하는 경향이 있었음을 알 수 있다.[16]

4. 영국의 반反악덕대출 입법: 1487~1571년

원래는 교회법의 관할이었던 이자 문제가 영국에서 세속법의 통제 범위 안에 들어온 것은 15세기 말이었다. 1487년 영국 의회는 대출금에 이자를 부과하는 행위를 국왕에 대한 범죄로 규정했으며 위반자는 몰수, 벌금, 투옥 등의 처벌을 받게 했다.[17] 이 세속 입법에는 당시 추기경이었던 존 모턴John Morton 의 영향이 컸다고 알려졌는데[18] 범죄의 구성요건을 명확하게 규정하지 못한 것이 취약점으로 지적된다. 1495년에는 모든 이자가 전면적으로 금지되고 처벌 요건을 비교적 구체적으로 적시했다. 원금 이외의 것을 받는 모든 대출 행위는 악덕 대출로 규정되었으며 위반자가 적발되면 원금을 몰수하도록 했다.[19] 이 법이 간헐적으로 집행된 흔적은 발견되나 고리대금과 관련해 실제 어느 정도의 억제 효과가 있었는지는 알 수 없다.

1545년의 반악덕대출법[20]은 법률적인 구비 요건을 제대로 갖춘 영국 최초

---

16 Thomas Lodge, "An Alarum against Usurers"(1584), edited by Davis Liang, *Works of Thomas Lodge*(London, 1853), p.43 et passim.; Norman Jones, *God and the Moneylenders: Usury and Law in Early Modern England*, pp.41~42.

17 3 Henry VII, c.5.

18 I. S. Leadam(ed.), *Select Cases in the Court of Requests, A.D.1497~1569*(London: B.Quaritch, 1898), Selden Society series, no.12, p.lxxvii.

19 11 Henry VII, c.8.

20 37 Henry VIII, c.9.

의 본격적인 이자 규제법이라고 할 수 있다. 이 법은 서문에서 과거 관련 법률들의 용어와 문맥 등이 모호하기 짝이 없어 많은 혼선을 야기했다면서 고리대금에 대한 처벌이 제대로 이루어지지 못한 것은 이 때문이었다고 지적한다. 좀더 명확한 법 규정이 이 법의 제정 목적이었다면 1545년의 법은 그 목적에 정확히 부합한다고 말할 수 있을 만큼 악덕 대출에 대해 보다 정리된 개념을 담고 있다.

이 법의 가장 핵심적인 조항은 최고 10%까지의 이자를 허용한 것이다. 그러나 그 이상의 대출이자를 부과하는 경우에는 원금의 세 배를 몰수하도록 함으로써 과거에 비해 처벌의 강도를 훨씬 더 높였다. 법의 집행을 위해 정보 제공자에게 의존함과 동시에 이들에게 응분의 포상이 돌아가도록 한 것은 당시의 입법 관행에서 크게 벗어나지 않았다.

이 법의 또 다른 특징은 이자 문제를 전적으로 세속적인 관점에서 다루고 있다는 점이다. 우선 이자가 교회법 속에서 어떻게 규정되어야 하는가의 문제에 대해 아예 언급을 피함으로써 이 문제에 대한 법 제정의 권위가 국왕과 의회에 있음을 분명히 했다. 또한 1495년의 법이 교회 법정에 관할권을 부여했던 것과는 달리 악덕대출에 관련된 사건을 세속 법정에서 처리하도록 명문화함으로써 이자 문제를 세속 국가의 법체계 속에 분명하게 편입시켰다.

1545년의 법은 음성적으로 이루어지고 있던 경제적 관행을 합리화하는 동시에 법의 억지력을 높이려는 실용적 의도에서 비롯되었다고 해석할 수 있다. 그러나 실제로 이 법이 얼마나 효과적으로 집행되었는가에 대해서는 의문이 있다. 10% 이상의 이자를 부과하는 불법 대출이 여전히 관행적으로 행해졌다는 증거가 있는 반면, 그 처벌 사례는 별로 발견되지 않기 때문이다. 재정법원 Exchequer의 기록에는 이 법의 효력이 살아 있던 1545~1552년 기간 중 겨우 15건의 위반 사례에 대한 정보만 남아 있을 뿐이다.

여기에서 획기적인 사회 정책의 전환이라고 볼 수 있는 10% 이자의 허용 법률이 어떻게 제정될 수 있었는가에 더 큰 관심을 가질 필요가 있다. 이 법이 누구의 주도로 어떻게 입안되었으며 의회에서 어떠한 토의를 거쳐 처리되었는지에 대한 구체적인 기록은 남아 있지 않으나 입법 과정에서 그다지 큰 저항을 받은 것 같지는 않다. 이 법안은 상원에 상정되었을 때 주교 1명과 속인 귀족 3명만이 이의를 제기했을 뿐이며[21] 하원에서의 어떠한 반대 기록도 남아 있지 않다. 이를 어떻게 해석해야 할까?

먼저 1540년대는 영국의 경제가 급속하게 팽창하던 시기였다는 사실에 주목해야 한다. 특히 런던을 중심으로 한 모직물 산업은 가파른 성장세를 보이면서 반세기 이전보다 무려 세 배 이상의 물량을 해외에 수출했다.[22] 이렇게 경제 거래의 규모가 급신장하고 있었다는 것은 그만큼 신용거래의 수요가 커지고 있었음을 짐작하게 한다. 거기에다 1540년대는 유례없는 인플레이션의 시기였다. 1540~1550년 사이 물가는 두 배 가까이 올랐고 특히 문제의 법이 제정된 1545년은 이례적으로 높은 물가를 기록한 해이기도 하다.[23] 물가 상승은 정부가 함량 미달의 불량 화폐 발행을 통해 예산을 충당하는 편법을 관행화하면서 더욱 악화된 것으로 보이는데, 이는 대부업자의 입장에서 상당한 위험 부담 요인으로 작용했을 것이다.

두 번째로는 이 시기에 세속국가의 역할이 비약적으로 확대되고 있었다는 사실을 생각해보아야 한다. 이른바 국가 온정주의state paternalism와 커먼웰스 사상에 바탕을 둔 지적 운동이 영향력을 발휘하면서 경제·사회 분야에 대한

---

21 *Journal of the House of Lords,* I(London, 1846~1887), pp.270~273.

22 Steve Rappaport, *Worlds within Worlds: Structures of Life in Sixteenth Century London,* pp.88~90.

23 같은 책, p.135; J. D. Gould, "The Price Revolution Reconsidered," in P. Ramsey (ed.), *The Price Revolution in Sixteenth-Century England* (London: Methuen, 1971), p.94.

정부의 기능이 획기적으로 확대되는데, 이는 1530년대와 1540년대 의회에서 제정된 경제·사회와 관련된 법률의 숫자와 비중만으로도 충분히 입증되는 사실이다.[24] 그러므로 이자 문제에 대한 정부의 통제 강화는 이러한 맥락에서 충분히 이해할 수 있다. 또한 이 시기 경제·사회 정책의 입법 과정에 영향을 미친 것으로 추정되는 사람들 중에는 엄격한 도덕론적 관점 대신에 인간 본능을 중시하는 실용론적 입장을 옹호한 사람들이 다수 있었다는 점은 특별한 의미가 있다. 이를테면, 모리슨은 물질적 부와 관직 등 개인적 성취에 대한 야망이나 사적 이익의 추구는 ― 정부가 법률에 의해 옳은 방향으로 인도한다면 ― 오히려 사회 전체의 복지에 기여할 수 있다고 보았다. 또한 스미스도 사적 이익을 우선적으로 추구하는 것이 인간의 본능이지만 정부가 이를 감안해 세심한 정책을 편다면 공동 이익과 조화될 수 있다고 주장했다.[25]

1545년 법의 제정에 영향을 미쳤다고 추정되는 또 하나의 요소는 대륙에서 확산되고 있던 이자 정당화 이론이나 이자에 대한 관용적 입장이다. 16세기 중반 유럽 지식인 사회 내부의 정보의 유통 속도를 감안해본다면 튀빙겐 학파와 뒤 물랭 등의 견해가 영국에서도 일정한 반향을 얻었을 것으로 보아도 충분하다. 1540년대 전반에 활동했던 신교 개혁가 브링클로우가 종교 재산을 처분해 빈민 구제 기금으로 만들고 이를 빈민들에게 3%의 저리低利로 대출하자고 주장한 사실도 이러한 추론을 가능하게 한다.[26]

---

24 S. E. Lehmberg, *The Reformatiom Parliament*, 1529~1536(Cambridge University Press, 1970); Stanford E. Lehmberg, *The Later Parliaments of Henry VIII*, 1536~1547(Cambridge University Press, 1977).

25 허구생, 『빈곤의 역사, 복지의 역사』, 206~211쪽; Neal Wood, "Foundations of Political Economy: the New Moral Philosophy of Sir Thomas Smith," in Paul A. Fideler and T. F. Mayer(eds.), *Political Thought and the Tudor Commonwealth: Deep Structure, Discourse and Disguise* (London and New York, 1992), p.161.

26 Henry Brinklow, *The Complaynt of Roderyck Mors* (1542); reprinted in J. M.

그러나 10% 이하의 이자를 합법화했던 1545년의 법은 7년 만에 폐지되었다. 에드워드 6세 치하 1552년에 제정된 반악덕대출법[27]은 금리의 고하를 막론하고 모든 형태의 이자를 전면적으로 금지했으며 적발 시에는 원금과 이자를 모두 몰수했다. 자선 목적의 공익사업에도 예외가 인정되지 않았다.

이 법은 악덕 대출(이자가 있는 대출)이야말로 가장 가증스럽고 혐오스러운 죄악a vyce moste odyous and detestable[28]이며 이는 성경의 여러 대목에서 보듯 신의 말씀에 의해 전적으로 금지된 것이라고 선언했다. 그럼에도 무자비하고 탐욕스러운 자들이 종교의 가르침과 신의 분노와 응징을 망각한 채 악덕 대출을 일삼고 있는 현실을 지적하면서 오로지 신의 뜻을 대신한 세속적인 처벌만이 이를 막을 수 있다고 주장했다. 또한 일부 사람들이 1545년 법의 제정 목적을 이자를 허용하는 데 있다고 오해한 것과 달리 그 법의 목적은 모든 종류의 이자 있는 대출을 불법화하는 데 있었다고 주장하면서, 다만 그 이전에 행해지고 있던 더 큰 해악과 불편을 해소하기 위해 10% 이하의 이자를 불가피하게 허용한 것뿐이라고 설명했다.[29]

1545년의 법과 마찬가지로 1552년의 법이 어떠한 과정을 거쳐서 제정되었는지에 대해서도 구체적인 정보가 존재하지 않는다. 다만 상원에 상정된 뒤 별다른 저항 없이 신속한 입법 과정을 거쳤다는 것만 알 수 있을 뿐이다. 또한 법의 극단적 규정이 가진 명백한 결점에도 불구하고 수차례의 폐지 또는 개정 움직임을 버텨냈던 것으로 보아 당시 정부 측의 단호한 태도를 짐작할 수 있다.

Cowper(ed.), *Henry Brinklow's Complaynt of Roderyck Mors* (London, 1874), p.52.

27 5,6 Edward VI, c.20.

28 5,6 Edward VI, c.20.

29 *Tudor Economic Documents,* edited by R. H. Tawney and Eileen Power(London, New York, Toronto: Longmans, Green and Co., 1951), vol.2, pp.142~143.

에드워드 6세의 치하에서도 사회·경제 분야에 대한 정부의 기능이 계속 확대되는 추세에 있었고 이 중심에는 후일 커먼웰스당the commonwealth party이라고 이름 붙여진 존 헤일스, 래티머, 크로울리, 후퍼 등 에드워드 6세 시대의 지식인들이 있었다.[30] 물가의 통제, 경작지 보호, 소유 자산의 제한 등 이들이 표방한 정책은 상당히 광범위했으나 사회문제의 인식과 해결책 강구 측면에서 이들은 본질적으로 도덕론적인 입장에 서 있었다. 특히 로버트 크로울리를 비롯한 에드워드 6세 치하의 일부 개혁가들은 10% 이하의 이자를 합법화한 정부 정책을 용납할 수 없었으며 신의 말씀과 어긋나는 실정법의 폐지를 위해 목소리를 높였던 것이다. 1552년에는 서머싯 공작의 갑작스러운 몰락으로 이들의 역할공간이 축소되기도 했지만 그들의 영향력이 완전히 사라지지는 않았다.

법의 제정 배경으로 또 하나 고려할 수 있는 것은 당시의 경제 상황이다. 1552년의 영국은 심각한 경제 위기의 상황에 놓여 있었다. 네덜란드의 안트베르펜 시장이 붕괴되어 영국의 신산업인 모직물 관련 산업이 불황에 빠져들었다. 거기에다 1549년에서 1551년까지 연속으로 흉작을 기록했으며 불량 화폐 발행의 영향으로 극심한 인플레이션을 겪게 되어 금융 투기를 규제할 필요가 커졌다. 그러나 영국 정부와 지식인들은 이러한 경제 문제에 대한 정확한 진단이나 정밀한 해결책을 내놓지 못했다. 사회 일부분의 탐욕이 공동체 전체의 조화를 파괴한다는 16세기 초반의 이론이 다시 등장했고 신체의 비유가 강조되었을 뿐이었다. 저명한 의사였던 존 카이우스John Caius는 당시 유행하던 발한병發汗病이 인간의 그칠 줄 모르는 탐욕에 대한 신의 처벌이라고 주장할 정도였다. 결국 법의 신속한 통과는 악덕 대출에 대한 도덕적 반감이 좀 더 일반화되었음을 보여주는 것이었다.[31]

---

30   A. F. Pollard, *England under Protector Somerset* (London, 1900), pp.214~217.

31   Paul Slack, "Social Policy and the Constraints of Government, 1547~58," in Jeniffer

1550년대와 1560년대의 영국은 이자 문제에 대한 격렬한 토론장이 되었다. 이는 마치 모든 이자를 신과 자연의 법에 반한다고 간주하는 아퀴나스적 견해와 외부적·객관적 행위가 아니라 내면의 사악한 의도가 죄를 성립시킨다는 견해가 대립되고 있던 대륙의 논쟁을 영국이라는 무대로 옮겨놓은 것 같은 상황이었다. 1550년대 영국에서 활동한 마틴 부서Martin Bucer는 후자에 속하는 견해를 주장했는데 이자에 대한 그의 관용적 태도는 영국 사회에 많은 영향을 끼쳤다. 그는 성경에 담긴 예수의 메시지는 이자에 대한 절대적 금지라기보다 부적절한 이자의 경우에만 해당된다고 주장했다. 형평의 원칙과 양심에 어긋나지만 않으면 문제가 되지 않으며 어떤 상황에서의 대출은 신이 허용한 정당한 행위인 경제활동을 뒷받침함으로써 공동체 전체에 이익을 가져올 수 있다는 것이었다. 또한 그는 돈이 자신의 수중에서 벗어나 타인에게 가 있는 동안 이익의 기회가 상실되며 이 손실에 대한 보상을 받는 것은 정당하다고 주장했다.[32]

이에 반해 솔즈베리 주교였던 존 주얼John Jewel은 이자가 개입되는 대출을 본질적으로 억압적이고 부당한 것으로 규정했다. 이자를 요구하는 대부업자는 일하지 않으면서 다른 사람의 노동과 땀의 결실을 훔치는 자이며 끊임없이 이웃을 파멸시키고 있다고 주장했다. 이자는 자연의 법에 반하며 그것이 생산 목적의 금융을 위해 대출된 경우라도 마찬가지였다. 이자가 상품의 가격에 반영되어 값이 올라가므로 결과적으로 소비자 전체에게 해를 주는 결과를 가져올 뿐이라고 보았기 때문이다. 다만 그는 자선 기금을 늘리기 위한 목적에 한해 이자 있는 대출을 허용할 수 있다고 생각했다.[33]

Loach and Robert Tittler(eds.), *The Mid-Tudor Polity* (London: Palgrave Macmillan, 1980), pp.97~98.

32 Norman Jones, *God and the Moneylenders: Usury and Law in Early Modern England,* pp.20~24.

토머스 윌슨Thomas Wilson은 토머스 스미스의 친구이자 동료 휴머니스트로서 공직 생활을 경험했으며 경제에 대해서도 해박한 논리를 가지고 있었다. 그는 부서 등이 이자가 있는 대출의 규제에 대해 완화를 요구하는 입장을 상세하게 이해하고 있었다. 그럼에도 그는 당시 영국에 불어닥친 이욕적 개인주의에 대한 통제가 더 시급하다고 보고 이자에 대한 전통적 견해를 고수했다. 스미스가 인간의 이기적 욕망이 가지고 있는 긍정적인 측면을 인식하고 이를 생산적으로 활용해 사회 구성원 전체의 복리를 증진시킬 수 있다고 보았던 데 반해, 윌슨은 도덕론적 휴머니즘의 계승자답게 '탐욕의 해일'이 사회를 침몰시키고 말 것이라고 우려했던 것이다.[34]

1560년대의 경제적 곤란이 악덕 고리대금에 의해 더욱 악화되었다는 분석도 나왔다. 리처드 포더Richard Porder, 윌슨, 주얼 등의 관점에서 보면 고리대금은 인간의 이기적 탐욕에서 비롯되며 신에 대한 믿음 대신에 돈에 대한 숭배를 택한 종교적 죄악이자 공동체의 물적 기반을 파괴하는 주범이었다. 빈민에 대한 고리대금은 그 자체가 자선의 원칙을 저버린 억압적 행위였으며 상인들에 대한 대출도 결코 좋은 결과를 가져오지 못한다는 것이 이들의 생각이었다. 어떤 상인들은 그 돈으로 매점매석 행위를 하는가 하면 어떤 자들은 상품의 적정 가격에 이자를 추가한 값으로 물건을 팔아 자유 시장의 혼란과 인위적 품귀를 가져올 수 있다는 것이었다.[35]

33　John Jewel, *The Works of John Jewel*, edited by John Ayre(London, 1845), vol.2, p.151; Norman Jones, *God and the Moneylenders: Usury and Law in Early Modern England*, pp.26~29.

34　Norman Jones, *God and the Moneylenders: Usury and Law in Early Modern England*, pp.29~34.

35　Norman Jones, "William Cecil and the Making of Economic Policy in the 1560s and Early 1570s," in Paul A. Fideler and T. F. Mayer(eds.), *Political Thought and the Tudor Commonwealth: Deep Structure, Discourse and Disguise* (London and

반면에 이자가 있는 대출을 전면적으로 금지한 정책이 오히려 빈민의 고통을 가중시킨다고 생각하는 사람들도 있었다. 이들에 따르면, 투기적 모험사업을 위해 자본을 구하려는 유력 상인들의 경우에는 그다지 애로 사항이 생기지 않는 반면, 서민들은 더욱 돈을 구하기 어려워져 결과적으로 종전보다 더 높은 금리로 돈을 빌릴 수밖에 없게 되었다는 것이다. 대부업자가 법망에 걸릴 경우 예상되는 잠재적 손실에 대비해 더욱 이자율을 올리고 있다는 상황 분석도 나왔다. 1559년 존 영John Young은 실제적 증거에 입각해 1552년 법의 시행으로 시중금리가 오히려 급등했다고 주장했다. 그는 당시 런던에서 활동하던 대출 중개인들의 회계장부를 인용해 신용이 좋은 부유층 상인들이 융통할 수 있었던 돈의 대출금리가 20% 수준이었다고 밝혔다. 그에 따르면, 젠틀맨을 포함한 그 밖의 사람들은 30~50%의 금리를 감내해야 했으며 거기에 5% 상당의 중개 수수료를 추가 부담해야 했다.[36]

1571년 데번에서 이자가 있는 대출이 이루어진 기록을 보면, 총 93건의 대출 사례 중 50%가 넘는 이자율이 적용된 것이 37.5%에 이르고 14% 이하의 이자가 적용된 건수는 전체의 8% 미만이었다. 거기에다 3~5%에 이르는 중개인 수수료를 더하면 상당히 높은 금리가 적용된 셈이다. 이러한 관행적인 이자 대출의 실상은 법의 효용성에 강한 의문을 제기하게 만든다. 영국에서 활동하던 이탈리아 상인 구이도 카발칸티Guido Cavalcanti는 1552년의 법이 신의 말씀과 일치하지만 악덕 대부업자들이 금지 법규를 악용해 더 많은 이익을 취한다는 점에서 문제를 더욱더 악화시키고 있다는 진단을 내놓았다. 그는 10% 이하의 이자를 합법화했던 1545년의 법이 오히려 고리대금의 폐해를 줄일 수 있다고 평가했다. 이러한 상황 인식 속에서 카발칸티와 영은 빈민이나 고아 등을

New York, 1992), p.174.

36 같은 책, p.173.

위해 빈민 은행 같은 특수 목적의 공적 투자 기관을 설립해 제한적으로 이 기관만 이자가 있는 대출을 할 수 있도록 허용하는 정책을 정부 당국에 건의하기도 했다.[37]

런던 시도 1552년 법의 개정을 추진한 주체 중의 하나였다. 런던 시는 자치 정부에 참여한 유력 가문의 상속을 지원하기 위해 미성년 상속자의 재산을 보호하고 관리할 목적으로 고아 지원청court of orphan을 운영하고 있었다. 시 정부는 이들 상속 재산을 1~4%의 금리로 외부에 대출해 그 수입으로 미성년인 상속자가 성인이 될 때까지 지원했다. 그러나 1552년 법에 의해 이러한 기금 활용이 하루아침에 불법화되었으므로 런던 시는 이에 대한 예외적 조항을 얻기 위해 메리 여왕의 첫 번째 의회가 열린 1553년, 고아와 빈민 지원을 목적으로 하는 대출이자를 허용해달라는 취지의 법안을 제출했다. 그러나 이 법안은 3차 독회까지 진행되었을 뿐 의회 통과에는 실패했다.[38] 같은 회기에서 1552년 법을 전면 폐기하자는 법안도 상정되었으나 3차 독회에도 이르지 못했다. 그러나 런던뿐 아니라 엑시터, 우스터, 글로스터, 레스터 등지에서도 고아 지원청이 설립됨으로써 특수 목적의 이자까지 금지한 1552년 법의 개정 문제에 대한 압력은 그만큼 커졌다고 할 수 있었다.[39]

엘리자베스 치하인 1563년 의회에서도 1552년의 법을 폐지하고 10% 이하의 이자를 합법화하는 법안이 상정되었으나 의원들의 반대에 부딪혀 폐기되고 말았다. 하원에서의 투표 결과는 반대 134 대 찬성 90이었으며 상원에서도 거센 반발을 일으켜 3차 독회에서 폐기되었다. 이로 볼 때 이자에 대한 전면 금

---

37 Norman Jones, *God and the Moneylenders: Usury and Law in Early Modern England,* pp. 51, 76~85, 176.

38 *Journal of the House of Commons* (London, 1803~1863), vol. 1, pp. 30~31.

39 Norman Jones, *God and the Moneylenders: Usury and Law in Early Modern England,* pp. 49~50.

지의 완화 또는 이자 허용에 대한 주장이 계속 제기되고는 있었으나 16세기 중반 영국 여론 주도층의 의견은 여전히 전통적 종교 윤리에 바탕을 둔 도덕론적 절대론이 조금 더 우세했던 것으로 해석할 수 있다.

1570년에는 빈민 은행과 같은 공적 투자 기관의 이자 대출을 허용해야 한다는 의견이 또다시 제기되었다. 시인인 토머스 럽턴Thomas Lupton은 5만 9000파운드의 재원을 마련해 이를 경제적인 어려움에 처해 있는 젠틀맨들에게 연리 5%의 이자로 대출하면 이 이자 수입으로 상이군인, 노동 능력이 없는 빈민, 돈이 필요한 장인, 빚 때문에 감옥에 갇혀 있는 사람들을 도울 수 있다고 주장했다. 얼마나 현실성이 있는 의견이었는지는 알 수 없지만 1571년 의회에 이러한 의견이 반영된 것으로 보이는 빈민 은행의 설립에 관한 법안이 제출되었다. 그러나 이 법안은 악덕 대출 전면 금지법의 폐지에 관한 법안이 먼저 제출되면서 이에 따라 도덕론자들의 경계심이 높아졌기 때문인지 본격적인 논의한 번 없이 폐기되는 운명을 맞았다.[40]

사실 빈민 은행과 같은 공적 투자 기관에 대한 아이디어는 새로운 것이 아니었으며 대륙에서는 이미 널리 실용화되고 있었다. 15세기와 16세기에 들어 이탈리아와 스페인 지역에서는 빈민 은행과 유사한 기능을 하는 공적인 전당포(monti di piéta)의 설립이 유행했다. 휴머니즘의 영향으로 사람들에게 자선금을 주기보다 융자를 통해 경제력을 되찾게 하여 도덕적 권위를 유지하도록 하는 편이 더 낫다는 인식을 하게 된 것도 공적 전당포의 설립을 확산시켰다.[41]

---

40 State Papers, Elizabeth I, 12/77 fo.113vff; Norman Jones, "William Cecil and the Making of Economic Policy in the 1560s and Early 1570s," p.176.

41 그러나 이에 대한 반대론도 심했다. 예컨대 15세기 이탈리아의 프란체스코 수도회의 베르나르디노(Bernardino of Siena)는 정부의 공적채무변제를 위한 공적 투자 기관마저도 비판하면서 유대인보다 더 큰 죄를 짓고 있다고 비난했다. Franco Mormando, *The Preacher's Demons: Bernardino of Siena and the Social Underworld of Early Renaissance Italy*, p.185.

15세기 카스티야에서는 부르고스, 팔렌시아, 로그르노 등지에 빈민 은행arcas de limosnas이 설립되었고, 이탈리아의 경우는 페루자, 오르비에토 등 전국적으로 설립되었다. 공적 전당포 또는 빈민 은행의 운영 방식은 지역에 따라 다양했으나 대개 빈민에게는 무이자로 담보 대출을 하고 다른 사람들에게는 소정의 이자를 받는 식으로 운영되었으며 30~50%의 고리 이자를 받는 경우도 있었다. 이러한 방식의 융자 기관은 1515년 교황 레오 10세에 의해 공식적인 인가를 받았다. 16세기에는 저지대 국가로 확산되어 1534년 이프레스에 공적 전당포가 설립되었는데 이 지역에서는 최초였다. 이렇게 볼 때 빈민 은행의 설립과 관련해 드러낸 영국 도덕론자들의 입장은 동시대 대륙의 다른 국가들에 비해 훨씬 더 보수적이었다고 할 것이다.[42]

5. 1571년 반反악덕대출법의 성격

1571년 4월 13일 하원에 상정된 반악덕대출 법안의 내용은 확실하지 않으나 1545년의 법과 1563년에 상정되었다가 폐기된 법률안과 마찬가지로 10% 이하의 이자 있는 대출의 합법화를 골자로 했던 것 같다. 그러나 단순히 1545년의 법을 되살리자는 내용은 아니었던 것으로 보인다. 1545년 법에 따르면 모든 위반자는 왕의 법정에서 다루도록 되어 있던 반면, 1571년에 의원들이 논의한 내용을 보면 교회 법정에서 이를 다루는 것이 합당한가의 문제도 포함되어 있으므로 최소한 부분적으로 교회 법정에 관할권을 부여하려 했음이 드러나기 때문이다.

---

42   Michel Mollat, *The Poor in the Middle Ages: An Essay in Social History*, trans. by A. Goldhammer(Yale University, 1986), pp.278~281.

어쨌건 이 법안을 심사하기 위해 만들어진 위원회에서는 신의 뜻에 합당한 법률을 의회가 폐기할 권한이 없다는 보수파의 주장을 포함, 의견의 양극화 현상이 초래되었고 결국 법안을 재작성하는 작업에 들어갔다. 수정 법안은 4월 24일 하원에 다시 상정되어 처리되었고 4월 28일 상원으로 넘어갔다.[43]

이 과정에서 주목되는 부분은 하원의 2차 독회 때 의원들의 열띤 논쟁이 벌어졌는데 그에 대한 상세한 기록이 남아 있다는 것이다.[44] 이들의 의견은 크게 절대론과 상대론으로 분류될 수 있다. 절대론자인 토머스 윌슨, 윌리엄 플리트우드 등의 의원들은 세속의 법도 자연법과 일치해야 하며 기독교 군주들은 사악한 자들이 죄를 짓지 못하도록 법을 강제적으로 집행할 의무가 있다고 주장했다. 이들은 원금 이외의 그 어떤 것이라도 남의 것을 취하는 것은 강도 행위이며 지옥에 떨어질 범죄라고 규정하고, 따라서 이자는 아무리 적더라도 그 자체로 사악하며 사회적으로도 해로운 가증스러운 범죄이며 이자가 있는 모든 대출을 중죄felony로서 처벌해야 한다는 것이었다.

이에 비해 상대론자들은 죄는 내부 양심의 문제이며 이는 궁극적으로 신만이 심판할 수 있다는 주장을 폈다. 법은 누가 보아도 명백하고 극악한 반사회적 범죄를 단지 통제만 할 수 있을 뿐이라는 것이다. 이들에 따르면 세속 정부의 기능은 신의 법을 집행하는 데 그 목적이 있는 것이 아니라 신이 준 형평equity과 효용성utility의 원칙에 따라 신민들의 복리 향상을 위한 정책을 집행하는 데 있었다. 특히 존 울리John Wolley 등은 이자가 돈의 소유자와 돈은 없으나

43　T. E. Hartley(ed.), *Proceedings in the Parliaments of Elizabeth I* (Leicester University Press, 1995) vol.I, pp.181, 218~219, 231~237, 247, 250, 257; Norman Jones, *God and the Moneylenders: Usury and Law in Early Modern England*, pp.62~64.

44　T. E. Hartley(ed.), P*roceedings in the Parliaments of Elizabeth I*, vol.1, pp.231~ 237; *Tudor Economic Documents*, vol.2, pp.154~160.

이를 활용할 줄 아는 기술을 가진 자를 연결시켜주는 긍정적인 역할을 할 수도 있으며, 이는 형평의 원칙을 침해하지 않는 한에서 대출자와 차입자 모두에게 이익을 가져다줄 수 있는 경제생활의 일부라고 주장했다. 또한 이 경우에는 이자가 신의 뜻에 어긋나지도 않는다고 했다.

당시의 경제 상황도 논쟁의 대상이 되었다. 네덜란드 반란의 시작으로 모직물 수출 시장이 붕괴되고 실업이 크게 늘어났으며 유민과 부랑민의 문제가 큰 사회적 문제로 대두되는 등 경제 위기의 극복이 정부의 현안으로 떠올랐다. 경제적 곤란은 빈민층의 고통을 가중시킬 뿐 아니라 젠틀맨과 상인들의 도산을 불러왔다. 많은 사람이 탐욕스러운 고리대금업자를 빈민의 억압자이자 상인과 젠틀맨을 도산시키는 반사회적 분자로 지목했다. 의회의 논쟁을 살펴보면, 절대론자나 상대론자 할 것 없이 영국 경제가 30%를 훨씬 웃도는 고리대금의 폐해를 심각하게 입고 있다고 진단한 데에는 의견의 일치를 보였다. 문제는 고리대금의 해악을 어떻게 줄일 수 있는가 하는 방법론적인 차이였다. 절대론자들은 무조건적 금지를 주장했고, 상대론자들은 그러한 방법이 오히려 경제활동을 위축시켜 경제적 곤란을 가중시킬 뿐만 아니라 더 높은 금리를 유발하므로 좀 더 현실적인 방안을 강구해야 한다는 입장이었다.

윌리엄 러브레이스William Lovelace, 로버트 벨Robert Bell 등의 의원들은 이자가 있는 대출이 죄악인가 하는 문제를 떠나 지나치게 엄격한 법은 바람직하지 않으며 이자가 있는 대출의 처벌은 차등화되어야 한다고 주장하는 등, 제3의 의견도 개진되었다. 러브레이스는 인간의 본능에서 기인하는 모든 탐욕적 행위를 법에 의해 절대적으로 규제한다는 것은 헛되고 공허한 결과를 낳기 마련이며, 1552년의 법은 너무 엄격한 규정으로 인해 법의 집행이 불가능했기 때문에 실패했다고 분석했다. 다시 말해 법은 현실적이어야 한다는 것이었다.

모든 절차를 통과한 1571년의 최종 법안은 "신의 법에 의해 금지되어 있는 모든 이자 있는 대출은 죄악이며 혐오스러운 것"[45]이라고 선언했다. 그러므로 일단 외형적으로는 절대론자들의 손을 들어준 결과라는 해석이 가능하다. 그러나 상대론자들이라고 하더라도 이자를 무조건 허용해야 한다고 주장하지는 않았다. 벨을 비롯한 상당수 상대론자들은 이자 있는 대출이 죄라는 것은 인정하되, 다만 상황에 따라 세속법이 이를 허용할 수도 있다는 입장이었다. 이러한 사실을 놓고 본다면 이율과 관계없이 모든 이자를 불법화한 1571년 법이 오로지 절대론자들의 손을 들어주었다고 해석하기에는 무리가 따른다.

이 법은 모든 이자 있는 대출을 불법으로 규정했지만 고아 지원 기금의 조성을 목적으로 한 경우를 예외로 인정함으로써 이자가 상황에 따라 긍정적 역할을 할 수도 있음을 인정했다. 그런데 이보다 더욱 의미 있는 것은 금리 10%를 기준으로 처벌 강도를 확연히 달리해 법의 형평성과 실용성을 확보하라는 견해가 수용된 점이다. 또한 악덕 대출에 대해 국왕 법정과 지방의 사법 당국 등 세속 법정뿐 아니라 교회 법정에도 관할권을 인정함으로써 전통적인 교회 법론자들의 의견도 반영했다. 이렇게 볼 때 이 법을 윌리엄 세실의 주도하에 마련된 '타협의 산물'로 평가할 수 있을 것이며 또 그렇게 볼 수 있는 정황적 증거도 많이 있다.

세실은 종교적 절대론자는 아니었으며 차입자의 상황에 따라 이자가 있는 대출을 허용할 수도 있다고 생각했던 것 같다. 그렇다고 해서 그가 상대론자들의 입장을 전적으로 받아들인 것은 아니었다. 그는 사람이 죄를 짓고도 무지, 오만, 부주의 등으로 자신의 죄를 양심에 반하지 않는 당당한 행위로 인식할 수도 있다면서 죄가 인간 내부적 양심의 문제라고 주장하는 상대론자들의 입장을 비판했으며 또한 이자가 있는 대출을 물가 폭등과 파산의 주요 요인으로 간주하기도 했다. 다시 말해 그는 당시 정부의 최고 책임자로서 여러 가지 다

---

45   원문은 다음과 같다. "All usurie being forbydden by the Lawe of God is synne and detestable," 13 Elizabeth, c.8.

양한 의견을 고루 경청하면서 중립적인 위치에 서 있고자 노력했던 것으로 보인다.[46]

1571년의 의회 입법 과정은 이자를 바라보는 관점의 차이가 부각되고 첨예하게 대립하는 데서 그치지 않고 그러한 차이가 조정되고 타협되는 과정이었음을 부인할 수 없으며, 법의 내용은 그 타협의 산물임이 틀림없다. 그럼에도 이 법의 핵심 내용이 갖는 역사적 의미는 이자의 전면 금지가 아니라 이자에 대한 규제 완화이다. 새 법은 적용된 이자의 비율에 따라 악질적 범죄heinous usury와 사소한 범죄petty usury로 구분해 10% 이하의 이자가 개입된 금전 대출은 원금만 몰수하고 10% 이상의 경우에는 원금의 세 배 액수를 몰수하는 것으로 처벌을 차별화했다.[47] 새 법은 또한 1545년의 법과 달리 10% 이상의 이자가 개입된 대출 계약을 원천적으로 무효화함으로써 차입자가 부당한 고금리에 저항할 수 있는 강력한 동기를 부여했다. 더구나 이를 사법 당국에 고발했을 때에는 고발자의 신분으로 원금의 1.5배에 해당하는 포상금도 챙길 수 있었다. 그러나 10% 이하의 금리에 대해서는 이러한 규정을 적용하지 않았다. 또한 10% 이상의 이자가 붙었을 때에는 중개인까지 처벌했으나 10% 미만일 때에는 그렇게 하지 않았다. 무엇보다 정부가 실제 법을 집행하면서 10% 미만의 이자가 붙는 대출을 적극적으로 처벌하지 않은 것은 이 법의 궁극적인 목적이 10% 미만의 이자를 사실상 합법화하는 데 있었다는 해석을 가능하게 만든다. 그뿐 아니라 이 법의 서문을 자세히 살펴보면 법의 제정 목적이 실제 어디에 있었는가를 시사하는 부분이 있다. 즉 10% 이하의 이자를 허용했던 1545년의 법이 시행되었을 때에는 악덕 대출의 해악이 잘 억제된 반면, 이자를 전면 금지했던

---

46   Jones, *God and Moneylenders,* pp.37~40.

47   13 Elizabeth, c.8; *Statutes of the Realm,* edited by A. Luders et al.(London, 1810~28), pt.1, pp.542~543.

1552년의 법은 소기의 목적을 달성하지 못했다고 적시하고 있는 것이다.[48] 다시 말해 후자의 경우 모든 이자를 전면적으로 금지했지만 고리의 이자가 더욱 기승을 부리고 많은 젠틀맨, 상인의 도산을 야기하는 등 공동체의 해악을 해소하지 못했다는 것이다.[49] 종전의 두 법에 대한 이러한 대조적 평가는 1571년의 법 제정이 1545년 법으로의 회귀라는 큰 방향에서 추진되었음을 짐작하게 해주는 대목이라 할 수 있다.

6. 종교인가? 경제인가?

근대 초기에 들어 유럽 사회는 경제활동이 활발해지고 신용거래의 비중이 크게 증가했다. 영국의 경우 모직물 산업을 중심으로 한 새로운 산업이 확산되고 수도원 해체로 인해 토지 시장이 활성화되면서 자본주의적 시장 경제의 모습이 조금씩 드러나기 시작했다. 경제적 가치의 중요성은 그 어느 때보다도 커졌다. 그럼에도 경제적 거래의 정당성을 시장이나 경제 논리로 판단하지 않고 신학 또는 종교적 윤리학의 잣대로 평가하려는 경향은 끈질기게 지속되었다. 가톨릭이나 프로테스탄트 할 것 없이 기독교의 전통적 가르침에 바탕을 둔 도덕적 규범의 범위 안에서 악덕 대출 문제가 논의된 것은 어떻게 보면 자연스러운 일이었다. 그러나 서서히 경제 논리가 논쟁의 한가운데에 자리 잡기 시작했다.

시간이 흐를수록 경제 논리가 힘을 가지게 되고 법의 실용성에 대한 주장이

---

48   원문은 다음과 같다. "hathe not done so muche good as was hoped it shoulde," 13 Elizabeth, c.8.

49   *Tudor Economic Documents*, vol. 2., pp. 160~161.

힘을 얻어간 사실은 1560년대와 1570년대의 논쟁에서도 확인된다. 또한 이자 있는 대출을 전면 금지한 1552년의 법을 폐지하려는 움직임이 여러 차례 시도되었으며 여기에는 런던 등 여러 도시 정부에서 운영하던 고아 지원청의 현실화를 위한 도시 정부들의 끊임없는 노력도 반영되었다. 특히 1571년의 법을 많은 사람이 이자의 현실화로 받아들인 사실에 주목할 필요가 있다. 최소한 1600년에 이르러 많은 사람이 10%를 정상 금리 또는 공식 금리로 간주했던 상황은 10%를 기준으로 처벌 규정을 달리했던 이 법의 내용과 무관하지 않을 것이다. 앞에서 보았듯이 법의 전문에서 이 법의 목적이 '이자 규제를 완화하는 문제가 아니라 모든 이자가 신의 법에 의해 금지되어 있음을 천명하고자 함'이라 밝히며 애써 강조한 것은 역설적으로 많은 사람들이 이를 그 반대로 해석할 여지가 있는 현실 상황을 말해준다.

영국에서 농업, 제조업, 해외 무역 등의 일상적인 경제활동이 차입 금융에 의존하는 경향이 날로 증가하는 상황에서 이자의 절대적 규제가 바람직하지 않은 정책임을 사람들이 인식하기 시작하고 있었던 것이다. 이렇게 보면 16세기의 영국 사람들은 점차 대출이 대출자와 차입자 또는 사회 전체에 모두 이익이 될 수 있는 가능성을 발견하기 시작하고 대규모 상업 거래가 수반되는 경제적 모델을 수용하는 과정을 밟아갔다고 할 수 있다.

16세기 영국에서 이자의 허용 여부와 관련된 논쟁이나 입법 과정을 살펴보면서 얻을 수 있는 첫 번째 결론은 여기에서 가톨릭이나 프로테스탄티즘 등 종파에 따라 논점이 갈라지는 현상을 발견할 수 없다는 것이다. 예컨대 이자에 대한 관용을 주장한 사람들 중에도 신교도들이 있었고 극구 반대한 사람들 중에도 신교도들이 있었다. 종교 재산을 처분해 만든 빈민 구제 기금으로 빈민들에게 저리 대출을 할 것을 주장했던 브링클로우는 신교 개혁가였다. 반면에 가장 강력한 반대론자 중의 하나였던 주얼은 메리 여왕 치하에서 대륙으로 망명 갔다 돌아온 신교도 성직자였다. 윌슨 또한 메리 치하에서 박해를 피해 대륙으로 넘어가 로마의 이단 규문소에 구금되었다가 탈출한 전력을 가진 대표적 신교 지식인 중의 한 사람이었다. 역시 이자의 허용을 반대했던 플리트우드도 하원 내 청교도 의원들의 리더였다.[50]

이는 영국에서의 이자 합법화 과정이 일반적인 인식과 달리 종교개혁과 직접적 관련이 없었다는 반증이 된다. 달리 말하면, 영국에 신교가 확산되고 많은 사람이 '오직 믿음에 의한 구원sola fide'의 원칙을 받아들였지만 교회와 국가가 신의 법에 따라 백성을 통치해야 한다는 인간·신·법에 대한 스콜라 신학적인 입장을 여전히 많은 사람들이 유지하고 있었음을 의미하는 것이다. 그러나 이자에 대한 규제를 더욱 강화해야 한다는 주장은 점차 온전한 종교적 이유보다는 경제적 분석의 토대 위에서 전개되기 시작했고 16세기 후반으로 갈수록 그러한 경향이 더욱 뚜렷해졌다.

둘째, 이자 있는 대출에 대한 영국의 입법이 전면 금지와 차별적 완화 사이를 왔다 갔다 한 데에는 정부 주변에서 정책 조언을 하던 지식인들의 지적 배경이나 성향이 상이했던 점도 작용했으리라는 짐작이 가능하다. 이를테면 1530년대와 1540년대에 활동했던 스타키, 모리슨, 스미스 등 실용론적 휴머니스트들은 법의 본질적 가치를 사회적·역사적 맥락에서 이해했으며 인간 본성과 인간의 잠재 능력에 관해 낙관적인 견해를 가지고 있었다. 이들은 사적 이익의 추구가 공동체의 일반 복리와 양립할 수 있다고 보았으며 오히려 개인들의 사적 욕망은 공동체의 물적 기반 마련에 좋은 결과를 가져올 수 있다고 믿었다. 그러므로 이들이 생각한 법의 목적은 개인의 잠재 능력을 발휘할 수 있도록 도와주는 한편, 이들의 사적 이익 추구가 공동체의 공동 이익에 기여하

---

50 S. T. Bindoff(ed.), *The House of Commons, 1509~1558* (London: H.M.S.O., 1982), vol.2, pp.148~149; P. W. Hasler(ed.), *The House of Commons, 1558~1603* (London: H.M.S.O., 1981), vol.2, pp.133~134.

도록 규제하는 것이었다. 10% 이하의 이자가 있는 대출을 허용했던 헨리 8세 시대의 입법은 이러한 맥락 속에서 이해되어야 할 것이다.[51]

래티머, 크로울리, 후퍼 등 에드워드 6세 시대의 신교 성향 지식인들은 사회 문제를 인식하고 해결책을 강구하는 데 본질적으로 도덕론적인 입장을 고수했고 구체적 정책의 제시에는 무관심했다. 1540년대의 신교 개혁가들 중 브링클로우가 런던에서 포목상을 경영했던 경험을 바탕으로 비교적 구체적인 정책을 제시했으나 그는 헨리 때, 그것도 익명으로 활동해야 했던 재야의 사람이었다. 그를 제외하면 사회 유기체론organism of body politic에 바탕을 둔 대부분의 관변 지식인들은 사회 일부의 탐욕이 공동체 전체의 조화를 파괴하고 있다고 분석했지만 정확한 경제 진단이나 정밀한 사회 프로그램을 제시하는 데 실패했다.[52] 이상을 앞세웠으나 법 집행상의 문제를 간과해 실패한 1552년의 법도 이들의 일반적 경향에서 크게 벗어나지 않았다.

1571년의 경우에는 상당수의 청교도들이 행정부와 의회에서 영향력 있는 활동을 한 것 이외에는 특별한 성향의 지식인들을 발견하기 어렵다. 이들 청교도들은 종교 문제에서 한목소리를 냈지만 사회·경제 분야에 대해서는 다양한 입장에 서 있었다. 다만 각계의 의견을 고루 듣고 이를 바탕으로 타협적 정책을 만들어낸 윌리엄 세실의 리더십이 반악덕대출법의 입법 과정에도 반영되었다고 볼 수 있을 것이다.

---

51 Thomas Starkey, *A Dialogue between Cardinal Pole and Thomas Lupset*, ed. by J.M. Cowper(London, 1878), pp.33, 36~38, 53, 57~58, 65~66; Richard Morison, *A Remedy for Sedition* (1536), edited by D. S. Berkowitz, *Humanist Scholarship and Public Order: Two Tracts against the Pilgrimage of Grace* (Folger Books, 1984), pp.112, 117, 135.

52 Paul Slack, "Social Policy and the Constraints of Government, 1547~58," pp.94~98.

엘리자베스 시대의 외국인 차별

1. 영국과 이주민의 역사

영국 주류 사학자들이 '이주민' 또는 '이민'에 관심을 가지기 시작한 것은 비교적 최근의 일이다. 영연방 국가나 과거 식민지로부터 유입된 전후 이민자들의 숫자가 전체 인구의 8%를 초과하면서 이들 집단의 문제가 사회 과학 측면에서 다루어지기 시작했고 뒤늦게 역사가들이 연구에 참여한 것이다. 1970년대에는 나치 치하 피난민들에게 역사가들의 초점이 맞추어졌고, 1980년대에는 주로 이탈리아인과 동유럽인에게 초점을 맞춘 연구물들이 생산되었다.

물론 그 이전에도 이민자 집단의 역사를 다룬 연구물이 존재하기는 했지만 이민자의 후예들이 자신들의 역사를 기술한 것이 주를 이루었고 19세기의 주요 이민자 집단인 아일랜드인들이나 유대인들이 그 주요 대상이었다. 이들 연구의 목적은 집단의 후예들에게 자신들의 역사를 가르치고, 주류 사회에 자신들의 존재를 확인시키며, 주류 사회와 자신들 사이에 소통의 채널을 만들고자 하는 것이었다.[1]

튜더나 스튜어트 시대의 이민 집단에 대한 주류 역사가들의 연구가 시작된 것은 1980년대 후반의 일이었다. 이 분야에 대한 연구는 대체로 1685년 루이 14세 시기 낭트 칙령의 폐지에 따라 프랑스를 떠나 영국에 정착한 위그노 집단에 맞추어졌다. 그러다가 네덜란드 출신 이민자들이 본격적인 연구 대상으로 떠오르게 된 것은 1990년대였다. 종교적 피난민confessional migration이라는 동일한 범주의 집단임에도 초기 연구가 유독 위그노 집단에 집중되었던 첫 번째 까닭은 근대 초기 이민에 대한 연구가 위그노 후예들의 주도적인 구상에 의해 추진되었기 때문이었다.

1885년 위그노 집단의 후예들은 '위그노 소사이어티'를 설립하고 자신들의 프랑스적 유산 보존에 나섰다. 이들은 근대 초기 위그노인들의 영국 생활에 대한 원사료들을 정리하고 이를 출판하는 등 사료를 집대성했을 뿐 아니라 도서관을 설립하고 기금을 마련해 연구 활동을 독려했다. 또한 연 4회의 정기모임을 가지며 논문을 발표하고 이 논문들을 중심으로 연간 전문학술지Proceedings of the Huguenot Society of Great Britain and Ireland를 발행했다. 주류 역사가들의 연구는 이러한 성과를 바탕으로 이루어진 것이다.

근대 초기 이민사에 대한 연구가 위그노 집단에 집중되었던 또 하나의 이유는 자료가 상대적으로 많이 남아 있었기 때문으로 풀이된다. 영국에 피난처를 마련한 17세기 위그노인들이 고향에 돌아갈 전망은 그리 밝지 않았다. 영국에 뿌리내려야 하는 운명적 현실을 깨달은 그들은 '종교적 이유로 영국에 이민 온 프랑스인'이라는 자신들의 정체성을 후손에게 전하기 위해 스스로에 관한 기록을 정리하고 보존하기 시작했다.[2]

---

1   Kathy Burrell and Panikos Panayi, "Immigration, History and Memory in Britain," in their(ed.) *Histories and Memories: Migrants and their History in Britain* (London and New York: Tauris Academic Studies, 2006), pp.5~8.

2   Lien Luu, "Alien Immigrants to England, One Hundred Years On," in Nigel Goose

그러나 이들보다 100여 년 앞서 영국 땅에 이주했던 네덜란드인들의 사정은 달랐다. 당시 대륙의 정치적 상황은 매우 가변적이었으며, 무엇보다 그들은 큰 어려움 없이 자신들의 고향에 오갈 수 있었다. 그뿐 아니라 고향의 지인들이나 과거의 사업 상대를 만나 새로운 일을 추진하거나 사업상의 거래를 지속할 수 있었다. 이는 네덜란드인들이 자신들의 영국 거주를 '임시적인 상황'으로 인식하도록 만들었다. 자연적으로 이들은 위그노 집단처럼 자신들의 정체성을 보존하기 위해 노력해야 할 필요성이 별로 없었다. 그 결과 이들에게는 그들만의 역사적 정체성을 간직한 후손 집단이 존재하지 않게 되었고, 이들의 삶에 대한 기록 또한 상대적으로 드물게 된 것이다.[3]

그러므로 최근 들어 본격적으로 진행되고 있는 16세기 네덜란드 이민자들에 대한 연구는 이민자들의 후예 집단이 아닌 온전히 주류 역사계에 의해 주도적으로 추진되는 근대 초기 영국 이민에 대한 첫 연구라는 의미가 있다. 이 글은 이러한 최근의 연구 결과를 바탕으로 당시 영국 사회의 엘리트들이 네덜란드 이민자를 어떤 시각으로 바라보았는가에 대한 논의를 조금 더 진전시키려는 의도에서 비롯되었다.

2. 네덜란드 이민자들과 외국인의 법적 지위

16세기와 17세기 초에 이르기까지 종교적 박해, 전쟁, 경제적 파탄을 피해 네덜란드를 떠나 다른 유럽 지역으로 이주한 사람들의 숫자는 약 18만 명 정

---

and Lien Luu(eds.), *Immigrants in Tudor and Early Stuart England*(Sussex Academy Press: Brighton and Portland, 2005), pp.226~227.
3   같은 책.

도로 추산되며 이 중 1만~1만 5000명 가까운 사람들이 영국으로 이주했다. 이들의 숫자는 1570년에 만 명 수준에 이르렀고 1590년대에는 1만 5000명으로 정점에 달했다가 17세기 초에 다시 1만 명 수준으로 내려간 것으로 추정된다. 17세기 초에 숫자가 감소한 이유는 스페인과 네덜란드 사이에 화약和約이 이루어지면서 신규 이민자가 줄었고 귀환 길에 오른 사람들도 있었기 때문이다. 1590년대 영국에 거주한 이민자 집단의 총 규모가 2만 3000~2만 4000명 수준으로 추정되므로 이들 중에서 네덜란드계 이민자들이 차지하는 비율은 50%를 상회한 셈이다.[4] 네덜란드 사람들이 가장 많이 거주한 지역은 런던이었다. 한 연구에 따르면, 1567년에 런던 및 웨스트민스터에 거주한 이민자 집단에서 네덜란드계 이민자들이 차지하는 비중은 75%에 달했다.[5]

네덜란드계 사람들이 영국으로 오게 된 이유는 상당히 다양했던 것으로 보인다. 종교적 박해와 정치적 탄압을 피해 온 사람들도 있었고, 경제적 기회를 노리고 온 사람들도 있었다. 이들이 이주한 이유야 어떠했건 간에 영국이 이들에게 제공한 사회적·경제적 여건은 그리 호의적이지만은 않았다. 일반적으로 볼 때 엘리자베스 통치 시대 국왕이 면장免狀을 통해 이들 '양심의 피난민들refugee of conscience'에게 허여한 지위는 본질적으로 허약했으며 실질적인 법적 권리가 수반되지 않았다. 다시 말해, 면장에는 이들이 누릴 수 있는 종교적 권리에 대한 선언만 있을 뿐 이들이 누릴 수 있는 경제적 권리에 대해서는 구체적으로 언급하지 않았다. 그러므로 이들은 영국 길드의 부당한 간섭이나 권리 침해에 취약할 수밖에 없었고 권리 구제를 위해서는 오직 영국 국왕의 자비를

4   Nigel Goose, "Immigrants in Tudor and Early Stuart England," *Immigrants in Tudor and Early Stuart England,* pp.1, 14~16.

5   Raymond Fagel, "Immigrant Roots: The Geographical Origins of Newcomers from the Low Countries in Tudor England," *Immigrants in Tudor and Early Stuart England,* pp.44~45.

간구해야만 하는 상황이었다. 법적 권리를 확보하는 또 다른 방법은 귀화나 영국 국적을 취득하는 절차를 밟는 것이었으나 이를 통해 얻을 수 있는 권리가 완벽하지 못했을 뿐 아니라 비용이 과다하여 실질적인 방편이 되지 못했다. 다만, 런던에 비해 지방의 자치도시에 정착한 이주민들의 경우는 형편이 좀 나은 편이었다. 일부 지방에서는 지방정부가 난민의 정착 과정에 처음부터 개입해 이들에게 일정한 경제적 권리를 부여하기도 했기 때문이다.

영국에 거주하는 외국인[6]은 적대적 외국인alien enemy, 우호적 외국인alien friend, 귀화인denizen 이라는 세 종류의 범주로 분류되었다.[7] 첫 번째, 적대적 외국인은 영국 국왕에 적대적인 군주에게 충성하는 외국인 거주자로서 아무런 법적 권리를 가지지 못한 반면에 영국 국왕은 이들에 대해 추방권을 포함해서 자유롭게 자신의 권리를 행사할 수 있었다. 실제로 1554년 메리 여왕은 모든 '불순한 외국인'과 귀화하지 않은 외국인에 대해 20일 이내에 강제 퇴거하라는 명령을 내린 적이 있다.

두 번째, 우호적 외국인은 영국 국왕에 우호적인 군주에게 충성하는 외국인으로서 영국 국왕에게 임시적인 충성 서약을 하는 것을 전제로 영국 국왕의 보호를 받을 수 있었다. 그러나 부동산의 매매, 소유, 상속, 피상속을 할 수 없었

---

6   근대 초기 영국의 국적은 본질적으로 영토 개념에 의해 규정되었다. 영국 군주가 관할하는 영토 바깥에서 태어난 사람들은 모두 외국인으로 간주되었다. 이 경우 부모 모두가 영국 국적이라 하더라도 자녀들은 외국인으로 간주되었으며 영국 국적을 취득하기 위해서는 의회 입법(사적 법안)을 통해서만 영국 국적 취득이 가능했다. 반면, 외국인의 자녀들은 영국 영토 내에서 태어나더라도 영국 국적을 취득할 수 없었다. 1604년에 이르러 이들에게 귀화인의 대우가 주어지게 되었다. 귀화인이나 귀화인의 자녀들이 영국 국적을 취득하려면 개별적인 의회 입법 절차를 밟아야 했다. 엘리자베스 치하의 전체 기간을 통틀어 오직 12건의 개별 입법만이 이루어진 점으로 보아, 외국인이 영국 국적을 취득하는 것은 거의 불가능에 가까웠다고 할 수 있다.

7   Mervyn J. Jones, *British Nationality: Law and Practice* (Oxford University Press, 1947), p.31.

으며 부동산과 관련해 법적 소송을 제기할 수도 없었다. 또한 선거권, 공무 담임권이 없었으며 영국 국적의 선박을 소유할 수도 없었다. 이들에게는 점포를 여는 것이 허용되기는 했으나 문을 닫은 상태 closed shop 에서만 영업할 수 있었다. 다시 말하면 상품이 외부에서 보이도록 진열하는 것을 금지한 것인데 이는 지나가는 행인들이 이를 보고 물건을 사는 것을 원천 봉쇄하려는 의도였다. 그러므로 귀화하지 않은 외국인들이 합법적으로 할 수 있는 영업 행위는 오직 도매뿐이었다. 도매업을 영위할 형편이 안 되는 귀화하지 않은 일부 외국인들은 편법적인 수단을 동원해서 사실상의 소매 활동에 참여했을 것으로 추정된다.[8]

세 번째는 귀화인이다. 이들은 영국 국왕에게 충성을 서약한 외국인들로서 이들의 법적 지위는 국왕이 주는 개별 면장에 따라 달랐다. 귀화인들에게는 문을 열 수 있는 점포를 개설할 수 있는 권리가 주어졌다. 그러나 영국 시민과 비교하면 여전히 차별적 지위에 있었는데 특히 부동산의 상속이 불가능했다. 더구나 런던 시가 1574년 귀화인의 자녀들이 도제 수업에 참여할 수 없도록 조치함으로써 귀화인들의 지위는 더욱 약화되었다. 그나마 귀화 절차를 밟는 비용이 상당한 액수에 달해 대부분 빈곤 상태에 있던[9] 이주 외국인들은 이를 감당할 형편이 못 되었고 이들 중 불과 10% 정도의 사람들만이 귀화할 수 있었다. 특히 1580년대와 1590년대에는 그 숫자가 격감했다. 한 통계에 따르면 1558년과 1603년 사이에 1962건의 귀화 절차가 승인되었는데 이 중 대부분이 1577년 이전에 이루어졌고 1578년 이후에 이루어진 것은 293건에 불과했다. 이는 1580년대 이후 런던 시의 주도로 이루어진 일련의 외국인을 차별하

---

8   Lien Luu, "Natural-Born versus Stranger-Born Subjects: Aliens and their Status in Elizabethan London," *Immigrants in Tudor and Early Stuart England*, pp.62, 66~68.

9   1582년 보조세 기록에 의하면 이주민들의 74%가 기본세 대상자였다. 즉, 3파운드 이상의 동산이나 1파운드 이상의 가치가 있는 부동산을 소유하고 있지 못했던 것이다.

는 입법 움직임과도 연관이 있어 보인다.[10]

외국인들이 차별을 완전히 극복하는 유일한 길은 영국 국적을 취득하는 것 naturalization 이었다. 그렇게 되면 자유롭게 상업에 종사할 수 있을 뿐 아니라 부동산의 구입, 유증 및 상속이 가능해지고 토박이natural-born 영국인들과 동일한 세율을 적용받게 되는 등 그들과 거의 동일한 권리를 누릴 수 있었다. 영국 국적 취득은 영국 의회의 개별 입법에 의해서만 이루어질 수 있었다. 하지만 입법을 추진하는 데 드는 비용이 최소한 60파운드에 달했고 거기에다 절차가 매우 까다로워서 극히 일부의 이민자들만이 이러한 혜택을 볼 수 있었다. 엘리자베스의 전 통치 기간을 통틀어 오직 12개의 개별 입법이 성사되었다는[11] 사실이 이를 증명한다.

차선의 방책은 자유 귀화인free denizen이 되는 것이었다. 귀화 승인을 얻은 뒤 자치시로부터 자유 공민의 자격을 획득하는 방법이었다. 속전贖錢, 혼인 등 다양한 경로를 통해 자유 공민의 지위를 획득하게 되면 영국 시민과 거의 동등한 권리를 누릴 수 있었다. 그러나 지방에서라면 몰라도 런던에서 이러한 지위를 획득하는 것은 매우 어려운 일이었다. 최소 50파운드의 속전 비용이 들 뿐 아니라 런던 시에 외압을 행사할 수 있는 유력 인사들의 도움이 절대적으로 필요했기 때문이다. 더구나 1576년 스페인의 안트베르펜 봉쇄 이후 상황은 더욱 어려워졌다. 네덜란드 수출 길이 막힌 직물 산업의 불황이 깊어지면서 실업자가 증가하고 이에 따라 외국인에 대한 경계 심리가 확산되자 런던 시는 외국인에게 자유 공민 자격을 주는 일을 더욱 꺼려했다. 실제로 1593년 당시 런던에 거주했던 자유 귀화인은 모두 70명으로 전체 외국인의 약 1%에 불과했다.[12]

---

10   Lien Luu, "Natural-Born versus Stranger-Born Subjects: Aliens and their Status in Elizabethan London," pp.57~60, 62, 64.

11   같은 글.

12   같은 글, pp.62~64.

지방의 경우는 훨씬 나은 편이었으나 자유 귀화인이 되더라도 다른 외국인과 마찬가지로 각종 관세를 내야 했으며, 내국인보다 두 배 많은 세금을 내야 하는[13] 의무는 변함이 없었다.

3. 외국인에 대한 차별적 입법 동향: 1570년대와 1580년대

1570년대부터 영국 거주 외국인 상인들에 대한 영국 상인들의 반발 움직임이 본격화되었다. 수적으로 소수인 외국인들이 해외 무역의 절반가량을 차지하는 현실에 대한 불만이 고조된 것이다. 그러나 해외 무역에서 외국인들이 우위를 차지하는 상황은 16세기부터 이어져왔으며, 다만 그 주인공이 이탈리아와 독일 상인들에서 네덜란드 상인들로 교체되었을 뿐이었다.

1571년에는 런던 시민들이 이주민 상인들의 폐해를 규탄하는 탄원서를 여왕에게 제출했다. 이에 따르면 이주민 상인들이 물건을 쌓아놓고 있다가 자기들 마음대로 가격을 올려 받고 있으며, 소매업 참여가 금지되어 있음에도 이들이 몰래 가게를 열어놓고 영업 행위를 하고 있다는 것이었다. 이듬해에는 귀화인을 포함한 모든 이주민에 대해, 영국 내에서 7년간의 도제 수업을 수료하지 않는 한 해외 수입품 소매 행위를 하지 못하도록 금지하는 법안이 의회에 제출되기도 했다. 이 법안은 2차 독회까지 입법 절차가 진행되었으나 하원을 통과

---

13 외국인에 대해서는 3파운드 이상 가치의 동산에 대해서 파운드당 5실링 4펜스, 1파운드 이상 가치의 토지에 대해서는 파운드당 8실링의 중과세가 부과되었다. Lien Luu, "Natural-Born versus Stranger-Born Subjects: Aliens and their Status in Elizabethan London," p.65; Irene Scouloudi(ed.), *Returns of Strangers in the Metropolis, 1593, 1627, 1635, 1639: a Study of an Active Minority* (London: Huguenot Society of London, 1985)/ (Quarto series of Huguenot Society of London, vol.57), pp.17~23.

하지는 못했다.[14]

외국인 자녀들을 차별하려는 시도도 수차례 이루어졌다. 1570년대 중반부터는 모든 외국인의 자녀들이 영국 장인 밑에서 도제 생활을 하지 못하도록 하고 이를 어긴 장인들에게는 벌금을 부과하기 시작했다. 영국에서 태어난 외국인의 자녀들도 마찬가지였다. 자유 귀화인을 포함한 외국인들은 이 법이 인간성과 인간의 이성에 반하는 처사이며 자신의 자녀들이 누려야 할 자연적 권리를 침해한다고 반발했으나 받아들여지지 않았다. 1576년에는 여느 외국인과 마찬가지로 자유 귀화인들에게도 두 배의 세금을 부과하는 법안이 의회에 상정되었다가 2차 독회 때 파기되기도 했다.[15]

1581년 1월에는 1558년 이후 영국에서 태어난 외국인의 자녀들을 모든 면에서 외국인으로 간주하는 법안이 제출되었다. 이 법안은 자연법과 자비의 원칙에 어긋나며 아무런 죄를 짓지 않은 사람을 공연히 처벌하는 악법이라는 비판을 야기하며 많은 논란을 일으켰다. 위원회에서 법안을 새로 작성하는 등 혼란을 겪은 이 법안은 하원을 통과하기에 이르렀다.[16] 이러한 입법 시도는 두 가지 논리에 기초했는데, 그 하나는 많은 외국인이 자녀를 영국 시민으로 만들기 위해 일부러 영국에 와서 자녀를 출산하는 문제를 해결해야 한다는 것이었다. 다른 하나는 이들이 부모의 나라에 대해 남다른 감정을 가질 수 있으므로 영국에 대한 충성심을 절대적으로 신뢰하기 어렵다는 것이었다. 이 문제는 1604년에 이들을 귀화인으로 대우하기로 결정함으로써 일단락되었다.[17]

---

14 State Papers, Elizabeth I, 12/81/29; State Papers, Elizabeth I, 12/88/36; Lien Luu, "Natural-Born versus Stranger-Born Subjects: Aliens and their Status in Elizabethan London," pp.66~67.

15 T. E. Hartley(ed.), *Proceedings in the Parliaments of Elizabeth I*(Leicester University Press, 1995), vol.I, pp.481~482.

16 같은 책, pp.527~528, 531~533, 537.

1580년대와 1590년대에 이르러 의회 입법을 통해 이주민을 차별하고자 하는 또 한 번의 일련의 시도들이 있었는데, 귀화 외국인이 런던과 인근 지역에서 자유롭게 상업 활동을 하지 못하도록 규제하는 법을 만드는 것이 골자였다. 이러한 입법 시도는 런던 시가 주도했다. 1585년 의회에 상정된 법안도 그러한 경우였는데, 외국인이 리넨linen을 소매로 팔지 못하도록 규정한 리처드 2세 때 제정된 법(1378년)의 집행을 촉구하고 이에 대한 벌칙을 강화하는 내용이었다. 그러나 이 법안은 2차 독회에서 폐기되었다.[18]

1589년에 유사한 법안이 다시 상정되었다. 영국에서 7년 이상의 도제 수련을 마친 자들을 제외한 모든 외국인의 소매 행위를 금지하는 법안이 상정된 것이다. 1584~1585년, 1586~1587년의 경우와 마찬가지로 런던 시의 주도로 이루어졌을 것으로 추정되는 이 법안은 비록 의회를 통과하지는 못했지만 인도적인 차원에서 논란을 일으켰을 뿐 아니라 이주민들의 소매 활동이 상품의 저가 공급을 가능하게 하는 등 경제적으로 긍정적 측면이 있다는 반론이 제기되기도 했다.

그중에서도 런던에서 의류상으로 활동하던 헨리 잭맨Henry Jackman이라는 의원이 구체적으로 제기한 반론이 유명하다. 자신의 의회 연설문을 기록한 것으로 보이는 문서를 통해 그는 외국인의 경제활동을 제한하는 조치가 과연 모든 법의 근원이라고 할 수 있는 자연법과 양립할 수 있는지에 대해 의문을 제기했다. 자연법에는 남으로부터 받은 만큼 베풀어야 한다는 황금률이 있으며 레위기(19:33-4)에서 보듯 신 또한 낯선 자들이 내 땅에 들어오면 그들을 괴롭히지 말고 오히려 그들을 우리 중의 한 사람으로 여기고 사랑하며 베풀라고 하

---

17 Lien Luu, "Natural-Born versus Stranger-Born Subjects: Aliens and their Status in Elizabethan London," pp.65~66.

18 같은 글, pp.89, 95.

지 않았느냐는 것이었다. 더구나 귀화인들은 그들이 본래 섬기던 군주와 나라에 대한 충성을 철회하고 영국 여왕과 영국 법의 권위에 충성한다고 서약한 사람들로서 비록 우리 뿌리에서 비롯된 사람들은 아니지만 우리의 줄기와 몸통으로 접목된 사람들이므로 이들에 대한 따뜻한 배려가 필요하다고 주장했다. 그는 또한 외국인들에 대한 차별 정책이 과연 커먼웰스의 공동체적 이익에 부합되는지를 따져보라고 제안했다. 그는 소매업에 종사하는 귀화인들의 숫자가 늘어난 것은 사실이지만 그로 인한 경제적 부담이 영국 사회가 지탱하지 못할 정도는 아니라고 주장했다. 귀화인 소매상의 숫자는 30명 남짓이고 거기에다 여러 업종에 종사하기 때문에 그 영향이 그리 크지 않다는 것이다. 잭맨은 또한 이들이 판매하는 물건의 가격이 싸다는 점이 왜 공동체의 이익에 반하는지를 따졌다. 오히려 칭찬받아야 할 행위가 아니냐는 것이었다.[19] 1570년대와 1580년대 런던 시를 중심으로 제기된 외국인 차별 관련 입법과 잭맨의 옹호는 1590년대 전개된 논쟁의 서곡에 불과했다.

4. 1593년의 의회 논쟁

귀화 외국인의 소매업 종사를 금지하려는 런던 시의 입법 기도는 1593년 의회에서 다시 한 번 격렬한 논쟁을 불러일으켰다.[20] 3월 20일 런던 시가 주도한 것으로 보이는 이주민에 대한 소매업 금지 법안이 상정되었다. 이를 심사할 위원회가 구성되었지만 위원들 간의 의견이 팽팽하게 대립되어 원활한 의사

---

19 T. E. Hartley(ed.), *Proceedings in the Parliaments of Elizabeth I*, vol.II, pp.481~483.

20 이 논쟁의 일부 내용은 허구생, 「튜더 의회: 중앙과 지방의 접점?」, ≪서양사론≫, 88호 (2006.3), 20~21쪽에 소개된 바 있다.

절차 진행이 어려웠다. 이에 따라 런던 시와 귀화 외국인의 입장을 각각 대변할 수 있는 법률가들을 의회로 불러 의견을 청취할 수 있도록 청문회를 개최하기로 했다.[21]

이렇게 하여 3월 21일 속개된 청문회에서는 미들 템플 소속의 프랜시스 무어라는 법률가가 나서서 런던 시의 입장을 대변했다. 그는 이주민이 판매하는 상품들이 품질과 가격 면에서 런던 소매상들을 압도하는데 그 이유는 이들이 해외의 친지를 통해 물건을 값싸게 들여오기 때문이며 결과적으로 이들과 경쟁해야 하는 런던의 소매상들이 경제적 어려움을 겪고 있다고 주장했다. 나아가 무어는 이로 인해 국왕의 보조세 재원이 약화되고 있을 뿐 아니라, 이주민 상인들이 재산을 해외로 빼돌려 국부가 해외로 유출되고 있다면서 이는 국가를 더욱 빈곤하게 만드는 결과를 초래하고 있다고 주장했다.

외국인들의 입장을 대변한 법률가들은 링컨즈 인Lincoln's Inn 소속의 힐Hill과 프라우드Proud였다. 이들에 따르면 문제의 이주민들은 종교적 이유로 영국에 건너온 난민들로서 그렇지 않아도 매우 어려운 경제적 형편에 처해 있는데 이들의 생계 수단을 박탈하는 것은 비인도적인 처사라고 주장했다. 또한 이들의 경제활동은 시장의 물건 값을 낮춤으로써 구매자의 숫자를 증가시키는 긍정적인 경제 효과가 있을 뿐 아니라 이주민들은 영국인보다 두 배 많은 세금을 내므로 국왕의 재원을 약화시킨다는 주장은 근거가 없다고 논박했다.[22]

런던 시의 무어는 재반박을 통해 토박이 영국인에게도 도매와 소매를 동시에 할 수 있는 권리가 허용되지 않았는데 귀화인에게만 그러한 특권을 줄 수는 없다고 주장했다. 또한 이주민들이 국내에서 생산된 물건을 마치 수입품인 양 팔면서 영국 상인들보다 비싼 값을 받고 있다고 비난했다. 또한 그는 이주민

---

21 T. E. Hartley(ed.), *Proceedings in the Parliaments of Elizabeth I*, vol.III, p.132.
22 같은 책, pp.134~135.

306 제2부 | 경제와 사회

도매상들이 영국 상인들에 비해 두 배의 세금을 내는 것은 맞지만 소매상들은 대체로 자신들의 재산을 은닉함으로써 사실상 탈세를 하고 있는 것이 현실이라고 주장했다. 그러므로 이들에게 소매를 법적으로 금지하면 모두 도매업에 종사할 수밖에 없고 그럴 경우에는 보조세 징수액이 확실하게 증가할 수 있다고 주장했다.[23]

여기에 대해 힐과 프라우드는 이주민에게 토박이 영국인과 동일한 권리를 부여해주기를 원할 뿐 그 이상은 원하지 않는다며 현재 자치시에만 국한되어 있는 영업 영역을 토박이 영국인과 마찬가지로 영국 전역으로 확대해주면 이주민들은 그 이상을 바라지 않을 것이라고 주장했다. 그리고 이번에 소매업 금지 법안이 통과된다면 이후에는 도매상들이, 그 뒤에는 제화 및 양복상들이 나서서 외국인들의 경제적 활동을 억압하는 유사한 입법을 시도할 것이라며 외국인 차별법의 무차별 확산에 대해 경계했다.[24]

이들의 의견을 들은 후 개별 의원들의 발언이 이어졌다. 존 울리는 런던의 부와 명성은 외국인들을 대우하고 그들에게 권리를 허여함으로써 비롯되는데 이 법안은 이에 반하기 때문에 궁극적으로 런던에 해로운 결과를 초래할 것이라며 법안에 반대했다. 아울러 안트베르펜, 베네치아, 파도바 등의 부와 명성도 외국인에 대한 호의적인 정책 때문에 가능했음을 상기시켰다.[25]

이와 유사하게 에드워드 다이모크Edward Dymoke도 베네치아에서는 모든 외국인들이 내국인과 마찬가지로 집과 토지를 자유롭게 사거나 처분할 수 있다는 사실을 지적했다. 또한 영국 소매상들의 빈곤은 이주민들 때문이 아니라 독점적인 영국 상인들 때문에 초래되었으며 영국의 부를 해외에 유출하는 사람

---

23   같은 책, p.136.
24   같은 책.
25   같은 책.

들도 이주민 상인들이 아니라 영국 상인들이라고 주장했다. 그 근거로 영국 상인들이 주로 활동하는 한자Hansa 도시들에서 발견되는 영국 화폐가 이주민들이 주로 거래하는 네덜란드 지역에서 발견되는 화폐보다 훨씬 많다는 점을 들었다.[26] 그 외 토머스 핀치Thomas Finch는 이주민에 대한 비난이 주로 런던에서 나오는데 다른 곳에서는 그렇지 않고, 그들의 건전한 삶의 모습이 오히려 영국 사회에 긍정적인 역할을 하고 있다며 이주민들을 옹호했다. 또한 메리 여왕의 통치 시기에 영국인들이 대륙으로 망명했을 때 그곳에서 많은 권리를 보장해 주었음을 상기시키면서 귀화인들의 생계 수단을 박탈한다는 것은 옳지 않다는 취지의 발언을 했다.[27]

외국인에 대한 긍정적 의견이 수차례 개진되면서 하원의 분위기가 이주민들의 입장 쪽으로 기운 탓인지 그 상태로는 법안 통과가 어렵다고 판단한 드루Edward Drue; Recorder of London가[28] 법안의 수정을 제의하기에 이르렀다. 법안에서 말하는 금지 조치를 기존의 소매상에게는 적용하지 않는다는 것과 앞으로도 귀화 외국인의 소매업 종사를 일부 제한적으로 허용할 수 있도록 한다는 것이 이 수정안의 주요 골자였다.[29]

그러나 이틀 뒤인 3월 23일 위원회에서 작성된 수정안이 본회의에 상정되자 또 한 차례의 논쟁이 벌어졌다. 금 세공업자이자 런던 출신 의원인 앤드류 파머Andrew Palmer는 많은 내국인 소매상을 파산으로 이끄는 이주민 소매상들은 사실 소매상들이 아니라 해외 무역상의 대리인이자 그들 자신이 사실상 무역상의 지위를 가진 사람들이라고 주장했다. 파머는 이어서 이주민 상인들 중

---

26 같은 책, pp.137~138.
27 같은 책, pp.138~139.
28 Recorder of London은 런던 시 정부의 추천에 의해 국왕이 임명하는 관리로서 런던 시의 최고 재판관이며 하원 의원의 선거 관리 책임이 있었던 중요 직책이다.
29 같은 책, p.139.

연간 수입이 1000파운드에서 1200파운드에 이르는 자들이 20명은 되므로 결과적으로 최소 2만 파운드의 영국 돈이 해외로 유출되고 있는 셈이라고 주장했다. 그는 또한 몇몇 의원들이 제시한 동정론을 비판하면서 '우리가 먼저 곡식을 수확한 후 낯선 자들을 위해 이삭을 남겨주면 되지 그들에게 땅을 넘겨주고 우리가 이삭을 주워야 되느냐'라고 반문했다.[30]

월터 롤리 경Sir Walter Raleigh은 좀 더 노골적으로 이민자 집단을 비난하면서 법의 필요성을 역설했다. 그는 이민자 집단에 우호적인 사람들이 제시한 명분들 ― 자선, 종교, 명예, 국익 ― 에 대해 조목조목 비판했다. 먼저 그들은 자신의 군주와 조국을 스스로 버리고 영국으로 도망쳐온 사람들이므로 이들을 배려한다는 것이 자선의 원칙에 맞지 않고, 그들은 대부분 프로테스탄트 신앙이 허용되는 지역에서 온 사람들로서 이들을 보호해야 할 종교적 명분이 없다는 것이었다. 또한 명예란 주고받는 관계인데 영국과 교역 관계가 가장 활발한 안트베르펜에서 영국 국민에게 제화점, 양복점 같은 영업이나 거주를 허용한 적이 없고 밀라노에도 약 300명의 영국인이 살지만 단 하나의 이발소도 허용된 적이 없는 상황에서 왜 우리만 그들에게 권리를 허용해야 하느냐고 따졌다. 특히 그는 네덜란드인들은 본성상 자신들의 이익만 좇을 뿐 누구에게도 오래 복종하지 않는 족속이라는 원색적인 표현을 쓰면서[31] 그들은 결코 영국의 국익에 도움이 되지 않는다고 비난했다. 또한 지난 전쟁에서 영국 여왕에게 연간 6만 파운드를 지출하게 만든 스페인 왕의 막강한 군사력이 유지될 수 있었던 것도 세계의 모든 무역을 장악하려는 네덜란드인들 때문이었다고 주장했다.[32]

로버트 세실Robert Cecil은 좀 더 중립적인 견지에서 이 문제를 해결하고자

---

30 같은 책, p.142.

31 원문은 다음과 같다. "The Nature of this Dutchman is to fly to no man but for his profitt, and to none they will obey longe." 같은 책, p.143.

32 같은 책, pp.142~144.

했다. 먼저 그는 이 법안이 처음 상정되었을 때에는 자신이 잘 모르는 분야인 상업 활동에 관한 것이어서 침묵을 지켰지만 쌍방의 논쟁이 치열하게 전개됨에 따라 많은 것에 대해 알게 되었고 이 문제가 영국의 관심사인 자선, 명예, 국익과 밀접하게 관련되었음을 확인했다고 밝히며 중재에 나섰다. 그는 낯선 자들을 구난하는 일은 커다란 자선이며 왕국에 커다란 명예를 가져다주지만 그로 말미암아 우리 자신에게 위해를 끼치는 일이 있어서는 안 된다면서 이러한 견지에서 법안을 재수정할 것을 제의했다. 이에 대해 상당수의 의원이 동의함으로써 법안의 재수정 작업이 이루어졌다. 이를 위해 새로운 위원회를 구성하는 대신 새로운 위원들을 추가하기로 했다.[33]

3월 24일 새로 수정된 법안은 지난 의회(1589년) 이전에 이미 귀화 절차를 밟은 사람들은 이 법의 적용 대상에 제외하고, 지난 의회 이후 현재까지 귀화 절차를 밟은 사람들에게는 일정한 제한을 두며, 나머지 이주자들에게는 모든 소매 활동을 금지한다는 내용을 담고 있었다. 수정 법안에 대한 심사 결과 여전히 완벽하지 못하다는 결론이 남에 따라 다시 위원회를 조직하여 배정했다. 이튿날 법안이 다시 상정되었고 정서engrossing를 거쳐 3월 26일 3차 독회에 들어갔다. 여기에서도 열띤 찬반 논쟁이 있었으며 세실은 귀화인의 미망인까지 법 적용 예외 대상에 포함시켜야 하며 '다음 의회 회기 개시 전까지만 법의 효력을 존속시킨다'는 단서 조항의 삽입을 제의했다. 우여곡절 끝에 세실의 의견을 법안에 반영하고 투표에 부친 결과 하원을 통과할 수 있었다. 회의 중에 제시된 의견들은 찬반이 대등했으나 실제 표결 결과는 2 대 1 정도의 큰 차이로 찬성 쪽이 우세했다.[34] 이 법안은 며칠 후 상원에서 폐기함으로써 궁극적으로 법률이 되는 데는 실패했지만 법안을 둘러싼 하원의 논쟁은 외국인에 대한 영

---

33 같은 책, p.144.
34 같은 책, pp.139~148.

국 엘리트들의 상반된 시각이 얼마나 극명하게 대립했는지를 생생하게 보여주었다.

5. '야비한 개들' 대 '종교적 동반자'

1589년 잭맨의 기록은 이민자 집단에 대한 배려 정책이 영국이라는 집 내부에 '유독한 전갈'을 기르는 것이며, 우리 아이들이 먹어야 할 빵을 '야비한 개들'에게 던져주는 것과 마찬가지라고 보는 노골적인 적대감정이 영국 사회 내에 존재했음을 증언한다.[35] 1593년 롤리 경의 노골적 비판 발언 또한 외국인에 대한 당시 일부 영국인의 감정이 상당히 적대적이었음을 보여준다.

그러나 엘리자베스 시대에 존재했던 외국인 혐오증 또는 적대적 태도가 과연 일반화된 사회 현상이었는지에 대해서는 학자들의 견해가 엇갈리고 있다. 먼저, 일시적 현상이었건 지속적 현상이었건, 엘리자베스 시대의 영국에 외국인에 대한 적대적 감정이 분명히 존재했으며 그것이 증대되는 추세에 있었다는 쪽에 무게를 두는 학자들이 있다. 이들은 낯선 이들에 대한 적대적 감정이 동시대 영국인들의 정서적 기저에 깔려 있었을 뿐 아니라 이주민과 내국인 사이의 경제적 경쟁 구도가 심화되면서 반이주민 정서와 적대적 표현이 급격하게 증가했다는 측면을 강조한다.[36] 반면에 영국인과 영국 거주 이민자들이 여러 가지 갈등이 있었음에도 불구하고 본질적으로는 평화적으로 공존했다는 입

---

35 T. E. Hartley(ed.), *Proceedings in the Parliaments of Elizabeth I*, vol.II, p.482.

36 Laura Hunt Yungblut, *Strangers Settled Here Amongst Us: Policies, Perceptions and the Presence of Aliens in Elizabethan Englan* (London: Routledge, 1996), pp.40~60; Nigel Goose, "'Xenophobia' in Elizabethan and Early Stuart England: An Epithet Too Far?," *Immigrants in Tudor and Early Stuart England*, p.110.

장을 주장하는 역사가들도 있다.[37] 그런데 이들의 의견을 분석해보면 평화적 공존론은 종교적 연대감과 외국인들의 경제적 기여 측면에, 갈등론은 경제적 이해관계의 충돌에 각각 그 근거를 두고 있다. 다시 말하면, 이들은 종교가 두 집단 간 연대 의식을 생산해내는 역할을 담당한 반면, 경제적 측면이 두 집단 간 관계에 미친 영향은 복합적이라는 진단을 내린 셈이다.

먼저 종교적인 측면에 대한 논의를 살펴보자. 나이절 구스Nigel Goose는 경제적 시련기에 영국인들과 네덜란드 이민자들 사이에 긴장과 갈등이 존재하기도 했지만, 16세기 말과 17세기 초에 이르는 기간 중 프로테스탄티즘이라는 종교적 동질성과 연대감을 배경으로 이민자들의 권리는 지속적으로 신장되었으며, 이민자들도 서서히 지역공동체에 융합되어갔다고 분석한다. 구스는 콜체스터를 예로 들면서 최소한 중산층 이상의 콜체스터 시민들은 같은 신교 신앙을 가졌다는 연대감을 바탕으로 네덜란드 이민자들을 받아들일 준비가 되어 있었다고 주장한다. 또한 노리치와 캔터베리를 비롯한 이스트 앵글리아와 켄트 지역 도시들도 비슷한 상황이었다고 한다.[38]

데이비드 트림David trim은 1570년대와 1580년대에 전개된 종교전쟁에서 영국인과 영국에 거주하는 외국인들이 공동으로 참여한 군사적 노력의 결과로 두 집단 간 연대감이 형성된 점에 주목한다. 1572년부터 대륙의 신교도들을 도우려는 영국인과 이민자 집단의 군사적 협력이 본격적으로 전개되었는데 이 과정에서 양 집단의 동류의식이 생성되어 상당한 단계까지 진전되었다는 것이

---

37 이안 아처(Ian W. Archer)와 스티브 래퍼포트(Steve Rappaport) 등의 런던 사가들이 대표적이다. Ian W. Archer, *The Pursuit of Stability: Social Relations in Elizabethan London* (Cambridge University Press, 1991); Steve Rappaport, *Worlds within Worlds: Structures of Life in Sixteenth Century London* (Cambridge University Press, 1989).

38 Nigel Goose, "'Xenophobia' in Elizabethan and Early Stuart England: An Epithet Too Far?," pp.4~6, 29.

다. 1572년 4월과 5월 사이에만 네덜란드 이민자들의 기금으로 대륙에 파견된 군대는 콜체스터 교회 소속 신도 40명, 노리치 교회 소속 신도 125명, 런던 교회 소속 신도 250명 등이었는데 네덜란드인뿐만 아니라 상당수의 영국인이 포함되어 있었다. 또한 영국인들이 자발적으로 조직한 군대에도 네덜란드인들의 인적·물적 지원이 이루어졌다. 1583년 영국군이 저지대 지방에 출병했을 때 맥주와 빵을 포함한 군수물자를 도버 등에 위치한 네덜란드 이민자 교회가 지원했음을 보여주는 기록도 있으며, 이처럼 공동의 명분에 입각한 네덜란드 이민자들의 지원은 1585년 영국 정부가 공식적으로 전쟁에 참여하면서 더욱 큰 규모로 발전했다. 1590년대에 접어들어 경제적인 측면에서 네덜란드 이민자들에 대한 부정적 인식이 확산되었을 때에도 영국 사회 내부에서 이들을 확고하게 지지하는 목소리가 존재한 것은 이 같은 공동의 전쟁을 겪으면서 자연스레 생성된 종교적인 동질감 내지 동류의식에서 비롯되었다는 것이다.[39]

앞에서 살펴본 1593년의 의회 논쟁에서 롤리는 네덜란드 이민자들의 상당수가 신교 지역 출신이므로 종교적 피난의 명분이 없다고 주장했는데 이는 사실과 다른 것으로 분석된다. 최근의 연구 결과에 따르면 런던의 외국인 교회에 출석한 장로급 인사 65명 중 20명이 안트베르펜(가톨릭 지역인 벨기에에 속하게 됨) 출신이었고 나중에 신교인 네덜란드 공화국United Province 이 되는 지역 출신은 5%에 불과했다는 것이다.[40] 네덜란드 이주민들의 다수가 신교 신앙을 가진 것이 사실이라면, 스페인 등 외부 가톨릭 세력의 영국 침입과 내부 가톨릭 세력의 반란에 대한 우려가 확산되는 가운데 네덜란드 이민자들에 대해 종교

---

39 David Trim, "Immigrants, the Indigenous Community and International Calvinism," in Nigel Goose and Lien Luu(eds.) *Immigrants in Tudor and Early Stuart England,* pp.211~219.

40 Raymond Fagel, "Immigrant Roots: The Geographical Origins of Newcomers from the Low Countries in Tudor England," pp.48~49.

적 동류의식이 형성되면서 자연스럽게 이들에 대한 호의적 태도가 사회 일각에 자리 잡게 되었을 개연성은 충분하다. 특히 칼뱅주의 신앙을 공유하는 청교도들의 경우에는 좀 더 친밀한 동류의식이 형성되었을 가능성이 있다.[41]

그럼에도 이것이 1580년대와 1590년대 이민자 집단에 대한 차별적 정책의 입법 과정에서 찬반을 가르는 결정적인 요소로 작용하지는 않은 것 같다. 의회 일지에 나타난 논쟁 당사자들의 종교적 성향과 직업 등의 배경을 분석해보면 결정적인 상관관계가 발견되지 않기 때문이다. 먼저 이주민 집단을 옹호하던 의원들을 살펴보면 청교도적 신앙을 가지고 있던 사람들도 있지만 그렇지 않은 사람들도 많다. 다이모크는 아버지가 가톨릭 신앙을 고수하다가 감옥에서 죽었고 숙부 또한 1577년까지 가톨릭 신자로 분류되는 등 가족적 전통은 가톨릭 쪽이었다. 본인은 청교도적 신앙을 가졌고 스코틀랜드의 메리 여왕의 신속한 처형을 요구하기도 했지만, 그의 복합적인 종교적 배경이 네덜란드 이민자들에 대한 관점에 결정적 영향을 준 증거는 보이지 않는다.[42] 잭맨에 대해서는 런던에 거주했던 의류 상인 출신이라는 사실만 기록되어 있을 뿐 그의 종교적 성향에 대해서는 전혀 알려진 바가 없다.[43]

이주민에 대해 비판적인 발언을 한 일부 의원들은 반청교도적 신앙이 뚜렷한 국교도였으며 그들의 종교적 성향이 이주민에 대한 비판적 태도에 영향을 미쳤다고 볼 수 있는 사례가 있다. 예컨대 제임스 돌턴James Dalton은 런던에서 활동하던 변호사로서 젊은 시절에는 청교도 신앙에 관심을 가졌으나 나중에는 엄격한 국교회 지지자가 되었으며 1590년에는 검사로 활동하면서 청교도 신자를 소추하기도 했다.[44] 또한 이민자 집단에 가장 원색적인 비난을 했던 롤리

---

41 Nigel Goose, "Immigrants in Tudor and Early Stuart England," pp.4~6,

42 P. W. Hasler(ed.), *The House of Commons, 1558~1603*(London: H.M.S.O., 1981), vol.II, pp.70~71.

43 같은 책, pp.370~371.

에 대해서는 1569년 프랑스의 위그노를 돕기 위해 원정 출병한 기록이 있지만 1590년대의 의회 기록을 보면 그 당시에는 엄격한 국교회 성향을 가지고 있었던 것으로 분석된다.[45] 그러나 이주민들의 행태를 비난하며 법안을 적극 옹호하는 발언을 했던 니컬러스 풀러Nicholas Fuller는 청교도 신앙을 가진 변호사였다.[46] 런던 출신인 파머의 종교적 성향에 대해서는 알려진 바 없다. 그러므로 법안 옹호자들도 종교적으로 동일한 집단이라고 할 수 없었다.[47]

이러한 분석 결과는 1580년대와 1590년대의 이민자 차별 정책에 대한 논쟁이 종교적인 측면을 떠나 경제적인 문제 등 보다 복합적인 원인에서 비롯되었음을 시사해준다. 네덜란드 이민자들이 경제적인 측면에서 영국 사회에 기여한 것은 틀림없는 사실이다. 1550년 정점에 달했던 영국의 광폭천 수출이 영국과 안트베르펜 사이의 교역을 근간으로 이루어졌음은 주지의 사실이다. 또한, 더 싸고 가벼우며 다양한 색상의 제품을 선호하는 소비자가 증가하자 이에 재빠르게 대응해 새로운 제품의 제조 기술을 들여와 영국 경제에 활력을 불어넣은 이들도 네덜란드 이민자였다. 그러나 이들의 역할은 지역적으로 편차가 있었다. 예컨대 콜체스터와 노리치는 이들의 도움을 크게 받은 지역이었다.

16세기 초반 콜체스터의 지역 경제는 직물 산업에 의존하고 있었다. 심지어 성인 남자 인구의 약 30%가 이 산업에 종사할 정도였다. 그러나 1560년대와 1570년대 직물 산업의 불황으로 실업자가 늘어나고 빈곤이 심화되었다. 그러다가 네덜란드 이민자들의 유입이 본격화되면서 지역 경제가 다시 활성화되었다. 1565년 55명에 불과하던 이민자는 1573년에는 431명, 1586년에는 1291

---

44 같은 책, pp.8~9.

45 P. W. Hasler(ed.), *The House of Commons, 1558~1603* (London: H.M.S.O., 1981). vol.III, pp.273~276.

46 P. W. Hasler(ed.), *The House of Commons, 1558~1603*, vol.II, pp.161~162.

47 P. W. Hasler(ed.), T*he House of Commons, 1558~1603*. vol.III, p.167.

명에 이르렀다. 이들이 직물 산업의 부흥을 진작시켜 콜체스터 성인 남자 인구의 37%가 직물 산업에 종사하게 되었다. 1580년, 이 지역의 명사들이 프랜시스 월싱엄Francis Walsingham에게 편지를 보내면서 네덜란드인의 교양, 정직성, 종교적 경건성 등을 칭찬하고 특히 이들이 일자리 창출 등 지역 경제에 이바지한 점을 칭찬한 것은 아마도 과장이 아니었을 것이다.[48]

1550년 이후 직물 산업의 사양화로 빈곤의 나락에 빠졌던 노리치에서도 유사한 상황이 전개되었다. 1565년부터 네덜란드인들이 새로운 직물을 생산하면서 지역 경제가 활발하게 살아났다. 이들에 의해 생산된 직물의 양은 20년 만에 30배 이상 늘어났다.[49] 이 같은 성공은 지역인들의 후원에 힘입은 바 컸지만 자구 노력의 결과이기도 했다. 런던 시의 외국인 통제를 피해 이들 지역에 정착한 네덜란드인들은 영국의 전통적 길드의 힘이 미치지 않는 새로운 산업, 즉 비단 염색, 비단 직조, 다이아몬드 세공, 설탕 정제 등의 산업을 흥성하게 함으로써 스스로 자유와 경제력을 신장시켰던 것이다.[50] 엘리자베스나 영국의 고위 정책자들이 네덜란드 등 외국의 고급 기술자들을 정책적으로 유치하려 한 것은 이들이 영국 경제에 긍정적인 결과를 가져오고 궁극적으로 세원을 확대시킬 것이라는 믿음 때문이었으며, 이러한 기대는 최소한 콜체스터나 노리치 등의 지역에서는 맞아떨어졌다.

그러나 런던의 사정은 조금 달랐다. 네덜란드 이주민들이 영국 전체 경제에 미친 영향은 긍정적이었지만 지역적·시기적으로 편차가 존재했으며, 런던의

48 Nigel Goose, "Immigrants and English Economic Development in the Sixteenth and Early Seventeenth Centuries," in Nigel Goose and Lien Luu(eds.), *Immigrants in Tudor and Early Stuart England* (Brighton and Portland: Sussex Academy Press, 2005), pp.138~141.

49 같은 글.

50 Lien Luu, "Natural-Born versus Stranger-Born Subjects: Aliens and their Status in Elizabethan London," pp.57~75.

경우 이들의 역할이 부정적으로 인식되던 시기가 분명히 있었다. 네덜란드계 이주민들이 자초한 부분도 있었다. 1570년대 이후 외국 상인들에 대한 수출 관세가 강화되는 등 수출에서 외국인에게 불리한 정책이 조성된 데 이어 주요 수출 시장인 안트베르펜이 붕괴되자 네덜란드인들은 수출보다 수입을 통해 이익을 극대화하려는 전략을 꾀했다. 이들은 네덜란드와 대륙에 산재한 대리인들을 통해 값싸고 품질 좋은 상품을 들여옴으로써 영국 상인들에 비해 가격과 품질 면에서 절대적 우위에 설 수 있었다.[51] 이러한 상황은 결과적으로 이들에 대한 영국 상인들의 경계 심리와 적대적 감정을 유발할 수밖에 없었다. 그러므로 1580년대와 1590년대 의회에서 논의된 외국인 차별 법안들이 런던 시의 주도로 이루어진 사실은 이주민 상인들과의 경쟁에서 피해를 입은 런던 상인들의 이해를 반영하는 과정이었음에 틀림없다.[52]

그런데 이 시기 런던이 보인 외국인에 대한 적대적 태도는 피해를 입은 상인들에게만 국한되었던 것은 아닌 듯하다. 알려진 바와 같이 튜더 시대와 스튜어트 초기 시대는 영국이 경제적·사회적으로 비약적인 발전을 한 시기였으며 그 핵심 원동력은 자본주의적 시장 경제의 출현과 사회 전반에 걸친 상업화의 진전이었다. 인구 증가와 가격혁명으로 일컬어지는 지속적인 인플레이션은 결과적으로 임금노동자를 양산했으며 일부 토지 자본가들이 교대 농법과 관개 농업으로 대표되는 자본 집약적인 농업을 이어나가도록 함으로써 생산성 향상과 자본주의의 진전이라는 큰 흐름을 만들어냈다. 그러나 경제 발전의 성과는 골고루 분배되지 않았고 가진 자와 가지지 못한 자들 사이의 간극이 점차 벌어

---

51 Nigel Goose, "Immigrants and English Economic Development in the Sixteenth and Early Seventeenth Centuries," p.146.

52 1580년대와 1590년대 들어 런던 출신 의원들은 지역구의 이익을 위해 적극적으로 의회 활동에 임했으며 런던 시의 대(對)의회로비 또한 치열하게 전개되었다. 허구생, 「튜더 의회: 중앙과 지방의 접점?」, 18~22쪽.

지는 양극화 현상이 나타났다. 이러한 양극화 현상은 경제적으로 앞선 영국의 동남부 지역에서 두드러졌으며 런던이 그 중심에 있었다. 이 지역은 이민자 집단이 주로 정착한 곳이기도 했다.

외국인에 대한 적대적 감정은 직접적인 이해관계의 충돌 없이 나타나기도 한다. 자연 재해나 경제적 혼란기에 사회적 희생양을 공동체 외부에서 찾는 것은 오래된 관행이었고 1580년대와 1590년대 영국의 상황 또한 그러한 시기에 해당될 수 있었다. 주지하는 바와 같이 1586년에서 1597년까지 10년 동안 영국은 경제적으로 심각한 어려움을 겪었다. 기근, 역병, 이상 기후의 연속으로 사회적 혼란이 나타났으며 1593년부터 시작된 4년간의 연속 흉작으로 상황은 더욱 어려워졌다. 임금노동자들의 실질 임금이 격감한 가운데 불황에 따른 해고가 빈발했으며, 심지어 독립적인 경제생활을 영위하던 장인들마저 생계를 걱정하는 상황이 되었다. 그리고 그 타격은 런던에서 가장 크게 느껴졌다. 런던은 또한 네덜란드 이민자들의 집단 거주 지역으로서 당시 런던 인구의 팽창과 맞물려 이들의 유입이, 가뜩이나 폭등하던 주택 임대료의 상승에 일조해 민원의 대상이 되기도 했다.[53] 그러므로 경제 양극화의 희생자들이라 할 수 있는 중간 계층 이하의 사람들은, 자신들이 겪어야 했던 경제적·사회적 어려움의 원인을 자신보다 경제적으로 우위에 있던 주변의 외국인에게 돌렸을 가능성이 충분히 있다. 이러한 사회 저변부의 반反외국인 감정은 좀 더 직접적으로 경제적 이해관계가 있는 자들이 마음 놓고 의회 입법을 추진할 수 있는 분위기를 조성했을 것이다.

엘리자베스 시대의 영국 사회 일각에서 외국인에 대한 경계, 혐오, 심지어는 적대적 감정이 존재했던 사실은 분명하지만 그것이 시대 전체를 통틀어 일

---

53 Nigel Goose, "Immigrants and English Economic Development in the Sixteenth and Early Seventeenth Centuries," p.143.

관된 현상이었다고 말하기는 어렵다. 또한 지역적으로, 또는 이민자들이 종사했던 직종에 따라서도 많은 편차가 존재하기도 했다. 종교는 청교도 등 칼뱅주의 신봉자들 사이에서 네덜란드 이민자들에 대한 호의적 시각을 생산해낸 것은 틀림없는 사실이지만, 그러한 동질감이 1590년대까지 지속되었는지에 대해서도 의문이고 그것이 경제적 이슈와 혼합되었을 때 얼마나 큰 힘을 발휘했는지는 더욱 알 수 없는 일이다. 그러므로 엘리자베스 통치 후반기에 나타난 이민자 차별 정책의 원인을 규명하고자 한다면 여러 가지 상황을 종합적으로 검토할 필요가 있고, 이러한 작업이야말로 이제 막 본격적으로 시작된 네덜란드인의 이민사 연구에 커다란 도움이 될 것이다.

연구 동향

제프리 엘턴과 튜더 혁명론

1. 제프리 엘턴의 생애

엘턴은 1921년 8월 17일 서부 독일의 튀빙겐에서 유대계이며 고대사 학자인 빅터 레오폴드 에렌버그Victor Leopold Ehrenberg[1]와 어머니인 에바 소머Eva Sommer 사이에서 장남으로 태어났다. 엘턴 가족은 주로 프랑크푸르트에서 살다가 1932년에 프라하로 거주지를 옮겼는데 이때 에렌버그는 프라하 대학교의 고대사 교수로 재직했다. 엘턴의 나이가 18세 되던 해인 1938년, 그의 가족은 영국으로 이주하여 정착했다.

엘턴은 1943년 런던 대학교를 졸업한 후 1944~1946년 사이에 영국군의 정보 부대에서 근무했다. 이 무렵 성姓을 에렌버그에서 엘턴으로 바꾸었다.[2] 성

---

1   그는 *The People of Aristophanes: a Sociology of old Attic comedy* (London, 1951), *The Greek State* (New York, 1960), *Sophocles and Pericles* (Oxford, 1954) 등의 많은 저서를 출판했다.

2   모든 가족이 동시에 개명했는지 알 수 없으나 부모와 동생 루이스도 성을 바꾸었다.

을 바꾸게 된 정확한 경위는 알 수 없으나 아마도 영국군에 의해 취해진 보안 상의 조치였던 것으로 보인다. 전쟁이 끝나고 학업에 복귀한 엘턴은 1949년 런던 대학교에서 토머스 크롬웰에 관한 논문[3]으로 박사학위를 받았다. 이후 크롬웰에 대한 연구는 그의 일생에 걸친 학문적 주제로 자리 잡게 되었다. 엘턴은 약관인 29세에 1949년 케임브리지 대학교의 강단에 섬으로써 40년에 걸친 긴 케임브리지 생활을 시작했으며[4] 1954년에는 같은 대학교 클레어 칼리지의 평의원으로 선임되었다. 그는 미국의 미네소타, 볼더 및 피츠버그 대학교, 그리고 옥스퍼드와 벨파스트 대학교에서도 객원 교수의 자격으로 강의했다.

엘턴은 1967년 브리티시 아카데미의 회원이 되었다. 그는 또한 왕립 역사 학회Royal Historical Society 의 회장(1973~1977)으로 재임하면서 잉글랜드와 아일랜드 역사에 관한 서지학 연보Annual Bibliography 와 이 학회의 역사 연구 시리즈 the Studies in History 를 창간하는 등 활발한 활동을 벌임으로써 역대 회장 중 가장 큰 업적을 남긴 인물로 기억되고 있다. 이러한 공로를 인정받아 1986년에는 기사 작위를 받았다.

엘턴은 1988년에 은퇴한 후에도 연구 활동과 해외 순방 특강을 계속했다. 1990년 들어 건강이 급작스럽게 악화되었는데 고혈압과 심장 혈관의 문제로 고통받았으며 걸음을 걷는 것조차 큰 어려움을 겪었다. 1993년부터 건강이 더욱 악화되어 아주 드물게 자전거를 타고 클레어 칼리지에 들르는 경우를 제외하고는 여생 대부분을 케임브리지의 자택에서 보냈다. 생애의 마지막 2주간을 극심한 통증 속에서 보내면서도 그는 의사의 검진을 단호하게 거부했다. 1994년 12월 4일 일요일 아침, 몸이 상당히 좋아진 걸 느끼면서 욕조에 들어간 지

---

3   G. R. Elton, "Thomas Cromwell: aspects of his administrative works."

4   *Marquis Who's Who* (1993) 기록을 정리하면 다음과 같다. assistant lecturer; 1949~
     1954, lecturer; 1954~1963, reader of Tudor studies; 1963~1967, professor of English
     constitutional history; 1967~1984, regius professor of modern history; 1983~1988.

얼마 안 되어 엘턴은 쓰러져 사망했다. 그의 나이 74세였다. 사인은 동맥 경화 등에 이은 심장 경색이었다.

주지하다시피 엘턴은 튜더 시대를 중심으로 그 누구도 쉽게 따라올 수 없는 많은 연구 업적을 남겼으며 중요한 이슈마다 새롭고 독창적인 관점을 제시함으로써 영국사를 이해하는 데 지대한 공헌을 했다.[5]

'엘턴의 유산'이라는 주제로 1996년 개최된 왕립역사학회의 컨퍼런스[6]는 엘턴 사후에 역사가로서의 엘턴의 작업을 평가하기 위해 열린 첫 번째 광범위한 시도였다. 그 밖에 키스 젠킨스Keith Jenkins, 리처드 에번스Richard J. Evans, 비어 B. L. Beer, 제프리 로버츠Geoffrey Roberts 등이 개별적인 작업을 통해서 엘턴에 대한 평가를 시도했다.[7] 이러한 평가들을 살펴보고 그 흐름을 개관하는 작업

---

5   주요 연구저서로는 *The Tudor Revolution in Government*(1953), *England Under the Tudors*(1955), *Reformation Europe*(1963), *Policy and Police: the Enforcement of the Reformation in the Age of Thomas Cromwell*(1972), *Reform and Renewal: Thomas Cromwell and the Common Weal*(1973), *Reform and Reformation: England, 1509~1558*(1977), *The Parliament of England 1559~1581*(1986), *The English*(1992) 등이 있다. 그 밖에 전통적 역사학의 방법론과 그에 대한 절대적 믿음을 피력한 저서로는 *The Practice of History*(1967), *Political History: Principles and Practice*(1970), *Which Road to the Past?*(1983), *Return to Essentials: Some Reflections on the Present State of Historical Study*(1991) 등이 있다. 이 중 *Which Road to the Past?*는 로버트 포겔(Robert William Fogel)과의 공저이다.

6   퀜틴 스키너의 "Sir G. R. Elton and the Practice of History"를 포함하는 컨퍼런스 발표 논문은 1997년에 왕립역사학회지(T.R.H.S.)에 모두 수록되었다. *Transactions of the Royal Historical Society*, 6th Series, 7(1997).

7   K. Jenkins, *On 'What is History?': From Carr and Elton to Rorty and White* (New York: Routledge, 1995); Richard J. Evans, *In Defense of History* (New York: W. W. Norton & Co., 1999); Barrett L. Beer, "G. R. Elton: Tudor Champion," in W. L. Arnstein(ed.), *Recent Historians of Great Britain* (Iowa University Press, 1990; Robert H. Landrum, "A Eulogy for Geoffrey Elton," *The Historian*, vol.59(1996), pp.113~123.

은 아마도 앞으로 사학사에서 중요한 위치에 자리매김될 엘턴의 위치를 가늠하는 의미가 있을 것이다.

하지만 엘턴에 대한 다양한 평가와 관점을 일일이 소개하고 그 타당성을 논의하는 것은 다음으로 미루어야겠다는 판단을 했다. 무엇보다도 이러한 작업이 현재도 진행 중이고, 아직 역사가로서의 엘턴의 전체적인 모습을 종합적으로 평가하기에는 매우 불충분한 단계라고 여겨지기 때문이다. 더구나 근래 역사학의 존재 의의와 방법론을 둘러싸고 벌어지는 혼미한 상황을 고려하면 이 문제는 보다 광범위한 주제 속으로 포섭될 가능성이 높으며, 이는 구체적이고 실질적인 논의가 그만큼 어려울 수 있음을 의미한다. 거기에다 한 뛰어난 역사가가 남긴 필생의 방대한 업적을 혼자만의 힘으로 제대로 평가한다는 것은 능력 밖의 일로 보인다. 그러므로 이 글은 대체로 그가 주장한 바를 요약하고 그것의 직접적인 파장과 영향을 다루는 데에서 크게 벗어나지 않을 것임을 먼저 밝혀두고 싶다.

2. 전통적 역사의 옹호자

엘턴이 말년에 극심한 고통을 겪으면서도 끝까지 의사의 진료를 거부한 데에는 현대 의학의 기술과 의술인에 대한 그의 뿌리 깊은 불신과 거부감이 작용했다. 이러한 그의 마지막 모습은 생전에 자신의 트레이드마크trademark처럼 인식되었던 필터 없는 카멜 담배와 함께 전통적 역사에 그토록 천착했던 엘턴의 고집스러운 신념을 상기시켜준다.

엘턴은 전통적 역사 또는 서술적 역사에 대한 옹호를 기조로 한 일반론적 역사 이론을 수차례에 걸쳐서 전개했다. 그러나 엄밀하게 말하면 이를 역사 철학이라고 하기는 어렵다. 역사 이론에 관한 그의 저서들은 대체로 자신과 동료 역사가들이 실제 어떠한 방식으로 역사 연구를 하고 있으며 왜 그러한 방법이 타당성이 있는지 설명할 뿐, 그것이 가지는 역사 철학적 의미나 역사의 본질에 관한 본격적 논의에는 이르지 못하고 있기 때문이다.

'엘턴 역사학'의 가장 기본적인 요점은, 역사의 주체가 사람human agent 이라는 것이다. 이들은 감정, 야망, 근심을 가진 감성적 존재인 동시에 또한 이성과 사상을 가진 합리적 존재이다. 이들은 주어진 환경에 따라 영향과 제약을 받지만 그들 나름의 의지대로 생각하고 행동하며 여러 가지 대안 속에서 선택적인 행위와 사고를 하는 자율적 존재이다. 엘턴에 따르면 바로 이들이 만들어놓은 사건, 다시 말하면 이들이 선택한 행위와 사고의 결과가 곧 역사이다. 그러므로 엘턴에게 역사는 설명 가능한 것이지만 이를 토대로 미래를 예측한다는 것은 불가능한 일이다. 자율적 존재이며 역사의 창조자인 인간은 다양한 상황과 조건 속에서 나름대로의 선택적 삶을 살아가기 때문이다. 엘턴은 만일 과거의 사람들을 선택할 것이 없었던 존재로 다루는 역사학이 있다면 이는 인간을 비인간화시키는 역사학이라고 단언했다.[8]

이것이 인간을 역사의 주체로서 인식하는 엘턴 역사학의 핵심이지만 그렇다고 해서 인간이 자신의 의지대로, 마음먹은 대로 살 수 있다는 의미는 아니다. 엘턴은 모든 역사상의 사건은 인간의 선택된 사고와 행위의 결과인데 이들은 주어진 상황과 조건, 즉 일정한 컨텍스트context 안에서 전개된다고 본다. 여기에서 컨텍스트는 인간의 사고와 행위에 미치는 일련의 영향력이나 제약 조건으로 구성된다. 다만, 이것이 인간의 사고나 행위를 절대적으로 '결정'하는 것은 아니며 인간은 오히려 자신에게 주어진 컨텍스트를 변화시키고 뛰어넘기

---

8   Geoffrey Roberts, "Defender of the Faith: Geoffrey Elton and the Philosophy of History," *Chronicon*, 2(1998); Geoffrey Roberts, "Postmodernism versus the Standpoint of Action," *History and Theory*, 36(1997).

도 한다. 그러므로 엘턴이 생각하는 역사의 개념 속에는 구조, 패턴, 추세 또는 그 밖의 초월적인 힘이 들어설 자리는 그리 크지 않다.[9]

엘턴이 생각하기에 역사가의 가장 중요한 임무는 과거의 사건을 인과관계의 맥락 속에서 설명하는 것이었다. 이는 알려진 결과에서 시작해서 이보다 시간적으로 앞서 있는 원인을 찾아가는 것이다. 엘턴은 어떤 사건을 설명할 수 있는 선행적 사건, 행위, 사고思考, 상황 등이 그 원인이라고 지적했다. 이러한 원인에는 직접적 원인과 상황적 원인의 두 가지가 있다. 전자는 어떤 일이 일어나게 만든 인간의 직접적인 행위와 사고이며, 후자는 그 일이 일어나는 것을 가능하게 만든 상황 또는 조건으로서 이는 앞에서 말한 컨텍스트를 구성하는 요소이다. 그러므로 역사란 직접적 원인과 상황적 원인에 대한 깊이 있는 논의와 설명으로 이루어진 서술적인 기술記述인 것이다.[10]

엘턴에 따르면 증거는 인간 행위와 사고에 관한 모든 흔적들이며 역사가는 이를 통해 과거를 재구성할 수 있다. 역사가는 오직 증거로 과거의 사건을 설명해야 한다. 그러므로 증거의 비판적 검증은 역사학의 핵심적인 방법론이다.[11] 엘턴의 튜더 혁명론이 발표된 후 학계의 이목이 집중되자 일부 학자들은 20세기 중반의 영국은 행정의 중요성이 강조되던 시기이며 엘턴 자신이 행정적 조치와 통제를 강조하던 토리Tory적 견해에 찬동했기 때문에 의도적으로 크롬웰이라는 인물을 찾아내어 부각시킨 것이 아니었는가 하는 의문을 제기했다. 그러나 이에 대한 엘턴의 설명은 다르다. 자신의 대학원 시절 연구의 초점

---

9   G. R. Elton, "Two Kinds of History," in Robert William Fogel and G. R. Elton(eds.), *Which Road to the Past?* (New Haven and London: Yale University Press, 1983), p.78.

10   Geoffrey Roberts, "Defender of the Faith: Geoffrey Elton and the Philosophy of History."

11   G. R. Elton, *The Practice of History* (London: Fontana Press, 1967), pp.96~108.

은 헨리 8세에게 맞추어져 있었기 때문에 자연히 폴라드와 같은 학자들의 견해에 빠져 있었고 크롬웰의 존재는 자신의 머릿속에서 별로 큰 자리를 차지하지 못했다고 한다. 그런데 자료들을 하나씩 대하다 보니 1530년대 영국의 상황을 이끈 크롬웰의 행위와 사고에 관한 증거가 너무 커서 크롬웰에 대한 연구를 시작했다는 것이다. 다시 말하면, 근대적 행정 또는 관료주의의 영웅을 찾기 위해 크롬웰에 대한 연구를 시작한 것이 아니라 크롬웰이 증거를 통해 스스로 자신에게 나타났다는 것이다.[12]

역사가도 인간이기에 과거의 사실에 관해 엄밀한 의미의 객관성을 유지하기는 불가능하다. 증거의 선정과 사건의 해석에 주관성이 개입될 수 있다는 뜻이다. 그러나 엘턴은 어떤 이론 또는 주장이 맞거나 틀리다는 것을 증명하기 위해 의도적으로 선별된 증거를 사용하는 역사 연구는 옳지 못하며, '알려진 모든 증거'로 과거의 실제 인물이 실제로 행한 모든 것을 재구성해야 한다고 주장한다. 무릇 역사 연구는, 흔히 초보자들처럼 특정 물음에 적합한 특정한 증거를 찾는 것이 아니라 주어진 과제와 밀접한 관계에 있다고 보이는 모든 것에 대한 완전하고 철저한 조사를 통해 이루어져야 한다는 것이다.[13]

그러나 과거에 대해 역사가가 수집할 수 있는 정보에는 한계가 있을 수 있다. 그로 인해 불완전한 증거를 보완하기 위해 추측이나 추리에 의존하기도 한다. 또한 엘턴이 인정하듯 과거의 사실 중에는 합리적 설명이 불가능한 부분도 존재한다. 사람들은 이성적 판단과는 무관한 동기에서 행동하거나 건강 상태, 타인과의 다툼, 변덕 등의 영향 아래에서 행동하기도 하기 때문이다. 이것이 이성적 역사 연구의 한계라고 할 수 있으며 그런 의미에서 완벽한 역사는 사실

---

12 "Elton did not go looking for Cromwell; Cromwell sought him out." G. R. Elton, "Two Kinds of History," p.127.

13 G. R. Elton, *The Practice of History*, pp.88~89.

불가능하다고 말할 수도 있다. 그럼에도 역사가는 증거와 이성적 추론에 바탕을 둘 수밖에 없다는 것이 엘턴의 생각이었다. 그것은 역사가의 이성적인 작업을 통해 역사적 사건에 개입된 비이성적인 요소들을 상당 부분 인식해낼 수 있으며 무엇보다 인간의 행위 중 많은 부분은 이성의 명령에 의해 행해지기 때문이다. 예컨대 워털루 전투에서 나폴레옹이 보여준 행동이 그의 악화된 건강 상태와 그에 따른 판단 능력 상실에서 비롯되었다고 하더라도 역사가는 이러한 상황 증거를 인식해낼 능력이 있으며, 또한 워털루 전투라는 사건에는 이 같은 비이성적 영향과는 별개로 이성적인 판단에 의해 전개된 측면도 분명히 있기 때문이다.[14]

엘턴에 따르면 역사는 개별적인 것을 다루는ideographic 학문이지 일반적인 법칙을 추구하는nomethetic 학문이 아니다. 역사가들이 연구하는 개별 사건들의 숫자는 통계의 수치로 일반화할 수 있을 정도로 많지도 않거니와, 통계적 일반화 또는 구조, 패턴으로서의 역사 서술은 역사가들이 다루는 각각의 사실, 사건 또는 인물이 가지고 있는 개별적 특수성을 통계 수치 속으로 매몰시키고 몰개성화할 우려가 있다는 것이다. 집단과 사회관계를 다루는 사회학적 연구는 역사학의 일부는 될지언정 본령은 될 수 없다는 그의 주장은 여기에서 비롯된다.[15]

엘턴은 구조 또는 패턴으로서 과거를 이해한다는 것은 어떤 상황이나 영향, 즉 컨텍스트를 이해하는 데 도움이 되지만 과거를 사건으로서 이해하는 역사에서는 단지 출발점에 불과하다고 주장했다. 과학적 역사는 전통적인 역사학이 알지 못했던 많은 정보를 생산하고 또한 가치 있는 지식을 제공하지만 방법

---

14 같은 책, pp.106~107.

15 G. R. Elton, *The Practice of History*, pp.39~43; G. R. Elton, "Two Kinds of History," pp.77~78.

론적 특성에 의해 이들은 경제적 또는 인구론적 분석에 국한되기 마련이라는 것이다. 그러므로 이러한 지식으로는 특정 개별 사건을 설명할 수 없으며 개별 사건에 대한 일반론의 적용은 수많은 오류를 가지고 올 수 있다고 한다.[16]

3. 엘턴과 토머스 크롬웰

앞에서 개별적 인간을 역사의 주체로서 인식하고 이들의 사고와 선택된 행위의 결과를 역사의 본질로 보는 것이 엘턴의 역사적 신념임을 살펴보았다. 그렇다면 그의 실제적 역사 연구에는 이러한 신념이 얼마나 충실하게 반영되어 있을까? 결코 쉽게 답할 수 없는 물음이지만 한 가지 확실한 것은 엘턴 역사학의 중심에는 토머스 크롬웰이라는 특정한 인물이 확고하게 자리 잡고 있다는 점이다.

대장장이의 아들로 알려진 크롬웰은 1520년경부터 울지의 밑에서 일하기 시작했다. 그의 이름이 세상에 알려지기 시작한 것은 1529년 의회에 제출된 울지에 대한 사권 박탈 법안에 그가 반대하고 나서면서부터이다. 주인에 대한 신의를 지키기 위해 그러한 위험한 행동을 한 것인지, 아니면 주인에 대한 충성심을 일부러 강조함으로써 국왕의 눈길을 끌어보려고 한 것인지에 대한 해석은 분분하다. 어쨌거나 그는 이듬해 추밀원의 일원이 되었으며 왕실 보석 관리인, 대법관청 징수원을 거쳐 왕실의 회계 책임자가 되었다. 그가 가파르게 권력의 오르막길을 타게 된 것은 1532년 무렵 국왕의 이혼 문제에 깊숙이 개

---

16 G. R. Elton, "Two Kinds of History," pp.77~78; G. R. Elton, *Return to Essentials: Some Reflections on the Present State of Historical Study* (Cambridge University Press, 1991), pp.118~120.

입하면서부터이다. 왕의 이혼이 기정사실이 되고 로마 교황청과의 결별이 초를 다투게 되는 1533년 무렵에 그의 권력은 이미 그 누구도 무시할 수 없는 정도가 되었다. 그로부터 7년간 국무대신과 국새상서의 자리에 있으면서 그는 영국에서 국왕 다음으로 가장 강력한 정치권력의 향유자가 되었다. 1540년에 들어서는 에식스 백작의 작위를 받고 시종장관의 자리까지 차지했다. 그러던 그가 1540년 6월 10일 갑자기 체포되어 7월 28일 대역죄로 참수되었다. 많은 역사가는 그의 죽음을 파당 간의 정쟁 때문으로 해석한다.[17]

크롬웰에 대한 체포 허가와 함께 헨리 8세는 토머스 크롬웰이 가지고 있던 모든 문서를 압수하도록 지시했다. 아마도 크롬웰을 대역죄로 단죄하는 데 필요한 법적 근거를 찾기 위한 목적이었을 것이다. 압수된 엄청난 문서 더미 속에서 그의 혐의를 입증할 만한 증거는 나오지 않았다. 크롬웰의 문서 더미들은 의회와 추밀원에 제출할 의제를 준비하고 토의 사항을 점검하면서 기록한 비망록, 법률안의 초안, 학자들의 의견, 정보 보고서, 순조로운 정책의 집행을 독려하거나 후견인 관계의 형성과 관련해 중앙과 지방의 유력 인사들과 주고받은 편지들이 대부분이었다. 크롬웰의 업무처리 방식은 추호의 빈틈이 보이지 않을 정도로 구체적이고 철저했던 것으로 정평이 나 있는데 만약 그가 모든 것을 꼼꼼하게 기록하는 습관이 없었다면 그의 업적은 후세에 알려지지 못했을 것이다.

---

17 허구생, 「세 사람의 토머스」, ≪역사와 문화≫, 2호(2000), pp.181~182; 크롬웰의 몰락에 대한 정쟁적 측면을 논의한 주요 저술은 다음과 같다. G. R. Elton, "Thomas Cromwell's Decline and Fall," *The Cambridge Historical Journal*, vol.10(1951), pp.150~185; Lacy Baldwin Smith, *Henry VIII: The Mask of Royalty: the Mask of Royalty* (Boston University Press, 1971); Penry Williams, *The Tudor Regime* (Oxford University Press, 1979); Susan Brigden, "Popular Disturbance and the Fall of Thomas Cromwell and the Reformers, 1539~1540," *The Historical Journal*, vol.24 (1981), pp.257~278.

이 문서들의 상당수는 오늘날까지 살아남았다. 만약에 이 문서들이 남아 있지 않았다면 아마도 우리는 크롬웰이라는 역사적 인물뿐 아니라 엘턴이라는 역사가 또한 지금과는 상당히 다른 이미지로 인식하고 있을지도 모른다. 튜더사 연구자로서의 엘턴의 경력은 결국 이 '크롬웰 문서'에서 출발하기 때문이다. 엘턴이 이 문서에 접근하면서 얻게 된 지위는 결국 사료의 선점先占이요, 이슈의 선점이었다.[18]

그러나 사료의 선점이 그것의 독점을 의미하지는 않았다. 공개된 사료를 이용하면서도 엘턴이 그토록 오랫동안 1530년대 영국 역사에 대해 독점에 가까운 생산적 연구 활동을 벌일 수 있었던 것은 그가 그만큼 철저하고 구체적인 태도로 사료를 읽고, 검증하고, 추론하는 과정을 거쳤기 때문이다. 크롬웰에 대한 엘턴의 평가가 지나치게 호의적인 점은 사실이라 하더라도 바로 이 점에서 폴라드의 '막연한' 헨리 사랑과 구별된다. 근래에 데이비스 크레시Davis Cressy는 자신의 저서[19]에서 엘턴을 '미시사의 선구자pioneer of micro history'로 평가한 바 있는데, 그가 여기에서 말하는 미시사란 나탈리 데이비스Natalie Davis나 로버트 단턴Robert Darnton, 혹은 카를로 긴즈부르크Carlo Ginzburg 부류의 미시사를 말하는 것이 아니라 엘턴이 스타 챔버를 다룬 그의 저서[20]에서 관련 기록을 현미경적으로 세밀하게 관찰한 것을 지적한 것이다.

그런데 바로 이 '지독하게 철저하고 구체적'이라는 점에서 역사가(엘턴)와 그의 연구 대상(크롬웰)은 서로 너무나 닮았다. 엘턴의 정체성과 그가 만들어 놓은 크롬웰의 정체성 사이에는 서로 떼어놓기 힘든 어떤 연결고리가 있다. 어쨌거나 제2차 세계대전에서 살아남은 유대인인 그가 충격을 극복하고 보수적

18   Robert H. Landrum, "A Eulogy for Geoffrey Elton," pp. 113~114.

19   Davis Cressy, *Travesties and Transgressions in Tudor and Stuart England: Tales of Discord and Dissension* (New York: Oxford University Press, 2000).

20   G. R. Elton, *Star Chamber Stories* (London: Methuen, 1958).

인 학문세계에서 우뚝 설 수 있었던 이유나 쟁쟁한 혈통과 학문적 명성을 등에 업은 궁전 조신들 사이에서 크롬웰이 자신의 존재를 각인시킬 수 있었던 이유가 크게 다르지 않았던 점에서 둘 사이의 교감이 어느 정도였을지 충분히 짐작할 수 있다.

1) 토머스 크롬웰과 혁명

엘턴이 1953년 『튜더 정부의 혁명』을 출간한 이래 1530년대 영국의 행정 체계 변화의 본질과 의미에 관한 문제는 역사학계에서 매우 논쟁적인 주제가 되었다.[21]

왕실 살림과 국정 살림이 분화되지 않고 혼재되어 있던 중세적 정부를 크롬웰이 1530년대 자신의 집권 기간에 근대적 정부로 변모시켰다는 것이 엘턴 주장의 핵심이라고 할 수 있다.[22] 왕실 부서와 분리되어 독자적으로 국가의 공적 부분을 담당하는 일련의 국정 담당 부서 state departments 를 신설했고, 방만하고 느슨한 추밀원을 재조직해 실무 내각으로 재창조했으며, 종교개혁뿐 아니라 빈민법, 그리고 사유재산 및 물가 통제 등을 비롯한 사회 전반에 걸친 광범위한 개혁 조치들을 모두 의회 입법 프로그램을 통해 추진함으로써 영국 의회를 국왕과 통치 권력을 공유하는 근대적 의회로 성장시켰다는 것이다. 그래서 엘

---

21 최근에 이안 해리스(Ian Harris)는 엘턴이 어떻게 토머스 크롬웰의 업적에 대해 연구하게 되었고 왜 혁명이라고 주장하게 되었는지를 추적하며 분석했다. Ian Harris, "Some Origins of a Tudor Revolution," *English Historical Review,* vol.126, no.523(2011), pp.1355~1385.

22 엘턴에 따르면 여기에서 근대적 정부(modern government)란 현재 영국의 정부 형태가 아니라 근대 초기적(early-modern) 정부를 의미한다. 약간의 이견은 있으나 근대 초기는 일반적으로 서양사에서 1500년에서 1789년 프랑스혁명 직전까지의 시대를 지칭한다. G. R. Elton, *England Under the Tudors,* a University Paperback edition (London: Methuen, 1977), p.481.

턴은 근대 초기 영국에 혁명이 있었다면 17세기가 아닌 16세기에 일어났으며, 그것은 바로 1530년대에 일어난 '정부의 혁명Revolution in Government'이라고 주장했다. 크롬웰에 의한 정부(행정)의 개혁은 그 변화가 너무나 크고 극적이었기 때문에 '혁명'이 아니면 이를 표현할 적합한 언어를 찾을 수가 없다는 것이었다. 물론 엘턴의 견해에 따르면 이 모든 것이 크롬웰이라는 위대한 개혁가가 있었기에 가능한 일이었다.[23]

그렇다면 엘턴이 언급한 정부의 혁명이란 과연 어떤 변화를 이르는 것일까? 엘턴이 말하는 1530년대 영국 행정의 변화 내용은 대략 다음과 같이 요약할 수 있다. 추밀원은 의원의 숫자를 대폭 줄이고 혈통보다는 전문성을 중시하는 조직 원리를 채택해 국정과 왕실 부서의 장長 또는 고위 관리들을 중심으로 충원했다. 또한 종래 추밀원이 가지고 있던 사법적 기능을 각급 재판소로 이양하는 한편, 정책 결정과 집행에 독립성과 책임성을 부여함으로써 추밀원을 중앙정부의 중추적 기관이자 최고의 행정 기관으로 발전시켰다. 또한 국무대신 principal secretary은 행정을 총괄하고 국무를 조정하는 행정의 중심이자 원동력으로 자리 잡았으며, 특히 크롬웰은 자신이 맡은 이 직책을 추밀원 업무를 감독하는 데 빈번하게 이용함으로써 후대 국무대신들이 맡게 되는 직무의 원형原型을 제공했다. 거기에다 국가의 공적 부문을 담당하는 여러 개의 전문적이고 독립적이며, 관료주의적으로 조직된 회계 부서the court of augmentation, the court of general surveyors를 창설하며 중세 정부의 핵이었던 왕실청chamber의 지위

---

23 G. R. Elton, *The Tudor Revolution in Government: Administrative Changes in the Reign of Henry VIII* (Cambridge University Press, 1953), p.8. 원문은 다음과 같다. "But he would be a bold man, and a bad historian who would deny the existence of periods — even of moments in time — when things underwent changes so profound that only the word 'revolution' can adequately describe them and only a firm date can place them."

를 단지 여러 예산 기구 중의 하나로 끌어내렸다.[24]

이를 두고 혁명이라 표현한 엘턴에 대해 학계에서는 열띤 반응을 보였고 반론을 제기한 사람들도 많았다. 엘턴의 주장에 대한 비판적 의견들은 세 가지 유형으로 구분할 수 있다. 첫째, 엘턴이 주장하는 관료주의적 요소는 이미 중세 말기에 이르러 영국 정부의 지배적 또는 전형적인 조직 운영 원리로 자리 잡았다는 것이다. 둘째, 1530년대에는 엘턴이 주장한 바와 같은 국정 중심적·관료주의적인 성격의 정부가 아직 나타나지 않았으며 그러한 변화는 훨씬 후에 일어났다는 것이다. 마지막 유형은 1530년대를 전후해 튜더 정부의 국정 운영 시스템에 의미 있는 변화가 일어난 것은 틀림없으나, 이것은 일관적인 원칙하에서 진행되지도 않았으며 이러한 변화를 주도한 사람이 크롬웰이라고 볼 만한 결정적인 증거가 없다는 주장이다.

제럴드 해리스Gerald Leslie Harriss의 의견은 첫째 유형으로 분류될 수 있는데, 그에 따르면 국가적·관료적 정부는 중세 시대에 이미 존재했으며 이 정부 시스템은 장미전쟁 전까지는 효율적으로 작동되었다. 예컨대 14세기의 재정청 exchequer은 정부 예산의 수입과 지출을 담당하는 유일한 창구로서 국가적·관료적 기구로 존재했으며, 다른 왕실 기구들은 전시를 제외하고는 왕의 개인적인 필요만을 관할하도록 분리되어 있었다는 것이다. 그러므로 엘리자베스 시대에 모든 회계 부서를 통합해서 발족된 재정청[25]은 크롬웰 개혁의 완성이 아

---

24 엘턴이 주장하는 행정 개혁의 요점이 잘 정리되어 있는 부분을 찾으려면 다음을 볼 것. G. R. Elton, *Tudor Revolution in Government*, 415~427; *England Under the Tudors* (1977 edn.), pp.180~184; *Reform and Reformation: England, 1509~1558* (Harvard University Press, 1977), pp.211~220.

25 엘리자베스 시대에 이르러 크롬웰 시절에 창설된 모든 회계 부서는 통합 과정을 밟고 종국에는 재정청 중심으로 체제가 갖추어지게 된다. 엘턴은 재정청 운영에 적용된 원칙, 즉 관료주의적 운영 시스템에 의해 작동되는 국정 기구 중심의 정부 행정이라는 대원칙은 바로 크롬웰이 지향하던 바라고 지적한다. 그는 또한 엘리자베스 시대에 통합이 이루

닌 중세적 정부로의 회귀였을 뿐이라는 주장이다. 거기에다 크롬웰이 담당했던 국무대신이라는 직책도 중세 정부에서 국새상서가 맡았던 직책과 유사하며, 또한 실무 중심의 효율적인 추밀원도 이미 중세 시대에 존재했다고 한다. 요컨대 해리스의 주장은 근대 초기 행정의 발전은 장미전쟁이라는 혼란기를 벗어나면서 정부가 과거의 정상 활동으로 돌아간 과정으로 해석해야 한다는 것이었다.[26]

한편, 펜리 윌리엄스Penry Williams 의 견해는 둘째 유형의 반론에 속한다고 할 수 있다. 그는 1530년대에 일련의 개혁 조치가 취해졌음에도 튜더 정부의 운영은 여전히 관료주의적 기반을 가지지 못한 채 사적 관계와 개인적 영향력을 통한 비공식적 수단에 의해 움직였다고 보았다. 그러므로 정부 운영의 효율성은 어디까지나 크롬웰이나 세실 같은 국정 운영자들의 개인적 열정과 노련한 조직 운영 기술에 달려 있었다는 것이다. 동시에 윌리엄스는 1530년대 크롬웰 개혁의 요체는 독창적이거나 혁신적인 것이 아니라 단순히 기존의 방책들을 정리 정돈한 차원a matter of tidying up 에 머물렀다고 폄하했다.[27]

데이비드 스타키David Starkey 의 경우도 둘째 유형으로 분류할 수 있는데 그의 견해는 더 극단적이었다. 그에 따르면 크롬웰 집권 시기에 왕실 기구들의

어지게 된 것은 준(準)독립적 부서들을 긴밀하게 통제할 수 있는 크롬웰 같은 인물의 부재로 인한 자연스러운 결말이며 이 시기에 이르러 크롬웰 혁명의 완성되었다고 보았다. G. R. Elton, *Tudor Revolution in Government,* pp. 229, 251, 257.

26 Gerald L. Harriss and Penry Williams, "A Revolution in Tudor History?," *Past and Present*, no. 25(1963); 여기에 대해 엘턴은 국가적·관료주의적 조직이 있었다 하더라도 그 조직의 운영이 시스템이 아닌 강력한 통치자(국왕 또는 그의 대리인)의 개인적 리더십에 의존했다면 이는 여전히 중세적 정부이며, 영국의 중세 정부에서 국가적 기구는 대체로 왕실 기구에 종속되어 있었다고 반박했다. G. R. Elton, "The Tudor Revolution: A Reply," *Past and Present*, no. 29(1964), p. 43.

27 Penry Williams, "A Revolution in Tudor History?", *Past and Present*, no. 31(1965), p. 90.

중요성은 지속되거나 오히려 더욱 강화되었다고 한다. 예컨대 왕실청의 지위 하락은 사실이지만 왕실청이 가지고 있던 광범위한 기능이 국가 기구가 아니라 같은 왕실 기구인 내실청privy chamber으로 넘어갔다는 것이다. 내실청에 소속된 젠틀맨들은 외교·군사 업무, 지방정부와의 업무 연락 등 국정에 빈번하게 개입하였으므로 왕실 기구로서의 내실청의 지위는 크게 상승했다는 이야기이다. 그러므로 추밀원이 중앙정부 행정의 중심으로 자리 잡기는 했으나 행정에서 차지하는 왕실의 지위는 여전히 견고했다는 것이 스타키의 주장이었다. 게다가 스타키는 크롬웰이 분리 정부(왕실/국정)의 이론적 개념조차 알지 못했으며 국정 장악을 위해 내실청의 관리들을 자기 추종자들로 채우고 그것도 부족해 스스로 내실청의 우두머리인 시종장관의 자리까지 차지했다고 논박했다.[28]

존 가이의 주장은 앞서 언급한 셋째 유형의 반론에 속한다고 할 수 있다. 그는 1530년대에 상당히 의미 있는 정부의 개혁이 일어난 것은 확실하지만, 따지고 보면 이는 울지의 이니셔티브에 의해 이미 취해진 조치들이 크롬웰 시대에 결실을 보았을 뿐이라고 주장했다. 이를테면, 울지 시절에 추밀원의 사법적 기능이 상실되기 시작하고 추밀원 행정에 전문성이 도입되기 시작했다는 것이다. 게다가 울지는 이미 1526년 정부 각 기관의 장으로 구성되는 새로운

---

28 David Starkey, "Intimacy and Innovation," in his(ed.), *The English Court: From the Wars of the Roses to the Civil War* (London and N.Y., 1987), pp.82~92; David Starkey, "Court and Government," in Christopher B. Coleman and David Starkey(eds.), *Revolution Reassessed: Revisions in the History of Tudor Government and Administration* (Oxford, 1986), pp.33~46; 엘턴은 헨리가 내실청 관리들을 중용한 것은 사실이지만 국정을 담당한 행정 조직의 정상적인 활동을 방해할 정도는 아니었으며, 크롬웰이 내실청을 중요시한 이유는 국정과는 분리된 왕실 운영을 전적으로 관할하는 부서로서 내실청의 기능을 확립하도록 하기 위한 시도였다고 반박했다. G. R. Elton, *Reform and Reformation: England, 1509~1558*, pp.214, 219.

추밀원을 만들고자 시도한 바 있고, 따라서 추밀원을 행정의 중추 기관으로 확립시키는 과정에서 크롬웰의 역할은 엘턴이 주장하는 정도로 크지 않았다는 것이다.[29]

앨솝의 경우도 셋째 유형에 포함시킬 수 있다. 그에 따르면 대체로 자율적 기능을 가진, 다시 말해 국왕 개인이나 왕실에 의해 통제받지 않는 회계 부서의 창설로 인해 추밀원 중심의 재정 운영이 이루어지게 된 것은 의미 있는 변화이지만, 이는 종교개혁과 수도원 해체로 인해 야기된 당면 문제를 해결하기 위해 채택된 실용적 방편이었을 뿐, 이를 일관된 원칙 아래 추진된, 다시 말해 크롬웰의 의도된 행위의 결과로서 간주할 수는 없다는 것이다.[30]

엘턴은 다양한 반론에 대해 재반론으로 대응했다. 그 누구도 엘턴으로부터 '의미 있는' 오류가 있었다는 시인을 받지 못했다. 엘턴은 오히려 그 논박 과정을 통해서 토머스 크롬웰을 사회 개혁을 선도한 정치인이자 탁월한 비전을 가진 지식인으로 재조명하고자 했다.

2) 크롬웰과 종교개혁

엘턴이 크롬웰의 업적이라고 생각하는 또 하나의 분야는 종교개혁이다. 그에 따르면 영국의 종교개혁은 크롬웰이 기획하고 그가 집행했다고 해도 과언이 아니다. 국왕의 이혼, 국왕에 대한 성직자들의 복종, 로마 교황과의 단절, 국왕의 교회 수장권 확립, 수도원 등의 종교 재산 해체, 중도 노선에 입각한 교

---

29 John Guy, "The Privy Council: Revolution or Evolution," in Christopher B. Coleman and David Starkey(eds.), *Revolution Reassessed: Revisions in the History of Tudor Government and Administration* (Oxford, 1986), pp.60~70, 74, 81, 84.

30 J. D. Alsop, "The Structure of Early Tudor Finance, c.1509~1558," in Christopher B. Coleman and David Starkey(eds.), *Revolution Reassessed: Revisions in the History of Tudor Government and Administration* (Oxford, 1986), pp.141~142, 151~154, 157, 159~162.

리 채택 등으로 이어지는 일련의 정책을 마스터플랜에 의해 일관성 있게 추진함으로써 영국을 외세로부터 완전히 독립된 주권 국가empire로 변모시키는 혁명적인 사건을 주도한 사람이 바로 크롬웰이라는 것이다. 그의 이러한 해석은 영국의 종교개혁이 헨리 8세에 의해 주도되었다는 폴라드의 견해를 정면으로 부정했다.

폴라드는 영국의 종교개혁이 비록 국왕의 이혼 문제에서 시작되기는 했으나 이는 앤 불린에 대한 헨리의 열정 때문이라기보다 강력한 왕권을 확립하고 이를 적자嫡子를 통해 보전하려는 국왕의 절대적 의지에서 비롯되었으며 종교개혁의 전 과정을 통해 헨리는 이니셔티브와 통제력을 발휘했다고 주장했다. 그는 적어도 1520년대 후반 이후 헨리가 모든 국정의 중심에 서 있었으며 의회의 운영도 직접 통제했다고 본다. 또한 헨리는 기본적으로 헌정적 질서와 법을 존중했으며 의회 속의 국왕이라는 새로운 주권 개념도 그와 다른 지배 엘리트들의 민족주의적 감정 및 이해관계가 일치되었기 때문에 가능했다는 것이 폴라드의 주장이었다.[31]

영국의 종교개혁을 헨리가 가졌던 강한 의지의 산물로 보는 폴라드의 견해는 스탠리 빈도프Stanley Bindoff의 동의를 얻는 등[32] 1950년까지는 대체로 지배적인 해석의 지위를 누렸다. 그러나 엘턴의 도전이 시작되면서 폴라드의 위치는 순식간에 흔들리고 말았다. 엘턴이 제시한 16세기 영국의 근대적 정부 조직의 발전과 종교개혁의 과정에 대한 새로운 견해가 비교적 짧은 시간 안에 폴라드를 넘어설 수 있었던 것은 그들이 다루었던 사료의 질적 차이에서 비롯되었다. 폴라드는 필사본 사료를 직접 다루지 않고 1910년에 완결 간행된 헨리

---

31 A. F. Pollard, *Henry VIII* (New York: Harper & Row, 1966), pp.139~156, 186~187, 202~207.

32 S. T. Bindoff, *Tudor England* (Harmondsworth, Middlesex: Penguin Books, 1950).

8세 시대의 서간과 문헌자료집Letters and Papers, Foreign and Domestic, of the Reign of Henry VIII에 크게 의존했다.[33] 이에 비해 엘턴은 다양한 필사본 사료에 접근함으로써 구체적 사실에 관해 치밀한 연구를 할 수 있었고 비판적인 문헌 증거의 사용을 중시했다. 예컨대, 그는 크롬웰의 의회 운영과 관련된 비망록을 읽으면서 가필 또는 삭제된 부분과 원안을 비교함으로써 정책 결정 과정에 대해 보다 소상한 정보를 얻을 수 있었다. 예컨대, 엘턴이 빈민법안을 읽으면서 원작성자와 가필 수정한 사람의 글씨체가 다름을 확인하고 그 글씨체의 주인을 추적함으로써 법안의 작성 경로를 좀 더 정확하게 추정할 수 있었던 반면, 활자화된 사료에 의존하던 폴라드는 그럴 수 없었던 것이다.[34]

엘턴은 헨리가 일상적 정무에 대체로 무관심했으며 구체적인 정책 방향과 추진 방법과 관련해서는 주된 국정 운영자에게 권력을 대거 위임하는 통치 스타일을 일관적으로 견지했다고 분석하면서, 이 때문에 누구를 자신의 주된 대리인으로 임명했는가, 대리인의 국정 운영 스타일이 어떠했는가에 따라 헨리 시대의 통치 기간을 구분할 수 있다고 주장했다. 그러므로 크롬웰이 집권했던 시기(1533~1540년)에 추진된 영국 정부의 정책들은 전적으로 크롬웰적 성격을 가진다는 것이다. 국정의 궁극적 목표에 대해 왕의 동의가 필요했고 왕을 만족시킬 만한 결과를 이끌어내야만 왕의 신뢰를 지속시킬 수 있었다고 하더라도 최소한 그 정책들만큼은 크롬웰의 것이었다는 분석이다.[35]

그러므로 엘턴에 따르면 크롬웰이야말로 영국 종교개혁의 구체적인 설계자

33 Rosemary O'Day, *The Debate on the English Reformation* (London and N.Y., 1986), pp.103~104.

34 엘턴이 폴라드의 경우를 예로 들며 필사본 사료의 중요성을 강조한 부분을 보려면 G. R. Elton, *The Practice of History*, pp.90~92 참조.

35 G. R. Elton, *Henry VIII: An Essay in Revision* (London: The Historical Association, 1962), pp.67~68.

였다. 크롬웰은 로마 교황의 권리를 영국으로부터 축출함으로써 헨리가 막연히 주장하던 최고 주권supremacy의 이상을 현실로 바꾸어줌과 동시에 그토록 바라던 이혼과 막대한 교회 재산까지 획득할 기회를 제공했다. 반면에 크롬웰에게 로마와의 결별은 영국의 정치 체제를 혁명적으로 재창조할 수 있는 기회를 의미했다. 아서 디킨즈Arthur Geoffrey Dickens는 엘턴과 마찬가지로 영국의 종교개혁에서 크롬웰이 주도적인 역할을 했음을 인정했다.[36] 그러나 디킨즈가 크롬웰의 프로테스탄트 신앙이나 반反가톨릭 신앙을 종교개혁의 주요 동기로 설정했던 데 반해 엘턴은 이를 세속적인 정치적 행위로 해석했다. 크롬웰의 입장에서 개혁된 교회는 결국 커먼웰스 개혁을 위한 수단으로서의 의미만을 가질 뿐이라는 것이다.[37]

엘턴은 크롬웰이 광범위한 헌정적 구상을 설정하고 있었음을 강조했다. 그러한 구상 중 일부도 영국을 완전한 독립 주권을 가진 국가로 변모시키는 것이었다. 엘턴은 일찍이 그가 박사학위를 받던 1949년에 발표한 한 논문에서 로마 교회 법정에 대한 항소권을 제한하는 법률이 만들어지는 과정을 미시적으로 추적해 이를 크롬웰이 주도했다고 주장하고, 이 법이야말로 영국의 독립적 주권을 처음으로 선언했다는 의미를 가진다고 해석하기도 했다.[38] 그 후 '수장법Act of supremacy(1534)'과 반反교황법Act against papal authority(1536)으로 이어지는 일련의 정책들은 모두 독립적 국가 군주권national monarchy의 확립을 목표로 했으며 로마와의 결별을 통한 교황권의 축출이 그 핵심이었다는 것이다. 크롬웰이 생각한 헌정적 구상의 또 다른 부분은 왕과 의회가 권력을 나누어 가지는

---

36 Arthur Geoffrey Dickens, *Thomas Cromwell and the English Reformation* (London, 1959).

37 G. R. Elton, *Reform and Reformation: England, 1509~1558*, pp.159~173.

38 G. R. Elton, "The Evolution of a Reformation Statute," *English Historical Review*, vol.64(1949), pp.174~197.

제한적 군주정의 수립이었다. 다시 말하면, 토론과 동의에 의한 입법을 제도화하고 관습법 전통을 존중하는 관행을 확립함으로써 질서와 조화에 바탕을 둔 진정한 커먼웰스의 수립을 추구했다는 것이다. 엘턴에 따르면 종교개혁으로 비롯된 국왕의 새로운 지위를 규정하고 정당화하는 과정을 모두 의회 입법이라는 방식으로 처리한 것도 이러한 구상의 일부였다. 엘턴은 여기에서 파도바의 마르실리오Marsilio da Padova나 토머스 스타키가 제시한 입헌군주제에 대해 크롬웰이 관심을 가졌던 사실을 그가 입헌군주제의 이상을 가지고 있었다는 증거로 제시하기도 했다.[39]

크롬웰을 영국 종교개혁의 주도자로 보는 엘턴의 주장은 얼마나 설득력이 있는가? 적어도 이 문제에 관한 한 엘턴은 자신의 견해를 명백하게 입증할 수 있는 결정적 증거 대신에 상황적 증거를 제시하는 경향이 많았다. 이를테면, 크롬웰의 헌정적 구상을 설명하면서 제국 또는 주권의 개념이 정치권에 대두된 시기가 모두 크롬웰이 집권한 기간 중에 나타난 현상임을 강조한 것이 그렇다. 어찌 보면 엘턴의 주장 중에서 미시적인 사실에 기반을 두지 않은 예외적 성향이 가장 많이 나타나는 부분이라고 할 수 있다. 이 때문에 영국의 종교개혁을 헨리와 크롬웰의 합작으로 간주하는 존 스캐리스브릭J. J. Scarisbrick의 해석을 더 객관적이라고 보는 사람들도 많다.[40]

결국 상황적 증거의 사용과 느슨한 인과관계 설명이 다른 사람들에게 엘턴의 견해를 반박할 수 있는 소지를 제공했다고 볼 수 있다. 예를 들면, 조엘 허스트필드Joel Hurstfield는 크롬웰이나 헨리가 '제한적 군주정' 또는 '의회 속의 국왕'이라는 주권 개념을 설정하고 의도적으로 정책을 추진한 적이 있는가에 대

---

39 G. R. Elton, *England Under the Tudors,* a University Paperback edition, p.129;
    Reform and Reformation: England, 1509~1558, p.172.
40 J. J. Scarisbrick, *The Reformation and the English People* (Oxford, 1984),
    pp.92~93.

해 깊은 회의를 표시했다. 그는 종교개혁이 의회 입법을 통해 이루어지기는 했지만 이러한 사실만으로는 의회가 개혁 정책과 입법 과정에 주도적 내지 적극적으로 참여했다고 확신할 수 없다고 주장했다. 허스트필드는 또한 의회의 동의를 요하지 않는 포고령에 대해 법률적 효력을 부가하려는 1539년의 포고령법Proclamation Act이나 반대 의견을 억압한 행동 등은 결국 크롬웰이나 헨리가 '튜더 전제주의Tudor despotism'의 확립을 의도한 것이 아니냐고 반문했다.[41] 그럼에도 크롬웰이 주장한 '정부(행정) 혁명'과 마찬가지로 종교개혁에서의 크롬웰의 역할에 대한 엘턴의 주장을 반박한 반론들도 결정적인 소득을 올리지는 못했다.

4. 수정주의자 엘턴과 튜더 의회의 성격

1530년대를 거치며 영국 의회의 지위와 권위는 크게 상승했다. 이는 무엇보다 1530년대의 정치적 사건과 맞물려 의회가 수행하는 헌정적 활동의 외연이 크게 확장되었기 때문이다. 의회는 자주 소집되었으며 회기는 장기간 지속되었다. 그뿐만 아니라 의회가 다루는 의제는 초미의 정치적 사건에서 국민들의 경제적·사회적 생활에 직접적이고 광범위한 영향을 미치는 정책까지 포함하게 되었다. 크롬웰의 헌정 마스터플랜에 의해 1530년대에 의회가 최고 입법

---

41 Joel Hurstfield, "Was there a Tudor Despotism after all?" *Transactions of the Royal Historical Society*, 5th ser., 17(1967). 이 문제에 대한 엘턴의 재반박에 대해서는 다음을 볼 것. G. R. Elton, *Policy and Police: the Enforcement of the Reformation in the Age of Thomas Cromwell* (Cambridge University Press, 1972), p.292; G. R. Elton, "The Rule of Law in Sixteenth-Century England," in his *Studies in Tudor and Stuart Government and Politics* (Cambridge, 1974), vol.1, pp.260ff.

기관의 모습을 갖추게 되었다는 엘턴의 주장은 앞에서 본 바와 같다.

사실, 엘턴이 튜더사의 이해에 결정적으로 기여한 또 하나의 분야는 튜더 의회의 성격에 관한 작업이라고 할 수 있다. 이는 튜더 의회의 발전이 누구의 주도하에 이루어졌나 하는 문제와는 별개이다. 이 분야 엘턴의 첫 번째 작업은 닐의 주장을 허물어뜨리는 것이었다.[42] 닐은 1949년과 1957년 사이 엘리자베스 의회에 대한 세 권의 저서를 발표했다.[43] 이 책들에서 드러난 닐의 결론에 따르면, 엘리자베스 말기에 이르러 영국 의회의 하원은 국왕과 정부가 그 실체를 인정하지 않으면 안 될 정도의 핵심적인 정치권력으로 성장했으며 이러한 하원의 성장은 의회 내에 포진한 청교도 집단이 견인했다. 이들이 국왕과 정부의 정책이나 중요한 정치적 이슈에 대해 조직적인 의견을 개진하고 하원을 정책 토론장으로 만듦으로써 하원의 지위가 비약적으로 성장하는 데 기여했다는 것이다. 엘리자베스 의회 내에 조직화된 반대 세력이 존재했다는 닐의 주장은 결국 튜더 의회의 성격을 기본적으로 국왕과 정부에 대한 견제 기관으로 보는 입장이었다.

엘턴이 1960년 『튜더 헌법Tudor Constitution』이라는 헌정사 사료집을 출간할 때만 하더라도 닐의 주장에 대한 그의 반감은 그다지 크지 않았던 것 같다. 다만 국왕과 의회 사이의 갈등을 상시적인 것으로 보거나 양자 간의 갈등적 측면만을 지나치게 부각시켜 읽는 작업의 위험성에 대해 경계하는 수준에 머물러 있었다. 닐의 견해에 대한 도전은 엘턴 자신보다 '엘턴 식의 방법론'으로 무장한 신진 학자들에 의해 본격적으로 진행되었다고 보아야 한다. 여기에서 엘턴

---

42 튜더 의회에 대한 연구 동향은 다음을 참고. 허구생, 「닐을 넘어, 엘턴을 넘어: 16세기 영국 의회사 연구동향」, ≪서양사론≫, 제68호(2001), pp. 213~232.

43 J. E. Neale, *The Elizabethan House of Commons*; *Elizabeth and her Parliaments, 1559~1581* (London, 1953); *Elizabeth and her Parliaments, 1584~1601* (London, 1957).

식의 방법론이란 엘턴이 정부 혁명에 관한 연구에서 보여준 것 같은 디테일과 '일상적 비즈니스day-to-day-business' 중심의 역사 읽기 작업을 의미한다. 다시 말하면 소수의 선택된 정치적 사건들을 중심으로 의회의 기능과 본질을 속단할 것이 아니라 우선 의회가 언제, 어떻게 만나 무엇을 논의했으며 무엇을 결정했는지에 대한 현미경적 연구를 통해 16세기 의회의 본질에 접근해야 한다는 입장이었다. 많은 신진 학자가 엘턴에게 동의하면서 의회의 '일상적 활동'을 재구성하는 작업을 시작했다.

헨리 8세 시대의 종교개혁 의회(1529~1536)와 나머지 재위 기간의 의회 활동(1536~1547)을 다룬 스탠포드 렘버그Stanford E. Lehmberg의 두 저서[44]는 튜더 의회를 정치사적인 관점이 아닌 제도사적인 관점에서 재구성한 첫 시도라는 의미가 있었다. 1980년대와 1990년대에는 제니퍼 로치Jennifer Loach, 마이클 그레이브스Michael Graves, 데이비드 딘David Dean 등 소위 수정주의 계열의 연구 성과가 책으로 간행되었다.[45] 이들의 결론을 정리해보면 다음과 같다. (1) 국왕과 의회는 본질적으로 갈등과 반목 관계가 아닌 생산적·협력적·상호 의존적 관계였다. (2) 튜더 왕조에서 상원은 하원 못지않은 정치적 영향력과 입법 기능을 유지했다. (3) 튜더 의회의 가장 중요한 기능은 국왕 권력의 견제가 아니라 입법 활동이었으며, 따라서 의회의 성공 여부를 평가하는 기준은 '생산성'

---

44   S. E. Lehmberg, *The Reformation Parliament, 1529~1536* (Cambridge University Press, 1970); S. E. Lehmberg, *The Later Parliaments, 1536~1547* (Cambridge University Press, 1977).

45   Michael A. R. Graves, *The House of Lords in the Parliaments of Edward VI and Mary I* (Cambridge University Press, 1981); Jennifer Loach, *Parliament and the Crown in the Reign of Mary Tudor* (Oxford University Press, 1986); Jennifer Loach, *Parliament under the Tudors* (Oxford, 1991); David Dean, *Law-Making Society in Late Elizabethan England: the Parliament of England, 1584~1601* (Cambridge University Press, 1996).

이어야 한다. 이러한 결론은 대체로 엘턴의 주장과 일치한다.

엘턴은 국왕과 의회 간의 관계를 '협력적 동반자'로 규정했다. 다시 말하면, 튜더 의회의 본질은 국왕의 필요와 판단에 따라 소집되어 국왕의 통치를 돕는 역할을 하는 기관이었다.[46] 엘턴은 1986년에 다시 간행된 『영국 의회The Parliament of England (1559~1581)』에서 예의 디테일에 기반을 둔 작업을 보여주었다. 그는 엘리자베스 전반부의 7개 의회에 상정된 법안들을 정부, 교회, 복지, 법률 개혁, 사적 법안 등 성격별로 나누어 이들의 입법 과정을 추적했다. 그는 또한 삼독회三讀會 관행의 정례화, 위원회의 활성화, 상·하원 합동 회의 개최 등 입법 절차의 전문화가 이루어지는 과정을 상세하게 기술함으로써 의회가 입법 활동을 주요 기능으로 하는 생산적 기관이었음을 부각시키려고 했다.

1970~1990년대에 걸쳐 수정주의 성향의 연구가 튜더 의회사의 주류를 형성한 것은 사실이지만 국왕과 의회 간의 갈등 관계나 급진 청교도 반대 세력의 존재를 다시 입증하려는 노력도 없지 않았다. 패트릭 콜린슨 같은 이가 대표적이다. 이와 함께 정치사적인 측면을 배제시킨 채 어떻게 튜더 의회의 본질을 완전하게 볼 수 있는가 하는 시각도 대두되고 있다. 이 문제는 앞으로 더 지켜보아야 할 사안이다.

5. 엘턴의 유산

앞에서 살펴보았듯이, 엘턴은 전통적 역사학에 대한 흔들리지 않는 확신을

---

46   G. R. Elton, "Tudor Government: the Point of Contact," in his *Studies in Tudor and Stuart Politics and Government* (Cambridge University Press, 1983), vol.3, PP.3~20.

보여주었다. 근대 영국을 창조한 개혁가이며, 행정가이며, 정치가인 크롬웰에 대한 그의 믿음 또한 흔들리지 않았다. 엘턴은 자신의 해석에 대한 수많은 반론이 지닌 나름의 학문적 가치들을 인정하면서도 크롬웰에 대한 긍정적 평가를 바꾸지 않았다. 오히려 전장戰場을 더욱 확대하면서 자신의 주장을 더욱 진전시키는 경향마저 있었다. 이를테면, 『튜더 정부의 혁명』에서는 주로 행정개혁가로서 자리 매겨졌던 크롬웰의 역할이 『튜더 치하의 영국England under the Tudors』에서는 완전한 독립 주권과 제한 군주정을 추구하는 혁명가로, 더 나아가서는 『개혁과 갱신Reform and Renewal』에서는 빈민법을 추진한 사회개혁가로 변모되었던 것이다.[47]

엘턴의 생애 기간 중 제기된 마지막 의미 있는 도전은 아마도 스타키와 콜맨 등에 의해 조직된 집단적 공격이었을 것이다. 이들은 1950년대, 1960년대에 엘턴을 비평했던 학자들의 반박 논리에 동의하면서, 정부 조직의 변화는 장기 계획의 산물이 아니라 우연적·즉흥적 산물일 수밖에 없다고 주장했다. 이들은 1530년대가 영국 역사에서 차지했던 절대적 지위도 이제는 사라졌으며 그와 함께 크롬웰의 역할도 끝이 났다고 선언했다.[48] 얼마나 많은 튜더 역사가가 이들의 주장에 동조하고 있는지는 알 수 없다. 그러나 엘턴의 견해가 여전히 논쟁의 핵으로 존재한다는 점에서 크롬웰은 아직 완전히 '폐위'된 것 같지 않다. 또한 튜더 역사학계의 최근 동향을 살펴보면 1530년대의 정부 행정에 의미 있는 변화가 일어났으며 그 변화의 방향은 국정 중심적·관료주의적인 특성이 있었다는 데 상당한 수준의 동의가 이루어졌음을 볼 수 있다. 그것이 전례가 있건 없건, 크롬웰의 이니셔티브에 의한 것이건 아니건, 일관적 원칙에

---

47 Robert H. Landrum, "A Eulogy for Geoffrey Elton," pp. 113~123.

48 David Starkey, "After the Revolution," in Christopher B. Coleman and David Starkey (eds.), *Revolution Reassessed: Revisions in the History of Tudor Government and Administration* (Oxford, 1986), pp. 199~201.

의해서 이루어졌건 아니면 단지 우연적 일치였건 하는 문제는 차후의 문제이다. 이렇게 보면 엘턴이 자신의 주장이 과장되었거나 오류가 있었음을 시인하든 하지 않든 그는 나름대로 의미 있는 기여를 하고 있는 셈이다.

그렇다면 엘턴이 때로는 지나치게 강하고 단정적인 결론을 내렸음에도 그에 대한 수많은 반박들이 왜 그다지 결정적인 성과를 거두지 못했는가를 생각해보아야 한다. 우선은 앞에서 언급했듯이 그의 해석이 철저하고 구체적인 태도로 사료를 읽고, 검증하고, 추론하는 과정을 거쳤기 때문이라고 할 수 있다. 그러나 그보다 더 중요한 것은 크롬웰 사료 그 자체라고 할 수 있다. 크롬웰의 기록 덕분에 1530년대는 그 전후 시대에 비해 엄청나게 풍부한 사료가 존재하는 시대로 자리매김하게 되었다. 이는 엘턴이 크롬웰의 개혁을 지나치게 강조한 나머지 1530년 이전이나 1540년 이후에 일어난 발전을 무시했다고 주장하는 반론들이 상대적으로 빈약한 사료를 토대로 열등한 지위에서 엘턴과의 싸움을 벌여야 했다는 것을 의미한다. 1530년대의 개혁성과는 인정하지만 그 주인공이 크롬웰이 아니라는 반박도 마찬가지로 설명될 수 있다. 다시 말하면, '친크롬웰론'이 가지고 있는 정보의 상대적 풍요와 '반크롬웰론'이 가지고 있는 상대적 빈약함 때문에 엘턴을 쉽게 반박할 수 없었던 것이다.

엘턴의 해석이 학계에서 지속적으로 영향력이 유지되는 이유를 설명할 수 있는 또 다른 요인은 사료의 선점 효과라고 할 수 있다. 많은 이들이 폴라드처럼 활자화된 사료를 읽거나 지극히 선별적인 원사료에 의존해 역사 연구 작업을 하고 있을 때 엘턴은 공문서 보관소Public Record Office 의 필사본을 뒤지면서 사료를 선점하고 여기에서 크롬웰 혁명론이라는 이슈를 선점했으며 이러한 성공을 바탕으로 수정주의학파의 선구자가 될 수 있었던 것이다. 엘턴 같이 철저하고 구체적인 연구자가 이미 읽은 동일 사료를 통해 엘턴을 반박하기는 그 누구에게도 결코 쉽지 않은 일이다.

앞에서 몇몇의 반론을 간략하게 소개하기는 했으나 이들이 엘턴의 견해에

도전장을 낸 역사가들의 전부도 아니며, 더더욱 마지막 반론자들이라고는 할 수 없다. 앞으로도 엘턴이 주장한 바의 타당성에 대해서 의문을 제기하는 작업은 계속될 것이 틀림없다. 그 기간이 얼마나 지속될지는 알 수 없으나 그의 견해가 논쟁의 한 축을 형성하는 한 그의 유산이 남긴 긍정적 역할은 계속될 것이다.

제13장

닐을 넘어, 엘턴을 넘어

튜더 의회사 연구 동향

1. 닐과 하원의 정치적 성장

불행하게도 특정 시대의 역사를 해석할 때 영원불변한 절대적 견해를 발견하기는 어렵다. 어느 한 시점을 두고 보면 광범위한 사료를 섭렵하고 논리 정연하게 무장한 특정 해석이 학계의 절대적 지지를 받는 경우가 있기는 하다. 그러나 어떠한 정설도 언젠가는 도전을 받기 마련이다. 때로는 그러한 도전이 기존 권위를 무너뜨리는 역할을 담당함으로써 역사 해석의 파편화 또는 공백을 초래하기도 한다. 그러나 이것이 설사 단기적으로는 부정적인 결과를 초래한다 하더라도 지속적으로 영향을 미치는 경우는 거의 없다. 파편화 또는 공백 현상이 오히려 연구자들의 연구 의욕을 북돋아 궁극적으로는 역사 해석의 질을 향상시키는 역할을 하기 때문이다. 이러한 예를 16세기 영국 의회사에 대한 논쟁에서도 찾아볼 수 있다.

튜더 의회사에 대한 20세기 후반의 논쟁은 주로 자리를 선점한 닐 학파와 이에 도전하는 엘턴 학파 사이에서 전개되었다고 볼 수 있다. 1970년대와

1980년대에 들어 엘턴 등의 이른바 수정주의적 견해가 16세기 영국 의회의 성격과 역할에 대한 새로운 지배적 해석으로 자리 잡았으나 최근에는 이들의 의견도 재수정이 필요하다는 지적이 나오고 있다.

폴라드는 『의회의 발전The Evolution of Parliament』(1926)에서 16세기 의회사의 가장 획기적인 특징은 '하원의 성장'이라고 주장했다. 이러한 폴라드의 주장은 닐과 월리스 노트슈타인Wallace Notestein의 좀 더 심도 있는 연구에 의해 기반이 확대되었다. 특히 닐은 엘리자베스 시대에 이르러 '의회의 역사는 곧 하원의 역사'[1]라고 할 만큼 하원의 중요성이 절대적으로 커졌으며, 정치적으로 성숙한 하원은 이제 국왕의 정책을 비판하고 그의 권위에 도전할 수 있는 능력을 갖추게 되었다는 주장을 지속적이고 일관적으로 전개했다. 이러한 시각은 노트슈타인을 비롯한 당시 스튜어트 시대 연구자들의 관점과 같은 맥락이었다.[2]

1949년에서 1957년 사이 닐은 엘리자베스 시대 의회에 대한 세 권의 저술을 출판했다.[3] 필생을 바친 사료 수집과 연구의 결정판이었다. 닐의 관심은 의회가 매일매일 무엇을 다루었고 의회에 상정된 개별 법안들이 어떠한 과정을 거쳐서 어떻게 처리되었는지를 살펴보는 데 있지 않았다. 오히려 그는 영국 헌정사에서 엘리자베스 시대의 의회가 가지는 의미가 무엇인지를 규명하고자 했다. 다시 말하면, 17세기 영국 내란the English Civil War(1642~1651)에서 나타난 의회의 정치적·독립적 성격과 역할을 중시하고 그 뿌리를 엘리자베스 의회에서 찾고자 했던 것이다.

---

1   J. E. Neale, *The Elizabethan House of Commons* (London: Jonathan Cape, 1949), p.15.

2   노트슈타인의 대표적인 저술 중에는 *The Winning of the Initiative by the House of Commons* (London, 1924) 등이 있다.

3   *The Elizabethan House of Commons* (London: Jonathan Cape, 1949); *Elizabeth and Her Parliaments, 1559~1581* (London: Jonathan Cape, 1953); *Elizabeth and Her Parliaments, 1584~1601* (London: Jonathan Cape, 1957).

널의 주장을 요약하면, 16세기 초만 해도 간헐적으로 소집되어 상원과 함께 국왕에 대한 보조세를 결정하고 상황에 따라 필요한 법을 정하는 기구였던 하원이 16세기말에는 국왕과 정부가 그 실체를 인정하지 않으면 안 될 만큼 상당한 정치적 권력 기관으로 성장했으며, 하원의 핵심 동력으로 작용한 것은 하원 내에 조직화된 청교도 세력의 존재였다.[4]

비록 숫자상으로 본다면 소수파에 불과하지만 영국의 미래에 대해 그들 나름대로의 청사진을 가지고 정부의 주요 정책이나 정치적 이슈에 관해 독자적인 목소리를 낸 조직화된 세력이었다는 것이 그의 생각이었다. 닐은 이들이 법안의 발의와 심사는 물론 의회의 모든 활동 영역에서 적극적인 역할을 담당하고 하원을 정책 토론장으로 발전시켰으며 그 결과 하원의 지위와 역할이 비약적으로 신장하게 되었다고 보았다.

16세기 하원의 정치적 성장에 관한 닐의 견해는 당시 학계에서 널리 받아들여졌다. 후일 국왕과 의회 간의 갈등 관계를 부정하는 수정주의적 해석을 진두지휘 하게 될 엘턴마저도 처음에는 이를 상당 부분 인정했다. 1960년에 발간된 헌정사 자료집 『튜더 헌법』을 보면, 지방 세력이 바라는 바를 중앙 정부에 전달하는 지방 대표들의 집합체에 불과하던 하원이 튜더 시대를 거치며 야심적인 국정 파트너로 발전했다는 엘턴의 논평을 발견할 수 있다. 또한 닐의 주장과 비교하면 상당한 차이가 있기는 했으나 그 또한 하원 내 반대 세력의 존재를 인정하는데, 엘리자베스 시대에 이르러 청교도 그룹을 중심으로 조직화되고 집요하게 문제를 일으키는 반대 세력이 성장했다고 기술한다.[5] 국왕과 의회 사이의 갈등이 상시적인 일은 아니었으며 단지 왜곡된 역사 읽기로 인해 갈등이 지나치게 강조되는 경향이 있음을 지적하기는 했으나, 후일 엘턴이 전

---

4   J. E. Neale, *Elizabeth and Her Parliaments, 1559~1581* (1953), p.16
5   G. R. Elton (ed.), *The Tudor Constitution* (Cambridge, 1960), pp.300~303.

개하게 될 수정주의적 해석과 비교하면 큰 차이가 있다.[6]

2. 수정주의의 도전

시간이 지나면서 점차 폴라드나 닐의 해석은 튜더 의회의 성격과 역할을 그 자체의 맥락에서 읽지 않고 17세기 영국 내란의 프롤로그가 되는 정치적 사건으로 보려 했다는 비판을 받기 시작했다. 엘턴은 16세기 의회사 연구의 초점을 몇몇 예외적인 정치적 갈등에 맞추지 말고 의회에서 실제로 무엇을 논의하고 무엇을 결정했는지, 어떠한 법률안이 상정되었으며 무엇을 어떻게 통과시켰는지에 관해 실증적 연구를 수행할 것을 주창했다. 의회의 정치적 기능 자체를 무시한다는 것이 아니라 의회가 어떻게 운영되고 기능했는가에 대한 충분한 지식 없이는 의회의 정치적 측면을 올바로 이해하기 힘들다는 것이 비판의 논리였다. 또한 의회 운영의 다른 한 축인 상원을 연구 대상에서 제외할 것이 아니라 하원과 같은 비중으로 다루어야 한다는 주장도 제기되었다.[7]

이른바 수정주의자들의 비판은 본격적인 연구 활동을 통해 그 모습을 드러냈다. 이들의 견해에 따르면 16세기 영국 의회의 본령은 정치적 장場이 아니라 왕국의 법과 정책을 만들고 국왕에게 바칠 세금을 결정하는 것이었다. 16세기에는 '의회 속의 국왕'이 최고 입법권을 가진다는 원칙이 확립되었으며, 이에 따라 국왕과 의회는 본질적으로 협력적 관계를 유지했다는 것이다. 엘턴의 표현을 빌리면 의회는 국왕의 필요와 판단에 따라 간헐적으로 만나 국왕의

---

6   엘턴은 1982년 이 책의 수정본을 내면서 '청교도 반대 세력이란 아예 존재하지도 않았다'며 20여 년 전 자신의 견해를 바꾸었다.

7   예를 들면 1584년에서 1601년 사이 약 600개 가까운 의안이 의회에서 처리되고 182개의 법령이 제정되었는데 이 중 닐이 다룬 것은 불과 50개 미만이었다.

통치를 돕는 기관이었으며, 튜더 시대 의회의 가장 중요한 역할은 중앙 정부와 지방의 지배 엘리트들이 만나는 장場을 마련해주는 데 있었다는 것이다.[8]

입법과 과세라는 의회의 본래적 활동에 초점을 두는 수정주의자들의 연구 방향은 자명했다. 닐이 관심을 기울였던 의회의 정치적 역할이 아닌 의회가 다루었던 모든 법률안과 최종 법률의 심의 과정이 기록된 상·하원의 공식 회의록이나 개인 일지 등의 기록을 비판적으로 검증해 의회의 일상적 활동을 재구성하는 것이었다. 이러한 방향에서 이루어진 첫 연구 성과가 헨리 8세 시대의 종교개혁 의회를 다룬 렘버그의 『종교개혁 의회The Reformation Parliament (1529~1536)』였다. 1970년에 출판된 이 책에 이어 렘버그는 1977년 헨리 8세의 나머지 재위 기간에 열린 의회들의 활동을 다룬 『그 후의 의회들The Later Parliaments (1536~1547)』을 출판했다.

튜더 의회의 성격과 역할에 대한 닐의 해석이 주로 엘리자베스 의회에 초점을 두었다는 점과 비교하면 렘버그의 연구는 논쟁의 한복판에서 약간 비껴나 있었다. 그러나 튜더 의회사를 정치사적인 관점보다 제도사적인 관점에 비중을 두고 읽는 것이 수정주의 작업의 핵심이라면 렘버그의 연구는 이러한 방향에서 본격적으로 이루어진 첫 작업이었다. 상·하 양원의 구성과 활동을 구체적으로 분석·기술하는 데 연구의 초점을 맞춤으로써 의회의 입법 기능이 자연스럽게 강조된 연구 결과물이었다. 헨리 8세 시대의 의회와 관련해서 하원의 공식 의사록은 물론 개인 일지조차도 존재하지 않는 등 엘리자베스 시대에 비해 사료가 매우 부족하다는 약점을 안고서도[9] 렘버그의 두 저서는 1529년 ~1547년 사이 의회가 통과시킨 모든 법률은 물론이고 상당수의 실패한 법률

---

8   G. R. Elton, "Tudor Government: the Point of Contact," in his *Studies in Tudor and Stuart Politics and Government*, vol.3(Cambridge University Press, 1983), pp.3~20.

9   하원 의사록은 1547년부터 시작되었다.

안까지 다루는 등 매우 구체적인 작업 결과를 담고 있다. 또한 하원은 물론 상원과 캔터베리 종교 회의the Convocation of the Province of Canterbury 의 활동까지 분석함으로써 균형을 잃지 않았다.

1980년대에는 엘턴이 『영국 의회』를 출판했으며 제니퍼 로치는 『메리 튜더 치하의 의회와 국왕Parliament and the Crown in the Reign of Mary Tudor』을 내놓았다. 또한 마이클 그레이브스는 『튜더 의회: 국왕, 귀족원, 평민원, 1485~1603 The Tudor Parliaments: Crown, Lords, and Commons, 1485~1603 』과 『엘리자베스의 의회 Elizabethan Parliaments』(1559~1601)를 연달아 출간했다. 이들의 공통점은 수정주의적 시각이었다. 로치의 책은 비록 국왕과 의회의 관계에 초점을 두기는 했으나 의회의 경제적·사회적 입법 활동 분석에 상당한 노력을 기울였다. 또한 그레이브스의 두 저서는 학부 학생들을 겨냥한 축약적 저술로 각각 튜더 시대 전반全般에 걸쳐 의회의 입법 활동을 분석했다.

1980년대에 발표된 수정주의적 해석들은 상원, 하원 가릴 것 없이 튜더 왕조 의회에 조직화된 반대 세력이 존재했다는 증거를 발견할 수 없다는 것을 공통적으로 강조했다. 상·하 양원의 의원들은 국왕과 이해관계가 대체로 일치하는 동질적 지배집단으로서 의회 내에서 벌어지는 갈등과 반목은 본질적으로 의회와 국왕 사이에서 발생하는 것이 아니라 궁정 정쟁court factions 의 연속선상에서 이루어지거나 개인적인 원인에서 비롯된다는 것이다. 로치도 그의 저서 『메리 튜더 치하의 의회와 국왕』을 통해 메리 시대의 의회에 대한 종래의 소극적·반항적 이미지를 부정하고 협력적이고 생산적인 의회 상像 을 부각시키려 했다. 메리 치하의 의회가 여왕의 종교 정책에 대해 조직적인 저항을 시도했다는 폴라드나 닐의 견해에 대한 정면 도전인 셈이었다. 특히 닐에게는 메리 치하 반대 세력의 존재가 엘리자베스 의회의 좀 더 조직화된 반대 세력으로 발전하는 디딤돌과 같았다.

수정주의적 해석의 또 다른 특징은 의회의 성공 여부를 판단하는 기준은 어디까지나 의회의 '생산성'이어야 한다고 주장한 점이다. 다시 말해 정부가 필요로 하는 보조세나 정부 측에서 발의한 법안의 통과 여부가 중요한 것이다. 국왕과 의회 사이에 반목과 갈등이 없지는 않았으나 둘은 어디까지나 협력과 협조의 관계였다는 로치의 결론도 이러한 생산성을 기준으로 내린 판단이었다. 메리 여왕 치하에서 열렸던 의회의 입법 횟수는 회기별로 평균 15건에 불과해 종교개혁 의회 이후에 열린 다른 튜더 시기 의회와 비교해 상당히 적은 숫자이다. 로치는 이를 메리 시대 의회의 회기가 짧았던 것에서 비롯된다고 해석하고, 대신 의회가 빈번하게 열렸던 점과 빈민법, 직조법, 쇠락 가옥의 재건법 등 사회적·경제적 법안을 비롯해 당시 정부가 필요로 하던 사항을 대부분 처리했다는 점에서 생산적이었다고 결론을 내렸다.

로치의 의견에 따르면 국왕이나 정부 정책에 대한 반대 움직임이 아예 없지는 않았으나 대체로 종교적인 이데올로기보다는 주로 스페인 왕가와의 혼인 문제나 과거 수도원의 토지를 재수용하는 것에 대한 우려 등 경제적인 문제 때문이었으며, 국왕과 의회의 관계는 전반적으로 협력과 동의에 바탕을 두고 있었다고 한다. 이러한 긍정적 관계는 종교 정책에 관해서도 크게 다르지 않았다. 가톨릭인 메리가 소집한 1553년 의회에서 에드워드 치하 때 만들어진 신교 기반의 종교 통일법acts of uniformity[10] 폐지안이 비록 열띤 논쟁이 있기는 했으나 결국 찬성 350표, 반대 80표의 여유 있는 표결로 처리된 것이 단적인 예라고 한다. 이렇게 로치는 메리 치하 정부 발의 법안에 대한 일부 의원들의 반대를 종교적인 측면으로 해석하는 데 대해 경고함과 동시에, 종전의 해석이 제시하고 있는 '(종교적 문제로 인해) 반대 세력이 형성될 분명한 사유가 존재했다'는 가설의 기반을 무너뜨리려 했다.

그레이브스도 의회 내의 갈등과 반대를 조직화된 반대라기보다는 개인적인

---

10   2 & 3 Edward VI, c.1(1549); 5 & 6 Edward VI, c.1(1552).

이해관계에서 비롯한 우발적인 사건으로 보는 데 동의했다. 그는 1571년 의회를 제외하면 청교도 의원들이 조직화된 움직임을 보인 적이 없고, 1584년과 1587년에 장로교적 성향의 청교도 의원들이 엘리자베스 정부의 종교 정책을 수정하기 위해 단합한 것은 사실이지만 의회에서 다수의 지지나 동정을 얻지 못했고 그 두 차례의 시도는 여왕의 논의 금지 조치 하나로 쉽사리 무산되어버리는 미약한 것이었다고 지적한다. 그레이브스에 따르면 1597년과 1601년에 일어난 독점권 허여 및 남용에 대한 의회의 반발이야말로 종교 문제 관련 논의보다 훨씬 치열했다고 평가한다. 그러나 독점권 문제를 둘러싼 의회의 행동은 이 문제에 대한 지배층의 불만이 높아져가는 상황에서 이들의 대표라 할 수 있는 의원들의 자연스러운 반응으로 보아야 한다는 것이 그레이브스의 의견이다. 즉 개별 의원들에 의한 불평 표출, 도발적 행동, 선동 등은 언제나 존재했으며, 때때로 다수의 의견으로 발전되기도 했으나 이를 두고 조직화된 반대 세력이 존재했다는 해석은 타당하지 않다는 주장이다.[11]

조직적인 반대 세력이 존재하지 않았다면 일부 의원들이 주도한 정부 정책에 대한 반대 움직임이나 정부 발의 법안의 통과 좌절 같은 사건들을 어떻게 판단해야 할까? 수정주의적 해석은 대개 추밀원 또는 궁정을 중심으로 전개된 정쟁의 의회 파급이나 정부의 '의회 운영 미숙'에서 그 원인을 찾는다. 로치는 메리 의회에 존재했던 '갈등적 사건들'을 해석하면서, 당시 대법관 가디너가 중심이 되어 추진한 이단 처벌 강화에 관한 법안heresy bill이 좌절된 것은 국왕과 의회 간에 존재하던 갈등의 산물이 아니라 추밀원 내부의 정쟁이 의회로 파급된 것이라고 풀이했다. 그레이브스는 메리 시대 의회가 성공적이지 못했던 것은 정부 측의 의회 운영이 미숙했기 때문이라고 풀이했다. 엘리자베스는 윌리엄 세실이라는 걸출한 의회 운영자를 가졌지만 메리 정부는 그렇지 못했다

11　Michael A. R. Graves, *Elizabethan Parliaments*, p.55.

는 것이다.

3. 상원은 살아나고, 청교도 '영웅들'은 없었다

　수정주의자들이 추진한 중요한 작업 중의 하나는 닐에 의해 철저하게 무시되었던 상원을 다시 살려내는 것이었다. 엘턴은 엘리자베스 시대 전반부의 상원을 분석하면서 비록 하원에 비해 비교적 적은 수의 법안을 다루었으나 오히려 하원보다 더 중요하고 영향력이 있었다는 점을 발견했으며 이보다 먼저 램버그 역시 앞에 언급한 두 책에서 헨리 8세 치하의 의회에서 상원의 존재가 여전히 큰 자리를 차지했다고 강조한 바 있다. 그레이브스는 상원의 역할이 메리 치하에서 잠시 축소되기는 했으나 엘리자베스 시대에 들어 세실의 상원 진출을 계기로 회복되었다고 주장한다. 그러나 로치나 존스 등은 메리 치하에서 상원의 역할이 위축되어 있었다는 그레이브스의 의견에도 동의하지 않는다. 이들에 따르면 메리 시대 정부 정책에 반대하는 의견에 동력을 제공한 곳은 하원이 아니라 상원이었다는 것이다. 이렇게 각론상 일부 다른 의견들이 있었으나 수정주의자들의 총론은 튜더 왕조 전 기간을 통틀어 상원의 위상이 닐이 생각했던 만큼 추락하지 않았으며, 지배 엘리트로서의 상원 의원들의 정치적 영향력은 오히려 상·하원을 아우르는 의회의 집단적 권위를 강화시키는 방향으로 작용했다는 것이다.

　로치나 그레이브스의 저술들이 램버그의 두 책에 비해 구체적인 분석과 논의로 전개하지 못한 면이 있는 반면, 엘턴의 『영국 의회』는 엘리자베스 통치 전반前半부 7개 의회의 활동을 심도 있게 분석함으로써 16세기 의회가 어떻게 움직였는가에 대한 확실한 그림을 제공했다. 의회의 활동을 회기별로 시간적으로 재구성한 램버그와 달리, 엘턴은 의회 활동의 기본적인 구성과 업무의 흐름에 대해 개관한 후 의회가 다룬 법안들을 정부, 교회, 복지, 법률 개혁, 사적 법안 등으로 분류해 입법 과정을 추적했다. 이러한 작업을 통해 엘턴은 의회의 핵심적인 기능은 정치가 아니었으며, 정부 정책에 반대하는 조직화된 청교도 세력이 존재했다는 주장이 완전한 허구에 불과하다는 것을 입증하고자 했다. 엘턴의 결론에 따르면 의회의 본질적 기능은 여전히 과세와 입법이었다.

이러한 작업 과정에서 엘턴은 장인법act of artificers[12]을 노동 조건과 임금을 통제할 목적으로 정부가 발의했다는 기존의 해석을 뒤엎고 이 법안이 요크와 엑시터를 중심으로 한 대규모 상인들로부터 나왔음을 밝혀내기도 했다.[13] 종전까지는 정부 법안이 의회 심의 과정에서 반대에 부딪혀 통제 규정을 대폭 완화해야 했다고 알려져 있었다.

엘턴은 이 밖에도 삼독회 관행의 정례화, 위원회의 활성화, 상·하원 합동 회의 개최 등 절차상의 발전에 관해 상세하게 기술함으로써 의회의 생산적·협조적 태도를 부각하려 했다. 그는 법안 통과가 실패한 대부분의 경우는 의견의 불일치와 갈등 때문이 아니라 짧은 회기에서 기인한 시간 부족 때문이라고 분석하고, 그 밖에 부수적 이유로는 법안의 미비나 로비의 부족 등을 들고 있다. 그러나 그는 엘리자베스 시대 전반부 7개 의회에서 엘리자베스의 거부권 행사로 법이 되지 못했던 26개 법안의 운명에 대해서는 충분한 설명을 하지 못했다는 평가를 받았다.[14]

---

12   5 Elizabeth I, c.4(1563).

13   G. R. Elton, *The Parliament of England, 1559~1581*, pp.263~267.

14   엘리자베스 후반부 의회에 대한 저술을 준비하면서 비교적 풍부한 사료를 다룰 수 있었던 데이비드 딘은 엘턴의 저술이 커버하는 엘리자베스 전반부 의회들이 가지고 있는 사료상의 문제점을 지적했다. 즉 여러 가지 이해관계가 얽혀 있는 각 개별 법안이 실제 무엇 때문에 실패했는지를 정확하게 파악하기에는 전반부 의회에 관한 실존 자료들이 상대적으로 부족하다는 것이었다. David Dean, "Revising the History of Tudor Parliaments," *The Historical Journal*, 32(1989), p.404.

1990년대에 발간된 주요 저서로는 로치의 『튜더 통치하의 의회』(1991)와 딘의 『엘리자베스 말기의 입법과 사회: 영국 의회, 1584~1601 Law-Making Society in Late Elizabethan England: the Parliament of England, 1584~1601』(1996) 등이 있다.[15]

로치의 책은 튜더 의회에 대한 개설서지만 오히려 그녀가 튜더 전체 시기를 넘나들면서 의회의 본질적 기능이 입법이었다는 주장을 펼 수 있게 해주었다. 여기에서 그녀는 닐이 불완전하고 편파적인 자료에 의존했다고 비판한다. 1584~1601년 사이의 하원 의사록은 17세기에 유실되었으므로 닐은 시몬드 듀스Sir Simonds D'Ewes의 발췌 복원본과 개인 일지에 의존할 수밖에 없었는데 여기에 문제가 있었다는 것이다. 듀스는 청교도이자 17세기 영국 내란의 주역이 된 '장기 의회'의 의원으로서 청교도적 명분을 중시한 사람이었으며, 1593년도 의회 일지를 쓴 무명씨無名氏의 경우 피터 웬트워스 등 종교적 급진주의자들의 언행만 주로 기록하는 등 상당수의 개인 일지들이 적극적으로 청교도들의 명분을 대변하고 있다는 것이다. 따라서 닐이 의존했던 자료들의 상당수가 의회 전체의 의사결정 과정을 객관적으로 들여다보기에는 부적절한 사료들이었다는 것이 로치의 판단이다.[16]

로치는 그동안 진척된 여러 수정주의자들의 연구 결과를 인용하며 토머스 노턴Thomas Norton을 비롯한 닐의 '영웅'들 중 상당수가 사실은 청교도가 아니었을 뿐더러 엘리자베스 시기 의회에서 청교도들이 성취한 것은 별로 없었다고 주장했다. 의회에서 다수의 여론, 특히 추밀원 멤버들의 지지를 얻을 수 있었던 온건적 개혁 조치가 그들이 얻을 수 있는 전부였다는 것이다. 로치는 또한 엘리자베스 치하에서 의회 내의 청교도들이 의사 진행과 관련한 전략의 개

---

15 Jennifer Loach, *Parliament under the Tudors* (Oxford, 1991); David Dean, *Law-Making Society in Late Elizabethan England: the Parliament of England, 1584~1601* (Cambridge University Press, 1996).

16 Jennifer Loach, *Parliament under the Tudors* (Oxford, 1991), p.101.

발과 반대의 조직화 등을 통해 의회 발달에 공헌했다는 주장이나, 청교도가 자기들 의견에 동조하는 사람들이 의원에 선출되도록 영향력을 행사했다는 주장도 실체를 증명하기 힘들다고 단정 지었다.[17]

딘의 저술은 엘리자베스 시기의 마지막 6개 의회(1584~1601)를 다룸으로써 엘턴의 『영국 의회, 1559~1581』와 엘리자베스 의회 연구를 시기적으로 양분하고 있을 뿐만 아니라 책의 구성에도 유사성을 보여 언뜻 보면 연속물이 아닌가 하는 착각까지 들 정도이다.[18] 물론 딘의 책의 모태를 이루는 박사학위 논문의 지도교수가 엘턴이었다는 점에서 이는 완전한 우연은 아니다.

닐이 이 시기(1584~1601)의 의회를 연구하면서 불과 50개 미만의 법안을 '선택적'으로 다룬 데 비해 자신은 600여 개의 법안 중 기록이 남아 있는 모든 법안의 처리 과정을 추적하려했다는 것을 강조할 때부터 딘의 수정주의적 결론은 이미 예상 가능했다. 그럼에도 딘은 의회 내에 '조직화'된 급진파 청교도들이 자신의 '정치적' 목적 달성을 추구하는 과정에서 때로는 국왕과 정부를 상대로 투쟁하려 했던 사실을 인정해야 했다. 엘리자베스의 후계 구도를 정하는 데 의회가 어느 정도 영향력을 행사했던 것에서도 알 수 있듯이 의회의 정치적 역할은 너무나 당연하고 자연스러운 일이었다. 다만, 당사자인 의원들이 얼마나 치열하게 역할을 자임했는지, 국왕이 어떤 방식으로 어느 정도까지 그것을 허용했느냐가 의회의 정치적 역할과 수준을 결정짓는 관건이었다.

특히 국왕의 통치 스타일이 의회의 정치적 역할을 결정짓는 가장 큰 변수였다는 것이 딘의 결론이다. 예컨대, 헨리 8세는 그 자신의 정치적 목적을 위해 의회를 적극적으로 이용했지만, 엘리자베스는 중요한 국사의 결정 과정에서

---

17   같은 책, pp.101~105

18   David Dean, *Law-Making Society in Late Elizabethan England: the Parliament of England, 1584~1601.*

의회를 가능한 한 배제하려 했으며 의회를 개입시키더라도 결정적 권한은 여왕 스스로 행사하려 했는데, 결국 이러한 국왕의 통치 스타일에 따라 의회의 정치적 공간이 결정되었다는 것이다. 딘은 그러나 이 같은 종속변수에도 의회의 정치적 의미는 퇴색하지 않는다고 주장했다. 다시 말하면, 왕위 계승 문제, 독점권의 폐해, 전쟁과 재정 부담, 1590년대의 경제 위기 등 국가 중대사를 둘러싼 의회의 토론은 결과가 꼭 입법으로 이어지지 않더라도 패트릭 콜린슨의 이른바 '정치적 시험 반응 대상 집단political sounding boards'으로서의 역할을 충분히 수행하고 있었다는 것이다.

4. 튜더 의회의 역동성

앞서 밝혔듯, 일부 수정주의자들은 의회 내에 상당한 정도로 반대의 목소리가 존재했음을 인정한다. 그리고 그러한 인식은 근대에 들어 점점 더 확산되고 있다. 그레이브스도 『엘리자베스의 의회』(1559~1601)의 수정판(1996)에서 엘리자베스 치하의 하원은 물론 상원도 국왕의 권위에 도전할 만큼의 능력을 갖출 정도로 성장했고 또 기꺼이 도전하기도 했다고 기술했다. 의원들이 종교 정책, 조세, 독점권 허여 등과 관련해 조직적인 캠페인을 벌여 때로는 정부 정책을 좌절시키기도 했던 사실은 부정할 수 없다는 것이다.[19] 딘 또한 청교도들이 매우 의욕적이고 조직적인 로비 활동을 전개했음을 인정한다.[20]

그렇다고 해서 의회 내 반대와 갈등의 존재를 인정하는 것이 곧바로 닐의

---

19 Michael A. R. Graves, *Elizabethan Parliaments, 1559~1601,* 2nd ed., p.93.

20 David Dean, "Pressure Groups and Lobbies in the Elizabethan and Early Jacobean Parliaments," *Parliaments, Estates and Representation,* vol.11(1991), pp.140~151.

주장을 인정한다는 의미는 아니다. 무엇보다 딘이나 그레이브스는 이러한 반대와 갈등의 관계가 어디까지나 합의된 틀 내에서 진행되었다고 주장하기 때문이다.

더구나 딘과 그레이브스는 닐의 청교도 '영웅'들이 원시 정당적 존재Puritan Choir였다는 점을 인정하지 않는다. 닐의 주장에 따르면 이들은 단순히 정부 정책에 반대하거나 입법을 좌절시키려는 불만 세력이 아니라 대안적 의회 프로그램을 가지고 적극적으로 어젠다agenda를 제시한 세력이었다. 1560년대 칼뱅주의에 입각한 개혁 정책을 주창한 폴 웬트워스Paul Wentworth와 피터 웬트워스 등 1세대에 이어 1570년대에서 1580년대에 활동한 토머스 카트라이트Thomas Cartwright와 존 필드John Field 등은 확고한 신념을 가진 급진주의자들로서 이들의 활동이야말로 튜더 의회에 역동성을 부여한 중요한 요소 중의 하나였다는 것이다. 그러나 그레이브스는 왕위 계승이나 종교 문제 등은 청교도뿐 아니라 모든 지배층의 관심사였으므로 이에 대한 논쟁이나 의견의 불일치, 세력 간 갈등은 설혹 청교도 세력이 없었다 해도 불가피하지 않았겠느냐는 입장이다. 다만 이를 어떻게 해석하느냐의 문제라는 것이다.

닐의 분석에 의하면 튜더 의회가 역동성을 가지게 된 또 하나의 이유는 의원의 자질 향상과 이에 따라 높아진 의원들의 자긍심이다. 의원들에 대한 집단적 전기collective biography의 필요성을 일찌감치 주창한 닐은 스스로 의원들의 경력 연구에 많은 노력을 기울였다. 그에 따르면 16세기에는 의원의 구성에 큰 변화가 있었는데, 그것은 '젠트리의 하원 점령the gentry invasion'과 의원들의 교육 수준 향상에서 비롯되었다. 단적인 예로 1563년 의회의 경우 대학 또는 법학원에서 수학한 경력이 있는 의원은 전체의 약 3분의 1에 불과했으나 1593년에는 이 비율이 54%에 이르렀다. 1593년의 경우 법학원에서 법률 교육을 받은 의원도 전체의 43%에 이르렀다. 이들의 높은 교육 수준과 전문 지식을 바탕으로 하원은 법률안을 기초하고 의안을 수정하는 기술적인 면에서 향상되었을 뿐 아니라 하원의 자유와 개별 의원에 대한 특권의 확대를 당당하게 요구하면서 정치적 성숙을 꾀할 수 있었다는 것이다.[21]

수정주의자들도 젠트리 계층이나 법률 지식을 갖춘 자들의 의회 진출이 확대되었다는 사실은 인정한다. 그러나 이러한 현상은 15세기 이후 이어지는 추세의 지속일 뿐이라고 의미를 축소 해석하면서 이들의 비율이 늘어났다고 해서 상·하원의 세력 균형에 변화가 생겼다고 보는 것은 잘못이라고 지적한다. 왜냐하면 대부분 영향력 있는 귀족의 지명이나 후견에 의해 이들의 의회 진출이 이루어지므로 이로 인해 귀족의 사회적 영향력이 실추되었다거나 상원의 권위가 침해받았다고 결론짓기에는 무리가 있다는 것이다.

또한, 단순히 법률 지식을 가진 사람이 늘어났다는 사실이 의회가 효율적으로 운영되었음을 뒷받침해주지는 못하며, 구체적으로 이들이 어떤 의회 활동을 벌여나갔으며 그것이 하원의 능력과 권위 향상에 어떻게 영향을 미쳤는지를 실증적으로 분석하지 않으면 안 된다는 비판이 따랐다. 로치는 의원들의 교육 수준 향상으로 하원에 대한 긍지가 커지고 의원들이 자신들의 특권에 더욱 민감해졌다는 점은 인정하지만, 이러한 사실이 왕권이나 국왕의 통제에 대한 저항이나 반발로 확대 해석되는 것을 경계했다. 또한 그는 의회에 진출한 법률가들이 가장 관심을 가진 부분은 자신들의 경력 관리였음을 주목해야 한다고 주장했다.

의회 절차나 의원의 특권 확대에 대해서도 수정주의자들의 견해는 조금 다

---

21   J. E. Neale, *The Elizabethan House of Commons* (London, 1963 edn.), p.295. 그러나 엘리자베스 시대의 의원 중 법학원 졸업 후 실제로 법률가로 활동한 사람은 총 349명으로 전체 의원의 약 13%에 해당한다. 이들이 토론과 위원회 활동 등에서 그들의 전문 지식을 적극적으로 활용한 사실은 인정되지만 전체 의원 중에서 이들이 차지하는 비율의 증가세는 매우 완만했다. 1594년에는 14%였고, 1601년에는 18%였다. J. A. Guy, "Law, Faction, and Parliament in the Sixteenth Century," *The Historical Journal*, vol.28, no.2(1985), pp.444~445.

르다. 몇몇 단절된 정치적 에피소드에 매달리지 않고 의회가 본질적인 입법 기능을 어떻게 수행했는지를 제도적으로 분석해보니 엘리자베스 치하에서 의원들의 특권과 자유에 진전이 있었던 진정한 이유는 의회의 정치적 메커니즘이 발전한 데 따랐다기보다 의회의 정상적인 업무 일과와 효율성을 제고하기 위한 제도적 개선의 결과라는 것이다. 예를 들면 엘리자베스 시기 의회에서 의원의 불체포 특권 확대는 정치적인 문제와 전혀 상관없이 런던 상인이나 금융업자에게 빚이 있는 의원들이 회기 중에 런던에 올라왔다가 채권자들로부터 고소당해 구금될 경우 발생할 수 있는 업무상의 공백을 막기 위한 조치였다는 것이다. 다만 이러한 문제가 1542년까지는 대법관이 채무 의원의 석방을 책임지는 방식으로 처리되었으나 이후에는 의원을 구금한 관리를 체포하는 등 하원이 자체적인 권한을 행사하게 되었다는 차이가 있을 뿐이라고 한다.

의원의 특권 중 가장 중요한 것은 자유 발언의 특권freedom of speech 이었다. 이것이 1523년 토머스 모어가 하원 의장의 자격으로 이 특권을 공식적으로 요청한 것이 최초의 기록이나, 특권 자체는 그 이전부터 오랫동안 존재했던 것으로 추정된다. 1529년과 1559년 사이에는 의회 개회 시 하원이 요청하면 국왕이 이를 인증하는 형식적인 절차를 거쳐 허여되었다. 그러나 무제한의 자유가 주어지지는 않았고 결혼, 왕위 계승, 외교 정책 등 국왕의 전권에 속하는 사항과 종교 문제에 대해서는 예외라는 것이 정부 입장이었다. 그러나 이러한 문제는 의원들을 포함한 지배 엘리트에게는 초미의 관심사였으며 따라서 주제의 제한 없이 의회가 자유롭게 논의할 수 있어야 한다는 입장을 가진 의원들이 있었다. 이들은 제약 철폐를 주장하면서 자유 발언이 시혜가 아닌 권리라는 논리를 전개하기도 했다.[22]

---

22 예를 들면 1571년 윌리엄 스트릭랜드(William Strickland)가 의회에 기도서 개혁안을 상정했다가 추밀원이 국왕의 대권에 속하는 사항(종교 문제)을 침범했다는 이유로 그의

그럼에도 의원 특권의 확대는 어디까지나 의회의 입법 기능과 자문 기능을 효율적으로 집행하기 위해서 행해졌을 뿐 닐이 주장하듯 청교도 의원들이 국왕 통제의 족쇄를 벗어던지고 행동의 자유를 확대하기 위해 집단적으로 행동한 증거는 어디에도 없다는 것이 수정주의적 시각이다. 로치는 한 걸음 더 나아가 엘리자베스 이전의 튜더 왕조에서는 종교 문제나 그보다 더 민감한 왕족의 혼사 문제까지 의회가 다룰 수 있었다면서 엘리자베스 치하에서 의회의 자유 발언 특권은 강화된 것이 아니라 오히려 억압받는 형편이었다고 주장했다.[23]

앞에서 훑어본 바와 같이 엘턴을 필두로 한 수정주의자들은 나름대로의 '역사 다시 읽기' 작업을 통해서 (1) 조직화된 반대 세력이 존재하지 않았을 뿐더러 국왕과 의회의 관계는 본질적으로 협력과 상호 의존의 관계였고, (2) 상원은 입법 활동과 정치적 영향력에서 여전히 중요한 위치를 차지하고 있었으며, (3) 튜더 의회의 가장 중요한 기능은 입법에 있었다는 결론을 도출해냈다. 그러나 이들의 주장이 사실로서 증명되기 위해서는 제도사制度史적인 작업만 가지고 설명하기에는 불완전하다는 것이 그동안의 논쟁을 살펴보면서 내릴 수 있는 결론이다. 결국 제도사와 정치사가 결합해야 하는 것이다.

수정주의에 대한 도전도 만만치 않았다. 급진 청교도들의 정치적 역할을 재확인하는 작업을 통해 갈등과 불일치의 요소들을 찾아낸 콜린슨과 하틀리의

의회 출석을 금지하자 니컬러스 아놀드(Nicholas Arnold) 등이 '의회의 자유'를 내세워 항변하기도 했다. 1576년에는 피터 웬트위스가 자유 발언의 특권은 국가의 근간이 되는 특별법에 의해 주어진 것이라고 주장하다가 투옥되기도 했다. 그러나 지시가 없는 한 종교 문제에 개입하지 말라는 엘리자베스의 경고에도 종교와 관련된 법안들은 계속해서 상정되었으며 그때마다 국왕의 대권과 의회의 자유 발언 특권에 대한 논쟁이 야기되었다.

23　Michael A. R. Graves, *Elizabethan Parliaments 1559~1601*, p.53; Jennifer Loach, *Parliament under the Tudors*, pp.105~108.

견해가 대표적이다.[24]

그러나 수정주의라고 해서 순수하게 제도사적 측면에서만 접근한 것이 아니었고, 의회의 정치적 역할을 완전히 부정하지도 않았다. 이를테면 메리 시대 의회를 다룬 로치의 작업[25]은 신교도 반대파가 메리 의회에서 처음 출현했다는 닐의 견해를 검증하려는 것이었다. 로치는 메리 시대의 의회는 종교를 구심점으로 하는 어떠한 정파도 존재하지 않았고 종교 문제가 정치적 이슈로 대두되지도 않았다는 결론을 내렸다. 로치에 따르면, 의회정치는 어디까지나 궁정 정치와 지방 정치의 연속선상에서 이루어졌으며 추밀원 내부의 분열, 대립 형국이 의회로 파급되는 현상은 메리 시대에만 국한되는 것이 아니라 튜더 시대 전체에 적용되는 일반적인 현상이라고 한다.[26] 그레이브스의 튜더 의회사도 의회에 미친 궁정정치와 당쟁의 영향력을 중시함으로써 로치와 맥을 같이 했다.

이들에 앞서 렘버그는 『그 후의 의회들』에서 헨리 8세 말기의 의회사를 규정짓는 가장 큰 사안이 당쟁의 심화라고 결론지은 바 있었다. 1536년 이후 교회와 궁정을 중심으로 전개된 당쟁이 급기야 의원 선출과 토론 과정에 상당한 영향을 미치고, 사권 박탈법attainder acts 등 당파적 생사를 결정하는 문제를 의논할 때는 의회가 격전장으로 변했음을 지적하기도 했다. 특히 헨리의 마지막 의회(1547)에서는 현대 정당의 씨눈이라고 볼 수 있을 정도로 정책과 사상의 차이에 따른 정파적 대립이 가시화되었다고 주장했다.[27] 또한 1982년 노먼 존스도 엘리자베스 의회와 관련된 저서를 냈는데[28] 이 책에서도 당쟁이 주요한

---

24   Patrick Collinson, "Puritans, Men of Business and Elizabethan Parliaments," *Parliamentary History*, vol.7(1988), pp.187~211.

25   Jeniffer Loach, *Parliament and the Crown in the Reign of Mary Tudor*.

26   Jeniffer Loach, *Parliament under the Tudors*, pp.157~160.

27   S. E. Lehmberg, *The Later Parliaments of Henry VIII, 1536~1547*, pp.279~280.

화두였다. 이러한 경향은 1970년대와 1980년대 엘턴, 에릭 아이브스Eric Ives,
데이비드 스타키 등이 튜더사 해석에서 당쟁court factions이 가지는 중요성을
입증해가던 시점임을 감안하면 쉽게 이해가 될 것이다.[29]

5. 튜더 의회사 관련 사료들

마지막으로 튜더 의회 연구에 필요한 사료에 대해 간단히 언급해야겠다. 튜
더 시대 전체를 통틀어 상원과 하원의 의사록이 모두 건재하는 시기는 1559년
에서 1581년 사이에 소집된 4개 의회의 7회기가 유일하다. 상원은 1536년 이
후의 의사록Journals of the House of Lords이 모두 보존되어 있지만 하원의 경우는
그렇지 못하다. 1547년 의회부터는 하원 의사록Journals of the House of Commons
도 존재하지만 엘리자베스 이전 시기의 의사록에는 필요한 정보가 충분히 포
함되어 있지 않다. 또한 엘리자베스 시대에 들어서도 1584년 이후의 의사록은
유실되었다가 후일 듀스에 의해 발췌본으로 복원되기는 했으나[30] 법안의 수
나, 독회, 위원회에 관한 통계가 부정확하다는 한계가 있다. 그러나 전체적으

28 Norman L. Jones, *Faith by Statute. Parliament and the Settlement of Religion,
    1559* (London: Royal Historical Society, 1982).

29 튜더 당쟁에 대한 중요 연구로는 다음과 같은 것들이 포함된다. G. R. Elton, *Reform
    and Reformation: England, 1509~1558* (Harvard University Press, 1977); Eric Ives,
    Faction in Tudor England (London, 1979); David Starkey, "From Feud to Faction,"
    History Today, vol. 32(1982); D. E. Hoak, *The King's Council in the Reign of
    Edward VI* (Cambridge, 1976).

30 Sir Simonds D'Ewes, *The Journals of all the Parliaments during the Reign of
    Queen Elizabeth, both of the House of Lords and House of Commons* (London,
    1682). 듀스의 책은 1973년 아일랜드 대학교(Irish University)에서 영인본 형태로 다시
    인쇄되었다.

로 볼 때 엘리자베스 시대는 크롬웰[31]의 의회 일지 등 많은 비공식 일지들이 있어서 공식 의사록의 불완전함을 보상하고도 남을 정도로 많은 정보가 남아 있다.[32]

오늘날 튜더 왕조(朝) 의회사에 관심 있는 모든 연구자들은 직간접적으로 닐의 도움을 받고 있다. 엘리자베스 의회에 대한 그의 연구가 여전히 고전적인 길잡이의 하나로 남아 있을 뿐 아니라, 사료 수집과 정리에 바친 그의 열정과 노력이 대단했기 때문이다. 특히 닐의 작업을 이어받은 또 하나의 결실이 지난 세기말에 이루어졌다. 밀러와 콜린슨의 작업을 바탕으로 하틀리에 의해 편집된 『엘리자베스 의회 의사록』[33]은 엘리자베스 의회의 모든 공식 의사록과 비공식 일지를 회기별로 정리했다. 여기에 수록된 수기본들 중에는 이미 듀스 등에 의해 편집·인쇄된 적이 있는 것들이 일부 포함되었으나 듀스 등에 의한 것은 부주의한 편집과 오류가 산재하고 있었으므로 그것을 바로잡는 의미가 있었다.

튜더 의회 연구에 필요한 자료를 체계적으로 수집·정리하려 했던 닐의 작업은 1980년대 초에 또 다른 방면에서 결실을 보았다. 바로 의원 개개인의 출신 성분, 교육, 경력, 재산 정도, 의회 활동 등에 대한 집단적인 전기의 발간이다.

---

31 헨리 8세 시대의 재상을 지냈던 토머스 크롬웰과 동명이인이다.

32 대표적인 것은 다음과 같다. *Anonymous Journal, 8 May-25 June 1572*, Bodleian Library, Tanner MS, 393, fos. 32~36; Thomas Cromwell, *Journal of the Parliamentary Sessions of 1572~1584*, Trinity College, Dublin MS, 1045, fos. 129~171; William Fleetwood, *Parliamentary Diary of 1584*, British Library, Lansdowne MS, 41, fol 45; John Hooker, *The Order and Usages of Parliament*, British Library, Harley, 1178, no.16, fos. 19~27; Hayward Townshend, *Historical Collections, an exact account of the last four parliaments of Queen Elizabeth of Famous Memory* (London, 1680).

33 T. E. Hartley(ed.), *Proceedings in the Parliaments of Elizabeth I*, vol.I: 1558~1581(1981), vol.II: 1584~1589(1995), vol.III: 1593~1601(1995).

1981년에는 엘리자베스 의회 의원들의 집단적 전기인『하원, 1558~1603The House Of Commons』이 해슬러P. W. Hasler에 의해 편집되어 나왔다. 여기에는 의회 경력이 확실하게 파악된 2348명과 의원으로 추정되는 165명의 전기가 수록되었다. 이듬해에는 헨리 8세의 첫 의회부터 메리의 마지막 의회까지의 시기에 활동한 의원들의 집단적 전기인『하원, 1509~1558The House Of Commons』이 스탠리 빈도프에 의해 편집·발간되었다. 총 6권으로 이루어진 이 시리즈는 완벽하다고는 할 수 없으나 튜더 의회사 연구에 필수적인 자료들이다.[34]

34 P. W. Hasler(ed.), *The House of Commons, 1558~1603*, 3 vols.(London: H.M. S.O., 1981); S. T. Bindoff(ed.), *The House of Commons, 1509~1558*, 3 vols. (London: H.M.S.O., 1982).

| 참고문헌 |

1. 매뉴스크립트(manuscripts)

British Library, London.
BL Cotton MS, Titus F1.
BL Cotton MS, Cleopatra E. iv, fos. 131v~132v.
BL Harley MS, 2185, 5176, 6265, 6845(fos. 30~31, 34~39), 7188(fos. 89~103).
BL Lansdowne.
BL Landsowne MS, 43(fos. 166~167), 104(fos. 62~63, 153~154).
BL Royal MS. 18, c, vi.

Trinity College, Dublin.
MS 1045, fos. 83~84.

Public Record Office, London.
State Papers, Henry VIII, 1/90 fo.103r.
State Papers, Henry VIII, 6/7, art 14.
State Papers, Henry VIII, 6/13 fo.22.
State Papers, Edward VI, 8/66.
State Papers, Elizabeth I, 12/77 fo.113vff.
State Papers, Elizabeth I, 12/81/29 .
State Papers, Elizabeth I, 12/88/36.
State Papers Domestic, Elizabeth I, 223/34.

2. 원사료(primary sources)

Acts of the Privy Council of England, edited by J. R. Dasent, 32 vols.(London: H.M.S.O., 1890~1907).
Bacon, Francis, *Works of Sir Francis Bacon,* edited by James Spedding, Robert Leslie Ellis and Douglas Denon Heath, 7 vols.(London, 1859~1870).

Brinklow, Henry, *The Complaynt of Roderyck Mors* (1542); reprinted in J. M. Cowper(ed.), *Henry Brinklow's Complaynt of Roderyck Mors* (London, 1874).

Calendar of State Papers, Domestic for the Reigns of Edward VI, Mary I, Elizabeth and James I, 1547~1625, edited by Robert Lemon and Mary Anne Everett Green(London: Longman, Brown, Green, Longmans, & Roberts, 1856~1872).

Calendar of State Papers, Spanish (London: H.M.S.O., 1862~1954).

The Chronicles and Political Papers of King Edward VI, edited by W. K. Jordan(Cornell University Press, 1966).

Cavendish, George, *The Life and Death of Cardinal Wolsey,* edited by Richard Sylvester and Davis Harding. *Two Early Tudor Lives* (New Haven and London: Yale University Press, 1990).

D'Ewes, Simonds(ed.), *The Journals of all the Parliaments during the Reign of Elizabeth* (London, 1608), reprinted by Irish University Press, 1973.

The Public Speaking of Queen Elizabeth: selections from her official addresses, edited by George P. Rice(New York: Columbia University Press, 1951).

Elyot, Thomas, *The Book named The Governor*, edited with an introduction by S. E. Lehmberg(London: Dent; New York: Dutton, 1962).

England in the reign of King Henry the Eighth, edited by J. Meadows Cowper(London: N. Trübner for the Early English Text Society, 1871~1878).

Foxe, John, *Actes and Monuments of These Latter and Perillous Dayes* (London, 1563).

_____, *The Ecclesiasticall History, Containung the Actes and Monuments of Thynges Passed* (London, 1570).

Gardiner, Stephen, *The Letters of Stephen Gardiner,* edited by J. A. Muller(Cambridge University Press, 1933).

Hamilton Papers: Letters and papers illustrating the political relations of England and Scotland in the Sixteenth Century, edited by Joseph Bain, 2 vols.(Edinburgh: H. M. General Register House, 1890~1892).

Hartley, T. E.(ed.), *Proceedings in the Parliaments of Elizabeth I,* 3 vols.(Leicester University Press, 1995).

Harrison, William, *The Description of England: the Classic Contemporary Account of Tudor Social Life,* edited by Georges Edelen(Washington, D.C. and New York: The Folger Shakespeare Library and Dover Publications, 1994).

Journals of the House of the Commons (London, 1803~1863).

Journals of the House of the Lords (London, 1846~1887).

Jewel, John, *The Works of John Jewel,* edited by John Ayre, 3 vols.(London, 1845).

Latimer, Hugh, *Selected Sermons of Hugh Latimer,* edited by Allan G. Chester(The University of Virginia Press, 1968).

Leadam, I. S.(ed.), *Select Cases in the Court of Requests, A.D.1497~1569* (London: B. Quaritch, 1898).

Letters and Papers, Foreign and Domestic, of the Reign of Henry VIII, edited by J. S. Brewer, Robert Henry Brodie and James Gairdner, 21 vols.(London: H.M.S.O., 1862~1910).

Lever, Thomas, *Sermons* (1550), edited by Edward Arber, *Sermons, 1550* (London, 1870).

Lodge, Thomas, "An Alarum against Usurers(1584)," edited by Davis Liang. *Works of Thomas Lodge* (London, 1853).

Marshall, William, *The Forme and Maner of Subvētion or Helping for Pore People* (1535), English translation of *Forma Subventionis Pauperum* (The Ypres Scheme of Poor Relief), reprinted in F. R. Salter(ed.), *Some Early Tracts on Poor Relief* (London: Methuen & Co., 1926).

More, Thomas, *Utopia,* edited by Edward Surtz, S. J.(New Haven and London: Yale University Press, 1964).

Morison, Richard, *A Remedy for Sedition* (1536), edited by D. S. Berkowitz, *Humanist Scholarship and Public Order: Two Tracts against the Pilgrimage of Grace* (Folger Books, 1984).

Roper, William, *The Life of Sir Thomas More,* edited by Richard Sylvester and Davis Harding, *Two Early Tudor Lives* (New Haven and London: Yale University Press, 1990).

Sadler, Ralph, *The State Papers and Letters of Sir Ralph Sadler,* edited by Arthur Clifford, 2 vols.(Edinburgh: Forgotten Books, 1809).

Salter, F. R.(ed.), *Some Early Tracts on Poor Relief* (London: Methuen & Co., 1926).

Smith, Thomas, *A Discourse of the Commonweal of this Realm of England,* edited by Mary Dewar(The University Press of Virginia, 1969).

Starkey, Thomas, *A Dialogue between Cardinal Pole and Thomas Lupset,* edited by T. F. Mayer(Royal Historical Society, 1989).

State Papers, published under the authority of His Majesty's Commission, King Henry the Eighth, 5 parts, 11 vols.(London: G. Eyre and A. Strahan, 1830~1852).

Statutes of the Realm, edited by A. Luders et al.(London, 1810~28).

Stow, John, *Annales, or Generall Chronicle of England,* edited by E. Howes(London, 1631).

Sylvester, Richard and Harding, Davis(eds.), *Two Early Tudor Lives* (New Haven and London: Yale University Press, 1990).

Tudor Economic Documents, edited by R. H. Tawney and Eileen Power, 3 vols.(London, New York, Toronto: Longmans, Green and Co., 1951).

Tudor Royal Proclamations, edited by Paul L. Hughes and James F. Larkin, 3 vols.(Yale

University Press, 1969).

Vergil, Polydore, *Anglica Historia,* edited by D. Hay(Camden Society, 1950).

Vives, Juan L., *De Subventione Pauperum sive de humanis necessitatibus* (Bruges, 1526); printed in English in F. R. Salter(ed.), S*ome Early Tracts on Poor Relief* (London: Methuen & Co., 1926).

3. 일반 문헌(secondary sources)

Alsop, J. D., "Parliament and Taxation," in D. M. Dean and N. L. Jones(eds.), *The Parliaments of Elizabethan England* (Oxford University Press, 1990).

_____, "The Structure of Early Tudor Finance, c. 1509~1558," in Christopher B. Coleman and David Starkey(eds.), *Revolution Reassessed: Revisions in the History of Tudor Government and Administration* (Oxford, 1986).

Anglo, Sydney, *Spectacle, Pageantry, and Early Tudor Policy* (Oxford, 1969).

Archer, Ian W., *The Pursuit of Stability: Social Relations in Elizabethan London* (Cambridge University Press, 1991).

Arnstein, W. L.(ed.), *Recent Historians of Great Britain* (Iowa University Press, 1990).

Barry, Jonathan(ed.), *The Tudor and Stuart Town* (London and New York, 1990).

F. L. Baumer, "Christopher St. German: the Political Philosophy of a Tudor Lawyer," *American Historical Review*, vol.42(1937).

Beer, Barrett L., *Rebellion and Riot: Popular Disorder in England during the Reign of Edward VI* (The Kent State University Press, 1982).

_____, "G. R. Elton: Tudor Champion," in W. L. Arnstein(ed.), *Recent Historians of Great Britain* (Iowa University Press, 1990).

Beier, A. L., "Poverty and Progress in Early Modern England," *The First Modern Society* (Cambridge, 1989).

Bernard, George W., *Anne Boleyn: Fatal Attractions* (Yale University Press, 2010).

_____, *Power and Politics in Tudor England* (Aldershot, 2000).

Bernard, George W. and Gunn, S. J.(eds.), *Authority and Consent in Tudor England* (Aldershot, 2002).

Bindoff, S. T.(ed.), *The House of Commons, 1509~1558,* 3 vols.(London: H.M.S.O., 1982).

Bindoff, S. T., *Tudor England* (Harmondsworth, Middlesex: Penguin Books, 1950).

Boulton, J. P., *Neighborhood and Society* (Cambridge, 1987).

Bowden, Peter, "Agricultural Prices, Farm Profits and Rents," in Joan Thirsk(ed.), *The Agrarian History of England and Wales*, vol.4(Cambridge University Press, 1967).

Bowle, John, *Henry VIII: a Study of Power in Action* (Dorset Press, 1965).

Brigden, Susan, "Popular Disturbance and the Fall of Thomas Cromwell and the Reformers, 1539~1540," *The Historical Journal*, vol.24(1981).

Burrell, Kathy and Panayi, Panikos(ed.), *Histories and Memories: Migrants and their History in Britain* (London and New York: Tauris Academic Studies, 2006).

Burrell, Kathy and Panayi, Panikos, "Immigration, History and Memory in Britain," in their (eds.) *Histories and Memories: Migrants and their History in Britain* (London and New York: Tauris Academic Studies, 2006).

Bush, M. L., *The Pilgrimage of Grace* (Manchester University Press, 1996).

Clark, Peter, *County Towns in Pre-Industrial England* (Leicester University Press, 1981).

_____, "The Ramoth-Gilead of the Good: Urban Change and Political Radicalism at Gloucester 1540~1640," in Jonathan Barry(ed.), *The Tudor and Stuart Town* (London and New York, 1990).

Clark, Peter and Slack, Paul, *English Towns in Transition 1500~1700* (Oxford University Press, 1976).

Coleman, Christopher B. and Starkey, David(eds.), *Revolution Reassessed: Revisions in the History of Tudor Government and Administration* (Oxford, 1986).

Collinson, Patrick, "Puritans, Men of Business and Elizabethan Parliaments," *Parliamentary History*, vol.7(1988).

Creighton, Mandell, *Cardinal Wolsey* (London, 1891).

Cressy, Davis, *Travesties and Transgressions in Tudor and Stuart England: Tales of Discord and Dissension* (New York: Oxford University Press, 2000).

Davies, C. S. L., "Popular Religion and the Pilgrimage of Grace," in A. J. Fletcher and J. Stevenson(eds.), *Order and Disorder in Early Modern England* (Cambridge University Press, 1985).

_____, "Slavery and Protector Somerset: the Vagrancy Act of 1547," *Economic History Review*, 2nd ser., vol.19(1966).

Davis, Ralph, *English Overseas Trade, 1500~1700* (London: Macmillan, 1973).

Dean, David, *Law-Making Society in Late Elizabethan England: the Parliament of England, 1584~1601* (Cambridge University Press, 1996).

_____, "Revising the History of Tudor Parliaments," *The Historical Journal*, vol.32(1989).

_____, "Pressure Groups and Lobbies in the Elizabethan and Early Jacobean Parliaments," *Parliaments, Estates and Representation*, vol.11(1991).

Dickens, Arthur Geoffrey, *Thomas Cromwell and the English Reformation* (London, 1959).

Dunham, William, "Regal Power and the Rule of Law," *Journal of British Studies*, no.3(1964).

Elton, G. R., *Henry VIII: An Essay in Revision* (London: The Historical Association, 1962).

_____, "The Rule of Law in Sixteenth-Century England," in Arthur J. Slavin(ed.), *Tudor Men and Institutions* (Louisiana State University Press, 1972).

_____, "The Evolution of a Reformation Statute," *English Historical Review*, vol.64(1949).

_____, *Star Chamber Stories* (London: Methuen, 1958).

_____, *The Tudor Constitution: Documents and Commentary* (Cambridge University Press, 1960).

_____, *The Tudor Revolution in Government: Administrative Changes in the Reign of Henry VIII* (Cambridge University Press, 1953).

_____, "The Tudor Revolution: A Reply," *Past and Present*, no.29(1964).

_____, *England Under the Tudors,* a University Paperback edition(London: Methuen, 1977).

_____, "Parliament," in Christopher Haigh(ed.), *The Reign of Elizabeth I* (The University of Georgia Press, 1987).

_____, *The Practice of History* (London: Fontana Press, 1967).

_____, *Reform and Reformation: England, 1509~1558* (Harvard University Press, 1977).

_____, *Policy and Police: the Enforcement of the Reformation in the Age of Thomas Cromwell* (Cambridge University Press, 1972).

_____, *Reform and Renewal: Thomas Cromwell and the Common Weal* (Cambridge University Press, 1973).

_____, "An Early Tudor Poor Law," *Economic History Review*, 2nd ser., vol.6(1953).

_____, "Taxation for War and Peace in Early Tudor England," in his *Studies in Tudor and Stuart Politics and Government*, vol.3(Cambridge, 1983).

_____, *The Parliament of England, 1559~1581* (Cambridge University Press, 1986).

_____, *Return to Essentials: Some Reflections on the Present State of Historical Study* (Cambridge University Press, 1991).

_____, "Thomas Cromwell's Decline and Fall," *The Cambridge Historical Journal,* vol.10 (1951).

_____, "Tudor Government: the Point of Contact," in his *Studies in Tudor and Stuart Politics and Government*, vol.3(Cambridge University Press, 1983).

_____, "Two Kinds of History," in Robert William Fogel and G. R. Elton(eds.), *Which Road to the Past?* (New Haven and London: Yale University Press, 1983).

Evans, Richard J., *In Defense of History* (New York: W. W. Norton & Co., 1999).

Fagel, Raymond, "Immigrant Roots: The Geographical Origins of Newcomers from the Low Countries in Tudor England," in Nigel Goose and Lien Luu(eds.), *Immigrants in Tudor and Early Stuart England* (Brighton and Portland: Sussex Academy Press, 2005).

Ferguson, Arthur B., *The Articulate Citizen and the English Renaissanc* (Duke University Press, 1965).

_____, "The Tudor Commonweal and the Sense of the Change," *The Journal of British*

Studies, vol.3(1963).

Fiddes, Richard, *Life of Cardinal Wolsey* (London, 1724).

Fideler, Paul A. and Mayer, T. F.(eds.), *Political Thought and the Tudor Commonwealth: Deep Structure, Discourse and Disguise* (London and New York, 1992).

Fideler, Paul A., "Poverty, Policy and Providence: the Tudors and the Poor," in Paul A. Fideler and T. F. Mayer(eds.), *Political Thought and the Tudor Commonwealth: Deep Structure, Discourse and Disguise* (London and New York, 1992).

Fleisher, M. F., *Radical Reform and Political Persuasion in the Life and Writings of Thomas More* (Geneva: Droz, 1973).

Fletcher, A. J. and MacCulloch, D., *Tudor Rebellions*, 4th edn.(London and New York: Longman, 1997).

Frye, Susan, *Elizabeth I: the Competition for Representation* (Oxford, 1993).

Goose, Nigel and Luu, Lien(eds.), *Immigrants in Tudor and Early Stuart England* (Brighton and Portland: Sussex Academy Press, 2005).

Goose, Nigel, "Immigrants in Tudor and Early Stuart England," in Nigel Goose and Lien Luu (eds.), *Immigrants in Tudor and Early Stuart England* (Brighton and Portland: Sussex Academy Press, 2005).

_____, " 'Xenophobia' in Elizabethan and Early Stuart England: An Epithet Too Far?," in Nigel Goose and Lien Luu(eds.), *Immigrants in Tudor and Early Stuart England* (Brighton and Portland: Sussex Academy Press, 2005).

Gould, J. D., "The Price Revolution Reconsidered," in P. Ramsey(ed.), *The Price Revolution in Sixteenth-Century England* (London: Methuen, 1971).

Graves, Michael A. R., *Elizabethan Parliaments 1559~1601,* 2nd edn.(Longman, 1996).

Graves, Michael A. R., *Tudor Parliaments: The Crown, Lords and Commons, 1485-1603* (Routledge, 1985).

Guy, John A., *Christopher St. German on Chancery and Statute* (Selden Society, 1985).

_____, "The Privy Council: Revolution or Evolution," in Christopher B. Coleman and David Starkey(eds.), *Revolution Reassessed: Revisions in the History of Tudor Government and Administration* (Oxford, 1986).

_____, "Law, Faction, and Parliament in the Sixteenth Century," *The Historical Journal*, vol.28, no.2(1985).

Gwyn, Peter, *The King's Cardinal: the Rise and Fall of Thomas Wolsey* (London: Barrie & Jenkins, 1990).

Hagen, Rose-Marie and Hagen, Rainer, *16th Century Paintings* (Taschen, 2001).

Hale, John Rigby, *War and Society in Renaissance Europe, 1450~1620* (The Johns Hopkins University Press, 1985).

Haren, Michael, *Sin and Society in Fourteenth-Century England: A Study of the Memoriale Presbiterorum* (Oxford, 2000).

Harris, Ian, "Some Origins of a Tudor Revolution," *English Historical Review*, vol.126, no.523 (2011).

Harriss, Gerald L. and Williams, Penry, "A Revolution in Tudor History?" *Past and Present*, no.25(1963).

Hasler, P. W.(ed.), *The House of Commons, 1558~1603*, 3 vols.(London: H.M.S.O., 1981).

Hexter, J. H., *More's Utopia: the Biography of an Idea* (New York: Harper & Row, 1965).

Hoak, Dale E., *The King's Council in the Reign of Edward VI* (Cambridge, 1976).

Hoskins, W. G., "Harvest Fluctuations and English Economic History, 1480~1619," *Agricultural History Review*, vol.12(1964).

Howarth, David, *Images of Rule: Art and Politics in the English Renaissance, 1485~1649* (London: Macmillan Press, 1997).

Hoyle, Richard W., "Crown, Parliament and Taxation in Sixteenth-Century England," *English Historical Review*, vol.109(1994).

Hurstfield, Joel, "Was there a Tudor Despotism after all?" *Transactions of the Royal Historical Society*, 5th ser., 17(1967).

Ives, Eric W., *Faction in Tudor England* (London: Historical Association, 1979).

_____, *The Life and Death of Anne Boleyn* (Oxford, 2004).

_____, "Faction at the Court of Henry VIII: the Fall of Anne Boleyn," *History*, vol.57(1972).

James, Mervyn, *Society, Politics and Culture: Studies in Early Modern England* (Cambridge University Press, 1988).

Jenkins, K., *On 'What is History?': From Carr and Elton to Rorty and White* (New York: Routledge, 1995).

Johnson, Paul, *Elizabeth I: a Study in Power and Intellect* (London: Weidenfeld and Nicolson, 1974).

Jones, Mervyn J., *British Nationality: Law and Practice* (Oxford University Press, 1947).

Jones, Norman L., *Faith by Statute. Parliament and the Settlement of Religion, 1559* (London: Royal Historical Society, 1982).

_____, "Parliament and the Political Society of Elizabethan England," in Dale E. Hoak(ed.), *Tudor Political Culture* (Cambridge University Press, 1995).

_____, "William Cecil and the Making of Economic Policy in the 1560s and Early 1570s," in Paul A. Fideler and T. F. Mayer(eds.), *Political Thought and the Tudor Commonwealth: Deep Structure, Discourse and Disguise* (London and New York, 1992).

Jones, W. R. D., *The Tudor Commonwealth, 1529~1559: A Study of the Impact of the Social and Economic Developments of Mid-Tudor England Upon Contemporary Concepts of* the *Nature and Duties of the Commonwealth* (The Athlone Press, University of London, 1970).

Jordan, Wilbur K., *Edward VI, The Threshold of Power: the Dominance of the Duke of Northumberland* (Harvard University Press, 1970).

Jordan, Wilbur K., *Edward VI: The Young King* (Harvard University Press, 1968).

Kantorowicz, Ernst H., *The King's Two Bodies: A Study in Medieval Political Theology* (Princeton University Press, 1997).

Kerridge, Eric, *Agrarian Problems in the Sixteenth Century and After* (London and New York: Barnes And Noble, 1969).

King, John N., "Henry VIII as David: the King's Image and Reformation Politics," in Peter C. Herman(ed.), *Rethinking the Henrician Era* (University of Illinois Press, 1994).

_____, *Tudor Royal Iconography* (Princeton University Press, 1989).

Landrum, Robert H., "A Eulogy for Geoffrey Elton," *The Historian*, vol.59(1996).

Lehmberg, Stanford E., *The Reformatiom Parliament, 1529~1536* (Cambridge University Press, 1970).

_____, *The Later Parliaments of Henry VIII, 1536~1547* (Cambridge University Press, 1977).

Loach, Jennifer, *Parliament under the Tudors* (Oxford, 1991).

_____, *Parliament and the Crown in the Reign of Mary Tudor* (Oxford University Press, 1986).

_____, *Elizabeth's Parliaments: Queen, Lords and Commons, 1559~160* (Manchester, 1992).

Loades, David, *The Tudor Chronicles: the Kings,* 1st American edition(New York: Grove Pr, 1990).

_____, *Elizabeth I: the Golden Reign of Gloriana* (Richmond: The National Archives, 2003).

Luu, Lien, "Alien Immigrants to England, One Hundred Years On," in Nigel Goose and Lien Luu(eds.), *Immigrants in Tudor and Early Stuart England* (Brighton and Portland: Sussex Academy Press, 2005).

_____, "Natural-Born versus Stranger-Born Subjects: Aliens and their Status in Elizabethan London," in Nigel Goose and Lien Luu(eds.), *Immigrants in Tudor and Early Stuart England* (Brighton and Portland: Sussex Academy Press, 2005).

MacCaffrey, Wallace T., *The Shaping of the Elizabethan Regime: Elizabethan Politics, 1558~1572* (Princeton University Press, 1968).

Manning, Roger B., *Village Revolts: Social Order and Popular Disturbances in England, 1509~1640* (Oxford, 1988).

Marius, Richard, *Thomas More: a Biography* (New York: Vintage Books, 1985).

_____, "A Man for All Seasons," in Mark Carnes(ed.), *Past Imperfect: History According to the Movies* (New York, 1995).

Mayer, T. F., *Thomas Starkey and the Commonweal* (Cambridge: Cambridge University Press, 1989).

Maynard, Theodore, *Humanist as Hero: the Life of Sir Thomas More* (New York: Macmillan, 1947).

Miller, Helen, "London and Parliament in the Reign of Henry VIII," *Bulletin of Institute of Historical Research*, vol.35, no.92(1962).

Mollat, Michel, *The Poor in the Middle Ages: An Essay in Social History*, trans. by A. Goldhammer(Yale University, 1986).

Mormando, Franco, *The Preacher's Demons: Bernardino of Siena and the Social Underworld of Early Renaissance Italy* (The University of Chicago Press, 1999).

Neale, J. E., *Queen Elizabeth* (London: Jonathan Cape, 1938).

_____, *The Elizabethan House of Commons* (London: Jonathan Cape, 1949).

_____, *Elizabeth and Her Parliaments, 1559~1581* (London: Jonathan Cape, 1953).

_____, *Elizabeth and Her Parliaments, 1584~1601* (London: Jonathan Cape, 1957).

O'Day, Rosemary, *The Debate on the English Reformation* (London and N.Y., 1986).

Palliser, D. M., *The Age of Elizabeth: England under the Later Tudors, 1547~1603*, 2nd edn. (London and New York, 1992).

Palmer, M. D., *Henry VIII* (Longman, 1971).

Phelps, E. H. and Hopkins, S. V., "Seven Centuries of the Price of Consumables, Compared with Builders' Wage Rates," *Economica*, new ser. vol.23(1956), reprinted in their *A Perspective of Wages and Prices* (London, 1981).

Pollard, A. F., *Wolsey* (The Fontana Library, 1965).

_____, *Henry VIII* (New York: Harper & Row, 1966).

Potter, David, "Foreign Policy," in Diarmaid MacCulloch (ed.), *The Reign of Henry VIII: Politics, Policy and Piety* (New York, Palgrave Macmillan, 1995).

Ramsey, G. D., "The Foreign Policy of Elizabeth," in Christopher Haigh(ed.), *The Reign of Elizabeth I* (The University of Georgia Press, 1987).

Ramsey, Peter H., *The Price Revolution in Sixteenth-Century England* (Methuen, 1971).

Rappaport, Steve, *Worlds within Worlds: Structures of Life in Sixteenth Century London* (Cambridge University Press, 1989).

Richards, Judith M., "The English Accession of James: 'National' Identity, Gender and the Personal Monarchy of England," *English Historical Review*, vol.117(2002).

Ridley, Jasper, *Statesman and Saint: Cardinal Wolsey, Sir Thomas More and the Politics of Henry VIII* (New York, 1983).

Ridley, Jasper, *Henry VIII: the Politics of Tyranny* (New York, 1986).

Roberts, Geoffrey, "Defender of the Faith: Geoffrey Elton and the Philosophy of History,"

Chronicon, 2(1998).

Roberts, Geoffrey, "Postmodernism versus the Standpoint of Action," *History and Theory*, vol.36(1997).

Russell, Conrad, *The Crisis of Parliament: English History, 1509~1660* (Oxford University Press, 1988).

Russell, Joycelyne Gledhill, *The Field of Cloth of Gold: Men and Manners in 1520* (London: Routledge and Kegan Paul, 1969).

Sacks, David Harris, "The Corporate Town and the English State: Bristol's 'Little Businesses' 1625~1641," in Jonathan Barry(ed.), *The Tudor and Stuart Town* (London and New York, 1990).

Scarisbrick, J. J., *Henry VIII* (Penguins, 1971).

_____, "Thomas More: the King's Good Servant," *Thought: Fordham Quarterly*, vol.52(1977).

_____, *The Reformation and the English People* (Oxford, 1984).

Scouloudi, Irene, *Returns of Strangers in the Metropolis, 1593, 1627, 1635, 1639: a Study of an Active Minority* (London: Huguenot Society of London, 1985)/ (Quarto series of *Huguenot Society of London,* vol.57).

Skinner, Quentin, *The Foundation of Modern Political Thought* (Cambridge University Press, 1978).

Slack, Paul, *Poverty and Policy in Tudor and Stuart England* (Longman, 1988).

_____, "Social Policy and the Constraints of Government, 1547~58," in Jeniffer Loach and Robert Tittler(eds.), *The Mid-Tudor Polity* (London: Palgrave Macmillan, 1980).

Smith, Alan G. R., *The Emergence of a Nation State: the Commonwealth of England* (Longman, 1984).

Smith, Lacy Baldwin, *Henry VIII: the Mask of Royalty* (Boston: Chicago Review Press, 1971).

Starkey, David, "Intimacy and Innovation," in his(ed.), *The English Court: From the Wars of the Roses to the Civil War* (London and N.Y., 1987).

_____, "From Feud to Faction," *History Today*, vol.32(1982).

_____, "Court and Government," in Christopher B. Coleman and David Starkey(eds.), *Revolution Reassessed: Revisions in the History of Tudor Government and Administration* (Oxford, 1986).

_____, "After the Revolution," in Christopher B. Coleman and David Starkey(eds.), *Revolution Reassessed: Revisions in the History of Tudor Government and Administration* (Oxford, 1986).

Starkey, David(ed.), *The English Court: From the Wars of the Roses to the Civil War* (London and N.Y., 1987).

Strong, Roy, *Hans Holbein and Henry VIII* (London, 1967).

382

_____, *The Cult of Elizabeth: Elizabethan Portraiture and Pageantry* (London: Pimlico, 1999).

Strong, Roy, *Gloriana: the Portraits of Queen Elizabeth I* (London: Pimlico, 2003).

Trim, David, "Immigrants, the Indigenous Community and International Calvinism," in Nigel Goose and Lien Luu(eds.), *Immigrants in Tudor and Early Stuart England* (Brighton and Portland: Sussex Academy Press, 2005).

Twining, Lord, *A History of the Crown Jewels of Europe* (London: Batsford, 1960).

Tytler, Patrick F., *England under the Reigns of Edward VI and Mary* (London, 1839).

Walker, Greg, "Henry VIII and the Invention of the Royal Court," *History Today*, vol.47, no.2 (1997).

Walpole, Horace, *Anecdotes of Painting in England*, 3 vols.(London: Henry G. Bohn, 1862).

Walter, J. and Schofield, R. S.(eds.), *Famine, Disease and the Social Order in Early Modern Society* (Cambridge University Press, 1989).

Warnicke, Retha, "The Fall of Anne Boleyn: A Reassessment," *History,* vol.70.(1985).

Wernham, R. B., *The Making of Elizabethan Foreign Policy, 1558~1603* (University of California Press, 1980).

Williams, Penry, *The Tudor Regime* (Oxford University Press, 1979).

Wood, Neal, "Foundations of Political Economy: the New Moral Philosophy of Sir Thomas Smith," in Paul A. Fideler and T. F. Mayer(eds.), *Political Thought and the Tudor Commonwealth: Deep Structure, Discourse and Disguise* (London and New York, 1992).

Wrigley, E. A., "Some Reflections on Corn Yields and Prices in Pre-Industrial Economies," in J. Walter and R. S. Schofield(eds.), *Famine, Disease and the Social Order in Early Modern Society* (Cambridge University Press, 1989).

Yungblut, Laura Hunt, *Strangers Settled Here Amongst Us: Policies, Perceptions and the Presence of Aliens in Elizabethan England* (London: Routledge, 1996).

Zeeveld, William G., *Foundations of Tudor Policy* (Harvard University Press, 1948).

허구생, 『빈곤의 역사, 복지의 역사』(한울, 2002).

허구생, 「군주의 명예: 헨리 8세의 전쟁과 튜더 왕권의 시각적 이미지」, ≪영국연구≫, 13호 (2005).

허구생, 「영국의 휴머니즘과 개혁정책」, ≪한성사학≫, 11호(1998).

허구생, 「닐을 넘어, 엘턴을 넘어: 16세기 영국 의회사 연구동향」, ≪서양사론≫, 68호(2001).

허구생, 「튜더 의회: 중앙과 지방의 접점?」, ≪서양사론≫, 88호(2006.3).

허구생, 「세 사람의 토머스」, ≪역사와 문화≫, 2호(2000).

384

지은이

허구생

미국 미네소타 대학교에서 '튜더 빈민법'에 관한 연구로 박사학위를 받았다.
자본주의의 형성과 산업화, 의회민주주의의 발달, 과학혁명 등 영국의 근대
화 과정에 특별한 관심을 가지고 있으며, 저서로는『빈곤의 역사, 복지의 역
사』(한울, 2002),『울퉁불퉁한 우리의 근대』(오름, 2013) 등이 있다. 서강대
학교 국제문화교육원장을 역임했으며 현재 단국대학교에서 후학들을 가르치
고 있다.

한울아카데미 1801

근대 초기의 영국
헨리 8세와 엘리자베스 1세의 국가 만들기

ⓒ 허구생, 2015

지은이 ı 허구생
펴낸이 ı 김종수
펴낸곳 ı 도서출판 한울
편   집 ı 조인순

초판 1쇄 인쇄 ı 2015년 7월 10일
초판 1쇄 발행 ı 2015년 7월 15일

주소 ı 413-120 경기도 파주시 광인사길 153 한울시소빌딩 3층
전화 ı 031-955-0655
팩스 ı 031-955-0656
홈페이지 ı www.hanulbooks.co.kr
등록번호 ı 제406-2003-000051호

Printed in Korea.
ISBN 978-89-460-5801-9 93920 (양장)
      978-89-460-6018-0 93920 (학생판)

※ 책값은 겉표지에 표시되어 있습니다.
※ 이 책은 강의를 위한 학생판 교재를 따로 준비했습니다.
   강의 교재로 사용하실 때에는 본사로 연락해주십시오.